青海省第三次全国国土调查成果

青海省自然资源资产产权制度改革专题研究

QINGHAI SHENG ZIRAN ZIYUAN ZICHAN CHANQUAN ZHIDU
GAIGE ZHUANTI YANJIU

主　编　孟苏菊　卓成刚　韩　良　史增祖
副主编　郭　威　宋生磊　连强强　魏兰香
　　　　李春鹏　李全乐　李晓玉　胡中华
　　　　宦吉娥　张绪冰

中国地质大学出版社
ZHONGGUO DIZHI DAXUE CHUBANSHE

图书在版编目(CIP)数据

青海省自然资源资产产权制度改革专题研究/孟苏菊等主编;郭威等副主编. —武汉:中国地质大学出版社,2023.3

ISBN 978-7-5625-5523-0

Ⅰ.①青… Ⅱ.①孟… ②郭… Ⅲ.①自然资源-产权制度改革-研究-青海 Ⅳ.①F124.5

中国国家版本馆 CIP 数据核字(2023)第 054661 号

青海省自然资源资产产权制度改革专题研究	孟苏菊 卓成刚 韩 良 史增祖 主编
责任编辑:彭 琳	责任校对:徐蕾蕾
出版发行:中国地质大学出版社(武汉市洪山区鲁磨路388号)	邮政编码:430074
电 话:(027)67883511 传 真:(027)67883580	E-mail:cbb@cug.edu.cn
经 销:全国新华书店	http://cugp.cug.edu.cn
开本:787毫米×1092毫米 1/16	字数:442千字 印张:17.25
版次:2023年3月第1版	印次:2023年3月第1次印刷
印刷:武汉中远印务有限公司	
ISBN 978-7-5625-5523-0	定价:78.00元

如有印装质量问题请与印刷厂联系调换

《青海省自然资源资产产权制度改革专题研究》
编委会

主　　任：杨汝坤
副 主 任：罗保卫　韩　良　朱小川　任振宇　杨站君
　　　　　韩生福　尚现功
委　　员：孟苏菊　史增祖　卢晓平　杨　勇　吴小忠
　　　　　赵成生　米林春　唐太明　王德瑜　檀　萍
　　　　　秦海燕　李　强　孙厚科　韩有祥　赵　蓉
　　　　　田　力　马有俊　孟广培　郝利华　刘德良
　　　　　高平利　汪明道　马福贵　王昌明　李兴钊
主　　编：孟苏菊　卓成刚　韩　良　史增祖
副 主 编：郭　威　宋生磊　连强强　魏兰香　李春鹏
　　　　　李全乐　李晓玉　胡中华　宦吉娥　张绪冰
编　　委：何　君　祁祥卿　丁传平　韩　昆　韩海忠
　　　　　张世龙　王　磊　苏冠男　张　欣　温　鑫
　　　　　李乐轩　赵亚萍　于　杰　马燕萍　王新萌
　　　　　程骁东　樊佳敏　冯　申　雷宏玥　张　全
　　　　　马伟伟　张哲聪　陈春博

序 言

党的十八大以来,"大力推进生态文明建设"成为国家层面的战略决策,"归属清晰、权责明确、保护严格、流转顺畅、监管有效的自然资源资产产权制度"无疑是这一国家战略下的基础性制度。2019 年,中共中央办公厅、国务院办公厅印发的《关于统筹推进自然资源资产产权制度改革的指导意见》系统提出了健全自然资源资产产权体系、明确自然资源资产产权主体、开展自然资源统一调查监测评价、加快自然资源统一确权登记、强化自然资源整体保护、促进自然资源资产集约开发利用、推动自然生态空间系统修复和合理补偿、健全自然资源资产监管体系、完善自然资源资产产权法律体系九大主要任务,为全面推进自然资源资产产权制度改革绘制了顶层蓝图。

青海省是资源大省,省内水资源丰富,发育众多湖泊,是长江、黄河、澜沧江的发源地,素有"中华水塔"和"江河源"之称;矿产资源丰富,钾盐、锂矿、锶矿、石棉等 11 种矿产的资源储量位居全国第一位;省内山脉纵横,冰峰高耸,山系之间盆地、谷地、湿地、湖泊遍布,特殊的地质环境和自然地理条件造就了独特的高原野生动植物、自然景观和地质遗迹。同时,青海省更是生态大省。2016 年 8 月习近平总书记在视察青海省时对青海省做了"三个最大"的定位:最大的价值在生态、最大的责任在生态、最大的潜力也在生态,必须把生态文明建设放在突出位置来抓,尊重自然、顺应自然、保护自然,筑牢国家生态安全屏障,实现经济效益、社会效益、生态效益相统一。

对此,青海省在此轮改革探索中,承担了创建生态文明先行示范区,实施国家公园体制改革试点工作、生态产品价值实现机制试点工作等多项先行先试的改革任务并取得了重要成绩:国土空间逐步优化,主体功能区规划逐步落实,全省生态保护红线基本划定,生态安全屏障日益牢固,生态保护和建设"五大板块"持续加强,单一生态要素治理向山水林田湖草系统保护和修复转变,"一屏两带"①国家生态安全格局更加完善。但我们同时还应清醒意识到,在借助自然资源资产产权制度改革深入推进生态文明建设时,青海省尚需细致处理两组关系。第一,经济发展与生态维护的关系。一方面,青海省仍然面临经济下行压力加大、产业转型升级的挑战;另一方面,尚未有效建立重点生态功能区保护和发展长效机制,尚在探索生态产品价值实现路径。从整体上来看,生态保护、民生改善与经济发展相协调的发展模式尚未建立。第二,全面改革与重点探索的关系。自然资源资产产权制度改革顶层设计的

---

① "一屏两带"是指以三江源草原草甸湿地生态功能为屏障,以青海湖草原湿地生态带、祁连山水源涵养生态带为骨架。

九大任务内容全面、体系丰富，涵盖了自然资源资产产权运行的各个方面，为各地提供了框架性准则。青海省作为资源大省、生态大省、改革先行省，应全面探索落实顶层设计任务，但这种改革探索必须基于青海省的地域特点与工作重心，找准改革要求与地方需求的契合点并重点突破以推动改革全局发展。

青海省第三次全国国土调查领导小组办公室联合中国地质大学（武汉）自然资源部法治研究重点实验室编写的《青海省自然资源资产产权制度改革专题研究》，很好地协调了这两组关系，将自然资源资产产权制度改革这一宏观命题聚焦于"生态价值实现的产权机理"这一主题，在处理经济发展与生态维护的关系的过程中确立了"彰显生态利益，以生态价值为统领实现青海特色发展"的主题，在处理全面改革与重点探索的关系的过程中确立了"围绕生态价值实现的规范逻辑，以监管作为制度探索重点"的研究路径。应该说，这一探索视角既着眼于青海省自然资源特点，又关联青海省承担的多重叠加改革任务，是可行的、有意义的。在这一研究视角下，该研究成果明确了以产权主体为前提、以调查监测与确权登记为基础、以生态补偿与监管为核心的研究框架，并从自然资源管理体制改革、自然资源调查监测地方立法、自然资源确权登记制度改革、生态补偿体制机制改革、自然资源资产监管改革等方面提出了诸多新颖、有益的理论建议，开拓了青海省自然资源资产产权制度改革的思路，为今后的改革探索提供了可资参考的选择。

杨汝坤

2022 年 9 月

目 录

第一部分 总 论

第一章 研究背景和目的 …………………………………………………………………… (3)

第二章 青海省自然资源禀赋及其特色 ……………………………………………………… (6)

 第一节 耕地资源 ………………………………………………………………………… (6)

 第二节 湿地资源 ………………………………………………………………………… (7)

 第三节 水资源 …………………………………………………………………………… (8)

 第四节 矿产资源 ………………………………………………………………………… (9)

 第五节 气候资源 ………………………………………………………………………… (9)

 第六节 林地资源 ………………………………………………………………………… (10)

 第七节 草地资源 ………………………………………………………………………… (10)

 第八节 自然保护地 ……………………………………………………………………… (11)

 第九节 野生动植物资源 ………………………………………………………………… (12)

第二部分 专题研究

第三章 青海省自然资源资产产权管理体制研究 …………………………………………… (15)

 第一节 理论研究与政策实践梳理 ……………………………………………………… (15)

 第二节 国外自然资源资产产权管理模式及启示 ……………………………………… (23)

 第三节 青海省自然资源资产产权管理体制改革进程及困境 ………………………… (33)

 第四节 青海省自然资源资产产权管理体制改革的路径建议 ………………………… (43)

第四章 青海省自然资源调查监测制度改革 ………………………………………………… (60)

 第一节 青海省自然资源调查监测制度的价值 ………………………………………… (61)

第二节　青海省自然资源调查监测制度面临的困境 …………………………（64）

　　第三节　自然资源调查监测域外经验及启示 ……………………………………（73）

　　第四节　完善青海省自然资源调查监测制度的建议 ……………………………（79）

第五章　青海省自然资源确权登记制度改革 ……………………………………（120）

　　第一节　自然资源确权登记的制度缘起、目标及定位 …………………………（120）

　　第二节　国内外自然资源确权登记实践 …………………………………………（125）

　　第三节　自然资源确权登记的规范属性与制度结构 ……………………………（136）

　　第四节　青海省自然资源确权登记具体要素的优化探索 ………………………（142）

第六章　青海省生态补偿机制研究 ………………………………………………（172）

　　第一节　我国生态补偿的理论探索与政策实践梳理 ……………………………（172）

　　第二节　青海省生态补偿实践状况及其存在的问题 ……………………………（192）

　　第三节　青海省生态补偿的改革方向 ……………………………………………（218）

第七章　青海省自然资源资产的生态监管 ………………………………………（232）

　　第一节　自然资源资产监管的生态之维 …………………………………………（232）

　　第二节　青海省自然资源资产监管的生态侧重 …………………………………（238）

　　第三节　青海省自然资源资产生态监管的实现路径 ……………………………（244）

第一部分 总论

第一章 研究背景和目的

自然资源资产产权制度改革是我国当前生态文明建设的核心内容,是生态文明制度建设的一项基础性制度和实现生态文明建设的关键举措之一,是实现国家自然资源所有者权益、优化国家自然资源监管的重要抓手。

党的十八大作出"大力推进生态文明建设"的战略决策,生态文明建设得到政府的高度重视,成为国家战略。2013年,中国共产党第十八届中央委员会第三次全体会议通过的《中共中央关于全面深化改革若干重大问题的决定》把健全自然资源资产产权制度列为生态文明制度体系的一项重要内容,明确提出"健全国家自然资源资产管理体制是健全自然资源资产产权制度的一项重大改革,也是建立系统完备的生态文明制度体系的内在要求",并提出"对水流、森林、山岭、草原、荒地、滩涂等自然生态空间进行统一确权登记,形成归属清晰、权责明确、监管有效的自然资源资产产权制度"。2017年习近平总书记在中国共产党第十九次全国代表大会上作的报告《决胜全面建成小康社会,夺取新时代中国特色社会主义伟大胜利》中,进一步强调必须树立和践行绿水青山就是金山银山的理念,统筹山水林田湖草系统治理,坚定走生产发展、生活富裕、生态良好的文明发展道路,建设美丽中国,为人民创造良好生产生活环境,为全球生态安全作出贡献。要求改革生态环境监管体制:设立国有自然资源资产管理和自然生态监管机构,完善生态环境管理制度,统一行使全民所有自然资源资产所有者职责,统一行使全民所有国土空间用途管制和生态保护修复职责,统一行使监管城乡各类污染排放和行政执法职责;构建国土空间开发保护制度,完善主体功能区配套政策,建立以国家公园为主体的自然保护地体系,坚决制止和惩处破坏生态环境行为。

在制度顶层设计上,2015年,中共中央、国务院发布的《生态文明体制改革总体方案》将健全自然资源资产产权制度作为生态文明制度建设的一项基础性制度。要求树立自然价值和自然资本的理念,山水林田湖草是一个生命共同体的理念;坚持自然资源资产的公有性质,创新产权制度,落实所有权,区分自然资源资产所有者权利和管理者权力,合理划分中央与地方事权及监管职责,保障全体人民分享全民所有自然资源资产收益;设置了到2020年,构建起归属清晰、权责明确、监管有效的自然资源资产产权制度,着力解决自然资源所有者不到位、所有权边界模糊等问题的明确目标。《生态文明体制改革总体方案》从建立统一的确权登记系统、建立权责明确的自然资源资产产权体系、健全国家自然资源资产管理体制、探索建立分级行使所有权的体制、开展水流和湿地产权确权试点工作五个方面明确了健全自然资源资产产权制度的任务。此外,建立国土空间开发保护制度,严格按照主体功能区定位推动发展,建立国家公园体制,完善自然资源监管体制,完善资源总量管理和全面节约制度、健全资源有偿使用和生态补偿制度、完善生态文明绩效评价考核和责任追究制度等基本制度也需要以自然资源资产产权制度的完善为抓手。

在制度细化上，国务院印发的《国务院关于全民所有自然资源资产有偿使用制度改革的指导意见》(国发〔2016〕82号)指出，全民所有自然资源资产有偿使用制度是生态文明制度体系的一项核心制度。具体内容：立足生态文明体制改革全局，以完善全民所有自然资源资产使用权体系和有偿使用制度为重点，推进完善土地、水、矿产、森林、草原、海域、无居民海岛等全民所有自然资源资产有偿使用的法律法规体系；开展对全民所有自然资源资产有偿使用不规范行为的清理排查，对于法律制度完善的，要及时纠正不规范行为和违法行为，对于法律存在缺位或不完善的，各地区、各部门要在发现问题、总结经验的基础上，按程序推动相关法律法规"立改废释"；以各类自然资源调查评价和统计监测为基础，推进全民所有自然资源资产清查核算，研究完善相关指标体系、标准规范和技术规程，做好与自然资源资产负债表编制工作的衔接工作，建立全民所有自然资源资产目录清单、台账和动态更新机制，全面、准确、及时掌握我国全民所有自然资源资产家底，为全面推进有偿使用和监管提供依据。2019年，中共中央办公厅、国务院办公厅印发的《关于统筹推进自然资源资产产权制度改革的指导意见》对加快健全自然资源资产产权制度提出了明确的指导意见。具体内容：要求以完善自然资源资产产权体系为重点，以落实产权主体为关键，以调查监测和确权登记为基础，着力促进自然资源集约开发利用和生态保护修复，加强监督管理，注重改革创新，加快构建系统完备、科学规范、运行高效的中国特色自然资源资产产权制度体系，为完善社会主义市场经济体制、维护社会公平正义、建设美丽中国提供基础支撑；明确了健全自然资源资产产权体系、明确自然资源资产产权主体、开展自然资源统一调查监测评价、加快自然资源统一确权登记、强化自然资源整体保护、促进自然资源资产集约开发利用、推动自然生态空间系统修复和合理补偿、健全自然资源资产监管体系、完善自然资源资产产权法律体系九大主要任务。

青海省作为资源大省，在生态文明建设中承担了创建生态文明先行示范区，实施国家公园体制改革试点工作、生态产品价值实现机制试点工作等多项先行先试的改革任务。从青海省自身的资源特点与承担的多重叠加改革任务来看，以国家公园为主体的自然保护地产权问题是生态文明建设探索的抓手与重点。在我国自然资源资产产权制度改革探索的九大任务中，与自然保护地密切相关的任务有6个：健全自然资源资产产权体系、明确自然资源资产产权主体、开展自然资源统一调查监测评价、加快自然资源统一确权登记、健全自然资源资产监管体系、完善自然资源资产产权法律体系。其中，能够凸显青海地方探索、凝结具体制度经验的任务主要涵盖以下3个方面。

第一，前提——明确自然资源资产产权主体。目前，自然保护地全民所有自然资源资产所有权的事权划分已部分明确，全国战略性自然资源所有权属于中央政府事权。其中，国家公园等自然保护地由中央政府直接行使所有权，并由国家林业和草原局进行自然资源资产管理和国土空间用途管制。针对青海全省自然资源与保护地资源，如何构建层级分明、衔接有效的多层级主体机制是落实自然资源资产产权主体的关键。

第二，基础——自然资源统一调查监测与确权登记。调查监测与确权登记是摸清资源家底、保障权益实现、落实有效监管的基础性制度。对于调查监测,第三次全国国土调查(简称"三调")针对自然保护地进行了专门优化,不仅将各类自然保护地以及其他具有自然保护功能的空间单元纳入数据库的建设内容,更要求将它们作为"单独图层";对于确权登记,相关法规明确将国家公园、自然保护区、水流等单独作为登记单元,并已开展试点工作。如何结合青海省实践具体化制度实施路径与操作规则体系是探索的主要目标。

第三,核心——生态监管与补偿。首先,在保护地方面,我国已对生态环境部、自然资源部、国家林业和草原局的监管事权进行了区分,但自然资源资产价值实现各环节的生态监管机制尚不明确。其次,生态环境损害责任追究制度以及生态补偿制度虽然形成了一定程度上的顶层设计,但地方具体实现形态、操作机制等仍具有很大的模糊性。在地方实践过程中,我们需要对以上不明确的问题给予明确的回应。

基于上述考虑,项目组结合青海省的自然资源禀赋特征与改革的现有成果和条件,着力解决青海省自然资源资产产权改革制度的实际问题,围绕自然资源市场配置与政府监管、优先保护与集约利用的关系,针对青海省自然资源资产产权管理体制、自然资源调查监测制度、自然资源确权登记制度、生态补偿机制以及自然资源资产的生态监管等领域,开展自然资源资产产权制度改革的支撑制度、关键基础和重点难点领域专项研究,既凸显了青海特色,又回应了改革新需求。

本书将以"改革任务"为主要线索,深入挖掘青海省自然资源资产产权制度改革中的宝贵经验与典型做法,总结青海省自然资源资产产权制度改革中遇到的关键问题与疑难杂症,并从理论与实践层面给出政策建议。

第二章 青海省自然资源禀赋及其特色

地理位置。青海省,简称"青",因省内拥有我国最大的内陆咸水湖——青海湖而得名。它坐落于中国西部、青藏高原东北部,其东北部毗邻甘肃省,东南部与四川省接壤,西北部与新疆维吾尔自治区相连,西南部邻近西藏自治区,因此成为内陆联结西藏与新疆的重要纽带。青海省总面积宽广,地域辽阔,占全国总面积的 1/13,东西长 1200 多千米,南北宽 800 多千米,总面积高达 72.23 万 km^2,位列全国各省、自治区、直辖市面积排名的第四位,仅次于新疆、西藏与内蒙古。

地形地貌。青海省整体海拔较高,全省平均海拔为 3000m。具体来说,省内 5% 的土地海拔在 5000m 以上,67% 的土地海拔在 3000~5000m 之间,仅仅有 26.3% 的土地海拔在 3000m 以下。其中,昆仑山的布喀达坂峰是全省的最高点,海拔为 6860m;海东市民和回族土族自治县下川口村是全省的最低点,海拔为 1650m。

青海省地势整体上呈西高东低、南北高中部低之势,西部地区海拔较高,向东倾斜,地势呈梯形下降,东部地区为青藏高原与黄土高原的过渡地带,地形地貌复杂多样。全省地貌的基本骨架是由各大山脉构成的。值得一提的是,青海省同时具有多种地形地貌,包括高山、高原、盆地、谷地等,其中,全省土地总面积的 51.2% 为山地,30.1% 为平地,18.7% 为丘陵。

青海省山地多、海拔高,空气较为稀薄,土地较为贫瘠,经济建设和城乡建设开发具有较大的限制性。

第一节 耕地资源

青海省耕地资源呈现出以下几个特点。

(1)耕地面积少、产量低,生态环境脆弱。青海省耕地面积为 564 203.13hm^2(1hm^2 = 0.01km^2),占全省土地总面积的 0.81%,占比较小。在耕地质量方面,青海省的中低产田占比高达 70%,再加上干旱、风沙等自然灾害频发,农业生产能力受到较大的负面影响,有效的耕地面积难以维持,耕地退化现象较为严重。青海省的耕地集中分布于省内东北部的江河流域和盆地地区,其中西宁市、海东市和海北藏族自治州(简称海北州)的耕地面积占比接近全省耕地面积的 70%。东部黄土高原区地形破碎、沟壑纵横、土质疏松、植被缺乏。由于西部冰川、沙漠、戈壁、荒漠的面积大,加之部分地区生态环境恶劣,因而绿植覆盖率提高难度较大,水土流失问题也难以得到有效缓解。

(2) 以旱地为主，以水浇地为辅。青海省水浇地面积为 177 088.43 hm²，主要分布在西宁市、海东市、海南藏族自治州（简称海南州）、海西蒙古族藏族自治州（简称海西州），共占全省水浇地面积的 88.06%；旱地面积为 387 114.70 hm²，主要分布在西宁市和海东市。

(3) 细化耕地类型多样。全省细化耕地总面积为 1 461.31 hm²，其中河道耕地面积为 763.83 hm²，林区耕地面积为 44.78 hm²，牧区耕地面积为 534.49 hm²，沙荒耕地面积为 118.21 hm²。河道耕地、林区耕地和牧区耕地主要以旱地为主，沙荒耕地主要以水浇地为主。

(4) 季节性变化大，开发利用程度低。全省耕地中"粮与非粮轮作"和"林粮间作"的面积为 165 996.81 hm²，占全省耕地面积的 29.42%；休耕土地面积为 1.51 hm²，占全省耕地面积的比重微乎其微。而休耕土地只分布于西宁市和海南州，面积分别为 1.14 hm²、0.37 hm²，占休耕土地面积比重分别为 75.5% 和 24.5%。即可恢复耕地面积为 44 960.57 hm²，其他园地面积为 22 732.51 hm²，共占全省耕地面积的 50.56%；其他林地面积为 20 576.94 hm²，占全省耕地面积的 45.77%；未耕土地面积为 86 043.36 hm²，占全省耕地面积的 15.25%。在各州、市中，未耕种土地主要集中在海东市，面积达到了 40 342.75 hm²，占全省耕地面积的 46.89%。

第二节 湿地资源

青海省湿地资源具有以下 3 个特征。

(1) 湿地面积广、类型多，与草原生态系统重叠。青海省的湿地面积在我国名列榜首，青海省享有"地球之肾"的美誉，是重要的生态调节区。省内湿地类型丰富，最为典型的沼泽草地和内陆滩涂面积占全省湿地面积比重高达 98.15%，沼泽草地面积为 3 965 726.84 hm²，内陆滩涂面积为 1 041 239.57 hm²。除此以外，还有灌丛沼泽、森林沼泽、沼泽地和盐田等多种类型湿地。

(2) 湿地分布差异大。全省湿地集中分布在玉树藏族自治州（简称玉树州）、果洛藏族自治州（简称果洛州）、海西州，三州湿地面积占全省湿地面积的 92.43%。其中玉树州湿地面积所占比例最大，占全省湿地面积的 52.24%。按类型分布来看，森林沼泽只分布在西宁市；灌丛沼泽只分布在海北州；沼泽草地主要分布于玉树州，其面积占全省沼泽草地总面积的 59.71%；内陆滩涂主要分布于玉树州和海西州，其面积共占全省内陆滩涂总面积的 84.77%；沼泽地大部分分布在海西州，占全省沼泽地总面积的 85.82%。

(3) 湿地保护地建设取得显著成果。当前，已完成申报认定的国际重要湿地为扎陵湖、鄂陵湖、青海湖鸟岛 3 处，面积为 16.72 万 hm²；国家级重要湿地有 17 处，省级重要湿地有 32 处，两类湿地保护面积均在 200 万 hm² 以上。此外，青海省湿地公园建设也极具成效，湿地公园保护面积已有 32.51 万 hm²，共建有 19 处国家湿地公园（10 个已通过国家验收）、1 处省级湿地公园。

第三节 水资源

青海省内水资源包括降水、河流、湖泊等地表水资源,以及地下水资源两部分。其水资源呈现如下特征。

(1)水量不足,时空分布不均。全省水域及水利设施用地面积为 2 444 113.69 hm^2。省内年平均降水量为 300mm,地域差异较大,大致是东多西少,南多北少。省内水资源分布不均,与现有的经济发展建设适配度较低。具体表现为东部湟水河、西部柴达木盆地等经济发展程度相对较高地区的水量分别占到全省总水量的 3.5% 和 8.4%,而经济发展水平较低、人口稀少的南部三江源、北部祁连山等地区的水量占全省总水量的 80% 以上。从时间分布上来看,水资源在季节上也分布不均。年际间丰枯变动情况较为剧烈,具体表现为汛期通常多暴雨、涨洪水,4 个月时间里的来水量占全年径流量的一半以上;而农业生产灌溉期的 3 个月中,来水量不足全年径流量的 1/5。在农业灌溉的用水高峰期,需求较高,但水资源的天然供给量相对匮乏。

(2)汇集江河之源,水能资源丰富。青海省的三江源地区是长江、黄河以及澜沧江的发源地,由于其水能资源蕴藏能力较强,被冠以"中华水塔"的美誉。全年径流量为 631.4 亿 m^3,占全国年径流总量的 2.34%。遍布的江流贯穿我国中东部、南部,80.8% 的年径流量向省外输出。

全省集水面积超过 500km^2 的河流共计 278 条,水能资源蕴藏量的理论值高达 2 337 104kW。其中,黄河流域的水能资源蕴藏量的理论值占全省水能资源蕴藏量的理论值的 62.8%,长江流域占比 20.2%,澜沧江流域占比 9.4%。为此,青海省在水能资源蕴藏量值较高的区域设置水电站,充分发挥地势落差优势,向我国北方地区、中东部地区提供丰富电能。大型梯级水电站址主要分布于以龙羊峡、拉瓦西等为代表的黄河流域,被誉为中国水能资源的"富矿区"。

(3)大小湖泊众多,星罗棋布。青海省是中国多湖泊的地区之一,共有大小湖泊 2000 余个,湖泊水面面积为 1 504 848.25hm^2,仅次于西藏,居全国第二位。全省湖水总储量为 2244 亿 m^3,湖水类型分为淡水湖、咸水湖和盐湖。其中,淡水湖共计 151 个,储水量约为 355 亿 m^3,占全省淡水资源储存总量的 56%,占全国淡水资源储存总量的 16.5%。

(4)冰川储量大,地表水资源与地下水资源频繁转换。青海省境内多名山大川,高山顶上常年积雪,冰川广布。其中,海拔 5km 以上的山脉有祁连山、昆仑山、巴颜喀拉山和唐古拉山。青海省的冰川及永久积雪面积为 423 263.43hm^2。青海省的冰川及永久积雪主要分布在玉树州和海西州,其中海西州分布面积最大,占全省冰川及永久积雪面积的 64.83%。全省冰川的水资源储存量高达 3 519.66 亿 m^3,冰川年融水量为 35.8 亿 m^3,占全年径流量的 5.1%。其中,外流江河湖泊中的冰川年融水量为 17.4 亿 m^3,占全年径流量的 2.5%。全省地下水资源量为 28 707.48m^3/a,可供开采利用量为 1 0615.32m^3/a。

第四节 矿产资源

(1)矿产资源种类多,分布广,价值高。青海省地域辽阔,很多地方成矿条件好,矿产资源丰富,柴达木盆地更是以"聚宝盆"而闻名于世。全省矿产分布大致呈现"北部煤,南部有色金属,西部盐类和油气,中部有色金属、贵金属,东部非金属"的特点。由北向南可将青海省成矿区(带)划分为:祁连成矿带,以有色金属、石棉、煤为主;柴达木盆地北缘成矿带,以贵金属、有色金属、煤炭为主;柴达木盆地成矿区,以石油、天然气、盐类矿产为主;东昆仑成矿带,以有色金属、贵金属矿产为主;三江(金沙江、澜沧江、怒江)北段成矿带,以铜、铅、锌、钼等有色金属矿产为主。就矿种而言,青海省有矿产种类多、共生伴生矿产多、小矿多、矿产地分布散、矿产资源储量相对集中等特点。目前,已经发现87类矿产资源,共134种,4700多个矿床、矿点、矿化及找矿线索。134个大型矿产地、174个中型矿产地、380个小型矿产地已编入矿产资源储量表。矿产保有储量潜在价值17万亿元,占全国的13.6%。在已探明储量的72种矿产资源储量中,有35种矿产资源储量位居全国前10,其中氯化钾、岩盐、镁盐等8种矿产资源储量位居全国首位。

(2)与自然保护地分布重叠度高,开发风险大。青海省矿产资源蕴藏较丰富的地区通常是地质构造较复杂的地区,矿产资源多分布在省内自然保护地内,区域内生态恢复能力弱,而矿产资源的开发易引起多种生态过程的变化,导致生态退化。目前青海省开发利用矿种有76种,其中能源矿产、金属矿产、非金属矿产和水气矿产数量占矿种总数的比例分别为3.9%、15.8%、77.6%和2.6%。

第五节 气候资源

(1)太阳能资源总量高,西高东低。全省区域辽阔,位于中纬度地区,海拔在3000m以上的地区面积占全省总面积的90%以上。因为海拔高、大气稀薄,加之气候干燥、少雨、大气透明度好、日照时间长,所以太阳能资源丰富。就全国来说,太阳能资源量仅次于西藏,属第二高值区。年日照平均时数为2350~2976小时,日照百分率为53%~80%,多年太阳能总辐射量的年平均值为73万J/cm^2。年接受的太阳能折标煤达1623亿t,折合成电量$36\times10^{13}kW \cdot h$,相当于龙羊峡水电站年发电量的6万多倍。2018年,青海省太阳能发电量为$9.474\times10^9 kW \cdot h$,青海省光伏电站成为国内乃至国际最大规模光伏电站。同时,青海省还规划建成全国重要的光伏产业基地,在光伏产品制造业方面,已经形成"以硅为主、多元发展、集中布局"的格局,一批重点项目投产,产业链条日趋完善。青海省主要在省内生产建设光伏电站的原材料,并可向国内外市场大批量供货。

(2) 风能资源西多东少。青海省年平均风速总的地域分布趋势是西北部大、东南部小，即柴达木盆地中、西部大，青南高原西部及祁连山地中、西段小。风能储量最大地区为柴达木盆地、青南高原西部和青海湖周边地区。柴达木盆地西部和青南高原的唐古拉山区可用风能年储量超过 1000kW·h/m², 其中五道梁可用风能年储量为 1 159.04kW·h。该地区是全省可用风能年储量最多的地方。全省范围内风能密度在 150W/m² 以上，一年中风速为 3~20m/s 的、时长大于 3000 小时以上的地区面积占全省面积的 90%，年风能资源理论值可折合 7854 万 t 标煤，相当于 1.745×10^{11} kW·h 电能。近年省政府已开始重视风能资源的开发利用，将柴达木等地区作为风能开发试点地区。青海省已在风能资源丰富、联网及运输施工等综合条件良好的海西州、海南州、海北州等地区规划建设 29 个风电场，规划装机容量 9.87×10^{2} kW，到 2030 年建成，风电总装机规模远期规划在 2×10^{7} kW 左右。

第六节 林地资源

青海省林地资源特征如下。

(1) 森林分布不均，森林覆盖率低。青海省大部分地域属高原地带，林地和林木相对稀少，全省林地总面积为 4 603 592.24hm²，森林覆盖率在西部省份中处于末位且远低于全国平均水平。全省林地主要分布在果洛州、玉树州、海西州，3 个州的林地面积共占林地总面积的 50% 以上，其他市（州）林地分布相对均衡。省内活立木总蓄积量达 3728 多万立方米。全省森林主要分布在山地和流域地区，包括祁连山、柴达木盆地等山地和大通河、湟水河、黄河、澜沧江等流域地区。主要林区有坎布拉国家森林公园林区、祁连山原始森林林区等。

(2) 以灌木为主，以乔木为辅。全省灌木面积占林地面积的 80% 左右，总面积为 3 697 268.92hm²，由于灌木环境适应能力及生命力强，在青海省高海拔地区及荒漠化地区均有分布，树种多样，因而依据地形变化各区域灌木特点也不尽相同。乔木面积为 674 460.4hm²，占比在 15% 左右。而且，温暖、湿润气候的林地范围小，青海省乔木受其影响，树木种类及其分布也少，成长时间长。灌木林地主要分布在果洛州、玉树州、海西州，乔木林地主要分布在玉树州。

(3) 公益林占比大，商品林占比小。全省商品林面积只占全省林地面积的 0.3%，共有 41.2 万亩（1 亩＝666.666m²），其他均为生态公益林，共有 16 352.19 万亩，分布于果洛州、玉树州和海西州的公益林面积占公益林总面积的 59.5%。

第七节 草地资源

(1) 草地资源丰富，牧草品质优良。青海省草地面积为 39 470 819.24hm²，占全省总面积的一半以上，其中 92.89% 为天然牧草地，其余为人工草地和其他类型草地，面积占比小。

此外,青海省作为我国的主要牧区,牧草含有大量粗脂肪和蛋白质,而纤维含量较少,所以其营养物质含量丰富,质量较好。

(2)草地类型多样,分布差异大。青海省草地分布广泛且相对集中,其中81.4%以上的草地分布在玉树州、果洛州和海西州。草地分布的地形地貌也较为多样,在山地、荒漠、平原和高原均有草场或草甸分布,分布面积最广的草地类型是高寒草甸类草场,主要分布于环青海地区及周围海拔4000m左右的山地之间。总体来看,载畜能力较强的地方是高寒和山地草甸类草场,平均一只羊占0.77hm^{2}草地面积,而其余类型草场或草地中一只羊所占草地面积为1.5~9.0hm^2。

第八节 自然保护地

(1)自然保护地面积。青海省共有各级各类保护地14类223处,扣除交叉重叠后的保护地面积为2 688.39万hm^2,占全省总面积的38.42%。

(2)自然保护地类型丰富。青海省自然保护地类型多样,分布广泛,以国家公园和自然保护区为主,具体情况见表1-1。

表1-1 青海省自然保护地一览表

自然保护地类别	数量与级别	面积/万 hm^2	占自然保护地面积比例/%
国家公园(试点)	国家级2处	1 389.79	32.67
自然保护区	国家级7处、省级4处	2 177.74	51.20
水产种质资源保护区	国家级14处	433.33	10.19
风景名胜区	国家级1处、省级18处	105.34	2.48
地质公园	国家级7处、省级1处	57.59	1.35
湿地公园	国家级19级、省级1处	32.94	0.77
森林公园	国家级7处、省级16处	54.48	1.28
沙漠公园	国家级12处	2.32	0.05

(3)自然保护地重叠度高。全省纳入整合优化的109处自然保护地累计批准面积为4 253.53万hm^2,现有交叉重叠68处,数量重叠率为62.39%,面积重叠率为52.18%。

(4)自然保护地分布范围广。自然保护地广泛分布于三江源地区、青海湖流域、祁连山地区、柴达木盆地、湟水流域,涵盖全省五大重点生态功能区。

第九节 野生动植物资源

青海省动植物资源丰富且具有稀缺性。青海省是全球气候变化的重要启动区和敏感区，环境质量关乎全球生态安全。青海省得天独厚的自然条件与生态系统优势，是它成为生物多样性最集中地区的主要原因。青海省野生动植物资源丰富，对促进整个生态系统平衡发挥着重要作用。青海省野生动物类型多样，占我国物种总数的近10%，其中包括两栖爬行类、哺乳类等。青海省共有鸟类近300种，占我国鸟类总数的1/4。青海省陆生脊椎动物近500种，占全国陆生脊椎动物总数的10.26%，其中珍贵稀有动物有野牦牛、野骆驼、天鹅等。青海省植物资源丰富，水体面积非常大，为野生动物创造了良好的生存与栖息环境。青海省野生植物种类达2000多种，涵盖了经济植物、药用植物和名贵药材，主要包括雪莲、当归、麻黄、冬虫夏草等。

第二部分

专题研究

青海省自然资源资产产权管理体制研究

第一节 理论研究与政策实践梳理

一、相关概念与理论基础

(一)相关概念

自然资源是人类生存和发展的基础,只能保护好、利用好;自然资源资产是国家、民族最为重要的资产,只能保全好、监管好。2013年11月12日中国共产党第十八届中央委员会第三次全体会议通过的《中共中央关于全面深化改革若干重大问题的决定》和2015年4月25日中共中央、国务院发布的《中共中央 国务院关于加快推进生态文明建设的意见》,均对自然资源资产进行了较多的论述,特别增加了对自然资源资产产权制度、自然资源资产管理体制、自然资源资产负债表、自然资源资产离任审计等的论述。此后相关研究虽呈井喷之势,可时至今日仍然意见不一、分歧甚多。为此,极有必要对自然资源和自然资源资产的内涵进行系统梳理。

1. 自然资源

自然资源是在一定经济和技术条件下,自然界中可以被人类利用的物质和能量[1]。金瑞林在所著的《环境与资源保护法学》一书中将这一概念定义为"自然资源是客观存在于自然界中,能够在一定的经济技术条件下可以被用来改善人类社会生产和生活的物质和能量"[2]。相比较而言,这一概念更注重自然资源的经济价值,从资源可使用性(只有能够被人类用来改善其生产和生活条件的资源,才能被称为自然资源)和有效性(自然资源是能够被人们用于满足生产和生活的某种需要的、有用途的、有价值的自然物质或能量)两个方面,阐明了正是自然资源的这两种特性,才使得确立资源价值观和实行资源有偿使用制度成为可能。

---

[1] 黄锡生,史玉成.环境与资源保护法学[M].重庆:重庆大学出版社,2015.
[2] 金瑞林,汪劲.环境与资源保护法学[M].北京:高等教育出版社,2006.

与前述将自然资源定义为某种物质和能量不同,也有部分学者将自然资源定义为环境要素,认为自然资源是与环境融为一体、天然存在的具有经济价值的环境要素[1]。与传统的经济价值观点相比,这个定义将某些具有其他价值,但不能直接成为生产、生活资料,或不能直接成为生产要素的东西也划入了自然资源之中,如空气[2]。

党的十八大以来,党和中央的有关文件中关于自然资源的表述也不太一致。2013年党的十八届三中全会通过的《中共中央关于全面深化改革若干重大问题的决定》(简称《决定》)提出:"对水流、森林、山岭、草原、荒地、滩涂等自然生态空间进行统一确权登记,形成归属清晰、权责明确、监管有效的自然资源资产产权制度"[3],主要列举了水流、森林、山岭、草原、荒地、滩涂6类自然资源。2016年,《国务院关于全民所有自然资源资产有偿使用制度改革的指导意见》规定:"全民所有自然资源是宪法和法律规定属于国家所有的各类自然资源,主要包括国有土地资源、水资源、矿产资源、国有森林资源、国有草原资源、海域海岛资源等。"[4]2017年在中共中央办公厅、国务院办公厅印发的《关于创新政府配置资源方式的指导意见》在《中华人民共和国物权法》的基础上,自然资源又增加了无居民海岛资源,并且区别了传统自然资源和非传统自然资源[5]。传统的自然资源包括土地、矿藏、水流、森林、山岭、草原、荒地、海域、无居民海岛、滩涂等,无线电频率等属于非传统自然资源。2019年中共中央办公厅、国务院办公厅印发《关于统筹推进自然资源资产产权制度改革的指导意见》,结合《中华人民共和国宪法》《中华人民共和国物权法》等法律规定和管理实际,将自然资源主要分为土地、矿产、海洋、水、森林、草原6类。2020年,自然资源部发布的《自然资源部关于印发〈自然资源调查监测体系构建总体方案〉的通知》明确规定:"自然资源,是指天然存在、有使用价值、可提高人类当前和未来福利的自然环境因素的总和。"[6]该文件明确指出,现在调查监测的自然资源主要是自然资源部职责涉及的土地、矿产、森林、草原、水、湿地、海域、海岛等自然资源,而对于阳光、空气、风等其他自然资源,待条件成熟时再开展调查。2020年,自然资源部办公厅发布的《自然资源部办公厅关于印发〈自然资源确权登记操作指南(试行)〉的通知》中提到进行自然资源所有权和所有自然生态空间确权登记的对象,主要包括水流、森林、山岭、草原、荒地、滩涂、海域、无居民海岛以及探明储量的矿产资源9类自然资源。

基于《中共中央关于全面深化改革若干重大问题的决定》中关于自然资源的界定,笔者认为自然资源是指天然存在、有使用价值、可提高人类当前和未来福利的自然环境因素的总和[7]。为尽量避免重叠交叉,在借鉴相关研究结论的基础上,笔者认为自然资源应当包括以下5类资源:一是土地资源,包括各种土地,具体包括建设用地、农用地、滩涂、湿地等;二是水

---

[1] 汪劲.环境法学[M].3版.北京:北京大学出版社,2014.
[2] 吕忠梅.环境资源法学[M].北京:中国政法大学出版社,2005.
[3] 《中共中央关于全面深化改革若干重大问题的决定》,2013年11月12日由中共中央发布。
[4] 《国务院关于全民所有自然资源资产有偿使用制度改革的指导意见》,2017年1月16日由国务院发布。
[5] 陈静,陈丽萍,郭志京.自然资源资产国家所有权实现方式探讨[J].中国土地,2020(1):20-23.
[6] 《自然资源调查监测体系构建总体方案》,2020年1月17日由自然资源部印发。
[7] 《中共中央关于全面深化改革若干重大问题的决定》辅导读本编写组.《中共中央关于全面深化改革若干重大问题的决定》辅导读本[M].北京:人民出版社,2013.

资源,应当包括覆盖在土地之上的所有水资源,具体包括淡水资源和海水资源;三是矿产资源,包括由地质作用形成的,具有利用价值的,位于地表或者地下的呈固态、液态、气态的自然资源;四是林草等植物资源,主要是指从土地里长出的植物资源;五是野生动物资源等[1]。

2. 自然资源资产

在以往的管理工作中,自然资源与自然资源资产的概念没有明显的区别,从而导致管理范围不明晰。常见的自然资源资产的定义一般有两种。一类认为"稀缺、有用、产权明确"是自然资源资产的确认标准[2]。比如党的十八届三中全会通过的《决定》辅导读本中就指出,"自然资源是指天然存在、有使用价值、可提高人类当前和未来福利的自然环境因素的总和"。自然资源资产是指其中具有稀缺性、有用性(包括经济效益、社会效益、生态效益)及产权明确的自然资源,《中国自然资源手册》将自然资源资产分为土地、森林、草地、水、气候、矿产、海洋、能源和其他九大类。另一类认为自然资源资产是"产权明确、货币可计量、可预期经济利益"的自然资源。自然资源的资产属性应具备3个基本条件:①国家或地区拥有所有权或完全控制权;②已探明数量与规模,并可用货币计量;③能够开发利用并会预期带来经济利益[3]。其最狭义的概念,是将自然资源资产仅限定为可纳入不动产统一登记的资产。

对此,笔者认为,能否明晰自然资源资产的范围,实际上取决于两个因素:一是经济体系对其有用性的认知程度;二是自身的可量化程度[2]。自然资源转化为自然资源资产的过程,是一系列连续的人类劳动参与过程,分为发现、分类、确权、开发、再确权、交易等几个阶段。因此,管理自然资源首先要进行分类,在分类基础上进行初次所有权确权,然后在开发阶段进行国土空间规划和用途管制,划分出禁止开发、优化开发、重点开发、限制开发等区域;而后对可开发区域进行再次确权,明确使用权和承包经营权等;最后进行交易,即功能切割或权利易主[2]。由此可见,自然资源资产是部分自然资源资产化后的资产,是与权利(产权或财产权)联系在一起的概念。并非所有的自然资源都可以称为自然资源资产,因为资产必须具备边界性或可度量性、归属性和稀缺性3个本质属性[4]。自然资源资产作为所有权客体,具有广泛性、不特定性和多重属性等特点。本书对自然资源资产的研究,并不以"货币化计量"为要求,更关注自然资源资产稀缺性、有用性(包括经济效益、社会效益、生态效益)及产权可明确的自然资源。

(二)理论基础

1. 自然资源产权理论

1)内涵

产权即对财产的所有权,它是由财产所有关系而产生的包括占有权、支配权、使用权、处

---

[1] 蔡卫华.自然资源法律概念初探[J].中国不动产,2020(4):56-57.
[2] 马晓妍,洪军.全民所有自然资源资产的价值核算问题[J].中国土地,2019(12):31-34.
[3] 邓碧华,高亚楠.自然资源资产负债表编制及报表构架探讨[J].中国国土资源经济,2020,33(3):13-17.
[4] 董祚继,田乐译.自然资源资产管理与国土空间规划[J].景观设计学,2019,7(1):88-93.

分权和收益权在内的"权利束",其中收益权是产权的核心内容。自然资源资产产权是指自然资源所有、占有、处分、收益权利的总和。

2)自然资源的产权关系

(1)自然资源资产产权。经济的飞速发展致使自然资源的经济属性发生变化,其相对稀缺性逐渐呈现,自然资源向自然资源资产逐步转化。《中共中央关于全面深化改革若干重大问题的决定》提出,要"健全自然资源资产产权制度和用途管制制度"。区别于自然资源产权,自然资源资产产权更加侧重自然资源的稀缺性、生态性和市场化[1]。健全自然资源资产产权体系和权能,完善自然资源资产产权制度,是保护各类自然资源资产产权主体合法权益、实现自然资源可持续利用、推进生态文明建设的制度保障。

(2)自然资源使用权。根据我国相关法律法规的表述,自然资源使用权的现实权利人享有占有、使用自然资源的权能,而且有权对自然资源使用权进行处分并获取收益。因此,自然资源使用权是以使用权为核心的"权利束"。

3)基于产权理论的我国自然资源资产产权管理的相关实践探索

由《中华人民共和国宪法》《中华人民共和国物权法》《中华人民共和国民法典》《中华人民共和国土地管理法》《中华人民共和国矿产资源法》《中华人民共和国水法》《中华人民共和国森林法》《中华人民共和国草原法》《中华人民共和国海域使用管理法》《中华人民共和国野生动物保护法》等关于自然资源所有权的相关规定可知,矿产资源、水资源、海洋资源中的海域、无居民海岛、野生动物资源属于国家所有,土地资源、森林资源和草原资源既可以是国家所有也可以是集体所有。目前缺乏关于湿地资源所有权的规定,但其中的滩涂分为国家所有和集体所有。对于野生植物资源和气候资源而言,虽形成了关于保护和合理利用的相关规定,但未明确所有权归属[2]。2019年中共中央办公厅、国务院办公厅印发的《关于统筹推进自然资源资产产权制度改革的指导意见》提出"以完善自然资源资产产权体系为重点,以落实产权主体为关键,以调查监测和确权登记为基础,着力促进自然资源集约开发利用和生态保护修复,加强监督管理,注重改革创新,加快构建系统完备、科学规范、运行高效的中国特色自然资源资产产权制度体系"。该文件的发布对加快健全自然资源资产产权制度,统筹推进自然资源资产确权登记、自然生态空间用途管制改革,构建归属清晰、权责明确、监管有效的自然资源资产产权制度,具有重大推动作用。

在实践层面,我国积极推进各类自然资源产权制度改革工作。如,土地方面:落实承包土地所有权、承包权、经营权"三权分置",开展经营权入股、抵押,探索宅基地所有权、资格权、使用权"三权分置",加快推进对建设用地地上、地表和地下分别设立使用权,促进空间合理开发利用等;矿产资源方面:探索研究油气探采合一权利制度,加强探矿权、采矿权授予与相关规划的衔接,根据矿产资源储量规模,分类设定采矿权有效期限及延续期限,依法明确采矿权抵押权能,完善探矿权、采矿权与土地使用权衔接机制等;海洋方面:探索海域使用权立体分层设权,加快完善海域使用权出让、转让、抵押、出租、作价出资(入股)等权能,构建无

---

[1] 康京涛.自然资源资产产权的法学阐释[J].湖南农业大学学报(社会科学版),2015,16(1):79-84.
[2] 罗世兴,石吉金,李彦华.完善国有自然资源资产报告内容的思考[J].中国国土资源经济,2020,33(9):19-24.

居民海岛产权体系,试点探索无居民海岛使用权转让、出租等权能;等等。

2. 委托-代理理论

1) 理论概述

早在 20 世纪 70 年代,詹姆斯·莫里斯(James Mirrlees)、约瑟夫·尤金·斯蒂格利茨(Joseph Eugene Stiglitz)、斯蒂芬·罗斯(Stephen Ross)、迈克尔·斯彭斯(Michael Spence)等共同开创了委托-代理理论,并卓有成效。该理论以委托人和代理人之间的信息不对称和利益冲突为假设前提,"涉及由一个人——委托人(譬如雇主)如何设计一个补偿系统(一个契约)来驱动另一个人(他的代理人,譬如雇员)为委托人的利益行动"[1]。20 世纪 80 年代以来,委托-代理理论得到了多方面的发展,主要是先后建立了重复博弈的委托-代理模型、委托人道德风险和多代理人模型、多任务委托-代理模型、多个委托人模型、最优委托权安排模型等。

2) 我国自然资源所有权委托代理的依据

传统的自然资源资产管理,并没有严格区分"作为部分自然资源资产所有者的权利"与"作为所有自然资源管理者的权力","行政监管权分级管理"与"所有权委托代理行使"概念混淆。许多自然资源资产往往由基层政府直接处置并享有收益,导致乱占湖泊湿地、过度围填海造地等问题频现。因此,迫切需要在区分所有权和监管权、区分"基于所有权的管理"和"基于行政监管权的管理"的基础上,建立统一规范的所有权委托代理机制,明确所有权管理的责权利,确保各级地方政府在法律授权或中央政府委托的范围内代理行使所有权,既防止借行政管理之名越权行使所有权的情况,也防止所有权行使过程中的缺位、错位以及所有权人不到位的情况的发生。

自然资源资产所有权委托代理,是在国家全面深化改革,推动自然资源资产产权制度改革和生态文明建设背景下提出的一个全新概念[2]。《中华人民共和国宪法》第一百零七条规定"县级以上地方各级人民政府依照法律规定的权限,管理本行政区域内的经济、教育、科学、文化、卫生、体育事业,城乡建设事业和财政、民政、公安、民族事务、司法行政、计划生育等行政工作",因此,行政监管权天然是"分级行使"的,不需要"委托"。只有所有权才需要通过委托的方式"分级代理行使"。我国是单一制国家,国有自然资源资产的所有权统一于中央政府,地方政府不具有所有权。对需要由地方政府行使所有权的部分权能(如处置资源资产),只能通过法律途径或委托的方式予以特别授权。

在产权主体与所有权主体不一致的情况下,产权主体与所有权主体之间实际上是一种委托代理关系[3]。对于自然资源而言,虽然我国法律规定自然资源为全民所有,但是由于自然资源与社会公共利益甚至国家安全密切相关,"全民"对自然资源的使用受到严格限制。按照我国法律的规定,公民、法人或其他社会组织可以取得自然资源的使用权。此时,公民、

---

[1] Ross S A. The Economic Theory of Agency: The Principal's Problem[J]. American Economic Review,1973,63(2):134-139.

[2] 傅小徐.国有土地资源资产的委托代理关系探讨[J].中国经贸导刊(中).2020(3):147-148.

[3] 凌卫红,徐学伟,梁劲.产权与所有权关系辨析[J].武汉水利电力大学学报(社会科学版),2000(2):36-40.

法人或其他社会组织具有非所有者的意义。也就是说,自然资源的所有权主体与使用权主体是不一致的,两者之间的权利义务关系通过委托代理关系进行设定。

二、我国自然资源资产产权制度的政策沿革与实践

(一)自然资源公有制起源阶段(1949—1977年)

中华人民共和国成立初期,就确立了自然资源的公有产权制度,国家所有制在自然资源领域占有主导地位。所有权方面:1954年《中华人民共和国宪法》第六条规定"矿藏、水流,由法律规定为国有的森林、荒地和其他资源,都属于全民所有",自然资源产权公有制基本形成。在自然资源使用权方面:这一阶段,在实际操作中,集体所有权客观存在,但并未在法律中得到确认。当时,我国明令禁止任何政府行政调配以外的资源交易,自然资源资产的使用权与行政管理权力高度融合,自然资源及其产品的交易流通受到严格限制。

(二)自然资源所有权和使用权分离且使用权不可交易阶段(1978—1988年)

20世纪70—80年代,我国进入自然资源资产管理法律体系的创设阶段[1],政府颁布了一系列规范自然资源管理以及产权制度的法律和法规。此阶段,自然资源单门类立法工作取得重大进展,不同门类自然资源立法纷纷明确由国务院代表行使自然资源国家所有权,地方政府不得行使国家所有权。1986年制定的《中华人民共和国土地管理法》规定"全民所有,即国家所有土地的所有权由国务院代表国家行使";《中华人民共和国矿产资源法》要求"矿产资源属于国家所有,由国务院行使国家对矿产资源的所有权";1988年制定的《中华人民共和国水法》规定"水资源属于国家所有。水资源的所有权由国务院代表国家行使"。此外,1984年制定的《中华人民共和国森林法》、1985年制定的《中华人民共和国草原法》等纷纷出台,我国开始用法制来管理自然资源产权,基本形成了由自然资源单项法律和多部行政法规、部门规章组成的自然资源法律体系,标志着自然资源产权管理初步实现了有法可依。

在所有权上,《中华人民共和国宪法》第一次正面规定了自然资源的集体所有权,确定了公有产权的二元结构,同时实现了所有权和使用权的分离,打破了国有企业独揽使用权的局面[2]。与此同时,随着自然资源法治建设进程的加快,我国土地资源、矿产资源等部分自然资源的使用开始有偿化。1980年,第五届全国人民代表大会第三次会议首次提出开征资源税。1984年,国务院出台《中华人民共和国资源税条例(草案)》,标志着资源税制度在中国正式建立,从客观上维护了国家对矿产资源的部分权益。此后,中国开始对自然资源征税。1986年,《中华人民共和国矿产资源法》规定对矿产资源实施开采的主体收取一定限度的资源税和资源补偿费,税费并存制度从此以法律的形式确立下来。

---

[1] 刘志强,张建华.完善自然资源法律体系的思考[J].中国国土资源经济,2019,32(3):23-26+58.

[2] 何为自然资源资产产权?[N].中国环境报,2013-11-26(008).

(三)自然资源资产产权管理的调整完善阶段(1988—2011年)

1987年,国家土地管理局在坚持土地所有权不变的基础上,进行土地所有权和使用权相分离、将土地使用权进入市场流转的探索,并安排在深圳、上海等沿海开放城市进行试点工作。1988年《中华人民共和国宪法修正案》将原《中华人民共和国宪法》第十条第四款"任何组织或者个人不得侵占、买卖、出租或者以其他形式非法转让土地"修改为"任何组织或者个人不得侵占、买卖或者以其他形式非法转让土地,土地的使用权可以依照法律的规定转让"。在此次修改中,土地作为生产要素的商品属性得到重视并通过立法形式得以确定,土地使用权成为我国最早实现有偿使用与可交易的自然资源产权。这一时期,公有产权、私有产权相混合,公有产权占主导,使用权和转让权以有偿转让或协议等方式在不同主体间进行分配,这在一定程度上实现了国家生态效益与产权主体经济效益的激励相容[1]。

1988年的宪法修正案,拉开了自然资源有偿使用制度改革的序幕,土地使用权可依照法律规定进行转让,是自然资源产权可交易的开端[2]。同年,《中华人民共和国土地管理法(修正案)》规定"国有土地和集体所有的土地的使用权可以依法转""国家依法实行国有土地有偿使用制度",1990年修正的《中华人民共和国城镇国有土地使用权出让和转让暂行条例》明确提出"国家按照所有权与使用权分离的原则,实行城镇国有土地使用权出让、转让制度,但地下资源、埋藏物和市政公用设施除外"。上述修订,标志着我国正式建立起国有土地使用权可交易的产权制度。此后,我国相继制定、颁布或修订多项自然资源法律。《中华人民共和国农业法》(1993年)、《中华人民共和国煤炭法》(1996年)、《中华人民共和国矿产资源法》(1996年修订)、《中华人民共和国节约能源法》(1997年)、《中华人民共和国土地管理法》(1998年)、《中华人民共和国森林法》(1998年修正)、《中华人民共和国海域使用管理法》(2001年)、《中华人民共和国农村土地承包法》(2002年)、《中华人民共和国草原法》(2002年修订)、《中华人民共和国水法》(2002年修订)、《中华人民共和国农业法》(2002年修订)、《中华人民共和国土地管理法》(2004年第二次修订)、《中华人民共和国可再生能源法》(2005年)等法律相继颁布或修订,从法律上确定了自然资源占有、使用和开发利用的方式,推动了中国自然资源资产管理法制化改革进程。

2007年《中华人民共和国物权法》的颁布标志着我国自然资源所有权为主体、自然资源用益物权和担保物权为两翼的自然资源产权体系基本形成,象征着自然资源所有权、使用权相分离和使用权有偿使用制度逐步发展完善[3]。《中华人民共和国物权法》的出台,明确了国有财产所有权授权国务院代表国家行使[4]。2019年4月,中共中央办公厅、国务院办公厅印发了《关于统筹推进自然资源资产产权制度改革的指导意见》,标志着中国基本完成了自然资源资产产权制度的顶层设计,明确了产权界定、产权配置、产权交易、产权保护的基本内涵和改革路径,自然资源资产管理和产权制度开始逐步调整,并日趋完善。

---

[1] 何为自然资源资产产权?[N].中国环境报,2013-11-26(008).
[2] 卢现祥,李慧.自然资源资产产权制度改革:理论依据、基本特征与制度效应[J].改革,2021(2):14-28.
[3] 钟骁勇,潘弘韬,李彦华.我国自然资源资产产权制度改革的思考[J].中国矿业,2020,29(4):11-15+44.
[4] 陈静,郭志京.自然资源资产国家所有权委托代理机制分析[J].中国土地,2019(9):30-32.

(四)自然资源资产产权制度的全面深化改革阶段(2012年至今)

自2012年党的十八大提出中国特色社会主义"五位一体"总体布局以来,以习近平同志为核心的党中央深入贯彻新发展理念,不断深化生态文明领域体制改革,开创了自然资源管理新局面。

2013年,党的十八届三中全会通过的《中共中央关于全面深化改革若干重大问题的决定》在第十四部分"加快生态文明制度建设"中首次规定了要"健全自然资源资产产权制度和用途管制制度。对水流、森林、山岭、草原、荒地、滩涂等自然生态空间进行统一确权登记,形成归属清晰、权责明确、监管有效的自然资源资产产权制度"。

2014年,党的十八届四中全会通过的《中共中央关于全面推进依法治国若干重大问题的决定》提出:"建立健全自然资源产权法律制度,完善国土空间开发保护方面的法律制度,制定完善生态补偿和土壤、水、大气污染防治及海洋生态环境保护等法律法规,促进生态文明建设。"

2015年中共中央、国务院印发的《生态文明体制改革总体方案》从建立统一的确权登记系统、建立权责明确的自然资源产权体系、健全国家自然资源资产管理体制、探索建立委托代理行使所有权的体制、开展水流和湿地产权确权试点工作等方面提出了健全自然资源资产产权制度的具体措施。根据该文件的要求,我国加快探索建立委托代理行使所有权的体制,对全民所有自然资源资产,按照不同资源种类和在生态、经济、国防等方面的重要程度,研究实行中央和地方政府委托代理行使所有权职责的体制。

2016年12月,国务院印发《国务院关于全民所有自然资源资产有偿使用制度改革的指导意见》,针对土地、水、矿产、森林、草原、海域海岛6类国有自然资源的不同特点和情况,分别提出了建立完善有偿使用制度的重点任务。

2017年,中共中央办公厅、国务院办公厅印发的《关于创新政府配置资源方式的指导意见》从建立健全自然资源产权制度、健全国家自然资源资产管理体制、完善自然资源有偿使用制度、发挥空间规划对自然资源配置的引导约束作用等方面规定了创新自然资源配置的方式。同年,党的十九大报告进一步深化和具体化了自然资源产权制度改革的要求与表述,将它置于"加快生态文明体制改革,建设美丽中国"的高度,提出要"加强对生态文明建设的总体设计和组织领导,设立国有自然资源资产管理和自然生态监管机构,完善生态环境管理制度,统一行使全民所有自然资源资产所有者职责,统一行使所有国土空间用途管制和生态保护修复职责,统一行使监管城乡各类污染排放和行政执法职责"。

2019年4月14日,中共中央办公厅、国务院办公厅印发的《关于统筹推进自然资源资产产权制度改革的指导意见》提出了健全自然资源资产产权体系、明确自然资源资产产权主体、开展自然资源统一调查监测评价、加快自然资源统一确权登记、强化自然资源整体保护、促进自然资源资产集约开发利用、推动自然生态空间系统修复和合理补偿、健全自然资源资产监管体系、完善自然资源资产产权法律体系九大主要任务。相比《生态文明体制改革总体方案》的表述,增加了"保护严格"和"流转顺畅",完整体现了产权界定、产权配置、产权交易和产权保护等产权制度建设的四大基本要素,并且明确国务院授权国务院自然资源主管部门具体代表统一行使全民所有自然资源资产所有者职责,探索建立委托省级和市(地)级政府代理行使所有权的资源清单和监督管理制度。

综上,这一阶段的改革重点在于明晰自然资源的所有权和使用权的关系,以完善自然资源资产产权体系为重点,以落实产权主体为关键,以自然资源调查监测和确权登记为基础,着力促进自然资源的集约开发利用和生态保护修复,加强监督管理,注重改革创新,加快构建系统完备、科学规范、运行高效的中国特色自然资源资产产权制度体系[1]。

第二节 国外自然资源资产产权管理模式及启示

自然资源资产产权管理是自然资源管理的重要组成部分。国外自然资源管理大致可分为3种模式,即集中管理模式、相对集中管理模式和分散管理模式。这3种模式下的自然资源资产产权管理制度也呈现不同特征。这3种模式下的自然资源资产管理模式也各有特色。

一、国外自然资源资产管理的主要模式

(一)集中管理模式

集中管理模式主要指将土地、矿产、森林等主要自然资源由中央政府的一个部门统一综合、协调管理的模式。这一管理模式下的自然资源资产管理也呈现出一定的集中性特点。施行此种模式的代表国家有美国、加拿大、俄罗斯等,本书主要以美国为例加以说明。

1. 美国主要的自然资源资产管理机构

美国属于自然资源管理体制建设较为完备的国家之一,了解并借鉴该国自然资源资产管理体制建设经验,有助于推动我国自然资源资产产权管理体制改革。

美国自然资源管理权限实现了相对集中统一管理,主要集中于内政部。内政部直接负责占全国陆地面积1/8的土地及联邦所属公共土地的矿产资源管理,供应和管理着西部17个州的水资源,同时也负责国家公园、纪念馆和历史名胜的监管与保护。此外,美国环境和自然资源部负责管控土地资源及保护环境。其他自然资源,如森林、牧场、荒地等由农业部负责管理,石油、煤炭等矿产能源主要由能源部负责管理,国家海洋渔业、濒危物种服务等依赖于商务部的合作。

2. 美国自然资源资产管理的主要内容

自然资源资产要体现资产属性,必须要广泛采取市场化的管理机制[2],美国也不例外。

---

[1]《中共中央办公厅 国务院办公厅关于统筹推进自然资源资产产权制度改革的指导意见》,2019年4月14日由中共中央办公厅、国务院办公厅发布。

[2] 刘丽,陈丽萍,刘伟,等.自然资源资产管理的国际经验借鉴[J].国土资源情报,2016(10):3-8.

美国内政部依照国会法律,除了对联邦拥有的自然资源制定规划和政策,也同时对自然资源进行产权管理和资产管理,在确保环境和公众安全的前提下利用自然资源资产创收。其主要内容包括以下几点。

(1) 编制资产清册。美国内政部编制并保存了一份关于所有的公有土地、它们的各种资源及其他价值的详细目录。

(2) 政策制定。自然资源管理部门作为代理人对国家自然资源资产进行的行政管理,集中体现在制定资源资产处置和收益等方面的法规和政策标准。这是资产管理的核心职能之一,比如矿产资源权利金政策的制定、土地出让或转让合同的制定等[1]。

(3) 审批许可。美国内政部以审批许可的方式发放各类自然资源使用权证,或以竞价拍卖的方式确定经营代理人,或出售国有自然资源所有权或使用权。例如,美国的《联邦土地政策和管理法》规定,通过行使地役权、颁发许可证、租赁、发布规章及采用其他恰当的措施,对公有土地的利用、占用和开发依法加以管理。

(4) 资产活动监督。资产活动监督主要是指监察和预防在专业许可过程中可能存在的腐败和寻租行为。该活动主要由监察长及其附属办公室,政策、管理和预算办公室联合组织,对内政部内的自然资源许可、评估、收益、账户利用等一系列行为进行集中监管。

(5) 资产评估。资产评估是指内政部不动产估价部门、自然资源评估办公室和估值办公室面向土地资源管理局、露天采矿局、开垦局、国家公园管理服务局等机构开展评估活动和相关业务,参照联邦财产评估标准进行具体评估。

(6) 开发利用和经营。美国内政部根据《矿产租让法》(1920 年颁布,1987 年修订),将油气、煤炭、钾盐、磷酸盐等资源按照一定程序租借给矿业公司进行勘查开发;对一般金属矿产和其他矿产资源,矿业公司则根据 1872 年通过的《通用矿业法》,依照标界制度获得矿业权。同时,对可租让矿产实行权利金＋红利的有偿取得和有偿使用制度。

(7) 收益管理。收益管理是指确保从自然资源资产中获得公平、公正的价值。主要包括收益核算、形成收益报告、纠纷裁定、印第安信托、信息管理 5 个环节。

(8) 入账与审计。入账是指在经过收益管理一系列环节后,内政部将由自然资源资产经营管理创收的利润存入美国财政部专用账户,并以此为基础资金,用来提升自然资源保护开发力度,或提高行政服务水平,或资助与内政部活动相关的计划行动等。这一做法旨在核实是否对有关自然资源资产运营或管理过程进行了价值甄别并接收资产报告,运营或管理过程是否遵守联邦法律法规或是否依照正确、应当的流程和程序执行等。审计除了包括内政部内部审计活动,还包括联邦独立审计机构(如联邦审计署)的审计活动以及其他外部审计活动。

(9) 编制自然资源资产负债表。自然资源资产核算的最终步骤是将自然资源纳入资产负债表进行统一核算。美国内政部在这一方面做了大量的探索和努力,力图将职能范围内的自然资源资产按照收支两条线的收益模式进行收支抵补。

需要指出的是,为保证国有(公有)资源配置高效且公平,美国自然资源管理机构不断调

---

[1] 刘丽,陈丽萍,吴初国. 国际自然资源资产管理体制概览[J]. 国土资源情报,2015(2):3-8.

整自身职能,在长达百年的演进中,始终积极推进相关工作。在这一点上,美国自然资源管理发展历程与我国有一定相似度,特别是在政府价值取向上[1],既是效率与公平关系的演变历程,同样也是开发和保护相结合的过程。

(二)相对集中管理模式

相对集中管理模式是指由少数专门的中央部委部门对土地、矿产、海洋、森林、水等主要资源进行管理或由中央政府部委以下的司局或部门二级机构进行管理。这种模式的代表国家有欧洲的法国、德国、意大利、瑞典等,大洋洲的澳大利亚、新西兰等,亚洲的新加坡、日本等。这种模式的特点是自然资源所有权与土地所有权相分离。自然资源产权由政府授予勘察者或开发利用者。这种产权是指对区域内未与土地分离的自然资源的开发利用权以及对被分离的自然资源的所有权。采用这种管理模式的国家多具有以下特点:经济发达,对各种资源需求量大;本国自然资源匮乏且缺乏多样化,资源依赖进口程度高;协调机构对政府和企业沟通有力[2]。

为了更好地阐述此种模式,本书以澳大利亚为例展开具体论述。

1. 澳大利亚自然资源管理的主要机构

当前,澳大利亚联邦政府中负责自然资源管理的政府部门主要有农业和水资源部,环境和能源部,工业、创新与科学部。澳大利亚联邦政府对自然资源的管理大体采用"联邦—州—地方"三级模式,从政治制度上看,各州(领地)政府拥有较大的自主权,联邦政府主要扮演协调和引导的角色。由于自然资源主要归属各州(领地),澳大利亚自然资源管理体制表现出在统一协调框架下的地方主导型特点,以州(领地)政府管理为主,联邦政府、地方政府为辅,但联邦政府发挥着很强的协调作用,并负责履行相关国际公约和义务。这也是本研究将澳大利亚的自然资源管理体制认定为"相对集中管理模式"的最主要原因。

澳大利亚的自然资源管理体系主要由联邦政府和各州(领地)政府主管部门及地方执行机构共同组成,这些部门及机构统一行使管理职能,不同机构之间重叠和交叉职能较少。各州的自然资源管理机构,在对自然资源资产处置管理上依法享有较大的自主裁量权,不必事事汇报和请示联邦政府。这种体制设计具有管理层级少、透明高效和地方政府难以进行不适当干预等特点,对自然资源资产的有效管理和可持续发展具有重要意义。

除了上述政府机构外,澳大利亚各联邦委员会等协调机构在自然资源领域同样发挥着重要的咨询、建议和监管的作用。

2. 澳大利亚的自然资源资产管理框架

20世纪80年代中期,澳大利亚联邦政府开始实施资产管理改革,引入了全面资产管理战略。该战略要求政府各部门、机构在结合资产需求和实际情况基础上,以政府公共服务目

---

[1] 王韬,张立新.中美日自然资源管理体制比较研究及其启示[C]//中国城市规划学会、杭州市人民政府.共享与品质——2018中国城市规划年会论文集(12城乡治理与政策研究).北京:中国城市规划学会,2018:652-658.
[2] 何为自然资源资产产权?[N].中国环境报,2013-11-26(008).

标为要求,从全局立场出发实施资产管理工作[1]。作为澳大利亚资产管理改革的核心措施,全面资产战略管理通过澳大利亚审计办公室(The Australian National Audit Office,ANAO)确立并推广使用,通过专门的资产管理机构贯彻实施。根据 ANAO 的提议,澳大利亚联邦政府在中央层面制定了资产管理准则,在外部建立激励与惩罚等约束机制,进而提高政府组织资产管理的积极性。

1998 年,新成立的澳大利亚联邦政府财政与行政管理部(Department of Finance and Administration,DOFA)负责各联邦机构的财产取得、处置管理等工作。DOFA 下设的公共财产管理司具体管理澳大利亚除国防财产外的所有政府财产。公共财产管理司设有两个分部,一是股权、资产出售分部,二是不动产和建筑分部。其中,股权、资产出售分部负责管理和指导政府资产出售、合同事务,处理与资产出售有关的各种问题;不动产和建筑分部负责政府不动产的建设、运营、维护、处置以及相关政策制定。

需要指出的是,澳大利亚的全面资产管理并没有包括全部的资源性资产,在自然资源类别中也只涵盖了自然遗产资产和土地资源资产两种类型。因此,澳大利亚的自然资源资产管理主要是指对上述两种自然资源类型的管理。

(三)分散管理模式

分散管理模式是指土地、矿产、海洋、森林、水等主要资源分别由中央政府的多个部门管理。这种自然资源产权体系明确了国家与自然资源的法律关系,确立了国家对自然资源的所有权和支配权;设立了国营自然资源开发利用企业,并将自然资源的产权授予国营自然资源企业,国营自然资源企业可全权进行资源的勘查、开发、利用和处理[2]。采取这类模式的主要代表国家有巴西、智利、墨西哥、印度等,这些国家主要具备如下几个特点:①自身为发展中国家,资源开发在本国经济中占有较重要的地位;②资源较丰富,具备向工业化高级阶段迈进的基础;③中央部委权力大、综合协调机构作用大,保证了资源的合理开发利用。

除以上的典型发展中国家外,还有一个极为特殊的国家——英国。英国同样在自然资源资产管理上采取了分散管理的模式,英国的自然资源所有权虚设,中央一级并没有统一的自然资源管理机构,而是由若干部委分类管理,实施单一部门计划制度。由于我国的现今改革趋势逐渐转向建立"大跨度"的自然资源管理部门,因而本节仅对英国的自然资源资产管理体制作相关介绍,不再对部分发展中国家的分散管理模式作过多赘述。

1. 英国自然资源资产管理的理论基础——公共信托

公共信托理论在英国经历了漫长演进过程,最初是王室获得封建领主控制的自然资源的管制权的论证手段,后发展为议会约束政府以实现环境保护及自然资源公共权利的理论工具。公共信托理论的本质是通过抽象的法律拟制,在社会公众与政府之间就自然资源资产管理和生态环境保护问题确立一项信托契约。按照该契约的要求,社会公众获得了对特

---

[1] 仲晓飞.澳大利亚联邦政府资产管理改革及启示[J].齐齐哈尔大学学报(哲学社会科学版),2014(4):51-54.
[2] 何为自然资源资产产权?[N].中国环境报,2013-11-26(008).

定自然资源和环境的公共信托权利,而政府则负有对社会公众的利益持有、管理和保护环境与自然资源的受托义务。如果政府不履行或怠于履行该义务,社会公众即可向法院提起诉讼,要求政府履行信托义务。公共信托理论的实质是希望通过"权利设定—权利主张—权利救济"的模式来达到对环境与自然资源实施保护之目的[1]。

2. 英国分散的自然资源体制架构

为有效履行皇家自然资源资产所有者职责,从18世纪60年代起,英国政府专门设立了英国皇家地产管理机构,统一履行金、银矿产和大部分海上非能源矿产的所有者和管理者职责。英国皇家地产局负责管理英国55%的海滩、约一半的河口湾和潮(水)河河底,以及12海里(1海里=1.852km)内领海水域的海床,拥有这些地区大陆架矿产资源(主要是海沙、砾石、钾盐和盐)的勘探和开采权。1955年,为区别皇家地产与政府资产,英国政府将专门负责管理皇家资产的机构更名为皇冠地产(The Crown Estate)。该机构作为一个非常特殊的商业性机构,可参与议会法案创建,虽非内阁组成部门,但拥有多元化的英国建筑、海岸线、海底、林业、农业和公共土地,集雇主、管理者、财产守护者、国家收入创造者等多种角色于一体。同时,英国皇冠地产还是英国金、银矿产和大部分海上非能源矿产资源的所有者和管理者。在英国,勘查与开采金、银矿,必须首先获得皇家矿山许可证[2]。目前,皇冠地产的业务范围主要包括5个方面,分别是城市、乡村、能源和基础设施、海岸、温莎地产(其内土地、森林、自然遗产、湿地等自然资源的覆盖面积达6400km^2)。

此外,与自然资源监管相关的中央政府部门还包括其他诸多机构,如图3-1所示。

除上述各部门以外,还有其他部门涉及自然资源事务或其行业监管。比如,运输部负责英国海岸和水域的环境安全以及英国海图的水文数据的准确性;数字、文化、媒体和体育部还负责通过国家彩票筹集的资金,为维持和利用英国的自然遗产提供资助等。可以发现,英国自然资源的管理主体众多,且有的部门层级隶属内阁,有的只是某一部门中的内设司(局),整体上权限松散。

3. 英国在自然资源资产管理权责上的配置

1)议会是资产管理的核心

英国国有资产管理方面的民主权利主要由议会选举产生的议员及其组成的议会间接地行使,同时人民对国有资产管理也具有直接的知情权和监督权。英国议会对政府国有资产管理和国有企业资产配置运营发挥监督乃至决策作用。如英国天然气集团和英国石油公司等是掌握着丰富自然资源的国有企业,其建立、改组、废除、清算、非国有化以至内部治理结构等重大问题都必须由议会通过专门的法令来决定。

2)采取财政部与各主管部相结合的方式

英国是该模式的典型代表,政府的部分内阁部门及其下属司(局)都或多或少地承担着

---

[1] 李冰强. 公共信托理论批判[D]. 中国海洋大学,2012.
[2] 英国皇家地产局,https://www.thecrownestate.co.uk/。

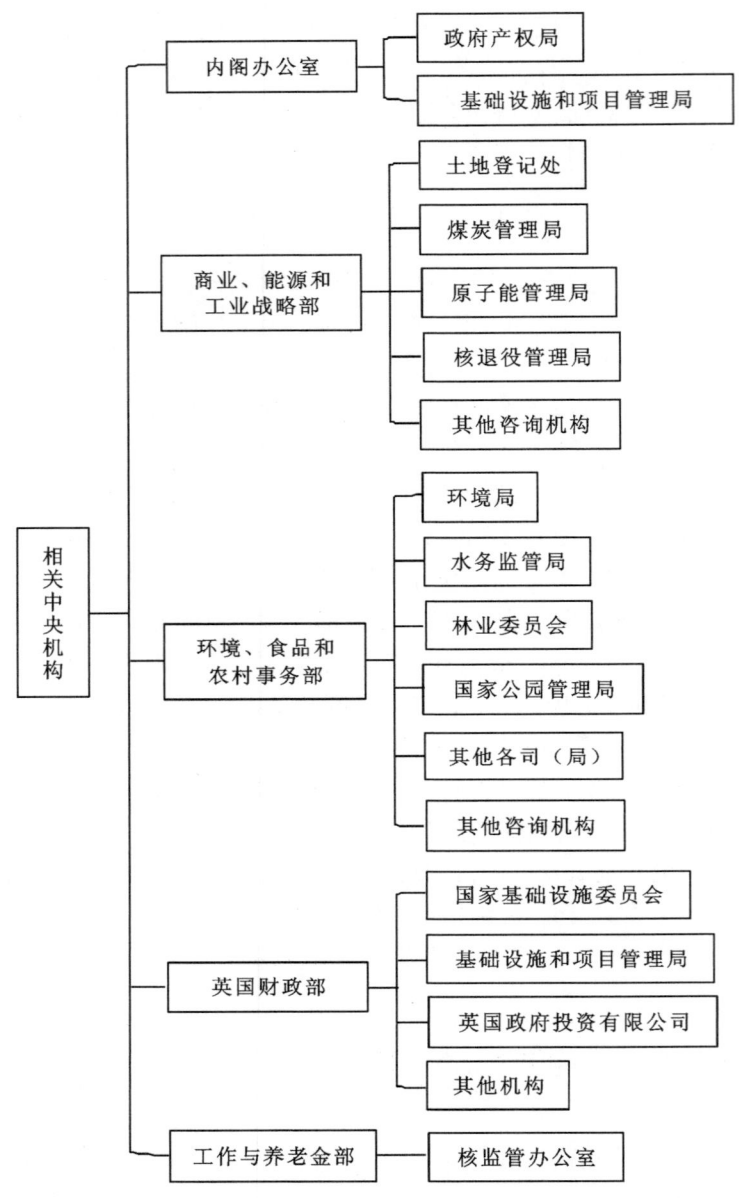

图 3-1 涉及自然资源管理的相关中央机构

部分自然资源管理职责,财政部作为资产管理的核心部门,在其中仅发挥着辅助的作用,具体管理事宜仍以各主管部门为主。

3)公私管理一体化

自然资源管理部门在管理公有自然资源资产的同时,对私有自然资源资产提供咨询、指导、监管服务,实行公私管理一体化。如,英国国家林业委员会采取颁发采伐许可证的政策,调整森林结构,维护森林多样性。该机构既对私有林采伐申请核发颁发许可证,同时也对国有林采伐申请程序进行审批。

4)多元化的资产收益方式

英国的自然资源资产收益方式主要有3种:第一种是长期的兼顾代际利益的基金方式,如英国"统一基金";第二种是以权利金为主要形式的资源出租收益,对于石油、天然气、煤炭等能源及矿产资源来说,政府收取比例约为公司所采出矿产品产值的1/8,风险相对较高的金属、非金属等固体矿产的征收比例为2‰～5‰;第三种是投资国有企业的生产经营管理,获取国有公司的股份收益。

5)收支一体的公有自然资源收益

以地产资源为例,地产管理机构的土地收益除正常开支外,主要用于两个方面:一是直接转移支付给州和地方政府,包括税收抵补支付、土地购买、能源和资源收入返还等;二是以项目形式在州和地方进一步投资,投资内容包括土地管理、自然资源保护、牧草地维护、基础设施建设、矿藏开发等。

二、国外自然资源资产产权管理的特点及启示

在分析国外自然资源资产管理现状的同时,需要总结出部分国家在资源资产管理上的典型特点,以此为我国建立和完善自然资源资产管理的政策与方针提供经验与思路。需要注意的是,在借鉴国外自然资源资产管理经验时,需要把握几个重要问题。①国家结构形式不同。美国、俄罗斯、澳大利亚等国为联邦制国家,因联邦与州(省)均有立法权,各州(省)均制定了相应的各种资源管理法,多数国家自然资源管理权主要集中在地方各州政府的专门机构,中央政府或者联邦政府直接实施管控的范围还是比较有限的。我国则是单一制国家,适于按照抓大放小的原则,对重要事项实施直管而将更多的事权交由地方。②在资源禀赋、市场条件、社会发展阶段与资源需求以及资源保障体系成熟度方面存在不同。③除我国实行全民所有制以外,很多国家都实行公、私兼有的土地所有制,这必然对依附于土地的各类自然资源资产管理产生直接影响。④国家治理体系和社会基础条件存在差异,具体表现为法制和社会诚信体系的健全程度、执法水平、守法基础等方面各不相同。

(一)借鉴国外立法经验,完善法律法规

目前,大部分国家都已通过健全的法律体系对自然资源资产产权实施监管,并通过具体的实施细则和行政命令对自然资源资产管理行为进行具体约束,从而构成了相对完善的自然资源资产管理法规体系。相比美国、加拿大、澳大利亚以及日本、新加坡等国,我国国有自然资源资产产权管理立法有待进一步加强。

1. 制定综合性的自然资源法

一方面,我国已经建立起一系列的自然资源资产管理法律体系,但单行法律和条例众多,相互之间存在交叉甚至冲突,缺少统一的综合性自然资源法律[1]。2019年,自然资源部

---

[1] 马朋林.法国自然资源管理体制规章概述与启示[J].中国国土资源经济,2018,31(12):35-39+61.

将《国土空间规划法》列入立法工作计划,在此基础上,推动研究制定《自然资源基本法》等自然资源领域综合性法律;2019年,我国修订了《中华人民共和国土地管理法》《中华人民共和国森林法》。另外,需加快《中华人民共和国水法》《中华人民共和国矿产资源法》《中华人民共和国草原法》等自然资源单行法律的修改和完善,形成以《中华人民共和国宪法》为前提基础,以《自然资源基本法》为主干,结合各类自然资源单行法、条例和地方性法规进行细化管理的统一、规范、科学、高效的有中国特色的自然资源立法体系。

2. 减少单门类资源管理法律法规数量,避免多头管理

具体措施:细化法文条款的具体内容,增加对管理细节的规定;尽量避免重复立法、重复出文引起的法律之间的冲突,确保自然资源管理全过程实现有法可依、有法能依,以法律建设推动自然资源管理的各项工作;针对国有自然资源资产管理的制度不足,建立健全公共资源资产的统计管理、预算管理、处置管理、政府采购、报告公开和监督检查等相关工作管理办法,在资产的形成、产权、管理、使用、处置、调剂等各环节建立起完善的规章制度,规范资产管理行为。

(二)参考国外管理架构,明确自然资源资产产权管理部门职责

上述各国一般都围绕着本国国情对公有自然资源资产管理模式进行创设,大体分为3种体制模式:①财政部与各主管部门相结合、以财政部为主的模式,德国和法国是践行这种模式的典型代表——德国财政部对国有资产负有综合管理之责,负责对国有企业的成立、解散、合并、股份购买与出售等工作内容进行审批,法国的国有资产由财政部负责管理;②财政部与各主管部门相结合、以各主管部门为主的模式,英国是践行这种模式的典型代表;③设立专门机构专司国有资产和国有企业管理,意大利和瑞典是践行这种模式的典型代表[1]。

虽然各国在职能部门设置上各有差异,但在管理架构上体现出了同一特点,即呈现出三级管理架构。如,美国的国有自然资源资产分别归属于联邦、州、市镇,新加坡作为花园城市国家,其国有资产管理机构主要由议会、法定机构或政府控股公司、国联公司(政府独资或参股国有企业)3个层面的机构组成。德国的大部分自然资源管理权限集中在地方政府手中,相关的自然资源资产由州政府、代表州政府实施参股的管理机构、州参股企业3个层面的机构进行经营管理。

当前,我国国有资产管理改革虽然取得了较大进展,但仍然存在多头管理、条块分割、管理混乱等问题。因此,应当借鉴先进国家的自然资源资产产权管理经验,明确界定自然资源资产产权管理职责。

1. 明确地方各级自然资源主管机构的权能结构

不同的权力来源方式,决定了地方各级机构在执行自然资源资产产权监管时所需承担的义务和责任的差别。因此,我国应进一步细化委托代理机制,建立资源清单,在实践中逐渐

---

[1] 齐守印,何碧萍.关于国有资产管理体制的理论辨析、逻辑结构、国外经验与总体建构目标[J].当代经济管理,2019,41(10):18-25.

明确委托代理的主体、客体、具体形式、期限、管理方式等多方面问题,形成可供参考的经验。

2. 加快政府职能转变,提高行政效能

在国内机构改革的大趋势下,在借鉴国外自然资源管理体制基础上,我国的自然资源管理体制发展趋势之一是精简机构、集中管理。自然资源部、生态环境部、国家林业和草原局等职能部门的职责涵盖了自然资源的资源管理、资产管理、生态保护修复和污染防治等关键领域,这标志着设立国有自然资源资产管理机构和自然生态监管机构的重大任务得以落实。我国应以政府机构改革为契机,加快推进政府职能转变,充分尊重市场配置资源的作用,简政放权、放管结合、优化服务,为市场松绑,进一步清理不必要的行政审批事项。同时,在机构改革的推进过程中,要坚持在决策、执行、监督等环节形成相互制约、相互协调的权力结构和运行机制,确保依法行政,提高行政效能。

3. 加强部门统筹协调,形成监管合力

我国要进一步理顺各自然资源主管部门间的职责关系,如明确自然资源部门和生态环境管理部门的职责范围,形成相互独立、相互配合、相互监督的"协同共治"格局。要加快推进部门内相关职能的整合,统筹自然资源管理、生态保护和污染防治,实现生态环境监管职能的有机统一。此外,还要健全区域、流域、海域生态环境监管机构,加强对自然生态的统一监管,解决跨区域、跨流域、跨海域的突出资源环境问题。

(三)丰富资源收益方式,提高市场化程度

为了体现自然资源的资产属性,目前大部分国家采取广泛的市场化管理机制对自然资源进行处置,在公共部门与私人部门之间、公共部门内部机构之间两个层面,建立起完善的市场化管理机制。比如:在政府不动产的取得和处置方面,通过公开市场进行操作;在政府资产的占有和使用管理上,采取了使用者付费机制。

公有自然资源收益在国家的财政中占有重要地位。总的来说,世界主要国家获取资源收益的方式多种多样,主要包括以下4种方式。

一是出售。目前世界主要国家对不涉及经济安全的矿产资源仍然以出售产权的方式来获得收益,如出售建筑材料。需要说明的是,目前大部分国家取消了具有重要生态价值的国有自然资源的出售政策,转而以国家占有所有权为主。

二是出租。对公有自然资源,世界上绝大多数国家以出租的方式获得收益。这种收益方式在各种资产收益方式中占70%~80%的比例。

三是在私有资源公司中入股。目前大多数国家以自然资源所有权入股资源公司,按照股份分享资源收益,即在能源和矿产资源领域采用在私有资源公司中入股的方式来获得收益。澳大利亚、加拿大、俄罗斯和巴西等重要矿产资源国家都存在这种资源资产收益方式。

四是国有公司直接经营。对经营性的公有自然资源资产,一般采取国家持有所有权、国有企业拥有具体经营权的方式获得收益。

党的十八届三中全会通过的《中共中央关于全面深化改革若干重大问题的决定》明确提

出,凡属事务性管理服务,原则上都要引入竞争机制,通过订立合同、委托等方式向社会购买。除了涉及国家军事、战略和重大公众利益的自然资源外,我国还存在着较多经营性自然资源资产,可以考虑在这些自然资源资产的使用、维护、处置、收益等各环节引入市场机制。

1. 完善由市场配置自然资源资产的有偿使用制度

具体措施:构建有利于自然资源有偿使用和自由公平交易的市场机制,明确自然资源资产的市场化配置规则,加大自然资源资产的市场交易平台建设力度,适当扩大自然资源资产有偿使用的范围和界限,让市场的价值规律、竞争规律和供求规律在自然资源配置过程中发挥主导性和决定性作用,最大化地实现自然资源资产的高效、合理和优化配置。

2. 培育自然资源交易市场

具体措施:让自然资源资产的一级市场和二级市场活跃起来,尤其是自然资源资产流转交易的二级市场。即制定相应的法律法规,让宅基地、海域、森林、林木、林地、草地、水流、山岭、草原、荒地、滩涂以及探明储量的矿产资源等自然资源资产使用权的产权主体通过出让、转让、抵押、出租、作价出资(入股)等方式,参与自然资源资产二级市场交易,为自然资源资产产权主体之间设计可供选择的市场行为模式。深化自然资源及其相关产品的价格形成机制改革,探索建立自然资源生态服务价值和自然资源开发的环境成本核算机制,使它充分反映自然资源资产的价值、环境损益和代际关系,坚决遏止对自然资源的掠夺性开发与利用,让滥用自然资源和破坏生态环境的行为付出沉重的经济代价,坚决维护好国家所有者权益,最大限度地促进自然资源资产保值增值。

3. 维护自然资源资产所有人和使用人的权利

我国的自然资源所有权分为国家所有和集体所有,自然资源所有者的权利能否有效行使,关系到国家资源安全和国有资源资产安全能否得到保障,国有自然资源资产收益能否得到公平合理的分配,自然资源资产的功能能否得到有效实现。在自然资源开发、资产产权变更等过程中,既要确保自然资源资产不流失,也要维护自然资源使用人的合法权利。

(四)重视自然资源资产核算,完善资产核算体系

欧美主要发达国家以及联合国都非常重视自然资源资产核算,其中联合国、欧盟委员会等联合发布的《国民账户体系(2008)》(SNA2008)与《环境经济核算体系2012:中心框架》(SEEA2012)[1]认可度较高。美国、日本、澳大利亚、加拿大等发达国家在构建本国自然资

---

[1] 环境经济核算体系(The System of Environmental Economic Accounting,简称SEEA)由联合国发布,通过采用一系列国际公认的概念、定义、分类、核算规则等,将经济信息与环境信息等一起统筹核算。它为核算环境及其与经济的关系提供了一个框架,形成国际公认的环境经济核算标准和可进行国际比较的统计方法框架。1993年联合国经济社会信息和政策分析部统计处发布了《国民核算手册:综合环境和经济核算(临时版本)》,即最初版的SEEA 1993。后来经过2000年、2003年和2012年等不同时间的几次修订与调整,《环境经济核算体系2012:中心框架》(SEEA 2012)成为现今环境经济核算理论方法的最新版本。

源资产核算体系的过程中,都非常重视联合国等组织发布的 SEEA1993、SEEA2012,但没有完全照搬,而是构建适合本国国情的自然资源资产核算体系。

借鉴国外经验,我国在自然资源资产核算方面应该做好以下几个方面的工作。

1. 依据行政区划与自然资源资产天然条件分级建立自然资源资产数据库

具体措施:建立县、市、省、国家四级行政数据库,汇总行政区域内涵盖的自然资源资产。按照地区资源特点对数据库进行分类,分为基础数据库及特色数据库[1]。基础数据库涵盖土地、水、森林、生物4类各地普遍存在的自然资源资产;各行政单位要依据本辖区资源情况建立特色数据库,特色数据库则涵盖海洋资源、能源资源、矿产资源等地区特有的自然资源资产。

2. 加快编制自然资源资产负债表

一方面,编制发布自然资源资产负债表,构建自然资源实物量核算账户,可以明示自然资源资产范围和规模,掌握其变动情况。另一方面,可以将自然资源资产负债表作为环境影响评价主要手段。根据转变经济增长方式的需要,结合生态环境保护状况,制定相应的自然资源资产、负债管理目标,通过自然资源资产负债表中相关账户的前后对照变动来反映经济活动对生态环境的影响,进而通过引导社会经济活动来达到保护自然生态环境的目的。

第三节 青海省自然资源资产产权管理体制改革进程及困境

一、青海省自然资源资产产权管理体制改革成效

党的十八届三中全会已经明确指出:"健全国家自然资源资产管理体制,统一行使全民所有自然资源资产所有者职责",总体要求按照"所有者和管理者分开"和"一件事由一个部门管理"的原则,落实全民所有自然资源资产所有权,建立统一行使全民所有自然资源资产所有权人职责的体制。在中央政策的指引下,青海省自然资源资产管理体制改革取得重大进展。

(一)理顺自然资源资产产权管理组织体系

1. 根据大部制改革总体要求,完成青海省机构改革

2018 年,我国启动第八次国务院机构改革。同之相适应,各地方政府也纷纷实施机构改革。2018 年 11 月 30 日,青海省自然资源厅挂牌成立。机构调整后出现了如下转变:从原

---

[1] 耿建新,胡天雨,刘祝君. 我国国家资产负债表与自然资源资产负债表的编制与运用初探——以 SNA2008 和 SEEA2012 为线索的分析[J]. 会计研究,2015(1):15-24+96.

来的单一的土地、矿产资源管理转向更加注重对自然资源全要素的管理；从自然资源管理延伸到自然资源资产的管理；更加注重生态环境保护，以国土规划为主体，构建以空间规划为基础、以用途管制为主要手段的国土空间开发保护格局；更加注重山水林田湖草是一个生命共同体的理念，对生态环境进行整体保护、系统修复和综合治理；更加注重用经济手段特别是市场手段，推进资源节约集约利用。

同日，青海省林业和草原局、祁连山国家公园青海省管理局挂牌成立。组建的省林业和草原局作为省政府直属机构，加挂祁连山国家公园青海省管理局牌子，标志着全省林业和草原生态保护建设工作全面步入了新阶段。新组建的省林业和草原局与原省林业厅相比，全面拓展了部门职能，并被赋予统筹山水林田湖草系统治理、统一管理全省各类自然保护地的重大使命，对于全面加强森林、草原、湿地、荒漠和野生动植物资源的保护管理与开发利用，做好生态保护和修复，广泛开展造林绿化工作，严格管理祁连山国家公园等各类自然保护地，提升全省自然生态系统的功能都有重大意义。

2. 承担国家公园管理体制与自然资源资产管理体制改革"双试点"职责

2015年，青海省被列为9个开展国家公园体制试点工作省份之一。在国家公园体制试点工作中，青海省谋划出科学务实的顶层设计，为全国建设以国家公园为主体的自然保护地体系事业探索"青海方案"、积累"青海经验"、作出"青海贡献"。2016年7月，我国首个国家公园试点——三江源国家公园率先在青海省成立。三江源国家公园的建立是落实习近平总书记关于"保护好三江源，保护好'中华水塔'是青海义不容辞的重大责任，来不得半点闪失"重要指示和嘱托的具体实践，是以习近平同志为核心的党中央作出的重大决策部署，是事关全局的重大生态文明体制试点工作。

2016年11月，青海省整合了园区国土、环保、水利、农牧等部门编制、职能及执法力量，正式组建三江源国家公园管理局。按照山水林草湖一体化管理保护的原则，对三江源国家公园范围内的自然保护区、重要湿地、重要饮用水源地保护区、自然遗产地等各类保护地进行功能重组、优化组合，实现生态全要素保护和一体化管理。三江源国家公园管理局在整合所在县政府所属的国土、环保、林业、水利等领域的管理部门相关职责的基础上，组建生态环境和自然资源管理局；在整合县政府所属的森林公安、国土执法、环境执法、草原监理、渔政执法等领域的执法机构的基础上，组建资源环境执法局；在整合林业站、草原工作站、水土保持站、湿地保护站等自然资源和生态保护单位的基础上，组建生态保护站。目前，该管理局已形成了园区管委会与县政府合理分工、有序合作的良好格局，从根本上消除了政出多门、职能交叉、职责分割的管理体制弊端。

为推进国家自然资源资产管理体制试点工作，2017年，青海省组建三江源国有自然资源资产管理局，它与三江源国家公园管理局执行"一个机构、两块牌子"工作模式，为省政府派出机构，划入国土资源、水利、农牧、林业等部门涉及三江源国家公园试点区以及三江源国家级自然保护区范围内各类全民所有自然资源资产所有者职责。三江源国家自然资源资产管理体制试点，对健全国家自然资源资产管理体制，统一行使全民所有自然资源资产所有权具有重要意义。该试点区省政府自然资源管理有关部门和玛多县、治多县、曲麻莱县、杂多县政府行使的涉及水流、森林、湿地、山岭、草原、荒地、滩涂、野生动植物、矿产资源等国有自然资源占有、使用、收益和处分,资源调查、清产核资,编制国有自然资源保护利用规划,国有自然资源保护和生态修复,有偿使用收益征缴等权利和职责将被分离出来,由三江源国有自然资源资产管理局统一集中行使。此次改革试点,把健全三江源国家自然资源资产管理体制试点与三江源国家公园体制试点有机结合,以保护优先、合理利用、维护权益和解决问题为导向,以明晰产权、丰富权能为基础,整合优化三江源自然资源资产管理职能配置,理顺职责关系,完善管理体制和运行机制,探索重要生态系统全民所有自然资源资产所有权的集中统一行使措施,初步走出了一条富有三江源特点、青海特色的国家公园体制创新之路。

3. 探索自然资源分类分级管理工作

2015 年,中共中央、国务院印发的《生态文明体制改革总体方案》提出要探索建立分级行使所有权的体制。该方案提出对全民所有自然资源资产,按照不同资源种类和在生态、经济、国防等方面的重要程度,探索中央和地方政府委托代理行使所有权职责的体制。可以说,这为我国建立委托代理基础上的分级行使所有权体制确定了原则。

青海省在自然资源资产产权管理体制改革中立足于不同区域自然资源的种类、功能与属性,探索国家、省、市、县各级政府委托代理所有权和分级行使管理权的模式。青海省内国家公园范围内的全民所有自然资源资产所有权属于国家,由国务院自然资源主管部门行使,目前由省级政府代理行使。以三江源国家公园为例,三江源国家公园自然资源所有权由中央政府直接行使,试点工作期间由中央政府委托青海省人民政府代行。在青海组建的三江源国家公园管理局为省政府派出机构,负责统一行使三江源国家公园和三江源国家级自然保护区全民所有自然资源资产管理职责并负责国土空间用途管制,承担国有自然资源资产所有者职责。青海省自然资源厅负责制定行使所有权的资源目录与区域范围,并对全省范围内的自然资源进行有序部署、监测、调查、确权登记、核算监督与管制。遵循这一模式,根据属地原则,原有自然资源资产管理机构的所有者职能与经济管理职责被转移至市自然资源局,市自然资源局负责行使市级所有权的代理职能,如自然资源资产开发利用、建立空间规划体系并监督实施等行政性管理职能。通过职责合并所成立的县自然资源局也按照属地原则履行辖区内全民所有自然资源资产的所有权职能与各项具体的自然资源资产监管职能。青海省在做好自然资源资产产权统一确权登记工作的基础上,建立起分级管理体系。在完成不动产统一登记的基础上,逐步把其他部门对各种自然资源资产核定产权的职能整合到登记部门。在此基础上,明确规定各级政府代理或者受托的自然资源资产的具体对象和权限范围,尽可能减少资产托管中存在的"代理人问题"。由于资源清单尚未出台,因而不管是中央政府与省级政府间,还是省级政府与市县政府间均未建立明确的委托代理关系,进而导致责权利不明。现实中地方政府既接受上一级代理的转授权,又作为同级政府的职能部门,在实际操作中对代理人行为缺乏行之有效的监督管理,存在损害委托人利益的情况。同时在利益分配上,中央和地方政府尚未建立稳定合理的利益分配格局和合理的收益支出结构。

总体上看,青海省自然资源管理体制与我国整体的自然资源管理体制相似,呈现出横向适度分离、纵向相对统一的特点[1]：即土地、森林、水等自然资源管理职责分散在不同的管理部门，每个部门对职责范围内的自然资源实行资产管理、用途管制等相统一的管理模式，部分类别资源因其特殊性可由多部门共同管理[2]。

青海省自然资源管理机构改革很好地践行了统筹"山水林田湖草系统治理"的要求，充分体现了自然资源管理机构顺时而"变"的大逻辑，呈现出由"分"到"统"的改革全脉络；组建自然资源管理厅，统一行使全民所有自然资源资产所有者职责，统一行使所有国土空间用途管制和生态保护修复职责；组建三江源国有自然资源资产管理局，开展国有自然资源资产管理体制试点工作，加强对山、水、林、草、湖等的统筹规划，整合相关部门职责，完善机构设置，形成可复制、可推广的管理模式，为构建归属清晰、职责明确、监管有效的自然资源资产管理体制提供经验。

(二)自然资源产权制度体系基本确立

1. 稳步推进不动产和自然资源确权登记制度改革

自2013年底全国不动产统一登记准备工作启动以来，青海省稳步推进不动产确权登记制度改革。2014年2月，青海省国土部门制定了《青海省构建不动产统一登记实施方案》。同年7月，经青海省人民政府批准在省国土资源厅设立省不动产统一登记局，该部门负责指导监督全省土地登记、房屋登记、林地登记、草原登记等不动产登记工作，随后，青海省国土资源厅编制下发了《加快全省农村地籍调查实施方案》和《全省集体建设用地和宅基地（含住房）确权登记发证实施方案》；在全省农村土地承包经营权确权登记颁证工作中，青海省将土地确权方面的一系列规程、规则、管理办法、实施细则、方案、政策文件等进行搜集整理，编制印发了《青海省农村土地承包经营权确权登记颁证工作手册》《青海省农村牧区经营管理政策汇编》等，为开展农村土地确权工作提供了指导性文件；为认真落实《农业部关于开展草原确权承包登记试点的通知》（农牧发〔2015〕5号）精神，青海省在刚察县沙柳河镇新海村、泉吉乡宁夏村和贵南县森多乡加尚村、塔秀乡塔秀村2县4乡4村开展试点工作的基础上，于2016年又结合三江源国家公园体制改革，将试点范围扩大至国家公园的12个乡镇，共在14个乡镇继续推进草原确权承包登记试点工作。2018年1月，试点工作顺利收官。

2017年，青海省启动自然资源统一确权登记试点项目，项目主要在三江源国家公园试点、祁连山国家公园试点（青海部分）范围内开展工作。主要工作内容是以土地为基础，确定国家公园试点范围内土地及其承载的各类自然资源所有权及其边界，调查反映各类自然资源的利用现状，在不动产统一登记的基础上，开展自然资源统一确权登记，实现不动产登记簿与自然资源登记簿关联等。2017年4月，国土资源部批准实施《青海省自然资源统一确权登记试点实施方案》，该方案明确将国家公园和保护区作为独立的登记单元，与正在开展的国家公园体制改革试点充分衔接，对其管辖范围内的所有自然资源开展全要素调查和确权

---

[1] 中央编办二司课题组.关于完善自然资源管理体制的初步思考[J].中国机构改革与管理,2016(5):29-31.

[2] 李宏伟.中华人民共和国成立70年来生态文明制度体系建设的探索和启示——庆祝中华人民共和国成立70周年系列党课之八[J].党课参考,2019(24):43-59.

登记,重点探索解决自然资源跨多个行政区域的确权登记办法。

至2018年1月,青海省基本完成确权登记调查工作,青海省自然资源统一确权登记试点工作确定了登记单元,统一制定资源类型的划分标准等,特别是提出了关于争议较大的"山岭"划分的依据和方法,并建立了自然资源统一确权登记信息系统。

2020年3月,青海省人民政府办公厅印发《青海省自然资源统一确权登记总体工作方案》,明确了全面铺开、分阶段推进全省自然资源统一确权登记工作安排。在不动产统一登记的基础上,充分利用第三次全国国土调查成果,分步骤、分区域地有序开展全省自然资源统一确权登记;除国家级的大江大河、国家公园等自然保护地外,对省级及以下自然保护区、自然公园等各类自然保护地的重要湿地、河流、湖泊、草原、森林等全民所有自然资源开展统一确权登记;逐步界定森林、水流、山岭、荒地、草原、滩涂、探明储量的矿产资源等自然资源的所有权主体,划清全民所有和集体所有之间的边界,划清全民所有、不同层级政府行使所有权的边界,划清不同集体所有者的边界,划清不同类型自然资源之间的边界。

2. 积极开展自然资源清查试点工作

2019年10月,自然资源部在全国开展全民所有自然资源资产清查试点工作。作为5个试点省份之一,青海省选择海北州及祁连县作为试点地区,州本级试点工作主要涉及州级审批管理权限范围内的自然资源。如关于二类矿产资源矿业权相关数据的整理工作,海北州负责相关基础数据的收集、汇总、审核等工作。祁连县主要开展县域内全民所有土地、矿产、森林、草原、湿地、水等自然资源清查。此次清查,以履行好"两个统一行使"职责为宗旨,以资源向资产转换为导向,将清查试点与生态文明建设、国家公园体制试点等工作相结合,对祁连县全民所有的土地、矿产、森林、草原、湿地5类自然资源进行了全面清查,建立了"摸清实物量＋估算经济价值"两步走的工作机制,在第三次全国国土调查的基础上,最大限度地融合了森林、草原、湿地专项调查成果,在自然资源部和州县政府的大力支持下,摸索出了符合青海省实际的清查技术路线和价格估算体系,明确了不同门类资源内业基础数据提取及经济价值核算方法,并探索开展了经济价值估算。

祁连县的清查试点工作,基本摸清了祁连县全民所有自然资源资产家底,为建立委托代理机制、实现资源高效配置、健全有偿使用制度等打下坚实基础,也为开展全省范围内自然资源清查工作提供了宝贵的经验。

3. 自然资源产权流转制度逐步深入

作为资源大省和生态大省,青海省一直走在我国自然资源产权制度改革实践的前列。目前,青海省自然资源资产产权制度逐步明晰了自然资源产权主体与各级自然资源主管部门在自然资源资产管理中的权责关系,理顺了政府与市场的关系、开发利用与保护的边界,逐步实现自然资源资产的优化配置。2017年青海省人民政府办公厅发布《青海省人民政府办公厅贯彻落实国务院关于全民所有自然资源资产有偿使用制度改革指导意见的通知》,积极推动自然资源产权流转制度改革,以土地资源、林权和矿业权为例,阐释自然资源产权制度改革进程。

土地资源流转制度渐趋成熟。根据《中华人民共和国农村土地承包法》、《农村土地承包经营权流转管理办法》（农业部令第47号），青海省出台了《青海省2016年农村土地承包经营权规范流转试点工作方案》《青海省农村土地承包经营权流转管理办法》《青海省实施〈中华人民共和国农村土地承包法〉办法》《完善农牧区土地所有权承包权经营权分置办法的实施意见》《青海省农牧区集体产权制度改革实施方案》《青海省农村土地经营权流转风险保障金管理办法》《青海省工商企业流转经营农村土地主体资格审查管理办法》等指导性文件，进一步指导土地规范流转行为，逐步深化农村土地承包经营权流转及农牧区土地制度改革和农牧区承包地"三权分置"制度建设，落实集体所有权、稳定农户承包权、放活土地经营权，加快推进农村土地征收、集体经营性建设用地入市、宅基地制度改革试点工作；确立了城镇国有土地市场的基本制度框架，建立起了以国有土地使用权为主要权利的土地市场的基本制度框架；建立了集城镇国有土地使用权出让、转让、出租、抵押、作价出资（入股）等多种方式于一体的国有土地使用权制度，实行土地利用规划、计划，农用地转用、征收，闲置土地处置与土地储备，限制、禁止、划拨用地项目目录等管理制度，建立土地价格管理与综合运用多种税收调节的土地收益分配体系，规范土地市场和监管工作。

2018年，青海省自然资源厅印发《青海省矿业权出让收益征收管理实施办法》，形成了全面推进竞争性出让（招标、拍卖、挂牌出让），严格限制协议出让的矿业权出让方式制度体系。矿业权出售、抵押以及矿业企业、合资、分立、合并等多种形式流转局面基本形成。矿产资源有偿出让范围不断扩大，招标、拍卖、挂牌、协议等出让方式日趋多元并不断优化。

林权流转发生了重大变革。林业改革落实了处置权，保障了收益权，规范流转，盘活了森林资产。2014年，青海省林业厅印发《〈青海省集体林权流转管理办法（试行）〉的通知》，规范集体林权流转行为，加强流转管理。2015年起，青海省深入推进集体林权流转制度改革，先后在西宁市大通回族土族自治县、海东市平安区、西宁市湟中县（2020年更名为湟中区）、海东市互助土族自治县等地进行林权流转管理与服务试点工作。2017年，青海省人民政府办公厅颁布《关于完善集体林权制度的实施意见》（青政办〔2017〕65号），进一步以放活经营权、落实处置权、保障收益权为重点，加快推进集体林业发展。

为进一步规范草原承包经营权流转行为，加强草原流转服务、管理和监督工作，青海省人民政府办公厅印发了《关于规范青海省草原承包经营权流转工作的指导意见》（青政办〔2016〕206号），这是做好青海省草原承包经营权流转工作的规范性文件，为引导和规范青海省草原承包经营权流转行为，推进畜牧业适度规模经营，加快现代畜牧业发展步伐，提供了重要的法律依据。

二、青海省自然资源资产产权管理体制存在的困境

（一）产权主体虚置致使地方政府陷入双重角色的困境

虽然我国法律明确规定自然资源属于国家所有，国务院代表国家行使占有、使用、收益和处分的权利，但缺乏相关配套规章制度。实际管理中，所有者的地位相对模糊且被弱化，

产权主体被虚置,且主体的产权意识也相对较弱,各类产权之间的关系也缺少明确的界限。在实际运作过程中,由于我国自然资源产权主体长期虚置,中央与地方在自然资源资产管理过程中,未能明确代理行使自然资源资产所有权的主体。

我国传统的自然资源管理体制下,"所有者权利"与"监管者权力"交织在一起难解难分,管理体制上没有专门区分"作为部分自然资源资产所有者的权利"与"作为所有自然资源管理者的权力",所衍生出的管理行为也存在混淆的情况。因此,在地方层面,地方政府拥有实际控制地方自然资源资产的权力,并非以所有者身份管理,而是仅以管理者的身份对它进行管理,中央与地方在自然资源资产处置权和收益权上的产权界定不清,导致各级政府之间的自然资源管理目标与利益归属争议不断。省级政府根据中央政府的授权对自然资源资产进行管理与处置,并授权给下一级地方政府。因此,除了全民和最终所有权的代理者,不同层级地方政府均具有双重属性,既是授权者,又是代理者,自然资源所有权的最终实际所有者和"规定所有者"(即全民所有)不一致,地方上自然资源资产所有权落实不到位,所有权主体虚置。

(1)自然资源权属方面。《中华人民共和国宪法》规定,国有自然资源所有权由国务院代理。但是在现实操作时,国务院往往视具体事项,进一步委托给中央或地方政府代行所有权的职能。而且目前法律没有明确公益性自然资源所有权包含的权利范围(占有权、管理权、使用权、获益权、保障社区发展的权利)如何在中央和地方之间划分。

(2)管理权方面。目前对国内自然资源基本执行的是属地管理,但是并不是所有的资源都适合属地管理,比如跨行政边界的区域生态保护。公益性自然资源资产的中央和地方事权划分也不够清晰,中央政府对国家级公益性资源承担的财政支出责任偏低,致使地方承担的财政支出责任和自身财权不匹配,甚至出现为了获取资产收益不断占用生态属性较强的天然湿地、海域滩涂等现象,带来严重的生态破坏问题[1]。在收益分配方面,也没有体现公益性自然资源保护的全民公益性的目标。

自然资源产权主体不到位,导致不能保障产权主体获得应得的资源收益,既表现为国有产权主体的资源收益流失的问题,也表现为集体产权主体的资源收益受到侵害的问题。国有产权和集体产权主体的资源收益往往不同程度地存在收益流失或收益侵害的问题。主要自然资源实际由地方政府具体负责处置,国家产权的大部分收益并不归国家所有,而是归地方所有,国家作为自然资源所有者的地位没有得到充分体现,所有权收益流失。

上述问题是我国国有自然资源资产领域的共性问题,青海省也不例外。以森林资源为例,目前青海全省森林面积为 460 万 hm^2,森林覆盖率为 6.6%。我国现行的国有林场管理体制是:国有森林产权属于国家,由省、市、县三级政府分管;国有林场在国家授权委托各级地方政府管理下,负责管护、经营、开发、利用国有林场范围的森林资源。这种委托管理权的行使导致地方政府对森林资源的管理缺乏明确有效的监督和制约机制,其结果就是国有林场森林资源产权主体的权利被架空,所有者虚置。此外,由于国有林场的森林资源产权主体不明确,对国有林场培育、经营和管护的森林资源所必需的生产运营资金、基础设施建设以

---

[1] 马永欢,吴初国,苏利阳,等.重构自然资源管理制度体系[J].中国科学院院刊,2017,32(7):757-765.

及需要解决的困难、问题等,无具体部门承担责任和义务,森林资源的锐减、林业的亏损以及由此引发的一些生态环境问题都由当地政府和国家承担,任何有关林业经营和管理的风险与责任都未涉及直接行使真正财产权并从中受益的法人和经营人。

(二)林草权属边界不清

我国目前没有清晰界定所有国土空间、各类自然资源产权主体。集体建设用地使用权、宅基地使用权、土地承包经营权、水流和湿地等重要的自然资源产权的确权登记工作尚未完成,产权归属不清晰的情况还实际存在,不利于自然资源产权的保护,不利于相关市场交易机制的建立。

对土地、矿产、水、森林、草原等各类单项自然资源的确权登记方法,是基于单一资源角度对产权及权能进行规定的,致使各产权之间相互独立、自成体系,不同自然资源产权较为分散,有时存在空间重叠、相互不协调的问题,有时存在同一标的物上赋予不同权利类型的现象。以青海省林草"一地两证"问题为例。林权证、草原证都是法律规定的具有同等效力的权利证书,均具有对抗其他土地权利证书的法律效力。同一土地适用多种法律、多种法定权利证书,导致资源产权边界不清、土地属性冲突、监管冲突等。以"一地两证"中的"灌木林"与"草原"重叠为例,林业部门根据林业政策法规,按"灌木林"适用政策管理,实行封山禁牧;草原部门根据草原政策法规,按"草原"适用政策管理,实行依法放牧,多种法律的使用带来管理权的冲突[1]。更加复杂的是林权证持证人与草原证持证人往往不是同一法人或自然人,特别是在国有林场范围,林地权利人为国有林场、草原权利人为农牧民的现象普遍存在,有的公益林建设项目直接把牧区的灌木草场围起来并认定为"公益林",发放林权证。青海省存在的林权证、草原证"一地两证"现象,严重影响了林草资源保护利用及区域经济社会健康发展。

截至2018年,青海全省林地面积约1100万 hm^2,林权证与草原证的重叠面积,即"一地两证"面积约519万 hm^2,占林地总面积的47.2%;全省国有林场林地面积约471万 hm^2,"一地两证"面积约258万 hm^2,占林地总面积的54.8%。青海省祁连山自然保护区林权登记面积约7.3万 hm^2,"一地两证"面积约6.7万 hm^2,占林权登记总面积的91.8%[1]。"一地两证"意味着同一土地同时拥有林权证、草原证,这是法律法规规定不明、产权边界不清、管理体制混乱、技术标准不统一等多种因素共同作用的结果,并引发了土地属性冲突与监管冲突。"一地两证"冲突往往给土地行政许可、政策补偿、执法监管等带来诸多执行困境。由于产生的原因复杂,解决难度大,"一地两证"冲突成为长期困扰青海省林草资源管理和执法的疑难问题。

资源资产底数不清,行业部门数据冲突。我国建立了不同门类资源的调查或清查制度,先后开展了3次国土调查、1次水利普查、1次地理国情普查、9次森林资源清查、1次草地资源清查和2次湿地资源调查等工作。通过多轮自然资源调查或清查,初步查清了各类自然

---

[1] 王义贵,王维家.关于林权证草原证"一地两证"问题的思考——以青海省为例[J].华东森林经理,2019,33(3):33-36.

资源底数,有效支撑了各类自然资源管理,也为统一行使全民所有自然资源资产所有者职责、统一行使所有国土空间用途管制和生态保护修复职责奠定了良好基础。但由于以前自然资源分部门管理、分类资源的定义和界定标准不同,资产价值核算难等,因而部分自然资源资产底数不清,国有土地数据也存在较大数量的范围交叉与数据冲突,造成数据口径不一致。在青海省,比较突出的是草原与林地、耕地、湿地之间存在较多争议,"一地两证"冲突、数据交叉统计现象大量存在。

(三)自然资源产权权能不完整,产权流转不顺畅

我国自然资源所有权的占有、使用、收益和处分等权能受到较多约束,而自然资源使用权则是所有权人让渡部分权能实现的,没有与所有权充分分离,致使使用权内容也受到所有权的多方限制。部分自然资源使用权权能不完整,导致使用和流转受到严格限制,权利实现方式单一,如探矿权和采矿权转让受到严格限制。有些自然资源使用权权利交叉重叠,如林权与草原资源使用权、取水权与采矿权(矿泉水)等;有些自然资源没有建立使用权权利体系,缺少国家层面法律依据,导致实践中难以保障使用权人的合法权益,如国有农用地等[1]。以草原为例,草原所有权权属复杂,目前青海省尚有3 329.86万亩草原使用权未落实。另外,青海省有包括自然保护区、风景名胜区、国家地质公园、国家森林公园以及公益林等在内的公益性资产,这些公益性资产所有权主体不清或虚置,造成自然旅游资源价值无法合理体现,自然旅游资源通过市场机制进行合理配置的效率低下,国家所有或集体所有的自然旅游资源流失。

在产权流转方面,我国现行法律大多因自然资源归国家或集体所有,或因自然资源承载的社会功能而对自然资源产权流转进行严格的规定,不利于产权转让与交易的实际操作。青海省自然资源权属转让受到很大限制,甚至有的根本不能流转,仅有少数自然资源使用权可以交易但不能用于营利,一些法律上规定的自然资源使用权交易尚未落实,且尚未具备产权交易的基本条件。自然资源产权交易市场发育程度较低,统一的产权交易市场尚未完全建立。产权流转主体不够丰富,准入制度、竞争规则、流转途径以及退出机制还不够完善。同时,政府在自然资源产权流转中还存在过度介入的情况,限制了市场在资源配置中决定性作用的有效发挥,这不仅影响了资产市场的运营绩效,也有可能引发腐败。如国有森林资源流转时,在监管主体、流转方式、流转评估、流转价格等方面均存在一定问题。特别是有时未严格履行森林资源资产评估程序,部分流转没有经过资产评估立项和评估结果审批;部分流转不在公共交易平台进行,价格过低,甚至存在暗箱操作等,造成国有资产不同程度流失。再比如,2003年修订的《中华人民共和国草原法》确认了草原承包经营权流转的法律制度,标志着我国草原承包经营权流转进入了法制化轨道,但对转让主体范围、流转方式、流转价格及限制等问题尚缺具体规定。

(四)自然资源资产价值不清晰,缺乏科学核算

自然资源资产在固有的生态环境职能之外,还具备其他的社会经济属性。如青海省三

---

[1] 钟骁勇,潘弘韬,李彦华.我国自然资源资产产权制度改革的思考[J].中国矿业,2020,29(4):11-15+44.

江源国家公园等自然保护地一方面承担着维护当地生态环境的职责,同时也兼具社会教育、旅游、文化、经济发展等公益属性。再如,矿产资源是具有地域性的环境要素,同时也通过行政许可的方式被开发利用,具有经济功能和经济属性。但现行法律法规基本没有就社会经济属性对自然资源资产进行分类,例如对公益性资产未能有效按照其公益性进行使用和监管,亦未能将经营性资产完全纳入市场并依照市场规则运营和监管。由于社会经济属性未能得到明确的界定,因而自然资源定位不当、管理错位,甚至出现资源消费和重复开发利用的现象。

以森林资源为例加以说明。青海省森林资源丰富,但是森林资源的社会经济属性模糊,森林资源价值核算存在一定的问题。一方面,由于核损制度不规范,因而在核算青海省林场森林资源资产时,始终难以持续有效执行现有林木资产核算制度,较难详细反映出林木资产盘存量,长此以往形成的林业资产没有具体数量,只有总价值。另一方面,在进行森林资源资产价值核算时,更多局限于林木资产,难以实现对林下资源、林地资源以及森林其他资源的核算。

(五)自然资源资产产权保护不严格,监管不到位

我国现有的法律制度还未能对自然资源资产产权实施完全严格的保护。青海省已经出台《青海省领导干部自然资源资产离任审计工作指导意见》《青海省生态环境保护工作责任规定(试行)》等政策法规,加强对自然资源资产产权保护。但是在处理有关自然资源资产产权侵害的事宜上,还没有建立起严格的责任追究和损害赔偿制度。自然资源使用权人的合法权益没有严格得到尊重,随意限制、侵犯权利人合法权益的现象时有发生,导致近几年围绕土地征收、矿业权转让的社会矛盾时有发生。

制度不完善、资金不足等因素导致的直接后果就是自然资源保护不严格、监管力度不够。在自然资源资产产权保护方面,制度不够完善,侵害自然资源产权、制约自然资源产权救济的问题仍然存在。行政侵权现象也时有发生,严重侵害权利人的权益。例如,在全力做好祁连山自然保护区矿业权分类退出工作时,如何处理权益和法律之间的问题是个难题。此外,现实中存在不少产权纠纷,有些纠纷调处效率不高,长期得不到解决,如青海省存在草地纠纷和其他权属争议。由于草地承包合同基础档案管理制度不健全、资料不全,因而无法核实界限和承包人,纠纷主体不明,调处难度大。

此外,自然资源资产产权监管制度不完善。多年来,我国过分强调自然资源资产的行政管理,而忽视了所有者权益,自然资源资产产权管理与行政管理重叠;尚未建立自然资源统一监督执法机制,重复监督问题突出,成本浪费现象严重,还可能造成监督空白,有些环节无人过问,部门之间相互推诿扯皮;尚未建立生态损害赔偿制度,难以调动各类产权主体保护自然资源的动力;尚未建立健全全过程监管机制,目前部分自然资源市场出让处于起步阶段,相关制度不完善,出让流转尚未纳入全国公共资源交易平台,很难实施对市场出让的全过程监管,监管难度大;管理碎片化,现行自然资源监管主要依据单行法,按资源要素实行分类管理,对于同一自然资源,按照不同的管理事项或具体的功能用途归口不同的部门管理,且易受城乡差异、行政区划等因素的影响;目标差异化,不同类型的资源往往集聚在同一空

间载体上,但不同层级政府和不同部门在编制各类资源利用保护规划时,上下级和部门之间的协调与合作不足,有时同一空间内存在多样且不够一致的监管目标约束、规划引导和管控要求;空间叠置化,在农牧、湿地等交错地带,由于地理界限和管理空间边界划分不清,资源管理职能交叉重复或存在管理空白,如自然保护区、风景名胜区等自然保护地管理存在"一地多牌"的情况,影响自然保护地的综合统筹管理。

第四节 青海省自然资源资产产权管理体制改革的路径建议

结合青海省自然资源资产产权管理体制的现状和问题,青海省贯彻中共中央、国务院印发的《生态文明体制改革总体方案》《关于统筹推进自然资源资产产权制度改革的指导意见》等文件提出的要求,建立以"归属清晰、权责明确、流转顺畅、保护严格、监管有效"为特征,与青海省自然资源省情和发展阶段、生态文明建设要求相适应的自然资源资产产权管理体制,需要重点从以下几个方面进行改革突破:进行自然资源清查,摸清青海省内自然资源的数量、质量、权属等现状,开展生态价值评估,这是编制资源清单的基础;根据资源清查结果,编制资源清单,这是明确各级政府职责权限,健全自然资源资产管理体制的支撑;根据资源清单,以委托代理为基础落实产权主体,确定自然资源所有权在中央和地方之间配置的方式,这是有效落实监管和责任追究,实现生态文明建设的关键。因此,本书主要围绕推进自然资源清查、编制自然资源清单、实施自然资源资产所有权委托代理3个方面内容进行研究。

一、持续推进全民所有自然资源资产清查工作

(一)总结祁连县资源清查试点经验

自然资源资产清查核算是摸清自然资源资产家底的基本方式,也是编制国有自然资源资产清单和实施所有权委托代理机制的重要基础。2019年9月,自然资源部将青海、河北、江西、湖南、宁夏5省列为第一批全民所有自然资源资产清查试点省份。在综合考虑全省自然资源禀赋以及业务开展条件等基础上,由青海省自然资源厅安排,省自然资源综合调查监测院、省地理空间和自然资源大数据中心联合实施的祁连县全民所有自然资源资产清查试点工作成为青海省自然资源领域首个综合性试点工作。

祁连山腹地的祁连县,是黑河、托勒河、大通河"三河之源",系河西走廊最重要水源地,这里自然资源门类丰富多样,具有很强的典型性和代表性。祁连县总面积139.23万hm^2,其中全民所有自然资源面积为138.8万hm^2,占全县总面积的99.86%[1]。在祁连县开展全民所有自然资源资产清查对于推动青海省生态文明建设和产权制度改革、全面推行有偿

---

[1] 我省摸清祁连县全民所有自然资源资产家底[N].青海日报,2020-05-02(02).

使用制度、编制自然资源资产负债表具有重要意义。

此次试点工作以第三次全国国土调查数据为基础,通过数据叠加、行政记录查阅等方式采集价值属性数据,积极探索水资源清查的工作思路和技术路线,在整合实物量和价格信息的基础上,分类开展经济价值估算。通过试点工作,查清了祁连县 26.02 万 hm^2 土地、16.26 万 hm^2 森林、87.3 万 hm^2 草原、7.2 万 hm^2 湿地、92 个矿区的数量、质量、权属、分布、使用权、收益、价格等情况[1],基本摸清了祁连县全民所有自然资源资产家底,形成资产清查基础数据和报表,建立了祁连县全民所有自然资源资产数据库,构建了祁连县全民所有自然资源资产"一张图",实现了"表—账—库—图"一体化管理模式。祁连县的试点清查工作已经在 2020 年底完成,为下一步在青海省全面铺开资产清查工作奠定了基础。总结祁连县试点工作的成功经验,有助于形成架构合理、逻辑清晰、运作高效的资产清查工作模式,切实夯实全民所有自然资源资产管理基础,优化资产清查的技术路线、组织方式、质量检查,能够有效促进自然资源资产管理与空间规划、国土空间用途管制衔接,推动自然资源治理体系和治理能力现代化。目前青海省已经于 2021 年 5 月在黄南藏族自治州(简称黄南州)开展第二批清查试点工作,此次清查试点工作对全面建设"山水黄南"以及进一步优化资产清查的技术路线、组织方式、质量检查等都具有重要意义,对各地全面开展清查工作提供很好的实践经验。

(二)推进全民所有自然资源清查工作

1. 加强组织机构建设,明确相关主体职责

全民所有自然资源资产清查核算是一项全新的探索工作,工作内容复杂、综合性强、复杂化程度高,涉及土地、矿产、林草、水利、农业、生态、测绘、统计等多个领域,无现成的经验可供借鉴,当前的工作机制和技术支撑还不够成熟。祁连县的清查工作,是在各级政府的高度重视下,并在《青海省全民所有自然资源资产清查试点实施方案》《关于加强青海省全民所有自然资源资产清查试点工作的通知》等文件的指引下得以顺利实施。目前青海省已经在第一批试点经验的基础上,于 2021 年开始在黄南州开展第二批清查试点工作。在总结试点工作经验的基础上,条件成熟时,可以推进全省自然资源清查工作的全面开展。

为此,应进一步统一自然资源资产清查的指导思想、基本原则、目标任务,明确相关部门的工作职责、组织要求、管理方式及保障措施等内容,建立起完善的青海省自然资源资产清查的组织管理方式和制度;加强自然资源、生态环境、水利、林草等领域的部门间合作和沟通,进一步明确省、州、县及各部门的工作职责,确保资料收集、成果共享等工作衔接;理顺各项工作机制,落实工作经费,厘清监管与管理职责范围,明确自然资源资产所有权、使用权以及监管权的权力边界。

2. 明确资产清查方法和关键技术,完善相关标准

目前清查试点工作底图和分类以"三调"为准,而大量属性数据来自各类自然资源专

---

[1] 我省摸清祁连县全民所有自然资源资产家底[N].青海日报,2020 - 05 - 02(02).

项调查。自然资源部组建以前,土地、矿产、森林、草原、湿地等自然资源的管理权分散在国土、林业、农业等多个部门,因管理需求不同,各类自然资源资产普遍存在分类标准不统一、调查方式不统一、统计标准不统一等问题。自然资源资产的边界不清晰,各类资源资产在空间上交叉重叠,甚至相互矛盾(林和草资源数据矛盾较为突出),客观上造成自然资源资产分类不准、家底不清。同时,实物量矢量数据和价值量矢量数据叠加时,"三调"数据和基准地价数据也存在空间匹配性较差的问题,增加了清查工作多源数据整合和底图制作的难度[1]。

为推进自然资源清查工作,需要进一步明确自然资源实物属性和价值属性,确定资产清查技术路线、工作方法、技术要求等,推进制订自然资源资产清查技术指南,确定全民所有自然资源资产清查的实施方案和技术方案,形成全民所有自然资源资产清查技术规程;将自然资源资产清查成果数据标准入库,构建自然资源资产清查数据库标准和平台,实现全民所有自然资源资产清查数据质检、入库、分发、汇交、成果展示和清查数据统计分析等功能,实现全民所有自然资源资产清查的信息化管理。

3. 健全自然资源资产生态价值核算制度,完善自然资源资产价格体系

"资源"要成为"资产",价值属性必不可少。价值清查和资产核算制度是实现"资源"向"资产"转化、使用属性向价值属性转化的重要基础。自然资源资产价值是多元的,不同学者给出不同的价值内涵。有学者认为自然资源资产的价值包括其资源价值、环境价值、生态价值、经济价值、社会价值和文化价值等[2];另有学者认为,自然资源资产的价值应该包含经济效益、生态效益和社会效益,相应地,自然资源资产价值也是多元的,分别由经济价值、生态价值和社会价值构成[3]。其中生态价值是自然资源资产在生态文明时代的重要价值形态,社会价值是自然资源资产体现公共属性的价值形态。2021年4月,青海省自然资源厅印发《青海省全民所有自然资源资产清查价格体系建立实施方案》,进一步推动建立健全不同尺度、不同精度的资产清查价格体系。

结合青海省的实际,在今后的工作中,需要重点强调自然资源的生态价值核算。"青海最大的价值在生态、最大的责任在生态、最大的潜力也在生态"。作为生态大省,在对自然资源进行价值评估时,必须重视并强调生态价值。青海省作为资源大省,其经营性自然资源的经济价值核算方法相对容易,如与矿业权、土地、林权、耕地占补平衡指标等相对应的交易市场已经形成,市场交易实现了它们的经济价值。作为生态大省,青海省公益性自然资源数量庞大,自然资源资产的生态价值很难界定价值范畴,较难量化和评估,这是青海省自然资源价值核算的难点。另外,自然资源资产不同于其他国有资产之处,在于它的整体性,山水林田湖草是一个生命共同体,森林、草原、湿地、水系等自然资源组成的较复杂的生态系统可以产出一定量的生态产品。比如:草原的畜牧业经营性功能和生态屏障的公益性功能并存,前者的经济价值方便核算,但是后者的生态价值核算问题就显得比较复

---

[1] 张永红,刘小龙,陈淑娟.自然资源资产清查核算的宁夏实践[J].中国土地,2020(8):37-39.
[2] 谷树忠,李维明.自然资源资产价值及其评估[N].中国经济时报,2015-12-27(014).
[3] 杨昔,喻建华,乔亮亮.自然资源资产价值评估初探[J].中国国土资源经济,2020,33(9):29-34+80.

杂。作为自然资源资产所有者,开展价值评估和资产核算,还需要考虑资产的整体价值,而不是像以往那样对各门类自然资源进行"条块分割"。特别是对国家公园范围内的各类自然资源,应该形成一个综合的价值评估,相应的后续的资产管理、评价考核,都是围绕价值的整体性来开展工作的。同时,青海省的特殊地理位置也增加了自然资源生态价值核算的复杂性,如同是森林,生长在平原的树木和生长在海拔4000m的树木明显具有不同的生态价值,如何进行差异性核算是目前亟须探讨的问题。因此,青海省在进行自然资源清查和资产核算时,要研究制定全民所有自然资源资产核算通则,分门类制定核算规程,探索形成生态价值核算的技术方法,建立城乡全覆盖、地类全覆盖的土地基准地价,探索湿地、草原、森林等资源生态价值核算方法,构建科学合理、规范统一的评估核算标准体系;要在摸清实物量的基础上,进行自然资源的使用价值评估,并依据资源资产市场化程度开展资产核算,不仅要体现经济价值,还要兼顾生态价值和社会价值,为掌握资产家底、支撑考核监督和资产管理奠定基础;逐渐建立并形成重点区域自然资源状况与变化的周期性调查评估制度,加快研究分类分区的自然资源资产评估、核算技术方法体系,加快自然资源清单编制技术研发与实践的进程。

二、加快编制全民所有自然资源清单

2019年,中共中央办公厅、国务院办公厅印发的《关于统筹推进自然资源资产产权制度改革的指导意见》明确提出:"研究建立国务院自然资源主管部门行使全民所有自然资源资产所有权的资源清单和管理体制。探索建立委托省级和市(地)级政府代理行使自然资源资产所有权的资源清单和监督管理制度,法律授权省级、市(地)级或县级政府代理行使所有权的特定自然资源除外。"全民所有自然资源资产所有权委托代理资源清单将为明确中央、地方事权边界提供依据。

在资源清单的设计上,在所有权的纵向配置上必须明确中央和地方、青海省和省内市县的关系,即按照"国家所有、分级管理、授权经营、分工监督"的原则,划清所有权行使的界限;在青海省内横向配置上,清单内容必须明确到部门,即由哪个具体部门行使自然资源所有权,以登记的方式明晰责任和权利的归属,在授权经营过程中明确委托人权益目标,在此基础上剥离政府自然资源资产的公共管理权,构建新型所有权委托代理关系。

(一)编制自然资源清单的基本要求

自然资源清单在编制中应以《中华人民共和国土地管理法》《中华人民共和国矿产资源法》《中华人民共和国森林法》《中华人民共和国草原法》《中华人民共和国水法》等自然资源法律法规,以及青海省内自然资源管理地方性法规规章等作为基本的编制依据和基础,并做好与自然资源清查、自然资源确权登记、国家公园体制改革、重点国有林区改革、自然资源有偿使用改革等的衔接。通过法律规定、委托代理和合同约定等具体形式,依法明确全民所有自然资源资产所有权的权利行使主体,落实所有者职责,明确各级代理机构的权利、责任和义务。对法律法规已明确授权各级政府行使所有权职责的特定自然资源,各级政府按照法律规定执行职责,不再将特定自然资源纳入委托代理资源清单范围[1]。

(二)厘清全民所有自然资源的产权主体

在编制自然资源清单时,必须明确全民所有自然资源所有权在中央和地方之间,以及地方各级政府间的配置,这是清单的重要内容。自然资源资产所有权资源清单在内容上应包括中央政府直接行使和委托地方行使的自然资源资产所有权,在构建思路上,划分出国家要求的中央政府直接行使所有权的管理部分,对剩下的资源通过设定判断标准进行科学划分。

在编制全民所有自然资源清单,明确中央与地方产权主体时,需要充分考虑以下几点。

(1)国家安全性。根据自然资源在生态、经济和国防领域的重要程度,分别编制由中央和地方行使所有权的资源资产清单和空间范围[2]。国家安全是分级行使全民所有自然资源资产所有权改革的前提。涉及国家战略安全、经济安全、国防安全以及生态安全等的自然资源资产所有权应由中央政府直接行使。

(2)空间范围。自然资源资产分类应重点参考各类自然资源或保护地主体功能规划、自然资源重要功能区划、自然或自然遗迹保护规划,以及生态红线划定界限等,明确空间分类。

(3)生态属性。根据自然资源环境承载力与生态保护需求判断出自然资源生态重要性,生态属性强的自然资源资产所有权应由中央政府直接行使。因此,在青海省,具有重要生态功能和科研功能的湿地、地质遗迹、珍稀野生动植物种集中地等的所有权适合由中央政府直接行使。

(4)资产类型。依照自然资源的社会经济属性,区分公益性资产与经营性资产。结合各地自然资源资产在地方社会经济发展和保护中的重要程度,兼顾部分资源跨区域的特点和管理效率,并保持与现有管理体制和改革事项相衔接,充分发挥地方政府的积极性和主动性。保护程度高、公益性强的公益性自然资源资产,如国家公园、重要大江大河、湿地等,根据自然资源资产的级别,所有权可以往上级集中,一般由中央政府或省级人民政府行使;市场化配置程度高、经营性强的经营性自然资源资产,如经营性建设用地、矿产资源、经济林等,所有权要下沉,可由省级人民政府或市(地)级人民政府代理行使;跨行政区的资源资产的所有权要上收一级。结合青海省的自然资源实际情况,突出不同的管理侧重点,既要强调保护好公益性自然资源资产,又要注重开发利用好经营性自然资源资产。

2015年中共中央、国务院发布的《生态文明体制改革总体方案》明确提出中央政府对石油天然气、贵重稀有矿产资源、重点国有林区、大江大河大湖和跨境河流、生态功能重要的湿地草原、海域滩涂、珍稀野生动植物种和部分国家公园等直接行使所有权,除了上述自然资源的所有权外,应当将其他所有权(如矿产资源、土地资源等的所有权)交由地方。这为编制自然资源清单指明了方向。在资源利用方式方面,中央政府以保护性开放为主,商业性开发为辅,地方政府则可以与之相反。结合青海省生态大省的实际,综合自然资源的生态属性突出、公益性价值较大的特征,可以参照以下方面划分主要自然资源所有权。

---

[1] 张玉梅,柴志春,王涛.全民所有自然资源资产所有权资源清单编制及管理初探[J].中国土地,2020(10):43-45.
[2] 苏利阳,马永欢,黄宝荣,等.分级行使全民所有自然资源资产所有权的改革方案研究[J].环境保护,2017,45(17):32-37.

1. 土地资源

目前国有土地中经营性资源以城镇建设用地、国有农用地为代表。当前,城镇建设用地的管理和运营收益集中在市县一级,即地方享有建设用地的占有权和收益权,负责出让使用权。同时,中央政府通过特定管制手段对地方用地行为进行管控。全民所有土地资源中具有代表性的公益性资源主要包括各类保护地,如自然保护区、风景名胜区、湿地和森林公园等。从实际运行情况看,各类保护地级别一般都分为国家级和地方级。国家级保护地的设立、调整等事项由国务院或国务院有关部门审批。结合当前对土地空间规划和生态红线划定等管制要求,本书划分出土地资源资产所有权行使清单目录,具体如表3-1所示。

表3-1 土地资源所有权行使清单目录

管理主体	资源清单编制内容
中央政府直接行使所有权	①特殊利用地(国防军事用地); ②功能性国有用地(中央国家机关和事业单位用地、国企用地); ③土地空间规划特别保护地(国家级自然保护区等重点保护地); ④生态红线重要预留区及具有重要后备功能的未利用地; ⑤具有重要战略意义的农垦畜牧用地(农畜种质资源特殊保护地); ⑥战略性能源与矿产资源涉及地; ⑦由中央政府直接行使所有权的其他用地
委托地方代理行使所有权	①功能性国有用地(省级及以下机关用地、省属企事业单位用地); ②土地空间规划保护地(省级及以下自然保护地、资源恢复区和适度利用区); ③一般性农垦畜牧用地(除农畜种质资源特殊保护地外); ④能源与矿产资源涉及地(除中央政府直接行使所有权用地外); ⑤旅游休闲用地; ⑥由省级及以下代理行使所有权的其他用地(含工业与城镇化用地、普通公共区域地等)

中央政府直接行使土地资源资产所有权清单目录:①特殊利用地,主要包括国防军事用地,其目的是保障战备需要和国家军事实力,应由中央政府统一管辖和部署;②功能性国有用地,主要是国家机关和事业单位以及国企等已登记取得的国有土地,主要目的是保障我国行政活动合理有效开展,涉及关系国民经济命脉的"重要行业和关键领域"及特殊功能的领域,因其单位管理权限直属中央政府,应主要由中央政府负责单位所在地的土地利用审批;③土地空间规划特别保护地,主要包括具有重要生态功能的湿地、荒漠土地、珍稀野生物种集中地、远古遗迹科研考察地等重要保护地类型,其管理职责隶属于国务院直属部门,应由中央政府直接行使该土地资源所有权;④生态红线重要预留区及具有重要后备功能的未利用地,主要包括沼泽地、冰川地、盐碱地等;⑤具有重要战略意义的农垦畜牧用地,既关系到农业粮食、肉类供给等基础需求,又关系到生态保障,应由中央政府直接行使所有权;⑥战略

性能源与矿产资源涉及地,此类资源自身具有国防战略和重要军事资源价值,连带其所属区域土地性质偏向特殊利用地,具有国防特征,使用权能受限,应由中央政府直接行使所有权;⑦由中央政府直接行使所有权的其他用地,如国家重大经济和基础公益性建设用地,应由中央政府直接行使所有权,中央政府对此类土地具备完整权能。

委托地方代理行使土地资源资产所有权清单目录:①功能性国有用地,主要是省级及以下机关用地、省属企事业单位已登记取得的国有土地;②土地空间规划保护地,生态特征明显,公益属性强,占有、使用、收益权能受限;③一般性农垦畜牧用地;④能源与矿产资源涉及地;⑤旅游休闲用地;⑥由省级及以下代理行使所有权的其他用地,经营属性强,占有、使用、收益权能较为完整。

2. 战略性能源与矿产资源资产

由中央政府直接行使所有权的战略性能源与矿产资源资产,具有重要的经济和国防战略意义:①事关国民经济命脉、国家经济安全和稳定;②对战略性新兴产业、全球精尖科技发展具有重要意义;③事关国防安全。当前,国家层面对战略性能源与矿产资源已有较为清晰的界定,涉及能源、金属、非金属3类总计24种矿产。基于这一界定,在适当考虑简政放权和地方发展的情况下,国家提出由中央政府负责石油、天然气、页岩气、放射性矿产、钨、稀土6种矿产的探矿权、采矿权的审批,以及资源储量规模10亿t以上的煤、资源储量规模为大型以上的煤层气、金、铁、铜、铝、锡、锑、钼、磷、钾11种矿产的采矿权的审批。这基本上确定了由中央政府直接行使所有权的能源与矿产资源种类。

3. 大江大河大湖和重要跨境河流

国家规定的大江大河大湖包括了长江、黄河、淮河、松花江、辽河、海河、珠江等。这些水资源既有较高的经济开发价值,也有重要的生态价值。青海省是长江、黄河和澜沧江(澜沧江是湄公河上游在中国境内河段的名称)的源头汇水区,有多条跨省域河流,考虑到水资源对地方发展的重要性,建议中央政府在直接行使所有权方面,主要负责大江大河大湖和跨境河流里一定水量以上的取水许可或取水权出让,并制定跨省江河水量分配方案,同时将一定水量以下的取水许可或取水权出让,交由地方政府负责。

4. 具备重要生态功能的公益性资源资产

当前,通过设立自然保护区等各类保护地,具备重要生态功能的湿地草原、珍稀野生动植物种等均已纳入保护地体系。但因多头管理,各种保护区功能定位混乱、范围交叉重叠,亟须重新评估我国现行的各种保护区,建立严格的从保护区、国家公园到可持续利用区域的分类管理体系[1]。在此基础上,评估具备重要生态功能的公益性资源,由中央政府承担事权和财政支出责任,将以公益性为主且在经济、社会、生态效益等方面具有重要作用的全民

---

[1] 中国科学院可持续发展研究组.2015中国可持续发展报告——重塑生态环境治理体系[M].北京:科学出版社,2015.

所有自然资源资产所有权,交由自然资源部代表中央政府直接行使,或由自然资源部委托其他中央机构行使(如林草、水利等部门),确保保护到位。对以营利性为主的资源资产,仍需委托各级地方政府代理行使所有权。目前我国已明确将三江源、祁连山等国家公园内国有自然资源资产所有权交由中央政府行使。这些国家公园或具有极为重要的全国性公共物品属性,或拥有极为重要的珍稀野生动植物,或是跨行政区域。

综合已有研究,结合青海省自然资源的生态价值与现状,在判断自然资源所有权是否应该由中央政府行使时,重点把握以下几点:第一,以当前划定的国家级公益性自然资源资产为基础,进一步研究评估事关国家生态安全的资源,特别是象征着一定国家形象,具有独特的地理要素、自然景观、生态系统、生物多样性的资源[1];第二,从生态系统完整性看,保护范围涉及跨省级行政区域的公益性自然资源资产所有权,应当由中央政府直接行使;第三,保护区域内集体土地占比较低、人口数量较少或对资源的依赖程度较低。

(三)坚持资源清单的动态调整

由于全民所有自然资源资产所有权清单在应用中会受到资源自然属性、经济发展趋势、国土空间规划和用途管制等因素的影响,因此需要构建起动态调整机制。在不同的发展时期,经营性资产与公益性资产处于动态变化之中,有时会表现出公益性强、经营性弱,有时会表现公益性弱、经营性强。因此,需要依据全民所有自然资源资产在国防、经济和生态等方面的重要性,建立动态分类调整机制。在调整形式上集中表现为某一自然资源资产管理权在中央和地方之间的上收和下放。资源清单动态调整情形主要涉及5个方面:国防需求导致地方行使的资源所有权上收中央政府,生态属性导致地方行使的资源所有权上收中央政府,国际战略需要的资源所有权上收中央政府,能加快地方发展需要的资源所有权下放,部分调整后经济属性较强的资源所有权下放。

总体来看,明确划分中央政府和青海省各级政府的职责,确定出不同类型自然资源资产不同层级的所有权主体,进而逐渐剥离政府在自然资源资产授权经营管理中的公共管理职责,以自然资源资产产权所有者的身份进行自然资源资产经营管理,统一各级政府自然资源产权的权、责、利,既可以使自然资源资产所有权授权管理过程中委托人和代理人目标保持一致,同时也可激发地方政府合理开发保护辖区内自然资源的积极性,实现代际公平。

三、积极推进全民所有自然资源资产所有权委托代理机制实施进程

(一)政策背景

2014年3月,习近平总书记在中央财经领导小组第五次会议上的讲话中提出:"湖泊湿地被滥占的一个重要原因是产权不到位、管理者不到位,到底是中央机构直接行使所有权人

---

[1] 马永欢,吴初国,曹清华,等.生态文明视角下的自然资源管理制度改革研究[M].北京:中国经济出版社,2017.

职责,还是授权地方的某一级政府行使所有权职责?所有权、使用权、管理权是什么关系?产权不清、权责不明,保护就会落空。"这次讲话提出了"所有权由中央政府直接行使还是授权地方政府行使"的命题。

2015年,中共中央、国务院印发的《生态文明体制改革总体方案》提出"对全民所有的自然资源资产,按照不同资源种类和在生态、经济、国防等方面的重要程度,研究实行中央和地方政府分级代理行使所有权职责的体制,实现效率和公平相统一",正式提出了"地方政府分级代理行使所有权"的概念。

2016年国土资源部印发的《国土资源"十三五"规划纲要》提出:"探索建立中央和地方政府分级代理行使所有权职责的体制,研究提出全民所有中央改府直接行使所有权、全民所有地方政府行使所有权的资源清单和空间范围。"

2017年1月国务院印发的《国务院关于全民所有自然资源资产有偿使用制度改革的指导意见》指出"明确权责、分级行使""明确全民所有自然资源资产有偿处置的主体""合理划分中央和地方政府对全民所有自然资源资产的处置权"。之后,中共中央办公厅、国务院办公厅印发《关于创新政府配置资源方式的指导意见》,指出"依照法律规定,由国务院代表国家行使所有权,探索建立分级代理行使所有权的体制""划清全民所有、不同层级政府行使所有权的边界"。2018年十九届中央委员会第三次全体会议通过的《中共中央关于深化党和国家机构改革的决定》提出要设立国有自然资源资产管理和自然生态监管机构,统一行使全民所有自然资源资产所有者职责。

2018年中共中央印发的《深化党和国家机构改革方案》和第十三届全国人民代表大会第一次会议批准的《国务院机构改革方案》明确了国务院机构改革方案,提出改建自然资源部,并由自然资源部统一行使全民所有自然资源资产所有者职责。

2019年,中共中央办公厅、国务院办公厅印发的《关于统筹推进自然资源资产产权制度改革的指导意见》提出:"明确国务院授权国务院自然资源主管部门具体代表统一行使全民所有自然资源资产所有者职责。研究建立国务院自然资源主管部门行使全民所有自然资源资产所有权的资源清单和管理体制。探索建立委托省级和市(地)级政府代理行使自然资源资产所有权的资源清单和监督管理制度,法律授权省级、市(地)级或县级政府代理行使所有权的特定自然资源除外。"这进一步明确了中央政府直接行使所有权的代表主体和地方政府代理行使所有权的主体。

自然资源资产所有权委托代理,是在国家全面深化改革,推动自然资源资产产权制度改革和生态文明建设背景下提出的一个全新概念。从上述文件不难看出,随着生态文明体制改革的不断深入,"统一行使所有权"的管理框架和脉络正逐步显现,即全民所有自然资源资产由国务院代表国家所有,授权自然资源部具体代表统一行使所有权;其中,部分由自然资源部直接行使,部分委托省级政府等代理行使,法律已有授权的除外。这些为加快建立健全委托代理机制,进一步明确委托的内容和相应的管理制度提供了顶层设计,地方政府可以按照此框架深入推进委托代理机制的实施。

全民所有自然资源资产所有权委托代理机制的形成需要两个步骤:一是代表,二是委托。全民所有自然资源分级委托代理行使蕴含的关键链条是:分级委托代理的法律关系的性质—分级委托代理行使的主体—分级委托代理行使的事权边际—分级委托代理行使方式—分级委托代理的监管。本书按照这一逻辑关系阐述推进全民所有自然资源分级委托代理机制的实施路径。

(二)明确委托代理的法律属性问题

全民所有自然资源资产所有权由各级地方政府分级代理行使既符合我国基本国情,又有利于保障自然资源所有者权益的真正落实。这种委托代理机制既不同于传统的自然资源"分级管理",也有别于一般意义上的行政授权、行政委托以及民事委托,是中国特色社会主义公有制经济的特有制度创新。

全民所有自然资源资产所有权由各级地方政府分级代理行使。与传统的自然资源"分级管理"不同,主要体现在以下几个方面[1]。①从管理主体角度看,《关于统筹推进自然资源资产产权制度改革的指导意见》明确提出:"探索建立委托省级和市(地)级政府代理行使自然资源资产所有权的资源清单和监督管理制度,法律授权省级、市(地)级或县级政府代理行使所有权的特定自然资源除外。"由此可见,除法律已有授权的情况外,委托代理行使所有权的主体只到省级和市(地)级政府,但是实践操作过程中,根据现实需要,省级和市(地)级政府可委托县级政府代理行使所有权。而传统的"分级管理"主体涉及中央、省、市、县、乡镇5级政府,以及所有与资源相关的各个部门。②从管理客体角度看,在传统的"分级管理"体制下,所有权与监管权界限模糊,一些地方把"对资源资产进行行政管理"简单等同于"对资源资产进行直接处置"[2],管理客体既有自然资源,也有自然资源资产。分级代理行使自然资源资产所有权只涉及全民所有自然资源资产,以及基于所有权所派生出的占有、使用、收益、处分等权能。③从管理范围看,传统的"分级管理"范围通常严格遵照法定行政区划确定;委托代理管理的范围,既可以依据行政辖区划定,也可以依据特定的自然资源种类、单元划定,还可以跨行政区、跨流域,如划分为国家公园、大江大河、国有重点林区等。④从权力的授予方式角度看,在传统的"分级管理"情况下,权力的授予主要通过法律法规、上级印发政策文件等方式实现,一般只有笼统规定。而在委托代理的情况下,除了印发法律法规和文件,委托人还可以通过签订委托书等方式进行委托、授予管理权力。这种方式可以对不同省份、不同地市委托不同内容、不同权能,针对性强,且相对灵活,还可以动态调整。

全民所有自然资源资产所有权委托代理行使尚处于试点阶段,目前法律法规尚无明确规定,大多分级委托代理都有一定期限,并非永久性的权力移转,因此,和一般意义上的行政授权也是不完全相同的。如《三江源国家公园总体规划》明确提出:"组建三江源国家公园管理局,三江源国家公园自然资源所有权由中央政府直接行使,试点期间委托青海省人民政府代行。三江源国家公园管理局为青海省人民政府派出机构,承担三江源国家公园试点区以及青海省三江源国家级自然保护区范围内各类国有自然资源资产所有者管理职责。"但是在具体实施过程中,中央政府、青海省人民政府、青海省自然资源厅、青海省林业和草原局与三

---

[1] 邱少俊.所有权委托代理的若干基础性问题(上)[J].中国不动产,2019(9):18-21.
[2] 邱少俊,吕宾.如何正确区分"所有者权利"与"监管者权力"[N].中国自然资源报,2019-05-16(003).

江源国家公园之间的权责范围、代理行使的时效性等仍有模糊之处。目前除了尽快全面梳理已有法定代理的具体条文和内容外,也需要尽快制定、完善相关法律法规内容,规范委托代理机制的实施。

省级人民政府在接受中央政府委托后,不会以中央政府名义行使职权,而是以自身名义直接行使或另外成立机构并根据一些地方性法规进行行政授权。因此,中央政府的这类委托也与行政委托具有一定的差异。

中央政府的这类委托与民事法律关系中的委托代理也有一定的区别,中央与省级政府之间关于自然资源资产所有权的委托代理首先不属于民事法律关系,其次代理权限产生的形式、包含的内容及终止的条件也与民事委托代理相去甚远[1]。

(三)明确委托代理行使所有权的主体

自然资源资产国家所有权委托代理行使是在我国现行法律和政策基础上形成的统一代表、分级行使制[2]。建立分级代理行使所有权体制是一项极为复杂的任务,确定全民所有自然资源资产和主体,涉及自然资源所有权代表主体、自然资源所有权代表行使主体两个层面的内容。

《中华人民共和国宪法》第九条明确规定:"矿藏、水流、森林、山岭、草原、荒地、滩涂等自然资源,都属于国家所有,即全民所有;由法律规定属于集体所有的森林和山岭、草原、荒地、滩涂除外。"因此,我国自然资源所有权主体是国家,但鉴于国家无法直接行使所有权,所以需要具有人格化的主体来代表国家行使自然资源所有权。在我国,全国人民代表大会通过立法授权国务院作为所有权代表主体,因此,国务院成为全民所有自然资源所有权代表主体。国务院作为全民所有自然资源所有权代表主体,既有权决定自然资源所有权是由中央政府直接行使还是授权给部门或地方行使,也有权决定授予所有权的哪部分权能,还有权决定以何种方式授权,乃至在何种情况下收回授权。

《关于统筹推进自然资源资产产权制度改革的指导意见》提出:"明确国务院授权国务院自然资源主管部门具体代表统一行使全民所有自然资源资产所有者职责。研究建立国务院自然资源主管部门行使全民所有自然资源所有权的资源清单和管理体制。探索建立委托省级和市(地)级政府代理行使自然资源资产所有权的资源清单和监督管理制度,法律授权省级、市(地)级或县级政府代理行使所有权的特定自然资源除外。"从这一表述可以看出,自然资源所有权委托代理机制的改革思路是构建"国务院自然资源主管部门统一代表+委托省级和市(地)级政府代理行使"的全民所有自然资源所有权管理体制。这意味着,原则上,在中央层面,国务院自然资源主管部门具有具体代表国家行使自然资源资产所有权的权利;在地方层面,其他主体(无论是地方人民代表大会,还是地方政府及其他主体),均不具有具体代表国家行使自然资源资产所有权的权利。2018年我国组建自然资源部,该部门作为国务院组成部门,统一行使全民所有自然资源资产所有者职责。国务院作为自然资源所

---

[1] 王秀卫,李静玉.全民所有自然资源资产所有权委托代理机制初探[J].中国矿业大学学报(社会科学版),2021,23(3):66-75.

[2] 陈静,郭志京.自然资源资产国家所有权委托代理机制分析[J].中国土地,2020(9):30-32.

有权代表主体,通过授权国家自然资源主管部门——自然资源部行使所有者权利,这里形成了自然资源资产所有权上的第一层代理关系。我国地域广袤,自然资源资产分布不均衡,为了避免出现地方保护主义或地方利益至上等现象,现行的政策选择由国务院自然资源主管部门统一代表国家具体行使自然资源资产所有权是可行的[1]。

但是在实践中,恰恰也因为我国地域广袤、自然资源类型复杂等因素,由国务院自然资源主管部门直接统一行使全部自然资源资产所有权并不具有现实可操作性。因此,国家自然资源主管部门有权决定由自己行使自然资源所有权,如2015年中共中央、国务院颁布的《生态文明体制改革总体方案》提出"中央政府主要对石油天然气、贵重稀有矿产资源、重点国有林区、大江大河大湖和跨境河流、生态功能重要的湿地草原、海域滩涂、珍稀野生动植物种和部分国家公园等直接行使所有权";当自然资源主管部门不直接行使所有权时,可以通过设立用益物权、签订合同、授权权利金等方式,委托地方政府或相关主管部门来行使国有自然资源资产所有权。比如2019年中共中央办公厅、国务院办公厅印发的《关于建立以国家公园为主体的自然保护地体系的指导意见》提出:"按照生态系统重要程度,将国家公园等自然保护地分为中央政府直接管理、中央地方共同管理和地方管理3类,实行分级设立、分级管理。"2017年中共中央办公厅、国务院办公厅印发的《建立国家公园体制总体方案》也提出:"统筹考虑生态系统功能重要程度、生态系统效应外溢性、是否跨省级行政区和管理效率等因素,国家公园内全民所有自然资源资产所有权由中央政府和省级政府分级行使。其中,部分国家公园的全民所有自然资源资产所有权由中央政府直接行使,其他的委托省级政府代理行使。条件成熟时,逐步过渡到国家公园内全民所有自然资源资产所有权由中央政府直接行使。"

在地方,同样也存在着省级地方政府通过法定形式,将自然资源所有权的行使权委托给相关自然资源主管部门或下级政府的现实需要,这就形成了除国务院委托自然资源主管部门的第一层委托代理关系以外的、各级政府之间的多层委托代理关系。国务院和省、市、县级地方政府与相关层级的自然资源主管部门均有可能成为全民所有自然资源资产所有权的行使主体。

确定了全民所有自然资源所有权代表主体以及代表行使主体后,一项很重要的工作就是根据自然资源的自然属性、经济属性、社会属性、政治属性以及生态特征编制由中央和地方行使所有权的自然资源资产清单,明确空间范围、界定产权范围、区分细化权利内容、规范产权出让和管理行为,这是实施委托代理行使所有权机制的基础。青海省应明确全民所有自然资源资产省级行使所有权的资源清单,并提出设区的市级代理行使所有权的资源清单建议,包括提请省级政府转委托设区的市级政府代理行使所有权的资源清单以及列出法律法规已授权设区的市级政府代理行使所有权的特定自然资源;县级政府代理行使所有权的资源清单应在全面梳理辖区内各类自然资源的基础上,详细列出中央、省级、设区的市级资源清单以外的自然资源和法律法规已授权县级政府代理行使所有权的特定自然资源。这一部分涉及的自然资源所有权归谁行使的问题,已经在前文进行阐述。

---

[1] 程雪阳.国有自然资源资产委托代理机制的法权构造[J].土地科学动态,2021(2):16-19.

(四)明确分级委托代理行使的事权边际

以"归属清晰、权责明确、监管有效"为目标,明确不同层级权利主体间的事权边界是推进建立健全全民所有自然资源资产所有权委托代理机制的关键环节。我国应加快划清不同权利主体之间的边界,特别是集体和国有所有之间、不同层级政府之间、不同类型自然资源之间的边界,明确自然资源资产"归谁有""归谁管""归谁用"。自然资源所有权行使主体主要涉及国务院、省级人民政府、市级人民政府、县级人民政府4个层级,需要分别制定不同层级主体的权责范围。2019年中共中央办公厅、国务院办公厅印发的《关于统筹推进自然资源资产产权制度改革的指导意见》提出:"明确国务院授权国务院自然资源主管部门具体代表统一行使全民所有自然资源资产所有者职责。"即自然资源主管部门统一代表行使全民所有自然资源资产所有者职责并负责清单编制,履行中央政府直接行使自然资源资产所有权的职责,对公益性自然资源资产开展发展规划、资源保护等活动;对经营性自然资源资产履行资产规划、确定价格、使用权出让、收取资源收益、资产核算等职责。委托代理机制的确定,还需要进一步明确地方不同层级主体的资源类型、所有权范围、委托人、权利义务及其行使方式(占有、使用、处分、收益)、行权主体职责内容、确立依据等。这里主要涉及的是明确不同层级代理主体的资产管理职责,负责分散在各层级的资源的权益出让、保护和监管监测等日常管理工作。

依据财权和事权相匹配的原则,建立与委托代理行使所有权相适应的收益分配机制和财政支出责任体系(表3-2)。国务院自然资源主管部门负责制定资产收益的政策法规、分配方案和激励措施,地方资产管理部门负责全额征收自然资源资产出让、出租等收益,并全额上交国库,坚决杜绝坐收坐支行为,保障全民所有权益不流失,维护全民所有者的合法权益。对经营性自然资源资产的管理,以开发和使用为主,它一般具备较为完整的占有、使用、收益和处分权;对公益性自然资源资产的管理,则是发挥它为各物种提供生态系统服务的功能,但在所有权行使上受到严格限制。在委托代理行使所有权方面,前者涉及收益分配,后者属于财政支出责任。这里,需要考虑资源所在地的利益和央地财权配置,按照"谁所有—谁收益(或支出)"的原则,应该由中央与地方享有经营性资源的收益的分配以及由中央政府承担公益性资源的财政支出责任[1](表3-2)。中央政府对经营性资源直接行使所有权,并不意味着全部资产收益均由中央政府占有。改革的目的不是实现中央资产收益最大化,而是要实现国家整体和长远利益。此外,经营性资源资产的开采开发还会占用资源所在地的土地资源等。因此,要在央地财权和事权改革框架下,进一步合理划分经营性资源资产收益的分配。对重要的公益性资源,中央政府负责承担全部财政支出责任。

鉴于青海省在生态保护方面承担的重要使命,全民所有自然资源资产的收益分配,既要体现资产的全民所有性质,也应体现资产分布的特殊性,重点向资源所在地倾斜,调动地方保护的主动性,始终保有相应的财政支出用于自然资源资产调查、评价、规划和保护。

---

[1] 苏利阳,马永欢,黄宝荣,等.分级行使全民所有自然资源资产所有权的改革方案研究[J].环境保护,2017,45(17):32-37.

表3-2 由中央政府行使所有权的典型自然资源收益分配机制与财政支出责任体系[1]

类别	中央政府直接行使所有权的自然资源种类	中央政府直接行使所有权的体制安排	收益分配机制、财政支出责任
能源与矿产资源	能源资源：石油、天然气、页岩气、煤、煤层气；矿产资源：放射性矿产、钨、稀土、金、铁、铜、铝、锡、锑、钼、磷、钾等	探矿权、采矿权审批：石油、天然气、页岩气、放射性矿产、钨、稀土、采矿权审批：资源储量规模10亿t以上的煤炭资源、资源储量规模大型以上的煤层气、金等	矿业权出让收益由中央政府收取40%，矿业权占用费由中央政府收取20%，资源税全部归地方；石油资源税归中央政府
大江大河大湖	长江、黄河、澜沧江等	建立垂直管理体制：依托现行流域机构负责一定水量以上的取水许可或取水权出让，并制定跨省江河水量分配方案；取水许可审批或水权出让、入河排污口审批：将一定水量以下的取水许可或取水权出让，交由地方政府行使	水资源费由中央政府收取10%，入河排污费由地方政府收取
具重要生态功能的湿地草原、海域滩涂、珍稀野生动植物种、部分国家公园	国家公园：三江源、祁连山等国家公园，以及将来可能获评的跨省行政区国家公园；珍稀野生动植物种：Ⅰ级国家重点保护野生动物和植物，以及据此划定的保护地；湿地：3处国际重要湿地、17处国家重要湿地、19处国家湿地公园等符合有关标准的保护地	建立垂直管理体制：中央政府组建派出机构对相关国家公园、保护地进行管理	由中央政府承担全部财政支出费用

（五）明确自然资源资产所有权分级行使的实现方式

2019年，中共中央办公厅、国务院办公厅印发的《关于统筹推进自然资源资产产权制度改革的指导意见》（简称《指导意见》）提出："明确国务院授权国务院自然资源主管部门具体代表统一行使全民所有自然资源资产所有者职责。……探索建立委托省级和市（地）级政府代理行使自然资源资产所有权的资源清单和监督管理制度，法律授权省级、市（地）级或县级政府代理行使所有权的特定自然资源除外。"从《指导意见》可以看到，国务院对自然资源主管部门以"授权"的方式委托代理所有权，而国务院自然资源主管部门对地方政府和有关部

---

[1] 苏利阳,马永欢,黄宝荣,等.分级行使全民所有自然资源资产所有权的改革方案研究[J].环境保护,2017,45(17):32-37.

门则是以"委托代理"的方式下放权力。这表明全民所有自然资源资产所有权分级委托代理的实现方式主要是授权和委托两种方式。

我国现行法律法规并未对"授权""委托""代理"进行严格的定义。"授权"主要出现在行政规章或政策文件中,而"委托"更多出现在民事关系中。但有时"授权"和"委托"也会并用。因此,在自然资源管理实践中,目前既存在着国务院对自然资源主管部门的授权,如《中华人民共和国森林法》第十四条规定"国务院可以授权国务院自然资源主管部门统一履行国有森林资源所有者职责";也存在着国务院自然资源主管部门对部门受权和地方政府授权,如《中华人民共和国野生动植物保护条例》第十六条规定"因科学研究、人工培育、文化交流等特殊需要,采集国家一级保护野生植物的,应当按照管理权限向国务院林业行政主管部门或者其授权的机构申请采集证;或者向采集地的省、自治区、直辖市人民政府农业行政主管部门或者其授权的机构申请采集证",《中华人民共和国土地管理法》第二十条规定"乡(镇)土地利用总体规划可以由省级人民政府授权的设区的市、自治州人民政府批准"。

根据委托主体和委托内容的不同,委托存在行政委托和民事委托两种形式。行政委托,主要指行政机关将行政权力委托给其他行政机关的行为。如《中华人民共和国森林法》第五十七条规定:"农村居民采伐自留山和个人承包集体林地上的林木,由县级人民政府林业主管部门或者其委托的乡镇人民政府核发采伐许可证。"民事委托,指民事主体将民事权利委托给其他民事主体的行为。如《中华人民共和国城乡规划法》第二十四条规定:"城乡规划组织编制机关应当委托具有相应资质等级的单位承担城乡规划的具体编制工作。"在这些委托关系中,行政机关并非依靠行政强制力,而是通过民事契约与代理方发生法律关系,与代理方是平等的民事关系,也要承担相应的民事责任。换言之,这种委托是针对全民所有自然资源资产而进行的,应当单独进行委托,被委托人应当以委托人的名义来行使自然资源资产所有权,基于委托而产生的法律后果由国务院自然资源主管部门来承担。另外,需要明确的是,这种委托本质上属于政府内部的权力划分,且这种划分不具有永久性效力,而是在地方政府行使一段时间的权力后(往往为试点期间),转归中央政府直接行使所有权,如2017年中共中央办公厅、国务院办公厅印发的《建立国家公园体制总体方案》就明确提出:"条件成熟时,逐步过渡到国家公园内全民所有自然资源资产所有权由中央政府直接行使。"

建立全民所有自然资源资产所有权委托代理机制时,需要强调以下几个方面:一是委托代理主体需要明确,具体包括委托主体、转委托主体、受委托的代理主体、受法律授权的法定代理主体等。如需要明确委托主体是自然资源部还是其他法定主管部门,如国家林业和草原局,受托主体是省级人民政府还是省级自然资源部门、林业和草原局等其他部门,或是专门机构(如三江源国家公园管理局)。二是委托代理客体需要明确,主要包括明确各代理人代理行使所有权的资源清单、空间范围、权力清单、具体权能以及代理人需要承担的责任和义务等。三是应当采用书面形式载明委托的代理人的姓名或者名称、代理事项、具体形式、权限、期限等。

在进行委托代理时,有3种模式可供选择[1]:一是纯行政委托。明确自然资源部是行

---

[1] 邱少俊.所有权委托代理的若干基础性问题(下)[J].中国不动产,2021(10):20-23.

政机关,将所有权管理作为行政管理事项,以行政委托的方式委托给地方政府。这种方式的优点是符合一般行政管理的认知,较易理解和接受;缺点是行政委托或授权一般不得再转委托,因此大量的行政决策需要由被委托的省级和地(市)级政府做出,可能会影响行政效率。二是纯民事委托。明确自然资源部是全民所有自然资源资产所有权民事法律意义上的权利人(所有权代表行使主体),以民事委托的方式将所有权的部分权能委托给地方政府;地方政府经同意后还可以转委托,由此地方政府可将具体的事务性工作进一步授权或转委托给下级政府或有关部门。这种方式的优点是符合所有权的物权属性,有利于推进自然资源资产产权改革;缺点是短期内还难以被广泛理解和接受,且存在"地方政府是否有权拒绝被委托、拒绝行使代理权"的疑问。三是创设新型委托制度。研究构建全新的具有中国特色的自然资源资产产权制度,由于委托人(自然资源部)和代理人(各级地方政府或有关部门)都是行政机关,而委托事项则兼具民事权利和行政管理权力内容,因此需要创设一种新型的委托制度,兼顾行政委托和民事委托的特点。但在现行法律法规中,这一块内容还是空白,还需要大量的理论研究和实践作支撑。

(六)构建全民所有自然资源资产委托代理监督考核机制

委托代理一般容易产生代理人优势、不完全契约、自由裁量权、内部契约、监管困难、多重委托等方面的问题[1]。因此,建立全民所有自然资源资产监督考核机制是十分必要的。

(1)建立行使所有权的各类主体的考核机制。重点围绕自然资源资产所有权行使主体在自然资源资产所有者权益落实过程中的程序合法性、履职情况、资产管理绩效和生态环境保护成效等方面内容,设计考核指标,明确评价考核内容、组织方式和奖惩机制,对通过法律授权或者委托行使所有权的特定自然资源或为中共中央、国务院有关部门代理行使所有权的资源资产管理情况组织开展评价考核工作,并建立考核结果的应用机制,形成一种奖惩长效机制。

(2)加强全民所有自然资源资产监管。具体包括3个不同层面的监管工作:①委托人对受托人的监督,具体包括国务院自然资源主管部门对省、省对市、市对县履行所有者职责情况的监督。②所有权行使主体对使用权人等其他权利主体的监督,这里主要体现为省、市、县自然资源部门作为委托方,需要对受托方的履职情况进行事后监管。③其他形式的监管,如发挥人大、司法、审计、监察委员会以及社会监督的作用,形成所有权与监管权相互协调、相互配合、合力监管的良好局面。

(3)推进领导干部自然资源资产离任审计制度。我国政府遵循"首长负责制"原则,较之一般干部或工作人员,领导干部在自然资源资产管理中承担的责任更加重大,一旦失职,则会带来自然资源资产的损害。因此,需要通过健全和完善领导干部自然资源资产离任审计制度,明确领导干部自然资源资产离任审计重点、审计方法,制定科学的指标体系和问题定责等相关内容,规范领导干部自然资源资产离任审计工作,进而倒逼领导干部切实履行自然资源资产管理职权,避免产生损害自然资源资产的行为。

---

[1] 王雍君.公共预算与财务管理[M].北京:科学出版社,2019.

（4）建立自然资源资产损害责任追究制度。当前各地已经根据2017年中共中央办公厅、国务院办公厅发布的《生态环境损害赔偿制度改革方案》，探索试行生态环境损害赔偿制度。在此基础上，需要进一步探索建立自然资源资产损害责任追究制度。针对上述情形，一方面，继续完善党政领导干部自然资源资产损害责任追究制度，承担自然资源资产损害赔偿责任。另一方面，对低价出让自然资源资产，严重违反市场配置规则和合同约定等致使自然资源资产流失，或者做出导致生态破坏情况严重、自然资源资产消耗严重等后果的重大决策的领导干部，要按照"严起来"的要求，加强监督，严肃追责，严格落实自然资源资产损害终身责任制。

第四章 青海省自然资源调查监测制度改革

自然资源调查是指对各类自然资源的分布、面积、位置、权属等状况的客观了解;自然资源监测是指借助一定的仪器对自然资源的实时测量,定量获取监测对象的参数数值,并通过对这些数值进行分析,监测该自然资源的动向和态势。实践中,部分自然资源的监测通过高频次的调查工作来实现[1]。例如,我国每10年组织一次土地资源基础调查,每年进行一次土地变更调查,以变更调查的方式对土地资源的利用状况进行监测。相比较而言,自然资源调查是指对自然资源的"量"进行摸底清查,即了解特定区域内自然资源的实物量,例如查清青海省范围内水资源的总量;而自然资源监测更侧重对自然资源的"质"进行实时监测,例如在特定时段内对水资源的水质、污染物等参数的收集、处理、分析。同时,由于自然资源自身的整体性,自然资源存在的空间又是生态环境不可分割的部分,特别是森林、湿地、水等自然资源本身自成环境空间,因此自然资源监测与环境监测在以水、森林等大部分自然资源为监测对象时,具有高度一致性。可见,实践中自然资源调查监测既发挥对自然资源"量"的清查作用,同时承担了对自然资源"质"的监测工作,以调查的形式发挥自然资源监测功能。自然资源调查的重要性不言而喻,在自然资源资产产权制度改革背景下,建立自然资源调查制度实属必然。

编制自然资源资产负债表,必须以自然资源基础数据为支撑,从已有的自然资源资产负债表编制经验来看,无论采取何种形式编制自然资源资产负债表,其主要功能是通过对自然资源实物量与价值量转化状况进行调查、分析与评估,了解自然资源利用与保护情况,进而在此基础上制定相应的政策决策,以实现自然资源资产化管理。自然资源调查是查清自然资源实物量的必要手段,自然资源调查形成的实物量数据是编制自然资源资产负债表的主要数据来源。受生产水平、历史发展以及认知等诸多因素影响,当前,并不是所有的自然资源都能被转化为自然资源资产。自然资源资产负债表中所记载的自然资源实物量数据,是仅针对可以转化为自然资源资产的部分自然资源而进行的数量统计,这些自然资源只占自然资源的小部分;但是自然资源调查则面向包含自然资源资产在内的各类自然资源,因此,从覆盖范围来看,自然资源调查的客体更加广泛,编制自然资源资产负债表可以成为自然资源调查工作的一部分。

自然资源调查是优化自然资源合理配置、推进自然资源治理法治化和现代化的基础和前提。然而,现行自然资源调查缺乏统一的制度支撑,面临分类标准不一致、地方不协同、缺

---

[1] 崔巍.对自然资源调查和监测的辨析和认识[J].现代测绘,2019,42(4):17-22.

乏刚性程序制约等问题。应当通过制定《青海省自然资源调查条例》，吸收自然资源调查的过往经验，完善调查主体责任追究机制，建立刚性调查程序，健全自然资源调查保障机制，从法律制度规范层面统一各类自然资源调查活动。

第一节　青海省自然资源调查监测制度的价值

一、支撑青海省生态文明建设

生态文明建设是关系中华民族永续发展的根本大计，自然资源作为生态文明建设的基石，其开发与利用方式、管理机制与生态文明建设息息相关。自然资源调查监测作为查实查清自然资源的重要管理手段，与自然资源管理和生态文明建设之间具有重要的内在联系，是全面推进生态文明建设的基础性工作。

自然资源调查监测为青海省生态文明建设指明方向。为适应新时代生态文明建设需求，进一步加大对自然资源的保护力度，健全自然资源资产的管理和生态环境监管体制，党的十九大后，我国新组建了自然资源部，自然资源部对自然资源统一行使全民所有自然资源资产所有者职责及国土空间用途管制和生态保护修复职责。自然资源部全面实施对自然资源的集中统一综合管控，实施对自然资源的统一调查评价、统一确权登记、统一用途管制、统一监测监管和统一整治修复。其中，对自然资源的统一调查评价是指以调查监测为基础，全面查清自然资源家底，形成自然资源"一张图"管理模式，让"一张图"告诉我们：什么地方能开发、什么地方要保护。

调查成果为落实青海省生态环境的"源头严防"提供基础支撑。落实生态环境的"源头严防"，需要建立健全自然资源资产产权制度、自然资源资产管理体制[1]。其中，科学编制国土空间规划、国土空间生态修复规划是科学划定生态保护红线、永久基本农田、城镇开发边界3条控制线的基础，也是打好水资源污染、土壤污染防治攻坚战的重要保障；摸清农村土地利用综合潜力，是努力开创新时代土地管理工作新局面，全面推进乡村振兴战略规划和建设美丽中国的重要依据。科学规划和布局生产、生活、生态空间，统筹山水林田湖草系统管理，促进绿色发展和生态文明建设，都需要自然资源调查监测提供基础支撑。

监测工作为落实青海省生态环境的"过程严管""结果严惩"提供数据支撑。尊重自然、顺应自然、保护自然，坚持山水林田湖草是一个生命共同体，是一个完整的生态系统，不能人为割裂，是我国生态文明建设的根本理念，更是生态环境监测体制改革需坚持的基本原则。落实生态环境"过程严管"，推进生态文明建设，必须依靠自然资源统一监测监管和调查评价。

随着新一轮机构改革的启动，我国组建自然资源管理部门，实现自然资源数量、质量、生

---

[1] 张兴,姚震.新时代自然资源生态产品价值实现机制[J].中国国土资源经济,2020,33(1):62-69.

态"三位一体"统筹管理,实施国土开发强度和国土空间格局的综合动态监管,建立纵向联动、横向协同、互联互通的自然资源信息共享服务平台,强化自然资源监管,优化国土空间开发,为生态文明建设提供了有效的技术支撑[1]。调查监测为落实生态环境的"过程严管"提供权威数据,有利于落实生态环境的"后果严惩"制度,倒逼生态文明建设,充分体现了自然资源调查监测数据的重要性和权威性。掌握真实准确的自然资源基础数据,是推进国家治理体系和治理能力现代化、促进经济社会全面协调可持续发展的客观要求,是加快推进生态文明建设、夯实自然资源调查基础和推进统一确权登记的重要举措。

二、支撑青海省绿色发展

生态文明建设的全面推进、自然资源管理新体制的建立,对自然资源管理工作提出了新的要求。加快生态文明和美丽中国建设,要求推进绿色发展、着力解决突出环境问题、加大生态系统保护力度、改革生态环境监管体制。而建立自然资源调查监测体系,能够有效、系统观测山水林田湖草生命共同体以及生态环境要素的基本现状和动态利用变化特征,为解决青海地区突出环境问题、保护生态系统和监管生态环境提供了及时、真实可靠、多维度多尺度的第一手动态数据,现实意义重大。

完善自然资源统一调查监测制度是不断提升自然资源调查、监测、评价等基础能力,加强生态和自然资源预警监测体系建设,统筹谋划防灾减灾,实现国土空间规划、生态保护修复、自然资源可持续发展的迫切需要[2]。开展自然资源统一调查监测,是贯彻落实绿色发展理念、推进自然资源管理体制改革的重要举措,也是推进治理体系和治理能力现代化的迫切需要。

青海省构建"六统一"(统一组织开展、统一法规依据、统一调查体系、统一分类标准、统一技术规范、统一数据平台)自然资源调查监测体系,彻底解决各类自然资源调查数出多门的问题,全面查清各类自然资源的分布和规模,掌握青海省国土生态环境的质量和变化情况,形成一套全面、完善、权威的自然资源管理基础数据,并在此基础上优化国土空间变化监测体系,以满足自然资源治理体系和治理能力现代化的需求。同时,自然资源统一调查监测体系可消除资源管理中分头管理、数出多门的现象,弥补资源管理工作中的短板,支撑服务国土空间生态修复。

三、保障青海省生态空间安全

生态空间是指具有自然属性、以提供生态服务或生态产品为主体功能的国土空间,包括森林、草原、湿地、河流、湖泊、滩涂、荒地、海岸线、海域海岛等。生态安全是国家安全的重要基础,自国务院发布的《全国生态环境保护纲要》(国发〔2000〕38号)首次明确提出国家生态

---

[1] 张兴、姚震.新时代自然资源生态产品价值实现机制[J].中国国土资源经济,2020,33(1):62-69.
[2] 董仲宇.关于自然资源调查体系建设的探讨[J].国土资源,2019(7):42-43.

安全理论之后,生态安全的内涵和维护措施成为研究与讨论的热点,水土流失、外来物种入侵、土地利用、森林资源质量和矿山环境等始终是生态安全关注的重点[1]。良好的生态环境是国民必需的生存条件,生态安全是人们享有宜居环境的重要保障。

我国一些地方政府存在经济发展优先的思想,忽视了对生态环境的保护,导致一些企业生产方式粗放,给生态环境造成了严重的创伤,出现水域污染、耕地撂荒、过度开发等一系列生态问题。以土地利用为例,耕地安全关乎国家粮食安全,是土地利用中的核心问题。近年来,随着城镇化的发展,大量耕地被占为建设用地,人均耕地面积减少,威胁国家粮食安全,为此国家推行永久基本农田保护制度,严格保障耕地安全。除此之外,肥力不足、水土流失、土地退化也是影响耕地安全的重要因素。森林资源中天然林面积减小,蓄积量下降,生态系统质量不高,生态服务功能低,生态安全不容乐观。矿产资源的开采改变了土地利用类型,导致耕地面积减少;矿产资源开采引发水土流失,特别是露天开采,破坏了大量地表植被和坡面山体,裸露和松动的土壤、岩屑极易遭受侵蚀,引发水土流失。

自然资源调查监测的主要任务是查清各类自然资源的分布和范围,以及开发利用与保护等基本情况。通过自然资源调查监测,掌握最基本的青海省自然资源本底状况和共性特征,是查清生态空间开发利用基本情况的重要手段,可为划定并严守生态保护红线提供数据支撑,是实施生态空间用途管制的重要举措,是提高生态产品供给能力、优化生态系统服务功能、构建青海省生态安全体系的有效手段,是健全生态文明制度体系、推动绿色发展的有力保障。

四、实现"空间正义"

所谓"空间正义",即对空间与地域资源的正义化分配。我国是自然资源大国,自然资源总量丰富,同时又是一个资源小国,人均自然资源占有量居世界排名的中下游,加上我国自然资源区域分布不均,特别是水流、森林等具有重要生态价值的自然资源分布极不平衡。在生态文明体制改革的框架下,生态文明建设地位日益提高,对这类自然资源的保护力度逐渐增大,限制了部分自然资源大省和生态大省的经济发展,导致空间资源分配的短暂失衡。

本书以水资源为例加以说明。河流作为具有重要战略价值的公共资源,从发源到注入海洋或者消失,一般流经多个省份,特别是径流量丰富的大江大河,流域面积广袤。青海省是生态大省,是众多大江大河的发源地,建立了众多自然资源保护地,典型的有具有极高的生态服务价值的三江源国家公园。然而面对丰富的生态产品,无法将它们转化为经济价值的问题,限制了青海省的经济发展。为了保护水资源生态环境,青海省经济发展作出了让步,青海省的河流流经的下游省份切实享受上游省份生态保护的红利却没有付出相应的代价,进一步引发了区域间经济发展不平衡的局面形成。

推动自然资源区域合理分配是缩小区域发展差距、实现"空间正义"的重要举措,实现自然资源资产化管理是推动自然资源区域合理分配的重要路径,自然资源调查监测制度是实

---

[1] 贾行雨,王唯.以自然资源统一调查监测促进生态文明建设[J].资源导刊,2018(9):19.

现自然资源资产化管理的前提和基础。自然资源资产本身是抽象的,自然资源无法直接变现为自然资源资产,自然资源需要经过具体量化才能转化为资产性权利,自然资源调查监测是自然资源具体量化的重要途径。因而,自然资源调查监测制度是实现自然资源资产化管理、推动自然资源区域合理分配、实现"空间正义"的重要手段。

第二节　青海省自然资源调查监测制度面临的困境

一、青海省自然资源调查监测制度的现状

(一)分类标准不一致

我国实行多级多类的自然资源分类方式,自然资源具有多样性和复杂性,虽然有关自然资源的分类方式有很多,但到目前为止,尚未形成一套统一的分类标准。自然资源类型的交叉重叠,是自然资源调查监测结果不统一、调查监测部门存在分歧的主要原因。

2020年1月14日,自然资源部公开通报全国"三调"核查督察发现的20个调查不实典型案例[1]。2019年3月下旬,平谷区某"三调"作业单位工作不认真,在调查黄松峪乡黑豆峪村一块图斑时,作业人员以"郁闭度不能维持原来园地的地类,地上有地膜覆盖"为由,将园地、林地等其他农用地调查为水浇地。该图斑面积为143.30亩,原地类为园地,现状为农业局密植园,实地种植樱桃树,地表有地垄。该图斑在平谷区三调办自查(2019年7月22日—8月16日)里记录为"密植园,农业局试验田",监理单位曾抽查该图斑,并指出调查错误——"照片未呈现耕地特征",市级部门核查时未发现该问题。天津市静海区某"三调"作业单位利用高清影像内业判读,将位于天津市静海区团泊洼水库管理处的一块图斑内的416亩其他林地调查为内陆滩涂,监理单位未及时发现并指出该问题,静海区三调办、天津市三调办检查、核查时均未发现该问题。同时,天津市滨海新区某"三调"作业单位利用高清影像内业判读,将位于天津市滨海新区马棚口一村一块图斑内的296亩养殖水面调查为沿海滩涂,监理单位未及时发现并指出该问题,滨海新区三调办、天津市三调办检查、核查时均未发现该问题。

青海省共和县某"三调"作业单位将水浇地、天然牧草地、设施农用地、商业服务业设施用地等调查为机关团体新闻出版用地,地方各级三调办核查时均未发现该问题。该图斑位于共和县江西沟乡,面积为164.37亩。全国三调办内业判读地类为天然牧草地、村庄、水浇地、旱地,作业单位全部调查为机关团体新闻出版用地。实地督察核实发现,该图斑现状为水浇地2.99亩、天然牧草地27.65亩、设施农用地28.91亩、商业服务业设施用地68.42

---

[1] 今日国土杂志社.自然资源部通报"三调"工作中的20个典型案例[EB/OL].(2019-08-16)[2019-08-30]. https://baijiahao.baidu.com/s?id=1642008585337236334&wfr=spider&for=pc.

亩、机关团体新闻出版用地36.40亩。作业单位在图斑外选择部分地点拍摄的举证照片,也反映存在3种不同地类,但仍然没有结合全国三调办内业判读地类细化调查,错将其中水浇地、天然牧草地、设施农用地、商业服务业设施用地共127.97亩土地,调查为机关团体新闻出版用地,调查结果不实。青海省三调办、海南州三调办、共和县三调办在核查中均未发现该问题。

针对20个典型案例,自然资源部指出,一些县级三调办履行全面自查职责不到位,部分省级三调办审核把关不严,督促整改不到位。通过追本溯源便能发现,上级部门把关不严、监管不到位并不是主要原因,自然资源分类繁复、标准不一致才是调查错位的根本原因。例如北京平谷区"三调"作业单位以"郁闭度不能维持原来园地的地类"为由,将园地、林地调查为耕地中的水浇地,园地、林地与耕地之间的界限不清晰,导致调查错误;天津市"三调"作业单位将水产养殖地调查为沿海滩涂、将水库管理区的林地调查为内陆滩涂,监理单位、区三调办、市三调办三级单位都未发现其中的错误,足以说明自然资源分类标准不一致给自然资源调查监测工作增加了难度。

1. 自然资源一级分类不统一

我国现行法律法规以及政策性文件以不穷尽列举的方式,对自然资源进行分类,但是没有明确具体的自然资源分类标准。例如《中华人民共和国宪法》规定自然资源分为矿藏、水流、森林、山岭、草原、荒地、滩涂7类。《中华人民共和国民法通则》[1]规定自然资源分为矿藏、水流、森林、山岭、草原、荒地、滩涂、水面8类。《中华人民共和国物权法》[2]规定自然资源分为矿藏、水流、森林、山岭、草原、荒地、滩涂、海域、野生动植物资源、无线电频谱10类。2016年12月20日,中央七部委联合印发的《自然资源统一确权登记办法(试行)》将自然资源分为土地、水流、森林、山岭、草原、荒地、滩涂以及探明储量的矿产资源7类。自然资源部"三定方案"以及青海省自然资源厅"三定方案"将自然资源分为土地、矿产、森林、草原、湿地、水、海洋7类。

目前,没有一部法律法规或者政策性文件给出具体的分类标准,而且一级分类中的自然资源已存在相互交叉重叠的部分。例如《中华人民共和国宪法》《中华人民共和国民法通则》《中华人民共和国物权法》规定的山岭这一类型的自然资源内涵不够明确,山岭既可以是荒地(例如位于黄土高原地区的山岭,冬季寸草不生、一片荒凉,属于荒地;夏季雨水充沛,草木生长旺盛,属于草地),也可以是林地(江南丘陵地带,常年覆盖阔叶林,属于林地),还可以是草地(例如青藏高原的高山草甸)。

再如自然资源部"三定方案"中对草原资源和湿地资源的分类,由于缺乏具体的分类标准,这两类自然资源的界限模糊,特别是在受季风影响严重的内陆地区,影响尤为明显。青藏高原和内蒙古高原是我国主要的草原资源分布地,这些地区的草原和湿地受气候影响极

---

[1] 2020年5月28日,十三届全国人大三次会议表决通过了《中华人民共和国民法典》,自2021年1月1日起施行。《中华人民共和国民法通则》同时废止。
[2] 2020年5月28日,十三届全国人大三次会议表决通过了《中华人民共和国民法典》,自2021年1月1日起施行。《中华人民共和国物权法》同时废止。

大,部分地区属于季节性草原和湿地,在雨水充沛的夏季,降水丰富,属于湿地资源,到了冬季,降水减少,气温降至0℃以下,土地结冻,形成冻土,夏季的湿地则变成草地,甚至是荒地。

2. 自然资源二级分类种类繁复

我国自然资源的二级分类标准主要存在于各类规划的相关标准中。例如土地资源相关的分类标准主要有《土地利用现状分类》(GB/T 21010—2017)、《市(地)级土地利用总体规划编制规程》(TD/T 1023—2010)、《城市用地分类与规划建设用地标准》(GB 50137—2011)。这3个行业标准虽然都属于土地资源的划分标准,但是因不由同一部门制定,所以对土地资源的划分也不尽相同。《土地利用现状分类》将土地划分为12个一级类、72个二级类,甚至其中包括了园地、林地和草地3种一级类土地标准;《市(地)级土地利用总体规划编制规程》将土地划分为3个一级类、10个二级类和25个三级类;《城市用地分类与规划建设用地标准》将土地分为建设用地和非建设用地,其中建设用地分为8个大类、35个中类、42个小类。

森林资源的分类标准主要有《中华人民共和国林业厅林地分类》(LYT 1812—2021)和《森林资源规划设计调查技术规程》(GB/T 26424—2010)。其中《中华人民共和国林业厅林地分类》将森林资源分为8个一级类、13个二级类,《森林资源规划设计调查技术规程》将森林资源分为5个林种和23个亚林种。

现有的自然资源分类中,土地资源的分类体系相对成熟,但也存在分类繁杂的局限性。土地资源是其他自然资源的重要载体,我国对土地资源的研究起步早,研究相对深入,成果丰富,形成了相对成熟的分类体系,但同时出现了分类种类繁复的局面。森林资源分类形成了完整的行业标准体系,当前面临的问题是如何制定国家森林资源统一的分类标准,减小森林资源调查监测中的障碍。

(二)地方自然资源调查监测不协同

2016年11月,中央全面深化改革领导小组第29次会议审议通过《自然资源统一确权登记办法(试行)》和试点方案,决定在青海省等12个省份开展为期一年的试点工作,要求以不动产登记为基础,依照规范内容和程序进行统一登记,坚持资源公有、物权法定和统一确权登记的原则,对水流、森林、山岭、草原、荒地、滩涂以及探明储量的矿产资源等自然资源的所有权统一进行确权登记,形成归属清晰、权责明确、监管有效的自然资源资产产权制度。在开展试点工作过程中,各试点地区形成了独立的自然资源分类标准,出现同一类型自然资源被区别对待的现象。主要表现在以下方面。

1. 山岭资源的差异

山岭是《中华人民共和国宪法》和《中华人民共和国物权法》中明确规定的自然资源之一,但是在开展自然资源统一确权试点工作过程中出现了两种不同的做法。青海省在试点工作中严格遵守《中华人民共和国宪法》和《中华人民共和国物权法》对山岭资源的规定,将山岭作为一类独立的自然资源进行调查监测,摸底调查过程中出现山岭概念不明、界线不清、与其他自然资源交叉重叠等问题,给自然资源调查监测带来极大困难。与之相反,贵州省作为自然资源统一确权试点地区之一,在自然资源调查过程中,认为山岭是土地的一种地貌形式,与森林、草原、荒地、矿产资源等空间重叠,只是其他自然资源的一种要素,不再单独将它作为一类自然资源进行调查登记,避免出现类似的问题。

自然资源确权登记以自然资源调查监测获取的调查数据为基础。《自然资源统一确权登记暂行办法》借鉴贵州省的试点经验,不再要求对山岭资源进行确权登记,导致自然资源缺乏统一的分类标准。青海省与贵州省对同一类型自然资源采取不同的分类方法,使青海省消耗了大量的人力、物力、财力,增加了自然资源调查工作的负担。由此可见,地方省份工作的不协同必然造成其中一方处于被动地位,对自然资源调查工作产生消极影响,进而影响全局自然资源调查工作的推进。

2. 滩涂与湿地存在重合

《自然资源统一确权登记暂行办法》第三条和第七条分别提出滩涂和湿地两个自然资源概念,但是对滩涂和湿地的具体内涵没有进行界分。在开展试点工作过程中,不同试点省份对此采取了不同的做法。青海省、辽宁省、江苏省选择将湿地资源作为一类独立的自然资源进行调查监测,按照最新发布的统计信息,青海省湿地面积达到 510.12 万 hm^2,其中,沼泽草地 396.57 万 hm^2、内陆滩涂 104.12 万 hm^2、沼泽地 9.4 万 hm^2,包括青海湖鸟岛、扎陵湖和鄂陵湖 3 处国际重要湿地,以及西宁湟水国家湿地公园、贵德黄河清国家湿地公园、祁连黑河源国家湿地公园、德令哈尕海国家湿地公园、玉树巴塘河国家湿地公园等 11 处国家湿地公园,青海省在自然资源调查过程中,将湿地资源作为调查监测的对象。

辽宁省的湿地资源作为特色资源,源于省内十大河流,总面积达 1.4 万 km^2,其特点是不仅分布大面积的芦苇沼泽、河谷溪流,而且分布有山间阶地、灌丛地和草坡地等。辽宁省建立了丹东鸭绿江口滨海湿地国家级自然保护区、辽宁辽河口国家级自然保护区等 26 个湿地资源自然保护区,其中国家级 3 个、省级 6 个,在此基础上,辽宁省自然资源调查将湿地作为独立的自然资源类型进行调查监测。

江苏省全省湿地面积达 282.2 万 hm^2,约占全省总面积的 25%。其中,自然湿地包括近海与海岸湿地(99.2 万 hm^2)、河流湿地(38.9 万 hm^2)、湖泊湿地(53.7 万 hm^2)、沼泽湿地(2.8 万 hm^2)等,其总面积共 194.6 万 hm^2。人工湿地面积为 87.6 hm^2。全省已有 2 处湿地列入《国际重要湿地名录》,5 处湿地列入《国家重要湿地名录》,已建各类湿地自然保护区 19 处、省级以上湿地公园 69 处、湿地保护小区 382 处,全省自然湿地保护率达 49.8%,覆盖全省的重要自然湿地保护体系逐步形成[1]。江苏省在湿地资源调查过程中,将湿地划分为内陆湿地和沿海湿地,这一划分标准与滩涂的划分标准类似(第三次全国国土调查的划分标准将滩涂分为内陆滩涂和沿海滩涂)。

贵州省采取第三次全国国土调查的做法,在自然资源调查过程中,将滩涂作为一类独立

---

[1] 孟微波,倪劲松,周建斌.自然资源调查探索与实践——以江苏省如东县试点为例[J].中国土地,2019(5):19-22.

的自然资源进行调查。贵州省属于内陆省,滩涂资源包括内陆滩涂、无沿海滩涂,贵州省地形地貌以山地为主,滩涂资源相对较少。与青海、辽宁、江苏三省的做法相比较,贵州省的做法有利于实现与第三次全国国土调查工作的衔接,减小将自然资源调查数据作为确权登记依据的阻力。从4个省份的实践比较中发现,湿地资源包含的要素十分广泛,青海、辽宁、江苏三省的湿地资源不同程度地包括河流、湖泊等水流资源,自然资源调查监测体系构建总体方案中,水流与湿地属于同一级别的自然资源,两者在内容上存在交叉重叠。相比较而言,滩涂所包含的要素少于湿地,能够更大限度减少与水流资源的交叉重叠。各试点省份在自然资源调查过程中的做法不协同,势必造成各省份形成的资源调查成果不一致,不利于自然资源本底数据汇总甚至对自然资源确权登记造成消极影响。

(三)青海省自然资源监测现状

1. 湿地监测

2013年9月1日青海省正式施行《青海省湿地保护条例》,规定由县级以上人民政府林业主管部门负责湿地监测结果评估工作,会同有关部门建立湿地资源监测网络,组织开展湿地资源状况的监测、评价工作,定期发布湿地资源状况公报。除此之外,青海省将湿地保护纳入国民经济和社会发展规划,将湿地保护管理经费纳入本级财政预算,一定程度上保障青海省湿地监测工作顺利开展。然而,在湿地监测实践层面存在以下问题。

(1)湿地保护治理水平有待提高。科技支撑薄弱、能力建设不足仍然是制约青海省湿地保护成效的关键。尤其表现在工程项目实施的前期科学论证不够充分,实施过程中的科技支撑比较薄弱,尚未形成一套完整的科技支撑体系,特别是湿地恢复技术的模式还没有得到广泛的推广应用。项目管理机构的管理能力薄弱,缺乏对工程项目实施情况的有效监管,特别是对项目建设成效和示范带动影响的评估不足,项目管理水平有待提高。

(2)湿地保护投入与需求之间有较大差距。近年来,尽管青海省不断加大对湿地保护的投入力度,但受地方财力限制,湿地保护投入与青海省湿地保护的实际需求相比还存在较大差距。湿地保护是一项公益性的事业,需要中央、地方和社会多渠道资金投入,形成多元化的湿地保护投入机制[1]。

2. 生物多样性监测

青海省生物多样性保护极重要区和重要区的面积占省域面积的53.38%,该区域植被主要是草原、湖泊湿地等,动物资源较丰富,且分布相对集中,生物多样性功能较高,是实施生物多样性保护的重要区域[2]。青海省拥有全国保护区域面积最大的三江源国家公园,三江源湿地众多,湖泊广布,青藏高原的地理和气候条件复杂多样,生态系统纷繁复杂,为水生生物提供了赖以生存的自然条件,形成了特有的湿地生态系统。青海省在三江源对水生生物

---

[1]《国家林业局 国家发展改革委 财政部关于印发〈全国湿地保护"十三五"实施规划〉的函》,2017年4月20日由三部委共同印发。

[2] 史娜娜,肖能文,汉瑞英,等.青海省生物多样性保护区划及管理对策[J].生态经济,2019,35(11):188-193.

的种类、数量、资源量等项目进行监测,监测周期不少于5年,频次为每年2次,5月至6月开展第一次监测,8月至9月开展第二次监测[1]。

青海省生物多样性调查监测面临如下问题。

(1)受条件所限,以往调查多数是短期的线路考察、小区域考察或专项调查,且由多个部门分散进行,大规模的综合调查很少,因而局限性较大,至今仍有一些地方和门类没有涉及,调查项目的内容也仅限于种类、分布、用途等,而对资源量、濒危度、起源、演化以及系统位置等研究不多。

(2)以往调查多偏重资源性生物和与人类有特别关系的有害性生物,研究的方向也多偏重如何开发利用和如何杀灭有害性生物,很少从保护角度出发去研究,因而全面性不够。例如,在植物方面,目前基本调查清楚的植物是蕨类和有花植物,苔藓类调查仅限于少数地区,而真菌类调查成果几乎还是空白。

(3)开展了部分动态监测和定位研究,但不够充分。目前仅在高寒草甸设有定位站点进行长期观察和系统研究,每隔10年对森林进行一次资源清查,对草地、湿地和沙漠也有类似的监测,以掌握它们的动态变化。但监测项目和内容主要还是偏重资源方面,即关注点多集中在随着时间推移而发生的生物量的变化,而对物种数量的变化并不十分重视,只是在对草地的研究中注意到了毒杂草的增长情况。与调查工作相似,这些监测与定位观察也是由各部门分散进行的,缺乏统一的规划与指导[2]。

二、自然资源调查监测制度面临的困境

(一)宏观层面

1. 与生态文明建设战略不匹配

当前自然资源分类标准不统一,自然资源调查监测工作缺乏统一的制度保障,无法支撑生态文明建设战略实施。一方面,自然资源调查监测无法为生态文明建设指明方向。长期以来,自然资源调查监测工作一直分散在自然资源、林业、水利等相关领域的政府部门,由各部门分散实施管理范围内的调查工作,没有统一的调查标准、时间、方式,无法全面准确掌握自然资源家底,开发与保护之间的界限不明确。

另一方面,自然资源调查成果无法为生态环境的"源头严防"措施提供基础支撑。当前,环境综合统计、退耕还林还草、生态红线与自然保护区划定、土壤与重要水源地污染防治等生态文明建设工作都是以自然资源调查数据(以土地调查数据为主体)为依据。现行自然资源调查监测制度由自然资源、林草、水利等相关领域的多个主管部门分别组织实施,造成调查数据不统一、内容交叉重叠,无法为生态文明建设提供科学的基础支撑。

---

[1] 李柯懋,申志新.青海省水生生物重要性及水生生物多样性监测主要内容[J].青海农牧业,2013(4):36-37.
[2] 魏振铎.青海生物多样性的若干问题浅议[J].青海环境,2013,23(3):136-142.

2. 与绿色发展理念不匹配

当前自然资源调查监测工作面临着各类自然资源调查数出多门的问题,无法全面查清各类自然资源的分布和规模,无法掌握国土生态环境的质量和变化情况,难以形成一套全面、完善、权威的自然资源管理基础数据,难以为优化国土空间变化监测体系、建立国土空间规划体系提供数据支撑,无法满足自然资源治理体系和治理能力现代化的需求。

3. 与乡村振兴战略不匹配

实施乡村振兴战略,必须把制度建设贯穿其中。要深入推进农村集体产权制度改革,必须全面开展农村集体自然资源资产清产核资,深入推进集体林权、水利设施产权等领域改革。自然资源没有统一的分类标准,各类自然资源交叉重叠,大大增加了农村集体自然资源清查的困难,集体林权"一地双证"问题无法解决,农村集体自然资源资产难以界定,农村集体自然资源实现资产化管理面临重重阻力。地方政府自然资源调查监测工作不协同,导致各地集体自然资源清查进程不一致,降低了乡村振兴战略统一推进工作的效率。

(二)微观层面

1. 缺乏刚性程序的制约

自然资源的调查程序主要集中在各部门制定的技术规程中,效力级别不高,内容粗放。例如土地调查程序包括制定全国调查总体方案,报国务院批准;县级以上自然资源主管部门拟定本行政区域的调查实施方案,报上级主管部门备案。森林资源调查程序实行调查会议制度。调查前,由开展规划设计调查工作的经营单位的上级主管部门主持工作,由县级行政单位的上级政府林业主管部门会同县级人民政府共同主持召开第一次调查会议,召集政府有关部门、经营单位、调查承担单位,以及与当地森林开发、经营、利用关系密切的单位参加;组织、协调、确定规划设计调查的重大事项,落实调查经费,讨论、审定调查工作方案和技术方案,明确调查工作中各部门、各单位的任务和责任;调查结束后,经营单位的规划设计调查成果由该单位的上级主管部门主持汇总,县级行政单位调查成果由上级政府林业主管部门和县级人民政府共同主持汇总,召开由有关专家和相关部门参加的第二次调查会议,对调查成果进行审核;调查成果经审核通过后,按规定程序上报、批准后方可使用[1]。

自然资源的调查程序大致分为前期准备工作、具体外业调查、调查成果整理验收3个阶段。

(1)准备工作。各级地方人民政府及相关主管部门,在成立自然资源统一登记领导小组的基础上,划分好自然资源统一确权登记单元,组织好专业队伍,收集、整理、分析已有的自然资源调查的相关成果,准备好专业的调查设备仪器,制订好完善的工作计划,根据调查任务和技术规范拟订工作计划。

---

〔1〕 见1990年《林业资源管理》第5期。

(2)外业调查。做好准备工作后,就要进行自然资源的外业调查工作。首先,勘查路线,以土地利用现状调查等成果为底图,结合各类自然资源普查或调查的成果,进行实地勘测;其次,制定工作分类系统,通过做好室内预判工作来减少不必要的室外工作量。外业调查是整个自然资源调查的重要阶段,一定要实事求是,不得遗漏、篡改数据或者编纂数据,外业调查时要填写详细的外业调查工作簿。

(3)整理验收。借助各个软件工具,对外业调查得到的数据进行统一处理,整理为数据、图、文本以及数据库。要对最后的调查成果进行检查、核查,以免出现遗漏、错误等问题,提高自然资源调查的质量。

自然资源法律、行政法规中没有自然资源调查程序的相关规范,上述自然资源调查程序规范存在于行业部门制定的各类技术规程中,关于调查程序的条款不仅内容粗放,而且效力级别不高,难以对自然资源调查程序进行严格规制。自然资源基础调查属于重大国情调查,自然资源基础调查程序由党中央、国务院启动,各级自然资源部门负责执行;省级自然资源调查通常由省级自然资源主管部门负责,大致流程包括省级自然资源主管部门制定总体工作方案、地方主管部门制定实施方案以及实施细则。整个调查过程缺乏严格的程序制约,导致时间上具有随意性,调查工作从开始到最终形成调查成果,需要1~3年,甚至更久,调查效率低。对调查过程缺乏刚性程序制约,对调查工作人员缺乏管理、激励机制,调查过程中容易出现敷衍完成任务的现象,导致调查数据不准确,影响自然资源确权登记、国土空间规划、土地用途管制等制度的制定与实施。

2. 缺乏完备的问责机制

在已有的自然资源调查规范中,以各类自然资源调查的技术规范为主,其主要内容涉及调查方法、调查工具以及调查标准,缺乏对调查实施主体的制度规制。自然资源调查监测体系构建总体方案中涉及的土地、矿产、森林、草原、水、湿地、海域海岛7类自然资源,当前仅有土地资源调查规范中对调查主体规定了责任罚则。《土地调查条例》对调查主体和接受调查的单位及个人违反该条例需要承担的责任分别作出了规定。违反规定的调查主体,承担的责任主要包括通报批评、处分、追究刑事责任3种;违反规定的接受调查的单位及个人,需承担的责任包括罚款、治安管理处罚、追究刑事责任3种。除此之外,对矿产、森林、草原、水、湿地、海域海岛等自然资源的调查主体以及接受调查的单位和个人都缺乏相应的责任机制。

与此同时,《土地调查条例》规定土地调查人员不执行全国土地调查总体方案和地方土地调查实施方案、国家标准《土地利用现状分类》和统一的技术规程,对伪造、篡改调查资料,或者强令、授意接受调查的有关单位和个人提供虚假调查资料的,依法给予处分,并由县级以上人民政府国土资源主管部门、统计机构予以通报批评[1]。相比调查主体和接受调查的单位及个人承担的责任,土地调查人员违规操作需要承担的责任不足以形成震慑作用,难以实现责任罚则的功能,而且,其他各类资源的调查工作都缺乏相应的责任规范。

---

[1]《土地调查条例》,2008年2月7日由中华人民共和国国务院公布.

责任罚则根据问责对象触犯问责情形的性质和情节的不同,规定了严厉程度不同的多种问责方式,其中包括通报批评、处分、追究刑事责任等,处分又包括警告、记过、撤职、开除等方式,各类问责方式可以配合使用。目前的自然资源调查监测制度中只有《土地调查条例》规定了部分责任罚则,但过于笼统,严厉程度不同的责任罚则所对应的违法违规情形不够明晰,容易导致问责过程中出现责罚不符、问责机制难以落地的情况。因此,有必要在现有的自然资源调查监测制度中细化责任罚则以及相对应的问责情形,建立统一的自然资源调查监测制度的责罚机制。

3. 全过程管控、协调机制难以落实

自然资源调查监测工作往往时间跨度大,需要多部门联动才能完成。以土地调查为例,自然资源部需要同其他相关部门在土地调查开始前一年度拟定土地调查总体方案,向国务院提出申请,在获得国务院批准后方可组织实施。况且土地调查的实施,不可能由自然资源部自己实际承担调查任务,而是由自然资源部下发通知,要求各省市相关部门组织实施。省级自然资源部门要求县市级自然资源部门具体组织实施。在这种科层结构中,层层组织、监督的工作量非常大,需要耗费大量时间、人员成本。调查所需要的经费一般需要由财政部门筹措,同时土地调查需要其他部门进行配合,如林业、水利、生态环保等相关领域的部门。因此,为了完成土地调查工作,获取客观、真实的土地数据,需要建立全过程管控、协调机制。基于此,如何协调各部门之间的工作衔接是衡量自然资源调查监测效率的重要指标。

实践中,应自然资源调查开始前成立各级调查领导小组办公室作为专门的调查机构,其主要工作是组织各部门相互配合,共同完成自然资源调查工作。在实际操作过程中,该机构的主要成员甚至领导往往是其中一个部门的身兼数职的主要负责人,为了争取部门利益最大化,各个成员之间难以形成统一意见,此种情形下,专门成立的调查机构难以发挥协调各部门工作的实际作用。

以森林资源调查为例,森林资源调查实行调查会议制度,调查会议制度的作用主要集中体现在调查前与调查结束后两个阶段,调查过程中缺乏相应的管控机制。调查前,由上级林业主管部门会同县级政府共同主持召开第一次调查会议,参加会议的单位有政府相关部门、经营单位、调查承担单位以及与森林资源开发保护关系密切的单位,基本涵盖了调查单元内森林资源管理的所有主体,第一次调查会议主要讨论调查经费筹措、技术方案制定等问题,处于调查工作准备阶段。调查结束后,召开第二次调查会议,主要议程是对调查成果进行审核。第二次调查会议邀请业内专家参会,保障了调查成果审核的专业性和准确性。纵观整个森林资源调查过程,调查前与调查结束后分别召开调查会议,做到了有始有终,保证了调查过程的完整性。但是,由于自然资源调查工作具有时间跨度大的特点,在少则一年、多则数年的调查过程中,并没有规定利用类似调查会议的做法对调查工作进行阶段性的管理监督,不仅调查过程中新出现的问题无法得到及时解决,而且无法保障调查形成的阶段性数据的准确性和科学性,容易造成后期调查成果审核的成本与工作难度增加,不利于提高自然资源调查工作的效率。无论是土地调查、森林资源清查,还是对草原、湿地、水流、海域海岛以及探明储量的矿产资源的调查,调查过程中都存在管控力度不足、调查效率低甚至调查过程

的管控机制缺失的问题。完善自然资源调查监测制度的管控机制、提高自然资源调查监测的效率是构建自然资源调查监测体系必须解决的问题。

4. 监测人员、设备、资金缺乏保障

青海湖是体现青海省丰富的自然资源和优质的生态环境的美丽名片,对青海湖的实时监测反映了青海省生态环境质量的变化。然而,实践中青海湖监测工作受监测人员、监测设备以及资金限制的影响较大。

(1)青海湖监测面临严重的人员、设备问题,主要表现为专业素养不高、人员结构单一等方面,而且随着科技的进步,这类问题越来越突出,究其原因:一方面,相关监测人员趋于高龄化(特别是基层的监测工作人员表现尤为明显),对先进的科学技术的学习面临较大阻力,无法掌握先进监测设备的使用方法,导致监测工作难以实施,监测团队的专业水平提高缓慢;另一方面,科技的发展加快了监测设备更新换代的频率,陈旧的监测方法不再适用于新型的监测仪器设备,降低了自然资源和生态环境的监测质量,部分监测人员离开监测岗位,导致大量具有丰富监测经验的专业人才流失,对自然资源监测尤为不利。

(2)青海湖监测工作面临较大资金缺口。自然资源监测的核心工作是对采集的实时数据进行分析对比,以反映自然资源质量的动态变化,进行数据处理必须依赖精良的监测设备和仪器。从实践来看,青海湖监测部门由于缺乏资金支持,因而监测人员一直使用科技落后的监测设备,难以保障青海湖各项数据的实时监测和基础处理[1]。资金不足的问题不仅是青海湖相关管理部门共同面对的难题,也是大部分监测部门面临的一大难题,如何缓解资金压力是自然资源监测亟待解决的问题。

第三节 自然资源调查监测域外经验及启示

一、域外土地资源调查监测经验及启示

(一)域外土地资源调查介绍

1. 美国土地调查

美国在1934年就进行了以土壤侵蚀度为中心内容的土地利用调查。1937年又开展了土地调查,制定了土地保护计划方案,把土地按适宜性分为8级。20世纪70年代以来,美国国内土地调查计划在遥感技术的推动下蓬勃展开。1972年在遥感技术支持下形成的地质测量局土地利用、土地覆盖分类方案,结束了美国土地调查长期以来没有统一分类系统的局

---

[1] 许媛.环境监测的现状及发展和对策[J].资源节约与环保,2019(8):54.

面。此后,美国大量利用遥感信息资料和自动化技术分别编制1∶10万、1∶25万土地利用图和土地覆盖图,把土地利用划为9级。20世纪80年代美国将土地利用调查和制图工作的重心转向城市。

2. 加拿大土地调查

加拿大于1969年成立了土地生态机构,政府成立环境部,下设土地局,对土地利用和管理进行全面的调查和规划,现在已是世界上土地调查研究成效卓著的国家之一。

土地调查和分类是森林土壤学家研究的内容,加拿大约有一半土地被森林覆盖。1967年,加拿大成立隶属国家森林土地委员会的生物自然土地分类委员会,草拟《生物自然土地分类准则》,对土地分级、制图单位等级系统和描述要点,以及地形、土壤、植被、水体的分类、描述和试点计划,做了详细的规定,并将土地分为4级:土地区域、土地地区、土地系统和土地类型。1976年,加拿大成立全国生态土地分类委员会,并将1969年的土地分类等级和名称改为生态带、生态省、生态区域、生态区、生态段、生态立地、生态元素。加拿大土地调查把土地划分为7个等级。

3. 澳大利亚土地调查

澳大利亚的全国性土地调查研究始于1946年,为此成立了土地资源调查组,对全国土地资源进行全面勘查与调查,划分并绘制了不同类型的土地利用图。澳大利亚的学者认为,土地调查是综合调查,需要多学科的合作,故其调查组中有地质地貌学家、土壤学家、植物生态学家、土地分类学家(地理学家)及技术经济方面的专家。土地调查的主要成果之一是制图部分,制图单位是土地系统,土地单元是比土地系统更小的单位。全国土地系统比例尺为1∶25万,大地区为1∶100万。近年来土地利用调查工作内容主要是澳大利亚南部的环境调查。值得注意的是澳大利亚土地调查更强调土地生态问题,能更广泛地为土地利用规划服务。

4. 英国土地调查

英国于1931年开始第一次土地调查,历时十多年,对全国土地利用情况、沿革变化情况进行了调查并分类,绘制比例尺为1∶1万的底图。此次调查将全国土地划分为6类,调查重点是农业用地。1961年又进行了第二次土地调查,绘制比例尺为1∶2.5万的底图,将土地利用划分为12个类型。在摸清土地资源的基础上,英国对全国土地进行了分类分级,为合理利用土地发挥了十分积极的作用。20世纪60年代后期,当时的农渔食品部土地管理局绘制了比例尺为1∶6.5万的英格兰和威尔士土地分类图,并对土地进行了综合评价。

5. 日本及韩国土地调查

日本是非常重视土地利用调查研究的国家,在土地利用调查和制图方面走在世界的前列。最具特色的是1951年专门颁布的《国土调查令及其实施令》。1957年日本颁布了《地籍调查作业规程准则》,1962年又颁布了《国土调查促进特别措施法及其实施令》,目的是促进国土调查计划的实施,并据此在1963年、1970年、1980年、1990年分别制订了4个国土调查十年计划。[1]

日本国土调查的内容十分丰富,主要有基础调查、地籍调查、土地分类调查、水资源调查等。1951—1985年全国土地调查的总面积达87 339km²,占国土总面积的23%,土地分类调查总面积达20 694km²,占国土总面积的54.8%,测量基准点达46 810点。日本制图成果也走在世界前列,如1947年绘制了1∶80万土地利用图,1949年开始编制1∶20万土地利用图,1953年编制1∶5万土地利用图,1974年利用航空照片编制1∶2.5万土地利用图。同时,日本还在国土调查中应用不同比例尺编绘地籍图,宅基地的比例尺是1∶500,农地的比例尺是1∶500、1∶1000、1∶2500,山林荒地的比例尺是1∶250或1∶500。

依据《国土调查法》,土地分类调查是指在总理府制定的调查工作规程指导下,按土地利用的可能性进行分类,即调查土地利用状况、土壤的物理和化学性质、土壤的侵蚀状况以及其他自然因素和土地生产力等,并将调查结果绘制成地图和簿册。日本土地分类调查内容除了一般土地分类调查项目,还包括有关土地保护(如自然灾害)事项的调查,以及编制统一标准的1∶20万土地保护图和簿册。土地分类调查也要对土地和水面进行测量。

日本根据不同时期国民经济发展的要求,结合土地利用研究,编制各种比例尺的土地利用现状图,其中1∶2.5万地图最具有代表意义。他们将土地划分为35种类型,基于日本的传统分类,根据城市机能对城市土地利用进行分类,根据植被分类对农业用地、林业用地进行分类。

韩国国土调查制度分为基本调查、土地分类调查和资源调查。《国土建设综合计划法》的第五章就国土调查进行了专门规定,《国土建设综合计划法实施令》进一步明确了有关事项。有关实施令的必要事项由内阁令规定。

(二)综合比较及对我国自然资源调查的启示

(1)各国普遍都非常重视土地资源调查,土地资源及其调查研究已成为世界上许多国家土地管理部门的工作重点,环境与资源对国民经济、社会发展的影响越来越大。事实上,为了摸清土地资源家底及深挖土地增产潜力,不论是发达国家还是发展中国家,都建立了专门的土地调查规划和管理机构,投入大量的人力、物力和财力进行土地资源调查。

(2)各国土地资源调查的重点有所不同,但土地利用现状是最基础的调查项目。一般而言,发达国家土地利用调查重点为城市用地,如美国等;发展中国家的土地调查重点则在农业用地上,如印度等。但不管各个国家的差异有多大,土地利用现状都是其最基础的调查项目。

(3)多种调查方式和技术在土地资源调查中得到运用。以目的性、代表性和适时性为原则,根据不同需要,将典型调查、重点调查和抽样调查等非全面调查方式与全面调查相结合,灵活运用,扬长避短,相互补充,已成为各国土地资源调查的普遍做法。

另外,随着科学技术的进步,卫星遥感技术、地理信息技术等新技术在土地资源调查中已逐步得到运用,特别是在土地利用调查和植被研究中得到广泛应用。

---

[1] 任军,张加恭.土地资源调查的国内外比较研究.[J].资源与产业.2006(4):114.

(4)对土地利用调查原始资料的评价比对其他领域原始资料的评价更重要。由于进行土地利用分类和测量的难度很大,特别是在进行彻底的土地利用调查时,野外制图的传统调查成本大、时间长、组织难度大,因此,许多国家学者认为,对土地利用调查原始资料的评价比对其他领域原始资料的评价更重要。

(5)许多国家非常注重土地类型研究。1931年苏联地理学家贝格尔,1937年美国学者微奇,1944年留学加拿大的中国学者李春芬,英国学者波纳、伍德里治和昂斯特德,德国学者帕萨格都对土地分类研究作出了积极的探索。20世纪40年代后,一些国家设有专门的机构进行有组织的土地调查,土地类型研究成果逐步获得采纳应用。

(6)在土地分类系统方面,主要使用两种方法:一是自然区划的方法,即自上而下地将大单位划分为小单位,各个单位在空间上是连续的并占有特定的空间位置,彼此不重复出现,划分出的单位属于独立的区域;二是划分类型的方法,即按照相同的属性将土地划分为相同类型,把小类型自下而上合并为大类型,划分出不连续的地理空间。两种方法划分出的单位各成体系,但又有密切联系。因此,结合两种方法可以建立一个土地分类的统一的单位系统。

值得借鉴的是,日本制定了专门的法律,将土地调查要求具体化,职责十分明确。日本制定了《国土调查法》,规定了土地调查的目的、定义、计划和实施,国土利用计划审议会及国土利用计划地方议会的调查审议、成果处理等一系列内容,对不按照法律或违法进行国土调查的人处以劳役或罚金。为了使国土调查顺利进行,日本还制定了配套法规,如《国土调查法实施令》《国土调查特别促进措施法》《国土调查特别促进措施法实施令》等,使土地调查受到法律的切实保障。

二、域外森林资源调查监测经验及启示

(一)域外森林资源调查监测介绍

1. 美国森林资源调查

美国的森林资源清查与分析开始于1928年,平均周期为10年。20世纪90年代开始,还开展了森林健康调查,用于监测和评价森林健康状况和森林发展的可持续性。1998年,《农业研究推广与教育改革法案》提出设计一个综合森林资源清查与分析及森林健康监测的森林资源清查与监测体系,全国采用统一的核心监测指标与标准,每5年提交一次调查监测报告。在2003年开始的森林资源清查中,美国采用新的森林资源清查与监测体系。该体系是一个年度清查体系,采用统一的三阶抽样设计,以每个州每年调查20%左右的固定样地取代原来每年调查若干个州的固定样地。后来根据实际情况,规定交通设施不发达的西部地区每年完成10%的森林资源清查样地调查,东部地区每年完成20%的森林资源清查样地调查,全国每年至少完成20%的森林健康监测样地调查,每5年提供一次州级和国家级的分析报告,每年为各州提供简要年度报告,并完成网站在线数据的年度更新。

美国的森林资源调查样地采用三阶抽样设计：第一阶为航空相片和卫星图像样地，通过第一阶样地可获取辅助信息来对森林资源调查样地进行分层，将样地分为林地和非林地2层；第二阶为地面调查样地，抽样网格密度为5km×5km，全国有约37.7万个样地，其中只对林地样地设置固定样地进行调查，主要调查因子包括立地和林分状况、每木调查、生长、枯损和采伐情况等，全国有约12.5万个林地样地；第三阶样地为第二阶样地的一部分，即在每16个二阶样地中选取1个，全国共有约2.4万个，对这些样地除了要进行第二阶样地中的因子调查外，还要在植物生长季节对树木和树冠情况、土壤数据、地衣群落和臭氧损害等更多生态因子进行调查。这种年度抽样调查体系改变了以往各州独立进行的以10年为周期的森林资源调查方法，称为滚动抽样法。到2003年绝大部分州都采用了此种抽样调查方法。

2. 德国森林资源调查

德国森林资源调查主要包括3个方面：一是森林健康调查，从1984年开始每年进行；二是全国森林资源清查，周期为10年，1986—1988年原西德开展过一次，2001—2002年开展了东、西德合并后的第一次真正全国范围的清查；三是森林土壤和树木营养调查，周期为15年，1987—1993年开展第一次，2006—2008年开展第二次。德国的森林资源调查与我国的森林资源调查在组织形式、经费来源、成果汇总和发布等方面均很相似，但德国森林资源调查更注重森林生态和健康状况的调查，并在相同的抽样体系框架下开展，达到了数据综合比较分析和节约经费的目的。

德国森林资源调查抽样体系分为3个层次：第一层次称为大规模森林状态监测调查体系，是以高斯—大地坐标系为基准建立的系统性网状抽样调查样地体系；第二层次称为森林生态系统强化监测调查体系，在森林地区建立固定观测样地进行监测；第三层次是由一些集中的研究场地构成的研究森林生态系统过程一般问题的调查体系。德国的森林资源清查与我国森林资源连续清查一样，按一定间距设置固定样地的抽样方法进行，但在具体样地布设以及调查方法上存在一定区别。如：53%固定样地的间距为4km×4km，26%为2.83km×2.83km，21%为2km×2km；样地为150m×150m的方阵，在方阵四角各设1个角规样点和5个半径分别为1m、1.75m、5m、10m、25m的同心圆样地，在角规样点、同心圆样地、方阵边线进行相应调查。[1]

3. 瑞典森林资源调查

1923—1929年，瑞典建立了覆盖全国的国家森林资源调查体系；1953—1962年，开展第三次调查时引入了方阵法，每年开展1次全国调查。1982年以前，瑞典的国家森林资源调查采用的都是临时样地，1983年起则同时使用临时样地和固定样地，1983—1987年完成了23 500个固定样地的调查，并建立了相应的数据库。

同样地，瑞典森林资源调查对象也拓展到了森林生态环境和生物多样性方面。目前，瑞典已将森林土壤调查系统与国家森林资源调查系统合并为国家森林资源清查系统，该调查

---

[1] 邓成，梁志斌.国内外森林资源调查对比分析[J].林业资源管理，2012(5)：14.

系统覆盖全国所有地类,重点是林地调查,调查内容涵盖森林和土壤调查、森林和土壤碳储量估计和生物多样性监测等,每年对18 000个样地的200个调查变量进行调查。外业中每个调查小队携带2台便携式计算机,现场采集数据并完成严格的数据合法性检查,然后通过车载移动电话传到中心计算机。

4. 日本森林资源调查

日本森林资源调查历史悠久,调查类型包括事业计划所需要的森林资源调查、经营计划所需要的森林资源调查和国家森林资源清查。第二次世界大战之后,日本引进了抽样调查、航空摄影技术和电子计算机数据处理技术,建立了完善的森林调查体系。第一次全国森林调查在1953—1954年进行,采取机械抽样,共布设30 000个样地,采用1∶20万和1∶5万的地形图标点,用罗盘仪或平板测量仪对样地进行定位,调查内容包括土地种类、林种、所有权、树种、材积以及海拔、坡度、坡向、土壤、立地等级、地利等级等;1961年开展了第二次全国森林资源调查,共布设10 000个0.1hm^{2}样地;1966年开展了全国第三次森林资源调查,样地数增加到107 004个。

(二)综合比较及对我国自然资源调查监测的启示

1. 调查方法

虽然不同国家采用不同的森林资源调查方法,但结合遥感技术和地面样地抽样的调查方法均被不同程度地采用。在抽样设计上,美国、瑞典采用三阶分层抽样,德国、日本采用系统抽样。

(1)三阶分层抽样。第一阶为航空像片与卫星图像样地,即在航空像片上随机布设大量的照片样地,用于获取辅助信息并以此来进行分层,将样地分为林地和非林地。美国和瑞典做法相同。第二阶美国为地面调查样地,只在全国约12.5万个林地样地中设置固定样地进行立地、林分、枯损等调查;而瑞典则是用一定数量的地面样地来验证和修正第一阶样地。美国的第三阶抽样是在第二阶样地的基础上,在每16个二阶样地中抽取1个,共约2.4万个三阶样地;瑞典系统抽样的第三阶抽样则是进行地面样地的实测。

(2)系统抽样。德国系统抽样框架下涵盖3个方面的调查内容。一是森林资源清查:根据各州面积的大小不同,抽样强度也有所不同,主要采用4km×4km至2km×2km的网格密度间隔布设样地,通过高分辨率遥感图像或航空照片进行森林类型、土地利用类型的分层,然后重点对林地进行地面调查;二是森林健康调查:以向北偏移一定距离的间距为4km×4km的清查样地作为样地,进行地面调查;三是森林土壤和树木营养调查:以8km×8km网格密度布设样地,并与森林资源清查8km×8km样地相结合进行调查。日本的系统抽样是在前期森林资源调查成果的基础上进行的,过程为记录调查野账,编制森林调查簿,绘制基本图、林相图等。

2. 调查技术

调查技术主要体现在调查过程中使用的仪器设备和3S技术〔遥感技术(remote sensing,

RS)、地理信息系统(geography information systems,GIS)]、全球定位系统(globle positioning systems,GPS)上。德国、美国、日本、瑞典在野外调查中广泛使用激光测距仪、超声波测距仪、林分速测镜、叶面积测定仪等先进设备。美国还利用野外电子数据记录装置,在野外调查的同时即可将数据输入临时存储器。我国除上海等少数地方将镭射测距仪等先进设备用于距离和树高测量外,其他绝大部分地区还是使用传统测量工具,如罗盘仪、皮尺、测绳、测高器等。

随着森林资源调查向多目标方向转变,美国、德国、日本和瑞典均广泛运用3S技术进行数据的收集和管理、空间信息的结合与分析。其中,日本、瑞典侧重航片的运用,德国和美国则结合卫片和航片共同进行成图和分层抽样控制。我国遥感技术主要用于对不同的小班地块进行地类、树种的判读,GPS主要用于坐标定位与导航,GIS主要用于数据处理、分析、出图等工作。

3. 调查周期

森林资源调查类型主要有定期调查和年度调查。日本、德国、瑞典和中国均采用定期调查方法。调查周期:日本为5年,德国为10年,瑞典为12年。我国一类调查周期为5年,二类调查周期为10年。美国则采用年度调查方法,每个州每年完成1/5的固定样地调查,每1年和每5年发布一次资源清查报告。

4. 数据更新

美国和德国利用森林生长模型和各种营造林资料建立了森林资源动态更新系统,以便获得年度森林资源动态数据,对数据实行滚动更新;瑞典也在GIS中运用数学模型进行生长预测;日本各县均建立以森林簿为基础的资源数据,并以此为基础通过林分密度管理图或生长模型,每5年修正一次数据。

5. 成果公开

日本的调查成果不仅积极公开发表在各种有关森林资源信息的刊物(多为免费)上,还提供各种参与的机会,刊物采用通俗易懂的语言和图表,尽量减少专业术语使用频次;瑞典、美国和德国的调查成果也都面向联邦和州级政府各部门、企业、大学、社会团体等。我国森林资源调查成果主要服务于林业决策部门和地方政府,较少考虑其他用户,因此调查成果形式单调,缺乏图表和客观分析。

第四节 完善青海省自然资源调查监测制度的建议

一、自然资源调查监测制度的法理基础

自然资源是维系人类生存与发展的客观基石。对自然资源的调查、勘探、开采与利用,事关国家社会经济发展的物质基础,关系国家政治安全、经济安全与生态安全。党的十八大

以来,我国大力推进生态文明建设,加强自然资源领域的制度建设成为其中一个重要内容。党的十九届四中全会提出,"加快建立自然资源统一调查、评价、监测制度"。无论是中共中央,还是自然资源监管部门,都已经了解到现行自然资源调查、评价与监测制度存在诸多缺陷。如各类自然资源调查工作分散在各个主管部门,造成已有调查成果数出多门、粗细不均、重复交叉,难以直接综合利用[1][2]。

消除这些制度缺陷、填补制度漏洞,就需要制定《青海省自然资源调查监测条例》,建立健全"统一组织开展、统一法规依据、统一调查体系、统一分类标准、统一技术规范、统一数据平台的'六统一'自然资源调查监测体系",彻底解决各类自然资源调查数据不统一的问题,全面查清各类自然资源的分布状况,形成一套全面、完善、权威的自然资源管理基础数据,并在此基础上优化国土空间变化监测体系,以满足自然资源治理体系和治理能力现代化的需求[3]。但是,令人遗憾的是,自然资源部的2020年立法计划中并没有将起草《自然资源调查监测条例》列入[4]。这说明,将有关制定《自然资源调查监测条例》的顶层政策转换为行政法规,乃至被遵照执行,还面临诸多困难。其中之一,就是必须向立法者、社会清晰阐明自然资源调查监测制度的法理依据。这种法理依据不应当局限于一种简单的事理陈述,不仅仅限于主张以统一的自然资源调查监测制度取代现行分散于不同法律、法规和部门规章的自然资源调查规范,而应当深入地透视还原论下现行制度的重大缺陷,揭示整体论下统一自然资源调查所必需的法律支撑——自然资源调查监测制定的新法理。如此,方能使绿水青山就是金山银山、"共抓大保护、不搞大开发"的绿色发展新理念落地为法律制度,使自然资源治理法治化、治理体系和能力现代化具有坚实的法律制度基础。

(一)自然资源的整体性

1. 自然资源是由物质构成的整体系统

人的一切物质性活动都发生于自然之中,以自然为载体。马克思的"人是自然之子"一语道破了人与自然之间的全部关系。习近平总书记说过,"生态兴则文明兴,生态衰则文明衰"。这里的生态等同于包括自然资源在内的整体自然界。由于自然决定了人类的文明,因而自然成为赋予人的行为与观念以意义的决定性来源。但是,进入近代以来,西方世界以牛顿力学为代表的自然科学研究否弃了蒙有神学面纱的自然整体论思想,以笛卡尔的还原论为工具,破解了一个又一个自然之谜,取得了非凡的成就。较之于揭示、解释自然、社会与人的种种状况之中世纪神学理论,还原论有效地帮助人类认识人本身的物质组成——消化系统、排泄系统、神经系统等;帮助人类认识到自然的演变过程——水循环、大气循环等。在自然科学

---

[1] 闫岩.破除壁垒,构建自然资源统一调查体系—以跨界创新思维研究自然资源调查现状与发展[J].北京规划建设,2018(6):37-40.
[2] 吴凤敏,胡艳,陈静,等.自然资源调查监测的历史、现状与未来,测绘与空间地理信息[J].2019,42(10):42-44+47.
[3] 吴志伟.全力履行自然资源调查监测新使命[J].南方国土资源,2019(3):16-17.
[4] 《自然资源部办公厅关于印发〈自然资源2020年立法工作计划〉的通知》,2020年6月3日由自然资源部办公厅印发。

成就的推动下,社会科学研究亦采纳了还原论的方法,将人类社会本身分解为政治、经济、文化、艺术等不同的系统进行认知,形成各种不同类别的社会科学[1],尤其遵循还原论的基本立场与方法,分解、拆散人类社会制度以及制度所规范的对象,如通常所言的政治制度、经济制度、文化制度。不仅在更大尺度上,法律作为一种制度,与经济、政治、文化等相互区分,而且在较小尺度上,即在法律制度内部,学者们也采取还原论,将法律区分为公法/私法,实体法/程序法,宪法行政法、民法、经济法、环境与资源法等。当然,这种认知模式并非一无是处。将法律拆解后分门别类地加以认知,可以剔除附着于某类法律上的非关键性组成部分对认知的干扰,使认知者可以专注于某法律的关键性组成部分,对它进行深入的检视,凸显其中的核心要素。这一认知模式几乎已经成为法学研究的基本范式。例如,在民法学领域,学者们将民事法律行为制度拆解辨析,认为民事法律行为的结构应当包含常素、要素与偶素等元素[2]。

在自然资源管理领域,还原论思维模式也占据主导地位。这从作为自然资源管理基础的法律制度中可见一斑。按照还原论的思维,自然资源分为水资源、土地资源、矿产资源、森林资源、野生动植物资源等,因而针对这些资源勘探、开发、利用与监管的相关法律亦应分别立法,如我国有《中华人民共和国水法》《中华人民共和国土地管理法》《中华人民共和国矿产资源法》《中华人民共和国森林法》《中华人民共和国草原法》《中华人民共和国野生动植物保护法》《中华人民共和国水污染防治法》《中华人民共和国大气污染防治法》等。当然,这些开采、利用与监管的法律制度要实现其应有评价行为、引领行为的功能,离不开对这些资源进行必要的调查、勘探、监测与评价等,因此,分门别类的专项调查也与之相生。除了在不同的资源法律中规定与之相应的条文作为自然资源调查监测制度的基础性依据外,在制定调查、监测的标准、技术规程等时,也应采取分别制定的模式。具体见表4-1。

表4-1 我国自然资源调查监测的标准、技术规程表

类型	法律依据	部门与内容		调查标准	技术规程
森林资源调查	《中华人民共和国森林法》第二十七条、《中华人民共和国森林法实施条例》第十一条、《林资变更调查工作规则》(林资发〔2006〕57号)	林业部门	第一次清查分为有林地、疏林地、未成林造林地、灌木林地、苗圃地和无林地6类,第八次清查分为有林地、疏林地、灌木林地、未成林造林地、苗圃地、无立木林地、宜林地和辅助生产林地8类	《林地分类》(LY/T 1812—2009)、《森林资源代码 森林调查》(LY/T 1438—1999)	《森林资源规划设计调查主要技术规定》《退耕还林工程生态林与经济林认定标准》《国家级公益林区划界定办法》《野生植物资源调查技术规程》(LY/T 1820—2009)、《防护林分类》(LY/T 2256—2014)、《自然保护区土地覆被类型划分》(LY/T 1725—2008)
		原国土部门	第一次全国土地调查:有林地、灌木林地和其他林地3类,第三次全国国土调查:乔木林地、竹林地、红树林地、森林沼泽、灌木林地、灌丛沼泽和其他林地7类	《全国土地分类(试行)》《土地利用现状分类》(GB/T 21010—2007)、《土地利用现状分类》(GB/T 21010—2017)	《土地利用现状分类》(GB/T 21010—2017)

---

[1] I.伯纳德·科恩.自然科学与社会科学的互动[M].张卜天,译.北京:商务印书馆,2016.
[2] 董安生.民事法律行为[M].北京:中国人民大学出版社,2002.

续表 4-1

类型	法律依据	部门与内容		调查标准	技术规程
森林资源调查	《中华人民共和国森林法》第二十七条、《中华人民共和国森林法实施条例》第十一条、《中华人民共和国林地变更调查规则》(林资发〔2016〕57号)	测绘部门	乔木林、灌木林、乔灌混合林、竹林、疏林、绿化林地、人工幼林、稀疏灌丛8类	《地理国情普查内容与指标》(GDPJ 01—2013)	《用于森林资源规划设计调查的 SPOT-5 卫星影像处理与应用技术规程》(LY/T 1835—2009)、《森林资源调查卫星遥感影像图制作技术规程》(LY/T 1954—2011)
草原资源调查	《中华人民共和国草原法》第二十二条、国家建立的草原调查制度	农业部门	9个天然草地类和175个草地型	《草地分类》(NY/T 2997—2016)、《土地利用现状分类》(GB/T 21010—2017)、《地理国情普查内容与指标》(GDPJ 01—2013)	《森林资源调查卫星遥感影像图制作技术规程》(LY/T 1954—2011)
		原国土部门	天然草地、人工草地、沼泽草地和其他草地4类		
		测绘部门	牧草地、绿化草地、固沙灌草、护坡灌草和其他人工草地5类		
湿地资源调查	《湿地保护管理规定》	林业部门	近海与海岸湿地、河流湿地、湖泊湿地、沼泽湿地、人工湿地5类34型	《湿地分类》(GB/T 24708—2009)	《基于TM遥感影像的湿地资源监测方法》(LY/T 2021—2012)、《岩溶地区草地石漠化遥感监测技术规程》(GB/T 29391—2012)、《湿地分类》(GB/T 24708—2009)、《全国湿地资源调查与监测技术规程(试行)》(林湿发〔2008〕265号)、《重要湿地监测指标体系》(GB/T 27648—2011)
水资源调查	《中华人民共和国水法》第十六条、《中华人民共和国水文条例》第十四条、《水文水资源调查评价资质和建设项目水资源论证资质管理办法(试行)》(水利部令第17号)、《水文站网管理办法》(水利部令第44号)、《水土保持生态环境监测网络管理办法》(水利部令第12号)	原国土部门	河流水面、湖泊水面、水库水面、坑塘水面、沿海滩涂、内陆滩涂、沟渠、水工建筑用地和冰川、永久积雪和沼泽地10类	《土地利用现状分类》(GB/T 21010—2007)、《土地利用现状分类》(GB/T 21010—2017)	《水文地质调查规范(1∶50 000)》(DZ/T 0282—2015)
		水利部门	河流水面、湖泊水面、水库水面、坑塘水面、沿海滩涂、内陆滩涂、沟渠、水工建筑用地和冰川、永久积雪9类	《土地利用现状分类》(GB/T 21010—2017)、《第一次全国水利普查表及说明》	《水土保持遥感监测技术规范》(SL 592—2012)、《湖泊调查技术规程》
		测绘部门	河流水面、湖泊水面、水库水面、坑塘水面、沿海滩涂、内陆滩涂、沟渠、水工建筑用地和冰川、永久积雪和沼泽地10类	《土地利用现状分类》(GB/T 21010—2017)、《地理国情普查内容与指标》(GDPJ 01—2013)	《水文地质调查规范(1∶50 000)》(DZ/T 0282—2015)

续表 4-1

类型	法律依据	部门与内容		调查标准	技术规程
土地利用现状调查	《中华人民共和国土地管理法》第二十六条 国家建立土地调查制度《中华人民共和国土地管理法实施条例》第十四条第一款、《土地调查条例》《土地调查条例实施办法》	原国土部门	耕地、园地、林地、草地、商服用地、工矿仓储用地、住宅用地、公共管理与公共服务用地、特殊用地、交通运输地、水域及水利设施用地、其他土地12个一级类,57个二级类	《全国土地分类（试行）》（国土资发〔2022〕255号）、《土地利用现状分类》（GB/T 21010—2007）、《土地利用现状分类》（GB/T 21010—2017）	《土地利用现状分类》（GB/T 21010—2017）、《土地利用动态遥感监测技术规程》（TD/T 1010—2015）
地理国情普查与监测	《测绘法》第二条	测绘部门	耕地、园地、林地、草地、房屋建筑（区）、铁路与道路、构筑物、人工堆掘地、荒漠与裸露地表、水域10个一级类,51个二级类	《地理国情普查内容与指标》（GDPJ 01—2013）	《土地利用现状分类》（GB/T 21010—2017）、《土地利用动态遥感监测技术规程》（TD/T 1010—2015）

但是,自然资源本身却不是按照人类对它的认识方式、拥有的知识而存在的。实际上,无论人类对自然资源具备何种认识,自然资源总是以整体性的方式存在着。只要我们不让认知偏见蒙蔽双眼,可以看到,小到饮用的瓶装水,大到长江、黄河中的滚滚东流水,作为自然资源的水,不是独自存在着,而是与其他物质共存的。我们单独调查水资源、保护水资源,不是没有任何意义,而是如果仅仅限于对水资源的独自调查、独自保护,调查所得的数据、保护作出的努力,难以符合行动者的期望。我们调查后得到的黄河水资源量并非可供利用的黄河水资源量。如果缺乏对黄河水中含沙量的数据、污染物质的数据的调查,单个的水量数据没有任何价值。

再如,在调查水污染状况以及制定防治、治理措施时,应充分考虑整体的自然资源状况。在大气环流、水循环的自然力量作用下,污水以不同的方式在不同区域流动、迁移,因此,单独调查并治理某一特定区域的水污染,并不能完全消除与防止水污染的再次发生。相反,需要以自然地理单元为基础,进行跨区域的水污染调查与治理,方能收治理水污染之功效[1]。

2. 自然资源的多元价值结成整体

在人类发展的历史长河中,一直都离不开对自然资源的利用。人类对自然资源的利用方式存在差异。最常用的方式是将某单一的组成部分从整体的自然资源中采掘出来,使之成为一种商品,供人们消费。以水资源的多元价值的体现与凝结为例加说明。如某瓶装水制造公司宣称自己只做大自然的搬运工,将特定地区的水资源取出、灌装,然后输送到其他地区,作为商品,卖给民众。这一过程中,水资源的两种价值被制造出来,并得以实现。其一,经济价值。特定地区的水装入瓶中后成为了一种商品,具有了相应的经济价值。其二,

---

[1] 徐祥民,宛佳欣.环境的自然空间规定性对环境立法的挑战[J].华东政法大学学报,2017,20(4):105-115.

使用价值。水被民众消费,之所以如此,在于民众的生存需要水。如果缺乏水,人的身体健康将遭受损害,甚至死亡。将水在人类社会中的流动过程链接起来,可以发现,水资源的经济价值与使用价值是相互依存的。如果缺乏使用价值,水的经济价值无法实现,甚至无从体现;反之,如果水没有经济价值,则说明在商品社会之中,人类并不缺乏水,无须以价格规制水的使用。但是,从根本意义上看,水作为商品所具备的经济价值与使用价值,离不开作为根基的生态价值。如果没有水的生态价值,人类作为一种特定的物种,可能都不会存在,其他的物种也可能不存在。这一道理在人类文明的兴衰史,一再被佐证。然而,水的生态价值得以存在与保存的前提是作为物质形态的水与其他物质如各种无机物、有机物、生命体是共生的。因为仅仅只有水,不足以孕育生命。在价值层面,水资源所具有的各种价值,与其他物质的价值之间亦是相互依赖、彼此共存的。其他自然资源亦如此。

总之,自然资源所负载的各种价值凝结成为一个价值整体,彼此之间是一种对立统一关系。

3. 自然资源的整体性对自然资源调查监测制度的意义

(1)自然资源调查监测制度必须确保真实性、完整性。建立健全自然资源调查监测制度,规范自然资源调查、监测与评价等行为,最重要、最关键的目的在于确保调查、监测与评价的过程符合自然资源本身的运行规律,保证通过调查过程中的各种行为获取的各类数据是全面、客观的,能反映自然资源的客观属性,从而使对自然资源的治理、监管更符合自然资源的客观实际,避免对自然资源的浪费与破坏。为了达到这一目的,显然,使自然资源调查、监测与评价所获取的数据符合自然资源本身的客观状况是基础,也是后续人类利用与保护自然资源行为的前提条件。如此,自然资源的整体性,作为一种客观的属性,对建立健全自然资源调查监测制度提出了应有的要求。也就是说,我们所建立的自然资源调查监测制度,必须能够保证自然资源调查、监测与评价等行为符合自然资源的整体性,这些活动取得的各类数据必须全面、客观地反映自然资源的全部状况,如数量、质量、分布、与其他自然资源之间的客观关系等。

在这一要求下,自然资源调查监测制度必须明确规定,无论是进行自然资源的单项调查,还是进行综合调查,都必须将所调查的自然资源与它所处环境的客观状况一并予以调查、记录并对记录资料予以保存,以便应对将来的考核。

(2)自然资源调查监测制度必须保障对自然资源中各种社会关系的真实记录。自然资源不仅仅是由各种物质组成的生态系统,还包含由人口、经济、文化等组成的各种非自然因素。自然资源的自然因素与非自然因素通过物质输送、能量流动、信息传递等方式连接起来,组成相互交织、互相制约的自然-社会-经济复合系统。自然资源巨系统中的由自然物质组成的小型系统决定了非自然因素组成小型系统,非自然因素组成部分的小型系统也对自然物质组成部分产生一定的影响,甚至在特殊情形下产生巨大的影响。如恩格斯在《自然辩证法》指出,美索不达米亚平原上的民众,乱砍滥伐,结果导致水土流失[1],这就是典型的自

---

[1] 恩格斯.自然辩证法[M].中共中央马恩列斯著作编译局,译,北京:人民出版社,1971.

然资源中非自然因素组成部分对自然物质组成部分产生的影响。在对自然资源的利用上，社会民众之间没有达成一致的共识，甚至将一定区域内的自然资源视为随意进出的公地，最终无节制的乱砍滥伐行为毁灭了自然资源本身。为了防止"公地的悲剧"的发生，各国对自然资源采取权属管理模式，即通过设置相应的权利制度，一方面赋予权利人开采、利用自然资源的权利；另一方面这种赋权行为实际上成为一种利益调节装置，使不享有合法权利的人不得对自然资源进行开采、利用。未经权利人的许可而对自然资源进行使用，则构成违法行为，需要承担相应的法律责任，以此维护自然资源利用秩序。除此之外，即使对于权利人而言，利用自然资源也不是毫无约束的。我们必须通过制定环境保护法律等，对权利人施加相应的公法义务，即规定他们只能在生态环境能够承载的范围内进行开采、利用，不得超标。

因此，在进行自然资源客观状况调查、监测与评价时，必须对其中的社会关系，尤其是权属关系予以全面的调查、记载，从而保证民众对自然资源的开采、利用与管理得以正常进行，确保自然资源始终处于良好状态之中，供应社会生存与发展所需要的物质。

当然，承认并依据整体性对自然资源进行调查、监测、评价，乃至进行治理，并没有否认这些活动、行为需要遵循社会分工与合作原则。

（二）自然资源治理法治化

1. 自然资源法治化的目标与价值

（1）自然资源法治化的目标。法治是一个内涵非常丰富的语汇。西方文明中，对法治内涵的概括，最为经典者是亚里士多德。他认为"已成立的法律获得普遍的服从，而大家所服从的法律又应该本身是制定得良好的法律"[1]。随着历史的变迁，西方法治理论始终处于演变状态之中。不过，关于形式法治与实质法治的争议一直是西方法治理论的焦点议题。无论学者间对法治有怎样不同的看法，共同持有的法治内涵的底线依然是法律之治、良法之治。我国对法治的认识，是随着我国社会主义建设事业的不断发展而逐渐深化的。党的十一届三中全会提出"发展社会主义民主，健全社会主义法制"。邓小平同志在1978年12月的中央工作会议上，首次提出了"有法可依、有法必依、执法必严、违法必究"的十六字方针。党的十五大提出"建设社会主义法治国家"的纲领，并于1996年将它写入《中华人民共和国宪法》。2011年，胡锦涛同志在庆祝中国共产党成立90周年大会上发表的重要讲话进一步提出要"不断推进科学立法、严格执法、公正司法、全民守法进程，实现国家各项工作法治化"。2012年，党的十八大报告正式确认了这一新十六字方针。2012年12月4日，习近平总书记在首都各界纪念现行宪法公布施行30周年大会上发表重要讲话，明确提出："落实依法治国基本方略，加快建设社会主义法治国家，必须全面推进科学立法、严格执法、公正司法、全民守法的进程。"[2]党的十八届四中全会作出全面依法治国的战略决策，指出"全面推进依法治国，总目标是建设中国特色社会主义法治体系，建设社会主义法治国家。这就是，

---

[1] [古希腊]亚里士多德.政治学[M].吴寿彭，译，北京：商务印书馆，1965.
[2] 江必新.习近平全面依法治国新理念新思想新战略对法治理论的发展[J].法学杂志，2020，41(5)：1-16.

在中国共产党领导下,坚持中国特色社会主义制度,贯彻中国特色社会主义法治理论,形成完备的法律规范体系、高效的法治实施体系、严密的法治监督体系、有力的法治保障体系,形成完善的党内法规体系,坚持依法治国、依法执政、依法行政共同推进,坚持法治国家、法治政府、法治社会一体建设,实现科学立法、严格执法、公正司法、全民守法,促进国家治理体系和治理能力现代化"。

既然我国治理国家的战略决策,是"全面依法治国",建设的是"社会主义法治国家",那么自然资源治理作为国家治理整体中的局部,理应"法治化",依照法律进行治理,贯彻社会主义法治理念,也应当按照"科学立法、严格执法、公正司法、全民守法"的目标推进法治化建设。

(2)自然资源法治化的价值。社会主义国家法治的价值主要体现为如下内容。首先,有法可依,确保人际交往的确定性。法律可以保证人际交往的确定性,防止交往当事人发生误判,这是法治的重要价值,也是法律形式理性的体现。各种人为努力使自然资源领域内的各种人类活动都有相应的制度加以规范、调整,不存在"无法可依"的法律漏洞。其次,有法必依、严格执法。习近平总书记指出:"纵观人类政治文明史,权力是一把双刃剑,在法治轨道上行使可以造福人民,在法律之外行使则必然祸害国家和人民。"[1]自然资源领域的行政权力的行使必定在法律框架内,依据法律而行使。对于自然资源监管者而言,严格执行法律,管制对自然资源的使用行为,不仅是权力,更是职责,是监管者履行法定义务的必然要求。再次,人民性。习近平总书记强调:"必须坚持人民主体地位。我国社会主义制度保证了人民当家作主的主体地位,也保证了人民在全面推进依法治国中的主体地位。这是我们的制度优势,也是中国特色社会主义法治区别于资本主义法治的根本所在。坚持人民主体地位,必须坚持法治为了人民、依靠人民、造福人民、保护人民。要保证人民在党的领导下,依照法律规定,通过各种途径和形式管理国家事务,管理经济和文化事业,管理社会事务。要把体现人民利益、反映人民愿望、维护人民权益、增进人民福祉落实到依法治国全过程,使法律及其实施充分体现人民意志。人民权益要靠法律保障,法律权威要靠人民维护。"[2]人类的任何活动都直接或者间接地与自然资源的利用有关。《中华人民共和国宪法》宣布自然资源归全民所有,保障人民利用自然资源的合法权益。

自然资源法治化,是一种动态的过程和静态的制度的结合。自然资源法治化的价值有很多,关键有两点:

第一,确保自然资源的利用与监管的可预期性。这是一般性法治最大价值——可预期性在自然资源领域的具体表现。人在社会之中,出于满足各种需要的目的而表现出各种各样的行为模式,势必存在利益的相互冲突。法律制度就成为调节这些利益冲突的工具,即承认或者认可某些利益诉求,排斥甚至否决另外一些利益诉求。这样,在法律制度下的民众得以基于合法利益与非法利益的区别而选择自身行为,无须担心自身合法利益被他人非法侵害,也无须担心人身自由权利被他人无故侵犯。在自然资源领域中,自然资源的利用与监管

---

[1] 中共中央文献研究室.习近平关于全面依法治国论述摘编[M].北京:中央文献出版社,2015.
[2] 习近平.加快建设社会主义法治国家[J].求是,2015(1):3-8.

也涉及各种相互冲突利益的承认与否决的问题,因而需要制定相应的自然资源法律来确认某些利益为合法的、某些利益为非法的,从而对相互冲突的利益之间予以合法性排序,增强利益保护的可预期性。当前,之所以呼吁建立健全自然资源调查监测制度,其目的也在于为自然资源调查、监测、评价所涉及的相互冲突的利益建立法律秩序,确定可预期性。例如,在进行自然资源调查时,自然资源的使用权人可能出于维护自身私利的目的,不愿意向调查人员提交相应的资料,或者不允许调查人员进入自然资源使用现场进行必要的记录、拍摄影像资料等。显然,此时,调查人员行为所代表的利益就与使用权人的私利之间产生了冲突。如果缺乏对这些利益予以排序的相应制度,不论调查人员,抑或使用权人,都无法合理预测对方行为,也就无法决定自身应采取的对策。如果相关法律、自然资源调查监测制度对此予以规定,确立了相互冲突的利益之间预期性,那么双方当事人就可以根据该规则来采取相应的对策,无须担心对方当事人的反应。

第二,保证自然资源利用与监管的人民性。我国是社会主义国家,是真正地实现"民有、民享"的国家。对自然资源的开采、利用与监管,其最终目的是促人民获得利益。因此,一方面人民有权利对自然资源的利用与监管行为实施必要的监督,另一方面人民有权利获得自然资源收益。当然,保证自然资源的利用与监管正常进行的前提条件,就是对自然资源进行必要的调查、监测与评价。如果对自然资源的调查、监测与评价缺乏人民性,那么自然资源的利用与监管肯定就没有人民性。一些企业可以在调查、监测上动手脚,贿赂、收买调查人员,让他们将原本具有高价值的自然资源故意认定为低价值的自然资源,从而使自己获取非法利益;或者对监管人员实施贿赂、收买,使他们对自己非法使用自然资源的行为睁一只眼、闭一只眼,获取非法收益。但是,如果建立健全自然资源调查监测制度,充分考虑到不法分子获取非法自然资源利益的叵测行为,有针对性地设置防范规则,让他们的不轨行为无法得逞,那么自然资源利用与监管的人民性必然会得到保障。

2. 自然资源调查监测制度彰显自然资源法治化的价值

实现自然资源法治化的目标与价值,前提条件就是制度化,规范涉及自然资源利用与监管的全部行为。其中,建立健全自然资源调查监测制度等基础性制度尤为重要。正如自然资源部于2020年在《自然资源调查监测体系构建总体方案》中明确指出,"构建自然资源调查监测体系,统一自然资源分类标准,依法组织开展自然资源调查监测评价,查清我国各类自然资源家底和变化情况"是一项重要的基础性工作,是一项"为科学编制国土空间规划,逐步实现山水林田湖草的整体保护、系统修复和综合治理,保障国家生态安全提供基础支撑,为实现国家治理体系和治理能力现代化提供服务保障"的工作。但是,这项基础性工作的推进,离不开制度的加持。邓小平曾经准确地阐述了制度建设对于社会主义建设的重要意义。他说:"我们过去发生的各种错误,固然与某些领导人的思想、作风有关,但是组织制度、工作制度的问题更重要。这方面的制度好可以使坏人无法任意横行,制度不好可以使好人无法充分做好事,甚至走向反面。"[1]因为只有通过制度确定自然资源调查、监测与评价的组织

---

[1] 邓小平.邓小平文选(第二卷)[M].北京:人民出版社,1994.

形式、实施方式、经费保障以及取得的调查成果的效力,才能够防止这项工作因领导人的改变而改变、因领导人注意力的改变而改变。

判定自然资源调查监测制度是自然资源法治化的基础,主要理由有两条。其一,自然资源调查监测制度是规范自然资源法治化的基础事项。自然资源调查、监测与评价是进行自然资源监管、利用的基础。自然资源法治化的实质,就是对自然资源利用与监管的全部行为的制度化、规范化与程序化。制度化是其中的关键。显然,自然资源法治化,首要之处就是对构成自然资源利用与监管基础的调查、监测与评价行为的制度化。如果不能对构成自然资源利用与监管基础的事项进行制度化建设,使自然资源调查监测制度成为重要的基础性制度被固定下来,那么整个自然资源的法治化就将成为无源之水、无本之木。

其二,自然资源调查监测制度制约自然资源法治化的核心要素。自然资源调查、监测与评价工作不是指人单向度地记录自然资源客观状态。实际上,在这种单向度地记录之前,首先要确定自然资源调查权力的运行规则,即谁有权力组织调查、如何组织调查等问题,是需要现行解决的。通常的情形是,各级政府决定对自然资源开展调查、监测与评价工作,然后将具体的实施工作,以市场化方式外包给一些从事自然资源调查、监测与评价工作的企业,由它们承担具体的工作,自然资源监管部门对这些调查成果验收、保管。从这一流程可以看出,自然资源调查、监测与评价虽然是人对自然资源施加的一种活动,以记录自然资源的客观状态,但是,这种单向度的活动却以自然资源调查权力的运行为基础和保障。其实,不仅在自然资源调查、监测与评价的全过程中,权力无处不在,甚至在整个自然资源的利用与监管过程中,都必须依赖、依靠权力。权力,是自然资源法治化的核心元素。但是,权力容易导致腐败,绝对的权力,绝对会腐败。防止自然资源调查权力腐败的方法,只有一条,就是制度化。习近平总书记说过:"健全权力运行制约和监督体系,让人民监督权力,让权力在阳光下运行,把权力关进制度的笼子里。"[1]建立健全自然资源调查监测制度,就是指设定自然资源调查、监测与评价的各项具体制度,将自然资源调查权力关进由各种法律和《青海省自然资源调查监测条例》编织的制度之笼中,防止这种权力的腐败。

(三)自然资源治理现代化

1. 自然资源治理体系和治理能力现代化的内涵

2013年11月,《中国共产党十八届三中全会公报》提出全面深化改革的总目标"完善和发展中国特色社会主义制度,推进国家治理体系和治理能力现代化"。2015年9月,中共中央、国务院印发的《生态文明体制改革总体方案》提出:"到2020年,构建起由自然资源资产产权制度、国土空间开发保护制度、空间规划体系、资源总量管理和全面节约制度、资源有偿使用和生态补偿制度、环境治理体系、环境治理和生态保护市场体系、生态文明绩效评价考核和责任追究制度等八项制度构成的产权清晰、多元参与、激励约束并重、系统完整的生态

---

[1] 习近平.积极借鉴我国历史上优秀廉政文化 不断提高拒腐防变和抵御风险能力[N].人民日报,2013-04-21(01).

文明制度体系。"[1] 2018年5月,全国生态环境保护大会召开,习近平总书记明确要求"加快构建以治理体系和治理能力现代化为保障的生态文明制度体系"。2019年10月31日,党的十九届四中全会作出决定,围绕国家治理体系和治理能力现代化目标作出了重大战略部署。其中,在"十、坚持和完善生态文明制度体系,促进人与自然和谐共生"中专门提出"加快建立自然资源统一调查、评价、监测制度,健全自然资源监管体制"。在我国已经将生态文明建设纳入中国特色社会主义"五位一体"总体布局和"四个全面"战略布局、载入《中国共产党章程》和《中华人民共和国宪法》的宏大背景下,这些重要的战略安排充分说明了自然资源治理体系和治理能力现代化的重要性。

自然资源治理体系和治理能力现代化具有非常丰富的内涵,是一个多元目标的集合体,亦是国家治理体系与治理能力现代化的一种具体表现形式。"国家治理体系是在党领导下管理国家的制度体系,包括经济、政治、文化、社会、生态文明和党的建设等各领域体制机制、法律法规安排,也就是一整套紧密相连、相互协调的国家制度","国家治理能力则是运用国家制度管理社会各方面事务的能力,包括改革发展稳定、内政外交国防、治党治国治军等各个方面"[2]。治理能力,"是一个国家的制度和制度执行能力的集中体现,两者相辅相成"[3]。从习近平总书记关于国家治理体系和治理能力现代化的论断出发,我们可以推论出自然资源治理体系和治理能力现代化的应有内涵。

(1)自然资源治理体系和治理能力现代化是自然资源制度之治。制度是国家治理体系和治理能力现代化的首要之义。自然资源治理体系和治理能力现代化,首当其冲的,也应当是制度。只有具备相应的制度体系,形成了完整的规则系统,才能够保证自然资源的利用与监管处于严密的制度之网中,才能避免"无法可依"的现象。

(2)自然资源治理体系和治理能力现代化是自然资源效能之治。自然资源治理体系和治理能力现代化的目标,就是保护生态环境、提高资源利用效率。自然资源治理体系和治理能力是否现代化,最为重要的一点,就是治理体系能否保障中华民族伟大复兴的物质基石——自然资源。习近平总书记一再强调,"生态兴则文明兴、生态衰则文明衰"。良好的生态是文明得以兴旺发达的客观基础。新时代的中华民族比历史上任何一个时期都更接近伟大复兴的历史目标。但是,如果生态环境没有保护好、自然资源不能被高效利用,那么中华民族的伟大复兴将因缺乏基础而无法实现。习近平总书记指出:"生态环境没有替代品,用之不觉,失之难存。"制定最严格的环境保护制度、最高效的资源利用制度,其目的就是保护中华民族生存、延续与发展的基础。

为了实现这一目标,需要从两个方面努力:①具备落实现行自然资源制度的能力,不让制度空转,不让制度沦为纸面上的风景;②具有应对社会变迁的能力,能够根据变化的社会形势而调整相应的自然资源制度与治理对策。这两个方面的努力,似乎与自然资源制度本身无关,"徒法不足以自行"。良好的制度的执行,需要人。如同钱穆先生在《中国历代政治

---

[1]《生态文明体制改革总体方案》,2019年9月21日由中共中央、国务院发布。
[2] 习近平.习近平谈治国理政(第二卷)[M].北京:外文出版社,2017.
[3] 习近平.完善和发展中国特色社会主义制度 推进国家治理体系和治理能力现代化[N].人民日报,2014-02-18(01).

之得失》中所指明的,制度本身是一回事,制度的执行又是另外一回事,制度的执行依赖人,所以,考察制度之得失,除了关注制度本身之优良外,还需要关注人事,即执行制度之人的变化对制度绩效的影响[1]。诚如斯言,制度绩效与制度执行之人有极大的关系。但是,需要进一步深思的是,制度执行之人的选取、考核、任免等,也是制度运行的结果。因此,制度效能的提升,还是必须要依靠更健全、更完备的制度。

(3)自然资源治理体系和治理能力现代化是自然资源协同之治。国家治理,必须采取全方位、全主体、相互协同的方式,才能取得应有的治理效果。自然资源治理也不例外。首先,自然资源治理,必须是全方位的,方能起到应有的效果。治理自然资源,是生态文明建设的应有之义,这是生态的维度。但是,自然资源治理不仅仅只具有生态的维度。如果不能从政治、经济、文化和社会的维度全方位地支持自然资源的治理,将难以取得成效。祁连山生态毁坏案件从反向充分地证明了这一判断。缺乏政治意识,不能从政治的高度将祁连山自然资源利用、监管与中华民族伟大复兴相联系,只讲"金山银山",不讲"绿水青山",自然资源的经济价值也将不复延续。其次,自然资源治理,必须是全主体的。政府是保护生态环境、提高资源利用效率的第一责任人,但政府不是唯一的责任人。保护良好生态环境、提高资源利用效率,需要全民参与,需要尖端科学技术的支撑。总之,全方位、全主体的协同之治,既是自然资源治理体系和治理能力现代化的体现,也是其保障。

(4)自然资源治理体系和治理能力现代化是自然资源公平之治。习近平总书记说:"良好生态环境是最公平的公共产品,是最普惠的民生福祉。"这指明生态环境、自然资源具有公平性。自然资源治理体系和治理能力现代化,必须保障自然资源高效利用的成果能够为全体民众所共享,使全体民众能够公平、合理地利用各种自然资源。

(5)自然资源治理体系和治理能力现代化是自然资源绿色之治。绿水青山就是金山银山,进行自然资源的调查、开采、利用与管理,最终是为了提高人民的生活质量,而不是为了资本账户上金钱数量的增长。因此,自然资源治理体系与治理能力的现代化,不是为了提高人类对自然环境的破坏能力,而是为了延续地球生态系统向人类持久供应物质资料的能力,是为了绿色发展。

2. 建立健全自然资源调查监测制度是推进自然资源治理体系和治理能力现代化的重要步骤

(1)自然资源调查监测制度使自然资源调查、监测与评价的全过程规则被制度化、规范化与程序化。制度、规范与程序是3个含义不同但又相互联系的语汇。在国家治理法治化、治理体系和治理能力现代化的语境中,制度包括一系列的规则集合体。尤其是法律的集合体。所谓规范化,就是指按照一定的要求,对现在或未来可能出现的问题或事项制定的标准或规定,以求达到最佳的状态或结果。规范化的实质就是通过权利、义务关系将事项、行为固定下来,使它们具体化、明确化,便于人们按规定和一定的程序执行[2],即行为、活动要遵循手续、过程或者遵照顺序、方式、步骤。程序化,就是将这些手续、过程或者顺序、方式、步

---

[1] 钱穆.中国历代政治之得失[M].北京:生活·读书·新知三联书店,2001.
[2] 崔永刚.论信访救济的规范化、制度化、法制化[J].理论学刊,2015(3):78-84.

骤以规则的方式予以明确,减少人为的随意性,尤其是通过法律条文的方式加以规定。这些专门规定程序的法律也被称为程序法律。"程序法律的特点和优点,是具体的可操作性。"[1]就自然资源调查、监测与评价而言,程序法律亦应遵循相应的步骤、方式和顺序,否则,将无法获得准确的数据,无法真实、客观、全面地记录自然资源的客观状况。

(2)自然资源调查监测制度以刚性规则保障了自然资源治理体系和治理能力的现代化。苏格拉底曾认为,法律必须被信仰,否则就形同虚设。习近平总书记也多次强调法律的执行力。法律的效果在于实施,法律的生命也在于实施。《青海省自然资源调查监测条例》一方面以法律规则的形式将经由实践检验有效的调查方法、顺序、步骤等固定下来,减少未来在进行自然资源调查、监测与评价时,出现人为干预、随意改变调查标准、步骤的现象;另一方面还以法律规则的形式将进行自然资源调查、监测与评价所需要的配套措施、资金保障措施等也固定下来,形成多方面的协同合力,提高自然资源调查效果。

(3)自然资源调查监测制度保障资源公平。资源公平,即民众公平地利用自然资源、享有自然资源权益,是自然资源归全民所有、由全民所享的具体形式。《青海省自然资源调查监测条例》在保证自然资源调查活动正常开展、保障自然资源调查结果客观准确的同时,也意味着调查人员准确、全面地记载了各种利益关系,从而保护了民众的合法权益,使他们得以合法、合理地利用各种自然资源,实现资源公平。

二、建立健全青海省自然资源调查监测制度的可行性

(一)法源基础

《中华人民共和国宪法》第一百条规定,省、自治区、直辖市和国务院批准的较大的市的人大及其常委会和人民政府在不与宪法、法律、行政法规相抵触的情况下,可以制定地方性法规和规章。《中华人民共和国宪法》第三条还规定,中央和地方国家机构在职权划分方面遵循在党中央统一领导下,充分发挥地方主动性、积极性的原则。可见,青海省人民代表大会及其常委会和人民政府制定《青海省自然资源调查监测条例》符合宪法确立的立法体制,体现了地方发挥主动性和积极性的宪法精神。

《中华人民共和国立法法》第七十三条第二款规定,国家尚未制定法律或者行政法规的,省、自治区、直辖市和设区的市、自治州根据本地方的具体情况和实际需要,可以先制定地方性法规。在自然资源调查监测领域,我国尚未制定统一的法律或者行政法规,青海省作为自然资源大省,同时是自然资源资产产权制度改革的试点,可以根据青海省自然资源调查监测面临的具体情况和实际需要先行制定《自然资源调查监测暂行条例》。

另外,《中华人民共和国土地资源管理法》第二十六条、《中华人民共和国森林法》第二十七条、《中华人民共和国草原法》第二十二条仅用一个条款规定了相应的自然资源调查制度,除土地调查制度制定了详细的执行制度外,其他自然资源调查都缺乏具体的执行制度。同

---

[1] 吕世伦.加快推进社会主义民主政治的制度化、规范化、程序化[J].环球法律评论,2014,36(1):31-34.

时,《中华人民共和国立法法》第七十三条第一款规定,为执行法律、行政法规的规定,需要根据本行政区域的实际情况作具体规定的事项。青海省人民代表大会及其常委会可以根据《中华人民共和国土地资源管理法》《中华人民共和国森林法》《中华人民共和国草原法》等相关规定,结合自然资源调查监测现状制定《青海省自然资源调查监测条例》,为未来制定相关条例积累经验。

目前,青海省自然资源调查监测工作面临自然资源分类标准不清、调查部门职能交叉、调查内容重叠等困境,缺乏统一的自然资源调查监测制度规范是出现这类现象的根本原因。青海省现行的自然资源调查监测规范主要归口自然资源部、国家林业草原管理局、水利部等国家部委制定的自然资源调查行业规范,这类行业规范效力层级过低,且分散在各个管理部门的规范性文件当中,具体实施状态难以被公众监督;同时,由于每个自然资源管理部门的侧重点不同,制定相关行业规范时缺乏沟通协调,加上各类自然资源分类界限不清,因而不同的自然资源管理部门形成了相对独立的行业规范。除此之外,我国的自然资源管理机关处于同级领导和业务指导的"双重领导"下,中央部委制定的自然资源调查监测行业规范通过这种上下级业务指导与被指导的关系直接影响地方自然资源管理机关的工作,导致出现上述现象。自然资源分类标准不清晰、调查部门职能交叉、调查内容重叠等问题的存在,严重降低了青海省自然资源调查监测工作的效率,增加了不必要的成本。要解决这类问题,青海省地方政府需要充分发挥能动性,从根本入手,制定《青海省自然资源调查监测条例》,从制度层面消除自然资源分类不清、调查部门职能交叉、调查内容重叠等问题,规范和加强青海省自然资源调查监测工作,降低成本投入,提高自然资源调查监测工作效率。

(二)青海省自然资源地方立法条件已经成熟

我国自然资源调查监测工作的前身可追溯到1975年全国第一次森林资源清查,至今已经走过了半个世纪的路程,其间颁布了包括《土地利用现状分类》《林地分类》《草地分类》《湿地分类》《森林资源规划设计调查主要技术规定》《土地调查条例》《全国湿地资源调查与监测技术规程》等大量的自然资源分类标准和调查技术规程等行业规范。虽然这类行业规范分属不同的自然资源管理部门,且效力层级低下,我们却不能否定它们在过去自然资源调查监测中发挥的不可替代的作用,正是这些分散且效力低下的行业规范的存在,支撑着我国半个世纪的自然资源调查监测工作,为制定统一的《自然资源调查监测条例》奠定了客观基础。此外,我国在自然资源调查监测领域颁布了大量政策性文件,如《自然资源调查监测体系构建总体方案(自然资发〔2020〕15号)》等,并且在各个省份设立了不同的自然资源工作试点,如青海省三江源国家公园和祁连山国家公园试点,甘肃、宁夏湿地确权登记试点等,为自然资源调查监测地方先行立法积累了丰富的实践经验。与此同时,随着2019年中共中央办公厅、国务院办公厅印发《关于统筹推进自然资源资产产权制度改革的指导意见》,学术界掀起了自然资源调查监测的研究热潮,自然资源调查监测领域涌现出许多理论研究成果,大大丰富了自然资源法治理论研究,为制定《青海省自然资源调查监测条例》奠定了法理基础。

(三)为自然资源资产产权制度改革提供历史契机

1. 促进青海省生态文明体制建设

自然资源资产产权制度是加强生态保护、促进生态文明建设的重要基础性制度。开展自然资源统一调查监测是自然资源资产产权制度改革的主要任务之一;制定自然资源调查监测法规制度,为自然资源调查监测长远发展提供法律支撑是完善自然资源资产产权制度改革的重要目标,是加强生态保护、促进生态文明建设的重要组成部分。近年来,青海省以三江源国家公园和祁连山国家公园试点为基础,建设以国家公园为主体的自然保护地体系,为全国生态文明建设率先示范。然而青海省自然资源调查监测工作长期缺乏统一的调查规范,省域内自然资源调查监测工作受到阻碍,难以高效推进,导致调查监测工作与生态文明体制建设成果不协调。制定《青海省自然资源调查监测条例》一方面可以为青海省自然资源调查监测提供法律支撑,解决自然资源调查监测领域"九龙治水"的问题,提高自然资源调查监测工作效率,进一步完善青海省自然资源资产产权制度改革;另一方面有利于全方位、多层次推进青海省生态文明体制建设,打造全国生态文明体制建设典范,形成示范效应,为全国生态文明建设提供借鉴经验。

自然资源资产产权制度不仅是生态文明体系的基础性制度,也是社会主义市场经济制度的组成部分。自然资源作为社会发展的基础性要素,是创造社会财富的重要来源,自然资源经过具体的量化转化为自然资源资产进入社会生产环节,并通过市场交易显化其价值属性,产权制度是实现市场公平、合理、有序交易的制度保障[1]。自然资源资产化一方面能够更好地服务于生态文明体制建设;另一方面能够高效利用自然资源,促进地方经济绿色发展。青海省自然资源种类丰富,储量庞大,特别是水资源的战略地位尤为突出,经济价值潜力巨大,但是青海省无法做到对自然资源家底了然于心,难以具体评估生态服务价值背后蕴含的经济价值总量。面对自然资源资产产权制度改革契机,青海省借此推动地方立法,制定《自然资源调查监测暂行条例》,完善自然资源调查监测制度,为查清青海省自然资源家底保驾护航,做到对本省自然资源底数清晰可查、心中有数,优化自然资源开发保护结构,全面提高自然资源集约节约利用水平,促进经济可持续发展。

2. 实现青海省生态价值转化为经济价值

青海省是我国的资源大省、生态强省,三江源国家公园内的自然资源生态价值对长江流域和黄河流域的中下游地区具有特殊的战略意义。同时,青海省又是经济小省,在党的十八大、十九大连续强调加大生态系统保护力度背景下,青海省自然资源赋予的生态服务价值限制了其本身的经济价值,青海省作为资源大省、生态强省只能望"资"兴叹,如何将青海省潜力巨大的生态服务价值变现为经济价值成为青海省地方政府亟待解决的难题。生态服务价值转化为经济价值一般是通过价值转换方法进行的,实现价值转化必须以具体的自然资源

---

[1] 钟骁勇,潘弘韬,李彦华.我国自然资源资产产权制度改革的思考[M].中国矿业,2020,29(4):11-15+44.

实物数量为前提。开展自然资源统一调查监测,是查清青海省自然资源家底、进行自然资源资产实物量统计的必要手段,同时是将生态价值转化为经济价值的前提条件,只有清楚青海省具体的自然资源本底数据才能进行生态价值转换计算。制定《青海省自然资源调查监测条例》为开展自然资源统一调查监测提供制度保障,是实现青海省生态服务价值转化为经济价值的内在要求,有利于确保自然资源实物量数据准确,实现生态服务价值效益最大化。

青海省自然资源资产产权制度改革过程中存在底数不清、自然资源资产实物量不明、价值量难以核算的问题。自然资源调查监测是查清青海省自然资源家底、掌握各类自然资源资产变化情况的重要途径;自然资源调查监测成果是建立青海省自然资源资产核算评价制度、编制青海省自然资源资产负债表的重要基础。自然资源调查监测及其成果是自然资源统一确权登记、强化自然资源整体保护、推动生态空间系统修复和合理补偿的数据之源,需要通过法律制度保障调查监测工作的有效性和正当性、调查监测成果的权威性和科学性。制定《青海省自然资源调查监测条例》是完善青海省自然资源资产产权制度改革的需要,一方面有利于自然资源调查工作规范有序展开,确保自然资源调查监测过程有法可依;另一方面能够保障自然资源调查监测成果的权威性、科学性以及实用性,形成统一的自然资源资产本底数据,将数据应用于各个自然资源管理部门,为青海省自然资源资产产权改革工作提供便利。制定《青海省自然资源调查监测条例》是推进自然资源资产产权制度改革的重要探索。在自然资源资产产权制度改革背景下,青海省进行自然资源调查监测地方立法,对加快健全自然资源资产产权制度,进一步推动生态文明建设积累经验,具有重要的实践意义。

(四)青海省具有重视地方立法的主动性

青海省十分重视地方立法工作,工作主动性较强。通过检索青海省人民代表大会常务委员会官网和政府信息公开目录发现,青海省现行有效的地方性法规有129件、地方政府规章等规范性文件共计3981件,其中涉及自然资源的地方性法规有《青海省盐湖资源开发与保护条例》《青海省可可西里自然遗产地保护条例》《青海省湿地保护条例》等21件;涉及国土资源、能源的地方政府规章等规范性文件有180件,涉及农业、林业、水利的地方政府规章等规范性文件有336件,形成了相对完善的自然资源保护地方性法规制度体系,构建了地方立法对主要领域和重点类型的自然资源的法规制度保护网。鉴于自然资源的复杂性和地域差异,我国尚未出台统一的自然资源调查监测制度规范,青海省人民代表大会及其常委会和地方政府在制定自然资源调查监测暂行条例时需要把握青海省自然资源的整体性和复杂性,遵循各类自然资源要素及其组成的自然资源体系的特征和规律,继续发挥地方立法主动性,探索制定统一的自然资源调查监测地方性法规,进一步完善自然资源保护地方性法规制度体系。青海省进行自然资源调查监测地方立法尝试,是结合自然资源区域特色的地方先行立法实践,不仅能够解决青海省自然资源调查监测"无法可依"的问题,而且打破了自然资源领域地方性法规为执行上位法而被制定的惯例,对于增强地方立法主动性具有重要实践意义。

三、建立健全青海省自然资源调查监测制度的具体思路

(一)确定统一的自然资源分类标准

我国的自然资源规划管理工作长期以来一直由自然资源、林业、水利、农业、环保等领域的不同部门分别进行,缺乏有效衔接,致使自然资源的界定不清晰、管理权责存在交叉重叠,到目前为止,尚未形成一套统一的自然资源分类标准,导致青海省自然资源调查监测分割管理、数出多门,给自然资源调查监测造成不小阻碍。制定统一的自然资源分类标准是高效推进自然资源调查监测工作的前提,是构建自然资源调查监测制度的重要举措。

1. 把握自然资源整体性

建立统一的自然资源分类标准是推进自然资源调查监测工作的基础和前提。因此,应在国家层面建立统一的适应各部门需求的自然资源分类标准。自然资源分类标准应借鉴《第三次全国土地调查工作分类》成果,统一指标名称、认定标准、内涵和调查统计时限要求,并以此指导完善《土地利用现状分类》《城乡用地分类与规划建设用地标准》《地理国情普查内容与指标》《国家森林资源连续清查技术规定》《草地分类》《湿地分类》《矿产资源分类细则》中提出的名称、认定标准和调查统计要求,实现自然资源分类标准的体系化、规范化、制度化。

(1)深刻把握山水林田湖草生命共同体理论和地球系统科学理论。习近平总书记指出"山水林田湖草是一个生命共同体""对山水林田湖进行统一保护、统一修复是十分必要的",这一重要论述突破了过去自然资源管理部门条块分割、分头管理格局,是自然资源管理水平提升和高质量发展坚实的理论支撑,体现了地球系统科学发展[1]。地球系统科学是以地球这个由多圈层构成的复杂的巨系统为研究对象的科学,这个系统包括了岩石圈、大气圈、水圈和生物圈等不同圈层,涵盖了所有门类资源,涉及诸多学科和理论,系统中各要素存在着复杂的关联关系。生命共同体理论恰是对地球系统科学理论的进一步发展和拓展,是实施自然资源综合管理和分类治理的理论思想来源。

(2)针对交叉资源治理需要加强统筹协调和细化分工。自然资源综合管理的推进,大大促进了各门类自然资源统一调查、统一评价、统一确权登记和统一生态修复。我国自然资源统一、系统和分类治理应关注地壳浅部("根")、关键带("枝")、人地耦合系统("叶")3个关键问题,建立强大的调查与评价→探测与观测→模拟与预测全流程技术体系[2]。各门类自然资源属性差异巨大,为实现单门类资源精细化管理,需要进行专业分类、专业统计和专业化治理。但在实施自然资源开发利用实践中,有些资源类别在实际操作中仍然难以明确职

---

[1] 王建恒.寻山水林田湖草监测之道——新时代自然资源统一调查监测制度体系建设探究[J].资源导刊,2020(2):54-55.

[2] 黄静宜,史文中,张效廉,等.多分类系统类别语义分析——以自然资源调查为例[J].地理与地理信息科学,2020,36(1):16-21.

责边界,例如林地、地下水、河道沙矿、矿业用地等。所以,细分类别、细化职责、划清边界和综合协调是需要在实践中不断探索的。

2. 衔接第三次全国国土调查

可衔接的自然资源分类体系是划清不同类型自然资源边界并进行调查的重要基础。我国通过研究制定符合我国实际的自然资源分类标准,以明确自然资源的范围,建立自然资源的分类体系,统一自然资源的分类标准。土地资源是各类自然资源的载体。自然资源分类标准的制定,应该以土地资源为分类基础,与《土地利用现状分类》(GB/T 21010—2017)、《林地分类》(LY/T 1812—2009)、《湿地分类》(GB/T 24708—2009)等现行的资源分类标准充分衔接,有效服务自然资源调查监测。自然资源分类标准是自然资源调查监测工作落地实施的重要保障。通过自然资源调查监测与第三次全国国土调查,我国可以统一分类标准,形成统一的调查数据,实现调查成果共享,减小自然资源调查成果服务自然资源确权登记、国土空间规划、土地用途管制、生态修复、生态保护红线划定等工作的阻力。

(1)构建3个层次的自然资源分类体系。将纳入综合管理的自然资源进行分类框架设计,以土地利用现状分类为基础,结合其他资源现行分类情况,将分级划分到三级。如此考虑的原因是避免自然资源次级分类时产生重叠交叉问题,从而避免调查统计和资源管理时产生重复统计和多头管理的情况。但各门类资源属性不同,划分标准和依据差异也较大,因此,仍需对各门类自然资源进行多元细分。由此,形成3个层级的自然资源分类体系:一是八大类自然资源的类型划分;二是依据现行各类自然资源分类标准划分的二级和三级类别;三是修正各类自然资源分类标准后形成的单门类资源多元细化分类。

(2)针对自然资源管理实践灵活分类。在实际自然资源治理或调查统计工作中,针对各类自然资源的分类治理仍需要注意以下几个方面。土地资源的范畴应该明确,如应该主要指地表陆地而不包括水域,水面的调查统计应该划归到水资源类。同时,应当将其上附着有森林、草原等植被的区域剥离出来,不再纳入土地统计范围。

矿产资源从学理上来讲应当包括陆地矿产资源和海底矿产资源,但从管理上,根据我国现有的自然资源管理体制,也可以将海底矿产资源纳入海洋资源并实施专业化管理。是否应将海底矿产资源划入海洋资源的范畴应当依据调查统计的手段方法和实际需要而定。

森林资源应当与其下的土地合并统计并与土地资源保持并列关系,以避免在资源调查统计过程中重复计算。此外,我国有各类保护区、森林公园等自然资源综合体,包含了多种门类的资源,此类自然资源应当单列,生长于其中的林木、灌木等不应再次计算为森林资源。

自然保护地(自然公园)是一类特殊的自然资源(或自然资源综合体),仅现有的国家级公园类型就包括了国家森林公园、国家湿地公园、国家地质公园、国家矿山公园、国家野生动物园、国家植物园、国家海洋公园等诸多类型,应将此类自然资源当作单独类型划分,分布于其中的各类自然资源不应再划入相应单门类资源进行统计[1]。

---

[1] 王建恒.寻山水林田湖草监测之道——新时代自然资源统一调查监测制度体系建设探究[J].资源导刊,2020(2):54-55.

另外,对清洁空气、太阳能、风能等气候资源,或者人类难以支配使用的资源,或者具有稀缺性的资源进行单独分类管理的紧迫性不足,可暂时不作细化分类管理。

3. 服务自然资源资产化管理

自然资源资产化管理是生态文明建设的重要内容,自然资源调查监测服务于自然资源资产化管理。自然资源本身具有抽象性,作为代行全民自然资源所有权的国家也属于抽象的主体,由此决定了自然资源所有权是一种抽象的、静态的公权利,它不能被直接视为物权而适用《中华人民共和国民法典》的规定。因此,自然资源需要经过具体的量化后才能转化为资产性权利,自然资源调查监测是自然资源具体量化的重要途径。在制定分类标准时,应以功能用途作为自然资源分类最主要的依据,通过自然资源调查监测获取的数据成果形成自然资源资产的本底数据,是自然资源量化的直接体现。同时在此基础上对接自然资源的市场化运作模式,服务自然资源资产产权制度改革,为加快推进自然资源资产化管理创造条件。

(1)突出目标导向与问题导向。以系统管理、共性管理为主,分类管理、差异管理为辅,着重履行"两个统一"职责。过去我国自然资源管理重单一资源的开发管理、轻生态系统的综合保护,同时忽视自然资源的资产管理,导致管理体制分散、空间规划"打架"、国家所有者权益流失等。党的十九大报告和2018年中共中央印发的《深化党和国家机构改革方案》针对自然资源管理有着比较明确的"两个统一"要求。一个是实现全民所有自然资源资产所有者职责统一行使,另一个是实现所有国土空间用途管制和生态保护修复职责统一行使。"两个统一"要求强化自然资源山水林田湖草系统性、整体性管理,对陆地资源与海洋资源、地上资源与地下资源、上游资源与下游资源要统筹考虑。在把握自然资源属性、类型、结构、共性和特征的基础上,对自然资源及生态空间进行统一保护、统一修复和综合治理。特别是要加强对山水田林湖草生命共同体理论思想和地球系统科学理论的研究,为自然资源科学分类和综合管理奠定坚实基础。

(2)在继承基础上创新。自然资源分类要充分依托原有的相关分类标准,不能推倒重来。相关部门已经在各门类自然资源调查评价和确权登记过程中建立了与原有的分类标准相对应的制度,形成了一套管理模式,对这套管理模式要在继承的基础上改进和创新[1]。我国制定的各类自然资源相关法律法规和长期施行的自然资源管理体制,反映了我国对土地资源、矿产资源、海洋资源、森林资源、草原资源、水资源等形成了专业化的管理经验,这些法律法规和管理体制为我国自然资源保护、开发利用、生态保护和科学分类等提供了专业化的保障。

(3)与国际惯例接轨。世界主要资源大国和主要国际组织的自然资源分类,大多包括土地、矿产、海洋、森林、草原、水和自然保护地(自然公园)等类别。如联合国统计委员会制定的环境经济核算第一个国际统计标准《环境经济核算体系2012:中心框架》提出"自然资源投入"包含了矿产和能源资源、土壤资源、天然水生资源、天然林木资源、水资源以及其他天然

---

[1] 王伟.自然资源类型统一分类指标研究[J].中国矿业,2018,27(6):66-69.

生物资源。而我国的自然资源分类及标准确实存在与国际惯例相背离的现象,如我国的固体矿产资源/储量分类标准尽管不断向联合国分类框架下靠拢,但国际认可度不高,一些国内矿业公司在境外上市过程中因分类标准问题导致屡出波折。这些现实问题要求我们在自然资源细化分类过程中,不但要结合我国国情,还要与国际标准保持一致。

4. 综合考虑资源与环境

自然资源是指天然存在、有使用价值、可提高人类当前和未来福利的自然环境因素的总和[1]。我国自然资源调查监测工作仍处于初级阶段,纳入调查监测体系范围的自然资源仅包括土地、水流、森林、草原、滩涂、海域海岛和探明储量的矿产资源7类,而对大气资源、野生动植物资源及无线电波需要待自然资源调查监测制度成熟后再进行调查监测,在自然资源调查监测的深入阶段,势必纳入更多属性的自然资源。所以,在自然资源类型划分标准中,要充分考虑未来自然资源登记类型的增加,分类标准要以自然资源系统作为分类单元,划分的自然资源类型需综合涵盖资源要素与环境要素,具有较强的科学性,为新的自然资源类型预留空间。

(1)处理好资源管理与生态保护的关系。新一轮党和国家机构改革高度重视生态问题。我国在两大新重组的机构中均赋予了生态职责,如赋予自然资源管理部门生态修复职责,赋予环境管理部门生态监管职责[2]。这进一步说明了自然资源开发利用和生态环境保护之间存在密不可分的矛盾关系。资源开发带来的外部性问题会影响生态环境,但自然资源又是生活之本、生产之要、生态之基和财富之源,如何妥善处理这一对矛盾关系考验着自然资源管理者的智慧。目前关于生态修复的现行政策制度涵盖矿山地质环境恢复治理、土地整理复垦、海域海岸线和海岛修复、国土综合整治等方面。这些经验亟须通过国土空间生态修复规划等举措予以整合,真正实现山水林田湖草沙生态修复综合治理。

(2)实施基于生态的自然资源综合管护。过去我国自然资源管理重单一资源的开发管理、轻生态系统的综合保护,导致管理体制分散、空间规划"打架"等。分类是科学研究的重要方法之一,加强自然资源的分类管理,有助于认识各类资源的功能和特点,有助于采取差异化的管理对策。我国应在综合考虑自然环境中各类生态要素的基础上,实施山水林田湖草沙整体性管理,整合各类生态保护政策、修复技术和治理手段,对地上地下、山上山下、陆地海洋、上游下游资源进行统筹管护。

(3)将水与土地并重作为国土空间的载体。自然资源管理体制改革过程中,大力推进了包括国土规划、主体功能区规划、城乡规划、土地规划等各类空间规划的统一,自然空间作为各类资源的载体需要统筹规划。在各类自然资源中,土地资源和水资源的空间载体属性更强一些,而矿产资源、森林资源、草地资源的要素属性更强一些。过去在开展空间类规划的过程中,往往仅考虑土地和海洋的空间属性,并且重视行政区边界划分,忽略了水域的空间属性。基于水资源的空间属性,我国的珠三角经济区和长三角经济区等都是以流域为基础

---

[1] 张文驹.自然资源一级分类[J].中国国土资源经济,2019,32(1):4-14.
[2] 孔雷,唐芳林,刘绍娟,等.自然资源类型和类别划分体系研究[J].林业建设,2019(2):20-27.

划分的。因此,在统一规划国土空间过程中,应当将水资源与土地并重作为空间载体来进行统一规划。

(二)完善调查主体责任追究机制

我国部分自然资源法律规定建立了自然资源调查制度,但是缺乏具体的实施制度、配套政策和规范性文件,加之对自然资源认识的历史局限性,已经制定的资源调查实施制度,存在种类单一、分布不均的缺陷。加强基础理论和法理研究,建设系统的自然资源调查监测法规制度,为长远的自然资源调查监测提供法律支撑,是构建自然资源调查监测制度的重要内容。制定《青海省自然资源调查监测条例》,出台相关配套政策、制度和规范性文件,是目前自然资源调查监测工作中的重中之重。

1. 吸收各类自然资源调查规范

通过梳理自然资源调查规范发现,已有的自然资源调查规范各自独立,规则零散,缺乏系统性。虽然针对土地、森林、草原等自然资源制定了简单的调查规范,但各规范之间相互独立,差异较大,难以由统一主体组织实施,导致自然资源调查监测管控手段效率低下。一方面,在研究制定统一的自然资源调查规范时,应当充分吸收已有的各类自然调查规范,整合现行的各类资源调查规范,以相对成熟的《土地调查条例》为规范基础,制定涵盖土地、森林、草原、水流、滩涂、海域海岛以及探明储量的矿产资源的调查条例,为统一实施自然资源调查监测创造制度条件。另一方面,在整合现行零散的各类自然资源调查规范的同时,总结吸收过去的 2 次全国土地调查、8 次森林资源清查、2 次草原资源调查、2 次湿地资源调查以及 3 次水资源调查评价的工作经验,为制定《青海省自然资源调查监测条例》提供实务建议,充分保障制定规范的可操作性。其一,可以统一全国自然资源调查的标准;其二,吸收以往经验,各自然资源主管部门可以根据统一规范标准获取适应各部门工作需要的标准,实现自然资源基础调查和专项调查的有效衔接,提高自然资源调查监测制度管控手段的效率。

2. 提升自然资源调查规范效力

自然资源法律、行政法规只规定了自然资源的调查主体,且过于笼统抽象,没有规定自然资源调查的程序、效力;仅有的调查程序的规范散落在各类资源的技术规程中,这类技术规程停留在科学和技术层面,不具有法律上的规范意义。一方面,可以通过制定《青海省自然资源调查监测条例》,出台相关配套政策、制度和规范性文件,提升自然资源调查规范的效力。另一方面,通过总结以往的实践经验发现,现行的自然资源调查规范由自然资源主管部门制定实施,属于政府部门制定的规范性文件,调查规范的效力位阶较低。为保证自然资源调查监测规范的法律效力,青海省制定的《青海省自然资源调查监测条例》可由地方人民代表大会或者地方人大常委会审议决定,将自然资源调查规范的法律位阶由政府部门规章提升至地方性法规,从立法层面保证自然资源调查规范的效力。我国部分省份在生态保护红线立法方面已采取类似的做法,例如宁夏回族自治区和海南省在制定《生态保护红线管理办法》时,将该办法交由地方人大常委会审议通过,从立法层面提高了该办法的效力。在进行地方自然资源调查监测立法时,可以采取相似做法来提升自然资源调查规范的效力。

3. 落实组织主体责任

现行的自然资源调查主体可分为组织主体和实施主体。目前只有《土地调查条例》规定了土地调查组织主体的法律责任,对其他几种自然资源的调查都缺乏调查主体的责任规范。应在统一自然资源调查规范的基础上,完善各类自然资源调查组织主体的法律责任。

首先,统一各类自然资源调查监测组织主体的责任形式。《土地调查条例》规定了自然资源调查组织主体的3种责任形式,分别是通报批评、处分、构成犯罪的追究刑事责任。总体而言,这3种责任形式由松到严,能够基本满足对自然资源调查组织主体的责罚机制需求。研究制定统一的自然资源调查规范,与之配套的责罚机制是不可或缺的,因此,对于其他类型的自然资源调查组织主体需要承担的责任可以借鉴土地调查组织主体的责任形式,将调查规范统一应用于所涉自然资源调查组织主体,实现各类自然资源调查组织主体责任形式的有机统一。

其次,明晰不同责任形式对应的具体违法情形。《土地调查条例》仅对土地调查组织主体承担责任的情形进行了简单列举,并没有明确划分通报批评、处分、追究刑事责任所对应的违法行为的界限,即无法区分哪些违法行为对应哪种责任形式。以篡改数据为例,条例仅规定地方、部门、单位的主要负责人篡改调查数据的,依法给予处分;构成犯罪的追究刑事责任。换言之,对篡改调查数据这一违法行为,可以进行处分,也可以追究刑事责任,两者之间的界限并不明确。明晰不同责任形式对应的具体违法情形,是落实自然资源调查组织主体责任的前提条件。青海省应研究制定《青海省自然资源调查监测条例》,在土地调查责罚机制的基础上统一各类自然资源调查主体的责任形式,细化不同责任形式所对应的具体违法情形,提高自然资源调查组织主体责罚机制的可操作性。

最后,完善对自然资源调查组织主体的责任追究机制。现有的土地调查责罚机制虽然总体上规定了调查组织主体对违法行为需要承担的责任形式,但是对具体如何实现追责缺乏详细规定,对由谁进行追责、如何启动追责程序也没有形成规定。土地调查实行"双重领导"方式,土地调查开始前成立专门的调查机构——土地调查领导小组办公室,主要负责土地调查的实施,同时接受自然资源部的领导。当地方、部门或者单位的主要负责人发生违反《土地调查调条例》的行为时,对由哪个部门进行追责,或者由其他专门机关介入追责,如各部门的上级主管机关、监察委员会等,没有明确的规定。研究制定《青海省自然资源调查监测条例》,应当明确对自然资源调查组织主体的追责机制,明确追责主体以及追责程序,充分保障自然资源调查组织主体追责机制落地。

4. 落实实施主体责任

《土地调查条例》规定了土地调查的组织主体和实施主体,但是在法律责任方面,仅仅规定了组织主体的法律责任,缺乏对实施主体的责任规范。其他几类自然资源调查规范都缺乏调查实施主体的法律责任规定。自然资源调查主体一般分为组织主体和实施主体,组织主体一般由各级自然资源主管部门组成,调查实施主体一般是县级以上自然资源主管部门和相关部门的工作人员、有关事业单位的人员以及承担土地调查任务单位的人员。

在制定统一的《青海省自然资源调查监测条例》时,对自然资源主管部门和其他相关部门的工作人员在调查过程中产生的违法行为,可以采取通报批评、处分、追究刑事责任的责任形式,并参照自然资源调查组织主体的责任形式设定相应的责任规范。作为自然资源调查部门的工作人员,在自然资源调查过程中具有一定的职能权限,存在滥用职权、玩忽职守、徇私舞弊的可能性。因此,当主管部门工作人员实施调查中产生违法行为时,他们承担的责任相应比其他承担土地调查任务单位的人员更严格。

对有违法行为的承担土地调查任务单位的人员,可以采取剥夺调查资质、规定时间内限制他们从事自然资源调查工作的方式,压实自然资源调查人员在调查过程中的责任;对其行为造成严重后果构成犯罪的,可以追究其刑事责任,保证调查数据的真实性、准确性和权威性。

(三)建立刚性调查监测调查程序

现行存在于各类技术规程中的自然资源调查程序大致分为3个部分:前期准备工作,组织实施调查,调查成果验收。首先,自然资源调查监测工作具有时间跨度大的特点,现有的调查程序名为程序,实为调查阶段,只是构建了调查工作的框架,缺乏具体的程序规制,调查工作主观性较强,难以有效保证调查数据的真实性、准确性和科学性。因此,应研究制定统一的自然资源调查规范,建立刚性的调查程序,以严格的调查程序保障调查工作客观、顺利地进行,保证调查成果的真实性和准确性,提高调查成果的应用效率。

其次,由于调查程序缺乏监督机制,因而应尝试在调查程序中设置督察机制,进一步严格自然资源调查程序。我国实行自然资源监察专员制度,自然资源监察专员的职责包括参加自然资源管理工作调研,参与对自然资源开发利用和国土空间规划及测绘重大违法案件查处、自然资源权益损害情况等的监督检查,反映人民群众对自然资源管理工作的意见、建议,监督自然资源主管部门及其工作人员执行公务的情况等。在研究制定统一的自然资源调查规范时,可以规定自然资源监察专员参与自然资源调查监测工作,监督自然资源调查人员严格按照调查程序进行调查,确保刚性调查程序能够被严格执行,实现调查工作的程序保障。

1. 程序规则设置原则

我国应当遵循公开、严密、刚性的原则,避免调查监测行为的随意性,确保从生态风险、生态影响方面评估自然资源调查监测结果,体现科学性与制度的价值性,保障自然资源调查监测制度的权威性与可接受性。

(1)自然资源调查程序遵循公开原则。自然资源调查程序是指自然资源主管部门组织调查人员对调查单元内的土地资源、森林资源、草原资源、湿地资源、水资源、查明储量的矿产资源以及无人居住的海岛等各类自然资源的面积、权属、边界等内容进行调查的活动。程序公开是指对各类自然资源的调查监测活动进行公开。"阳光是最好的防腐剂",程序公开原则要求各级自然资源主管部门在自然资源调查监测活动中,不仅要实现自然资源调查监测成果公开,而且要以公众看得见的方式公开。

程序公开不同于信息公开。简而言之,自然资源调查监测信息公开是对调查监测结果的公开,自然资源调查监测程序公开是对调查监测过程的公开,两者相比,程序公开意味着更高的公开成本,同时也体现了自然资源调查成果具有更加清晰的透明度。程序公开有利于保障公众的知情权、参与权、表达权与监督权,有利于实现公众对自然资源调查监测程序的监督。

(2)自然资源调查程序遵循严密原则。在自然资源调查监测过程中,严密的调查监测程序可以杜绝调查监测行为的随意性,确保各类自然资源调查监测数据从收集整理到技术处理直至最终形成的全过程都具有公信力,进而保证各类自然资源调查监测数据的科学性与权威性,为自然资源确权登记、国土空间规划、国土空间用途管制以及生态保护红线、永久基本农田、城市开发边界3条控制线的划定提供准确的自然资源本底数据支撑。

(3)自然资源调查程序遵循刚性原则。何为刚性程序?"刚性程序"一词多出现于刑事诉讼法领域,与柔性程序相对。柔性程序是指"内容模糊、未设法定义务或未设惩罚性后果"的程序性规范。因此,柔性的程序规则又可分为3类:模糊的程序规则、非义务性的程序规则以及非强制性的程序规则。所谓刚性程序,则是那些内容清晰、设置了法定义务以及惩罚性后果的程序性规范。任何一种刚性程序性规范的缺失均会导致制裁机制缺位,进而使程序丧失应有的威慑力[1]。

自然资源调查监测程序设立刚性原则,目的在于强化对违反调查监测程序行为的惩罚力度。我国现行自然资源调查监测制度,除土地调查制度设立了相应的惩罚机制外,其他各类自然资源调查监测程序都缺乏相应的责罚机制(部分自然资源甚至缺乏相应的调查监测程序)。制裁机制的缺位既使自然资源调查监测程序丧失了应有的威慑力,又使形成的自然资源调查监测成果的公信力下降,因此有必要在自然资源调查监测程序中确立刚性原则,确保调查监测程序的威慑力。

2. 调查监测过程中信息公开

信息公开是一项有利于保障公民知情权、参与权、表达权和监督权,加强对行政权力制约与监督的制度安排。信息公开的流程是在自然资源部门网站设立自然资源调查监测交流互动平台,定期公布自然资源调查监测工作进度以及阶段性成果。

自然资源调查监测过程应实现信息公开。我国各类传统自然资源调查监测成果主要服务于各决策部门和地方政府,通篇以专业术语为主,形式单调,缺乏图表和客观分析。在自然资源调查监测成果信息公开方面,其他国家的做法可供我国借鉴。例如,日本不仅积极公开发行各种有关森林资源信息的免费刊物,政府还提供各种让民众参与的机会,刊物也尽量采用通俗易懂的语言和图表,较少使用专业术语;瑞典、美国和德国的调查成果也都面向联邦和州级政府各部门、企业、大学、社会团体等公开。

---

[1] 施鹏鹏.法国刑事程序无效理论研究——兼谈中国如何建立"刚性"的程序[J].中国法学,2010(3):111-123.

自然资源调查监测信息公开制度不能仅限于调查监测形成的数据成果公开,实现信息公开的同时应当进行适当的宣传。在很多领域,我国的政府信息公开制度其实已经比较完善,但是公众苦于不知如何查询、从哪查询,导致信息公开与没有公开无异,无法达到信息公开的预期效果。自然资源调查监测实施信息公开制度,需要吸取以往经验,在增加信息公开渠道的同时进行适当的宣传,增加公众对自然资源调查监测制度的了解,增加公众获悉自然资源调查监测成果的方式和途径,进一步保障公民知情权、参与权、表达权和监督权,加强对自然资源调查监测活动的制约与监督。

3. 公众参与程序

我国应当设立公众参与程序,保障公众监督自然资源调查监测过程的权利。一方面,公众以志愿者身份参与自然资源调查监测过程,协助自然资源调查监测。自然资源调查监测往往需要实地考察,保障公众参与可以为自然资源实地考察提供便利,提高调查监测工作的效率。另一方面,允许民间环保组织参与自然资源调查监测,这一做法可以对自然资源调查工作实行有效监督。

加拿大在实施土地资源调查制度方面成绩斐然。加拿大土地调查人员主要由两部分组成,一部分是具有专业土地调查技能的测量师,另一部分是土地调查志愿者,两者共同组成了加拿大土地资源调查的生力军,很大程度上提高了加拿大土地资源调查的工作效率。

我国地域广阔,自然资源类型全面,储量相对丰富,这些方面与加拿大存在相似之处,可以借鉴加拿大志愿者参与土地资源调查的做法,完善自然资源调查监测制度,设立公众参与自然资源调查监测程序,公众以志愿者身份参与各类自然资源调查监测,协助自然资源调查监测工作。一方面可以有效解决我国自然资源调查监测队伍人数不足的问题;另一方面,公众以志愿者身份参与自然资源调查监测工作,一定程度上可以缓解地方自然资源调查监测经费不足的问题,同时还能够保障公众知情权,实现公众对自然资源调查监测过程的监督,提高调查监测成果的准确率。

为确保自然资源调查监测工作的顺利进行,虽然可以让公众以志愿者身份参与自然资源调查监测过程,但必须设立相应的准入门槛,对公众进行严格的审查筛选,将符合自然资源调查监测人员标准的公众纳入志愿者系统,设立志愿者注册程序,并对他们进行基础培训,使志愿者了解并熟悉自然资源调查内容、流程以及注意事项。这样在一定期限内,公众可以志愿者身份参与自然资源调查活动。

(四)健全自然资源调查监测的保障机制

1. 调查监测过程的科学性保障

(1)人员保障。充分利用好系统内队伍,发挥各自专业优势,分工推进调查监测任务实施,形成严密有序的组织体系。优化自然资源调查监测工作机制,结合事业单位分类改革,整合系统内现有的调查监测力量,形成国家统一的自然资源调查监测专业化支撑队伍,逐步实现国家调查、地方举证、数据分发共享的自然资源调查监测新机制。引导社会力量,培育市场化调查监测队伍,更好支撑调查监测工作开展。积极吸纳科研院所和高等院校的力量,引导他们参与调查监测工作,充分发挥其专业特长和智力优势。

引入第三方调查机构人员,需要严格把控第三方调查资质和调查人员的专业资格审查,保证调查队伍的严谨性与科学性。可以根据自然资源的覆盖范围、区域、质量对需要进行调查的自然资源进行分等定级,由此对相应的第三方调查机构设定不同等级的调查资质,合理分配调查任务的同时能够分化风险,保障自然资源调查监测过程的科学性。

(2)设备保障。2020年自然资源部印发的《自然资源调查监测体系构建总体方案》提出:"充分利用现代测量、信息网络以及空间探测等技术手段,构建起'天-空-地-网'为一体的自然资源调查监测技术体系,实现对自然资源全要素、全流程、全覆盖的现代化监管。其中:航天遥感方面,利用卫星遥感等航天飞行平台,搭载可见光、红外、高光谱、微波、雷达等探测器,实现广域的定期影像覆盖和数据获取,支持周期性的自然资源调查监测。航空摄影方面,利用飞机、浮空器等航空飞行平台,搭载各类专业探测器,实现快捷机动的区域监测。实地调查方面,借助测量工具、检验检测仪器、照(摄)相机等设备,利用实地调查、样点监测、定点观测等监测模式,进行实地调查和现场监测。网络方面,利用'互联网+'等手段,有效集成各类监测探测设备和资料,提升调查监测工作效率。"

(3)经费保障。加强与财政部门沟通协调,积极争取将各类调查监测工作所需经费纳入各级财政预算,统筹安排、突出重点、保障急需、提高绩效。当前要对系统内现有调查监测项目任务进行适当整合,集中资金保证重大调查监测任务的完成。传统自然资源部门的调查经费主要由地方财政支持,往往面临经费不足的局面,难以支撑自然资源调查监测工作全面展开。一方面,可以拓宽资金来源,适当引入社会资本参与自然资源调查监测,有效缓解经费不足的困境;另一方面,充分开发自然资源生态产品,将自然资源的生态价值转化为经济价值,通过地方之间横向生态补偿制度,增加地方财政收入,以自然资源的生态价值反哺自然资源调查监测活动,为自然资源调查监测工作提供充足的经费保障。

2. 调查监测结果的权威性保障

(1)通过制度来保障调查监测结果的权威性。我国长期面临自然资源调查数据数出多门、内容交叉重叠、主管部门职能冲突的局面,根源在于缺乏统一的自然资源调查监测法律制度。由于各部门根据自身职能需要印发部门规范性文件,因而以此为据进行自然资源调查,势必出现数出多门、内容交叉重叠的现象,如此产生的自然资源调查数据存在较大的误差,难以体现调查监测结果的权威性。以立法形式建立自然资源调查监测制度,从法律层面杜绝调查数据的随意性,是保障调查监测结果权威性的根本途径,实现了自然资源调查监测有法可依。

目前,我国自然资源法律以单门类法律为主,立法分散,系统性不强,呈现出"法群"特征,形成了"一种资源一部法律"的局面,各单门类自然资源法律之间割裂分散,缺乏协调性。这一点无论是在自然资源产权制度方面,还是在自然资源监管制度方面,都有不同程度的体现,在自然资源调查监测领域表现得尤为明显。在现行单门类自然资源法律中,关于自然资源调查监测的规定以普遍性原则为主,依据各部门制定的大量规范性文件分散管理,文件的法律效力普遍不高,导致自然资源调查数据问题频发,既影响了规范本身的权威性,同时调查结果的权威性也大幅降低。

各类自然资源("山水林田湖草沙")都具有其特殊性,做好单门类资源的立法工作,是完善自然资源法律体系的基础。我国需要加快推进单门类自然资源法律的修改起草工作,消除原有法律之间不衔接的内容,增强各单门类自然资源法律的协调性,同时通过立法提高原规范性文件的法律效力,确保自然资源调查监测结果的权威性。

(2)通过执行力保障调查监测结果的权威性。自然资源调查监测是摸清自然资源家底、查清自然资源本底数据的重要途径,自然资源调查结果为自然资源确权登记、国土空间规划、空间用途管制、生态修复以及生态保护红线、永久基本农田、城镇开发边界3条控制线划定提供重要数据支撑。依法合规形成的自然资源调查监测数据,应当作为自然资源确权登记、国土空间规划、国土空间用途管制、国土生态修复以及生态保护红线、永久基本农田、城镇开发边界3条控制线划定或其他国土空间管理的基础,各自然资源管理部门根据行业管理需要,在统一的自然资源调查结果基础上进行调整,形成行业管理数据,但不得改变、取缔原调查数据。

自然资源调查监测数据需要普遍服务于各行各业,在各部门、各项国土空间管理活动中得到广泛的实践应用,这样才能确保合法依规形成的自然资源调查监测数据具有强大的执行力。各自然资源管理部门对各项国土空间管理活动的执行力可以保障调查监测结果的权威性。

(3)通过严格的调查修改程序来保障调查监测结果的权威性。经法定调查监测程序形成的调查数据或调查成果,非经法定程序,不得随意更改、废止;确认调查数据有误的,应当报上级调查机构备案。依照调查监测数据,设立相应的自然保护地,采取相应的保护措施。自然资源调查监测成果是确权登记、国土空间规划、空间用途管制以及生态保护红线划定等一系列国土空间管理活动的基础,是确保各项国土空间管理活动稳步推进、正确推进的重要保障,具有牵一发动全身的作用。以自然资源确权登记为例,自然资源调查活动穿插在确权登记过程中,确权登记预划登记单元之后,在预划登记单元内进行自然资源摸底调查,查清权属、范围、边界等问题,自然资源调查结果直接关系到确权登记后续工作以及自然资源确权登记的公信力。因此,对自然资源调查监测成果必须设立严格的调查、修改程序,确保调查监测数据的正确性与权威性,此举措不仅可以维护自然资源调查监测成果的权威性,同时为确权登记、国土空间规划、生态保护红线划定等其他国土空间管理活动提供数据安全保障,避免因调查数据出现错误影响各项国土空间管理活动,也为确权登记等各项国土空间管理活动减小了工作阻力,真正发挥了自然资源调查监测的基础性作用,顺利推进了生态文明体制改革、自然资源资产产权制度改革。

四、构建青海省自然资源资产负债表制度

治国理政,不可不察家底。自然资源资产负债表就是一张显示自然资源分布、数量与质量,反映一定时间内自然资源资产存量变动等自然资源家底信息的报表。作为一种重要的

基础工具,自然资源资产负债表的内容是否全面、编制程序是否严格直接关系到它所记载的自然资源资产家底是否科学、准确,进而关系到以自然资源资产家底为基础制定的国家重大战略决策是否正确。因此,编制准确、全面的自然资源资产负债表作为国家战略任务,具有极其重要的意义。但是,自然资源资产负债表编制意义的重大并不意味着自然资源资产负债表编制的规范制度就是健全、完善的。实际上,自党的十八届三中全会通过的《中共中央关于全面深化改革若干重大问题的决定》首次提出编制自然资源资产负债表的设想以来,尽管先后在《生态文明体制改革总体方案》《编制自然资源资产负债表试点方案》中一再确认、试点自然资源资产负债表编制工作,有关自然资源资产负债表的制度建设仍步履蹒跚,进展缓慢。一些地方开展自然资源资产负债表编制工作,只能依赖类似《工作方案》《实施意见》等规范性文件,缺乏更具强制力、统一性的规范的支持。如浙江省舟山市开展自然资源资产负债表编制工作,制定了《舟山市全面推开市县(区)两级编制自然资源资产负债表工作方案》;浙江省湖州市作为自然资源资产负债表编制试点,出台了《湖州市自然资源资产负债表编制实施意见》,印发了《全面推开编制自然资源资产负债表工作方案》。由于缺乏明确的制度支持,这些地方所编制的自然资源资产负债表账户设置不统一、数据标准不统一,既不能确保自然资源资产负债表完全、准确地反映当地自然资源资产家底,也不能保证相互之间可以有效对比、参照分析,以此来揭示试点的经验。自然资源资产负债表制度不健全、不完善的状况,不仅影响自然资源资产负债表编制工作的大力推行,更影响国家生态文明制度建设总体目标的实现,无法满足自然资源治理法治化、现代化的根本战略需要。

自然资源资产负债表的准确性、全面性关系自然资源治理的有效性,进而牵涉国家生态安全、经济安全。尽管自然资源资产负债表的编制受到诸多因素的影响,但在根本上,受制于社会表象背后的制度逻辑。也就是说,自然资源资产负债表制度是否健全,是影响自然资源资产负债表准确性、全面性的最关键因素。扫除自然资源资产负债表编制过程中的各种障碍,密钥在于制度。

基于此,本书在系统梳理自然资源资产负债表"事理"的基础上,阐述制度建构的"法理",论证自然资源资产负债表制度的正当性、基本内容和可行路径,以期抛砖引玉,进一步发展和完善自然资源资产负债表制度建设的理论与路径,推进国家自然资源治理法治化和现代化,推进国家生态文明制度建设。

(一)自然资源资产负债表制度的正当性:从"事理"到"法理"

党的十八届三中全会通过的《中共中央关于全面深化改革若干重大问题的决定》提出"探索编制自然资源资产负债表,对领导干部实行自然资源资产离任审计""建立生态环境损害责任终身追究制"的重大举措,自然资源资产负债表首次进入公众视野。基于普通民众对自然资源资产负债表的概念过于陌生的状况,2013年党的十八届三中全会通过的《〈中共中央关于全面深化改革若干重大问题的决定〉辅导读本》的"名词解释"部分对"自然资源资产负债表"专门作出了解释:"自然资源资产负债表是采用国家资产负债表的方法,将全国或一个地区层面的所有自然资源资产进行分类加总形成报表,显示某一时点上自然资源资产的'家底',反映一定时间内自然资源资产存量的变化""编制自然资源资产负债表,是对领导干部实行自然资源资产离任审计、建立生态环境损害责任终身追究制的基础"[1]。这一解释说明了自然资源资产负债表的基本内容、基本功能,揭示出自然资源资产负债表的"事理"。

作为一种借鉴国民经济统计理论、会计理论的工具,自然资源资产负债表的"事理"体现在以下几个方面。其一,承认自然资源的稀缺性。尽管关于"自然资源是有限的"的认知早已经被提出,但一些普通民众与政府官员却并未在行动上实践这一认知所带来的应有行为。而通过自然资源资产负债表的形式,将自然资源以及相应的资产的有限性以数据化的方式加以显示,全面客观地揭示了自然资源的稀缺性。其二,承认人类利用自然资源可能的负外部性。人类历史上,开采、利用各种自然资源产生负外部性的事例比比皆是。这些负外部性构成一种特殊的"负债",这种情况既可能发生在当下,也可能发生在利用、开采行为后的未来。但是,只有以某种特殊形式加以记载并公开,人类才不至于因遗忘这些负外部性而陶醉于对自然的征服中。自然资源资产负债表将人类利用、开采各种自然资源所带来的负外部性记载并予以货币化,以货币数据的形式记录与公开,帮助社会民众建构人与自然相和谐的观念。其三,建立客观评估自然资源、生态环境决策科学性、可行性的标准。决策是否具有科学性、可行性,直接影响到自然资源能否可持续利用、生态环境能否得到良好保护。但是,长期以来,对自然资源、生态环境领域的政府决策是否具有科学性、可行性,缺乏客观的评价标准,导致决策监督主体无法有效、全面地开展监督工作。在准确反映一定时间内自然资源资产存量变化的前提下,自然资源资产负债表可以动态地显示自然资源、生态环境决策对自然资源数量与质量、环境污染与生态破坏等方面的影响,从而验证这些决策的科学性与可行性,最终为客观评价自然资源、生态环境决策建立客观的评价指标。其四,完善生态文明建设考核、评估指标体系。少数领导干部的决策直接影响生态文明建设。为了防止少数领导干部滥用职权、违规制定不利于生态保护的决策,我国建立了领导干部自然资源资产离任审计制度、生态环境损害责任终身追究制度。这些制度的确可以很好地解决少数领导干部滥用职权、盲目制定自然资源、生态环境决策的问题,将领导干部的"职、权、责"统一起来。但是,这些制度的落地,首先需要解决一些前提性问题。其中,如何客观评价领导干部制定的自然资源、生态环境决策对自然资源以及相应的资产的影响,就是一个前提性问题。自然资源资产负债表以客观的数据说话,以自然资源、生态环境决策前后自然资源资产的变化状况显示这些决策产生的影响,从而为自然资源资产离任审计制度、生态环境损害责任终身追究制度的落地奠定了坚实的基础。

但是,自然资源资产负债表的"事理"并不能自动地说明自然资源资产负债表制度的"法理"。因为这些"事理"只能说明编制自然资源资产负债表确有必要,却不能充分佐证自然资源资产负债表制度的正当性、规则内容的合理性。毕竟,如同保障食品安全的制度与食品安全是两种不同属性的事物一样,保障自然资源资产负债表编制工作正常开展的制度与自然资源资产负债表本身具有不同的属性。如果编制自然资源资产负债表像人类呼吸空气那样简单,就没有必要制定专门的系统性规则群以规范之。需要设置良好的制度以保证自然资源资产负债表编制的准确性、全面性,恰恰说明自然资源资产负债表编制是一项非常复杂、

---

[1] 本书编写组.《中共中央关于全面深化改革若干重大问题的决定》辅导读本[M].北京:人民出版社,2013.

繁琐、专业的工作。不过,建立健全自然资源资产负债表制度,尚需要从"事理到法理"的深入论证,在"就生态文明建设谈自然资源可持续利用、就部门职责谈自然资源资产负债表编制义务、就现行法律谈制度设计"的基础上,切实回应为什么需要制定自然资源资产负债表制度、自然资源资产负债表制度具体内容是什么、如何制定自然资源资产负债表制度、如何保证自然资源资产负债表制度是良制等本源性追问,完成从政治政策话语到法言法语的有机转化[1]。对于这些问题的回答,就是对自然资源资产负债表制度"法理"的阐述与论证。尽管关于"法理"一词的内涵,学界有许多讨论,但普遍认可"法理"包含了对特定法律合理性、目的性与正当性的论证与说明,内在依据的评价与认同[2]。

为什么需要制定自然资源资产负债表制度?换句话说,自然资源资产负债表制度正当性何在?这一问题的答案蕴藏在对自然资源资产负债表制度的具体性功能、价值对制度的一般性功能、价值的认知、阐释之中。

1. 自然资源资产负债表制度的具体性功能与价值

(1)防止自然资源资产负债表编制工作的组织者滥用编制行政权力。编制自然资源资产负债表,涉及与自然资源资产相关信息的提交、核查与核算等诸多环节,推动这些工作运行的力量来自法律对行政机关尤其是自然资源监管部门的授权,也就是说,编制自然资源资产负债表,实际是自然资源行政监管权力的运作结果。既然如此,那么在编制自然资源资产负债表的过程中,行政机关可能会滥用行政权力,对自然资源资产负债表编制工作所涉的行政相对人施加不必要的义务,侵害其合法权益。正是为了避免滥用权力的情形,自然资源资产负债表制度一方面以国家强制力为后盾,赋予各种与自然资源资产负债表编制工作相关联的社会主体相应的权力、权利与义务,尤其是强制特定主体履行义务;另一方面划定行政权力在编制自然资源资产负债表过程的边界,防止主体滥用权力。这是对行政相对人合法权益的保护手段。

(2)规范编制流程、程序、科目以及相应的技术标准,保障自然资源资产负债表编制工作的顺利进行。自然资源资产负债表制度可以有效地改善当前我国自然资源资产负债表编制工作各行其是的状态,统一规范工作流程,统一账户科目,保障整个编制工作在同一编制标准指引下进行,摆脱"无法可依"的困境。只有这样,自然资源资产负债表编制工作才能顺利开展。

(3)推动自然资源监管部门积极行政,维护自然资源可持续供应,保护生态环境。自然资源资产负债表制度除了可以有效地防止自然资源监管部门滥用监管权力外,还能通过赋予监管部门相应的监管职责,督促他们采取积极行为,去预防、制止对自然资源的滥采滥用。也就是说,如果监管部门不积极主动地履行监管职责,则应当承担相应的法律后果。

(4)保护人民群众的生态环境权益。以自然资源资产负债表的形式客观反映一定时间内自然资源资产变化状况,可避免对自然资源的过度开发、对生态环境的污染与破坏,在保

---

[1] 吕忠梅.关于制定《长江保护法》的法理思考[J].东方法学,2020(2):79-90.
[2] 张文显.法理:法理学的中心主题和法学的共同关注[J].清华法学,2017,11(4):5-40.

护生态环境的同时,也保护了人民群众的生态权益。良好的生态环境是最普惠的民生福祉、最公平的正义。

2. 自然资源资产负债表制度具备制度的一般性功能与价值

自然资源资产负债表制度作为一种制度,必须符合制度的一般性功能与价值。也就是说,它所具有的具体性功能、价值应当能够被镶嵌、融入社会民众对制度所持有的普遍性、一般性功能、价值的认知之中,与之相统一、相一致。制度所具有的一般性功能与价值是一种普遍的"法理",普遍性表现在两个方面:其一,任何正当的制度都具备的;其二,被规制者所普遍认同的。目前,民众所普遍认同的一般性"法理"如自由、民主、法治等已经被我国宪法所接受,成为所有的法律都应具备的价值特质,是构成我国社会制度的合理性、目的性与正当性的基础。同时,随着我国进入新时代,社会经济、文化、政治等发生了许多变化,因而国家治理方式、治理能力也需要与时俱进。简而言之,承载国家治理体系的载体——制度不仅必须符合法治的基本理念,还必须符合现代化的要求,实现"善治"的目标,符合制度的效能。因此,制度的一般性"法理"应当包括法治化与现代化两个部分。考究自然资源资产负债表制度的一般性"法理",也应当具备法治与现代化两个基础价值特性。实现自然资源治理的法治化与现代化是建立健全各项自然资源制度的出发点和最终归宿,自然资源资产负债表制度也不例外。

(1)自然资源资产负债表制度维护了自然资源治理的法治化。法治的基本要求是依法治理。在改革开放初期,我国法治的具体内容被高度概括为"有法可依""有法必依""违法必究""执法必严"。随着时代的变迁,当前,这项具体内容被概括为"科学立法""严格执法""全民守法""公正司法"等。当然,新时代的法治要求是在此要求的基础上提出更高的标准,提升我国法治水平,两者所蕴含、维护的价值是一致的。以自然资源资产负债表制度维护法治之下的自由为例加以说明。自由彰显了人的主体性,即人可以凭借自己的理性意志来参与社会交往,与他人形成各种社会关系,包括法律权利义务关系。但是,需要注意的是,自由并非由行为者独自享有。在社会场域中,每个行为者必须与他人相互交往,方能存活,因而除了在极其特殊的领域里个人因与他人相互隔绝而独享自由外,在其他的普通领域内,行为者的自由必须与他人的自由共融,方显社会意义,方能得以维护、实现。也就是说,普遍地为各个主体所能共享的自由才是真正的自由。那么除了消极自由外,所谓的积极自由对于维护整体的自由也极有价值。举一个简单的生态环境治理例子。对于普通民众而言,除了可以要求污染者不得排放污染物以维护自己行为的自由这一消极自由权利外,如果缺乏要求政府监管部门积极进行生态环境治理的自由权利,那么结果将只能是,普通民众必然长期处于恶化的生态环境之中而无力自拔。因此,尽管在政治思想领域,关于积极自由的争议非常激烈,但是,对于普通民众而言,积极自由却是必需的。具体到自然资源资产负债表制度,在编制自然资源资产负债表的过程中,防止自然资源监管部门滥用编制权力,这是维护社会主体消极自由所必需的。但是,除此之外,该制度还有助于大力推进自然资源资产负债表编制工作,从而助力自然资源有序利用、生态环境严格保护,最终的结果是社会中每一个人获得良好的生态环境,同时也有助于保护人的身心健康与财产权益。这就是积极自由的一种体现。

(2)自然资源资产负债表制度促进了自然资源治理现代化,有利于取得"善治"的效能。制度的功能之一在于改变、引领人的行为,进而促进全体社会成员福利的提高。"如果包含在法律规则部分中的'应然'内容仍停留在纸上,而并不对人的行为产生影响,那么法律只是一种神话,而非现实。"[1]因此,制度效能是支持制度得以稳定的一块基石。我国在很早就认识到效能对于制度的重要性。毛泽东在1912年撰写的《商鞅徙木立信论》一文中指出:"法令者,代谋幸福之具也。法令而善,其幸福吾民也必多。"[2]这就是说,法令是为人民谋取幸福的工具。法令善不善,关系到是否利国利民,有益于人民的法令必能为人民谋取更多的幸福。以此为标准,他认为,"商鞅之法,良法也"[3]。具体到自然资源资产负债表制度,其重要的目的是实现自然资源的可持续供应、保护生态环境的良好状态。这些目的的实现,为我国民众的身心健康、财产安全、财富增长打下了坚实的客观基础,从而推进自然资源领域治理现代化,保障国家治理效能的提升。

总之,无论是"事理",还是"法理",都支持了自然资源资产负债表制度的正当性,因而我国应当进一步健全自然资源资产负债表制度,大力推进自然资源资产负债表编制工作。

(二)资产负债表制度的关键要素:法定科目、法律关系与法定程序

自然资源资产负债表制度完善与否关系到自然资源资产负债表本身能否准确地记录自然资源以及相应的资产的存量与变化,从而实现其应有的功能。因此,能否设置合适的规则以明确编制程序、编制义务与编制科目成为自然资源资产负债表制度之关键。

1. 自然资源资产负债表中的法定科目

所谓自然资源资产负债表中的科目,即对自然资源资产负债表应予记载的具体对象进行分类核算的类目。简单地讲,自然资源资产负债表所设置的科目决定了哪些与自然资源资产有关的信息需要被分门别类地核算并被登录其中。由于自然资源资产负债表所设置的科目直接决定了被核算、登录的与自然资源资产有关的具体信息,因而科目设置是否合理将直接影响自然资源资产负债表应有功能之实现。但是,《中共中央关于全面深化改革若干重大问题的决定》《生态文明体制改革总体方案》《编制自然资源资产负债表试点方案》等规范性文件对自然资源资产负债表应当设置哪些科目并未明确规定。当前,自然资源资产负债表编制尚未在全国范围内推广实施,这与学界、实务界对自然资源资产负债表中应当设置的科目缺乏共识有关。争议主要集中在两个问题上。

其一,关于应予核算、构成实物量的自然资源的类别。一些学者认为应当将能源与矿产资源、土地资源、土壤资源、木材资源、水生产品、其他生物资源和水资源等纳入其中[4],而

---

[1] E.博登海默.法理学:法律哲学与法律方法[M].邓正来,译.北京:中国政法大学出版社,2017.
[2] 中共中央文献研究室,中共湖南省委《毛泽东早期文稿》编辑组.毛泽东早期文稿(一九一二年六月——一九二〇年十一月)[M].长沙:湖南人民出版社,2008.
[3] 周佑勇.推进国家治理现代化的法治逻辑[J].社会科学文摘,2020(9):11-13.
[4] 耿建新,胡天雨,刘祝君.我国国家资产负债表与自然资源资产负债表的编制与运用初探——以SNA 2008和SEEA 2012为线索的分析[J].会计研究.2015(1):15-24+96.

其他学者则认为应当将土地、水、森林和矿产等自然资源纳入自然资源资产负债表之中[1]。一些地方在编制本地自然资源资产负债表时,根据自身对"显示一定区域内自然资源的'家底'、反映一定时间内自然资源资产存量的变化"这一基本功能的理解自行其是,设置了不尽相同的账户科目。如闫慧敏等编制的湖州市自然资源资产负债表中,资源包括土地资源(耕地、林地、草地、水域、园地)、水资源和林木资源,没有考虑矿产资源[2];杨艳昭等编制的承德市自然资源资产负债表包含土地资源、水资源、森林资源和矿产资源四大类[3];焦志倩等编制的十堰市竹溪县自然资源资产负债表包含了土地资源、水资源和林木资源三大类[4][5],没有将矿产资源及其资产收纳其中。

其二,关于应予核算、构成价值量的自然资源资产的类别。第一,应否记载"所有者权益"。有学者参考企业资产负债表的编制科目,依循"资产=负债+所有者权益"原理提出在自然资源资产负债表中明确记录各种自然资源的所有者权益[6];亦有学者认为尽管自然资源资产负债表的编制参考了企业资产负债表编制的做法,但是两者各自所欲实现的功能并不完全一致,不应当机械地援用企业资产负债表的做法,在自然资源资产负债表中记录自然资源资产所有者权益。第二,自然资源资产负债表中"负债"的范围以及如何记载。有学者认为自然资源资产负债表中"负债"是存在的,如资源耗费、环境污染、生态破坏等,以及这些负面结果带来的相应的经济损失,如治理成本、恢复成本等[7]。

显然,建立健全自然资源资产负债表制度,设置合理的账户科目,就必须直面这些争议,在理论上澄清与论证自然资源资产负债表中应予核算并记载的与自然资源资产有关的各种信息。

1)科目设置依据

自然资源资产负债表应当设置哪些账户科目,涉及两个方面的因素,即"事理"与"法理"。就"事理"而言,主要有两种因素。第一,与自然资源资产负债表所欲实现的功能直接关联。人是目的性动物。人在制定制度时,不是盲目行动的。实际上,人对制度目的的想象决定了制度的面貌。具体到自然资源资产负债表账户科目的设置问题上,自然资源资产负债表所欲实现的功能决定了其账户科目的设置,因为如果账户科目设置不合理,将直接导致应予收集、核算的信息未予收集、核算,无须收集、核算的信息反而被收集、核算,进而所核算、记载的信息将无法显示自然资源资产家底、无法反映一定时间内自然资源资产存量的变化,致使自然资源资产负债表本身丧失其应有的功能。第二,与自然资源资产负债表编制技

---

[1] 江东,付晶莹,封志明,等.自然资源资产负债表编制系统研究[J].资源科学,2017(9):1628-1633.
[2] 闫慧敏,封志明,杨艳昭,等.湖州/安吉:全国首张市/县自然资源资产负债表编制[J].资源科学,2017:1634-1645.
[3] 杨艳昭,封志明,闫慧敏,等.自然资源资产负债表编制的"承德模式"[J].资源科学,2017,39(9):1646-1657.
[4] 焦志倩,王红瑞,许新宜,等.自然资源资产负债表编制设计及应用Ⅰ:设计[J].自然资源学报,2018,33(10):1706-1714.
[5] 史丹,王俊杰.自然资源资产负债表研究现状、评述与改进方向[J].中国人口·资源与环境,2020,30(1):1-11.
[6] 沈镭,钟帅,何利,等.复式记账下的自然资源核算与资产负债表编制框架研究[J].自然资源学报,2018,33(10):1675-1685.
[7] 封志明,杨艳昭,陈玥.国家资产负债表研究进展及其对自然资源资产负债表编制的启示[J].资源科学,2015,37(9):1685-1691.

术、编制能力相适应。编制技术、编制能力决定了与自然资源资产相关信息的收集、处理的范围、程度。倘若人类探测能力能够覆盖地球深部、能够完全掌握地壳岩浆运动的规律,那么人类将能够完全准确、全面地揭示自然资源的分布、数量、质量以及未来的演化趋势,自然资源资产家底与其存量的变动将会一览无余。但是,这样的图景远未成为现实。有限的技术、能力决定了对与自然资源资产相关的信息的收集、处理亦是有限的。

就"法理"而言,自然资源资产负债表账户科目的设置,必须考虑对利害相关者的影响,不能够过度干预其合法权益,也不能过度赋予其义务。简而言之,不可让义务人承担不可能实现之义务。例如,不能让自然资源的开采者就所开采的自然资源的市场价格提供"正确"的预测。因为既然是预测,就只能存在"准确"与否,而不会存在"正确"与否。因此,在设置自然资源资产负债表账户科目时,必须充分考虑某些科目的存在对相应的信息提供义务人的不利影响,对可能因此而过度增加义务人负担的账户科目,除非确有必要且予以了一定的成本补偿才可设置,否则,不应设置。

同时,还必须考虑不同部门对同一信息需要带来的影响,尽量让这些信息数据在政府部门之间共享,而不能要求信息提供义务人多次重复提供同一信息。例如,关于水资源的利用信息,水利部门、生态环境部门与自然资源部门在不同的统计报表中均应反映,因而需要信息提供义务人及时提供全面、准确的相应信息。但是,如果义务人已经依法向某一部门提交过相应信息,其他部门就不应要求义务人履行信息提供义务、重复提交相应信息。

2)具体科目设置

(1)自然资源(实物量)。自然资源资产负债表中应当包含自然资源(实物量)与自然资源资产(价值量)两项信息,这是由自然资源功能所决定的。就哪些自然资源应当被纳入统计与核算范围,学者们之间的争议只是一种名目之争、技术之争。显然,从全面、准确反映自然资源家底的目的出发,只要存在于地球之上的,对人类有用的自然物都应当被统计、核算并记载于自然资源资产负债表之中。但是,这样的做法既不必要,也无可能。不必要,是因为有些自然物的分布、数量、质量等信息不具有国民经济学的意义;无可能,是因为对于有些自然物而言,人类尚未具备相应的技术、能力去调查、监测,无法了解其分布、数量、质量等方面的准确信息,也就无法在自然资源资产负债表中反映出来。

另外,对于应当调查、监测与核算其分布、数量、质量等信息的自然资源,应当采取统一的分类标准。前文所提及的学者们之间关于被纳入自然资源资产负债表中的自然资源范围的争议,其制度根源在于我国相互不一致的自然资源分类标准,带来同一自然资源却被归于不同类别之中的问题。例如湿地、滩涂等自然资源,《中华人民共和国民法典》只规定了"滩涂"作为一种独立的自然资源,没有规定湿地,而《自然资源统一确权登记暂行办法》第十五条却规定"湿地可以单独划定自然资源登记单元",这意味着"湿地"可以作为一种独立的自然资源而需要在自然资源资产负债表中加以反映。自然资源资产负债表制度应当通过制定、实施统一的分类标准来消除这些障碍。

(2)自然资源资产(价值量)。除了核算、记载自然资源实物量外,自然资源资产负债表还应当核算、记载自然资源资产的价值量,以便以货币形式反映自然资源资产在一定时间内存量的变化,进而客观反映人的行为,尤其是领导干部对自然资源、生态环境的决策行为对自然资源资产、自然资源的影响,这本是设置自然资源资产负债表的题中之义。因此,基于此题中之义,应当对自然资源资产负债表中自然资源资产(价值量)部分具体账户科目,予以设置。

第一,应当设置生态服务价值科目。自然资源所具有的生态服务价值,是其整体功能之一。也就是说,只有由各种自然资源组成的一个良好的生态系统,才具有生态服务功能,这种功能才可能进一步被人所认知、被价值化,以货币价值数量的形式表现出来。如果某种自然资源被开采或移出原有的生态系统,原生态系统的生态功能就会改变,其生态服务价值就会随之改变。以对某区域内以森林资源为中心的各种自然资源实物量与价值量的核算、记载为例加以说明。显然,该森林资源所蕴藏的林木实物量、林木的经济价值转化来的价值量,都值得且必须核算,并被记载于自然资源资产负债表中。但是,除此之外,还必须核算因该森林资源的存在而带来的生态服务价值量的增加。因为这些生态服务价值量的增加是以该森林资源的存在而存在的。倘若某年该森林资源因被乱砍滥伐而被破坏,甚至消失,那么不仅是该森林资源实物量会减少,而且随之而来的是该生态服务功能量的减少,当然,该森林资源的经济价值却可能增加了。因此,设置生态服务价值科目,收集、核算相应的自然资源所带来的生态服务价值的相关信息,自然资源资产负债表就可以反映出该特定自然资源在一定时间内价值的变化。

第二,应当设置生态环境治理、修复成本科目。任何自然资源的开采、利用,一定伴随对原生态系统的扰乱、破坏。这些扰乱、破坏结果可能在自然界自身的作用下,在极短的时间内自我复原,也可能需要通过人工手段加以恢复,由此,就会带来生态环境治理、修复成本。这些成本在一定程度上反映出人类行为对自然的扰动强度、作用范围与后果,也反映出自然资源资产在一段时间内的存量变化。基于此,自然资源资产负债表中应当设置生态环境治理、修复成本科目。

第三,应当设置生态环境损害赔偿成本科目。生态环境损害赔偿成本科目与生态环境治理、修复成本科目并不相同。前者对应开采、利用自然资源过程中,因该行为对其他受害人的人身、财产权益造成损害所需要承担的赔偿费用,后者是因该行为对自然资源本身造成损害而需要承担的修复费用。前者施之于人,后者施之于自然。当然,需要注意的是,在具体的核算情形中,两者可能出现重叠,需要予以扣减。例如,在开采矿石的过程中污染了农民的农田,农民支付相应的清理费用以雇人清理污染物后,要求开采者承担费用。该费用因最终落实于土地上,应属于环境修复成本。但由于该土地已经被修复,因而该费用属于农民的财产损失,亦属于生态环境损害赔偿成本,在自然资源资产负债表中,不能核算两次,只能核算一次。

第四,不应设置所有者权益科目。一些学者基于企业资产负债表科目设置安排而主张自然资源资产负债表中应当设置所有者权益科目,核算、记载各种自然资源及其资产所有者权益状况,以此反映自然资源资产的变化。应当说,这种设想有一定的合理性。毕竟,如果清楚地核算、记载自然资源及其资产所有者权益状况,可以反映国家所有自然资源、集体所有自然资源的变动情况。尤其在我国正开展自然资源统一确权登记的背景下,收集、处理自然资源及其资产所有者权益的信息,相对而言,不需要花费更多的成本。但是,设置所有者权益科目,对于自然资源资产负债表功能的实现而言,并无太大助益。从节省编制成本、避免引发纠纷的角度考虑,现阶段,不宜在自然资源资产负债表中设置所有者权益科目。首先,自然资源资产负债表所欲反映的自然资源及其资产的变化,重点在于自然资源本身,而不是附着于自然资源上的各种权利的变动。对于自然资源而言,无论其所有权、使用权如何变动,其客观的使用功能不会因此而发生改变。既然如此,就没有必要耗费成本去核算、记载自然资源所有者权益变动状况。其次,自然资源变动所带来的生态服务功能变化与自然资源权利人的变动之间无必然的因果关系。无论开采、利用自然资源的权利人是国有企业,抑或民营企业,这些开采利用行为都可能带来污染环境、破坏生态的恶果,进而损害国家、集体或者个体的合法权益。因此,对于领导干部而言,在作出自然资源、生态环境决策时,所需要考虑的是,被许可人有无足够的技术、能力避免生态环境破坏,而不是被许可人是否为国有企业、民营企业。

2. 自然资源资产负债表制度中的法律关系

作为社会利益调节器,利用制度调节社会利益就是在社会成员之间建构相应的法律关系。"法书万卷,法典千条,头绪纷繁,莫可究诘。然一言以蔽之,其所研究或所规定者,不外法律关系而已。"[1]通过在抽象的制度设置各种不同的法律关系,进而借助国家强制力保证这些法律关系中的权力(权利)的实现、义务的履行,从而改变关系主体的行为,实现调节社会利益的目的。因此,法律关系成为法律制度的一个关键要素。以法律关系为工具,可以根据立法者的目的在各种社会主体之间建立起各种权利义务关系[2]。当然,这是一个较为简明的说法。其实,各种社会主体之间的法律关系所包含的内容非常广泛,在分析主义法理学学者看来,广义的权利还需要被进一步解析。为确保自然资源资产负债表编制工作的顺利进行,获取全面、准确的自然资源资产负债表,需要借助法律这一有用工具,在各种社会主体之间设置合理的权力(权利)、义务与责任。当然,我们得首先厘清编制自然资源资产负债表可能涉及的各种社会主体。在分析自然资源资产负债表编制流程时,我们发现它涉及的主体主要有3类:编制的组织者、实际承担者、自然资源资产信息提供者。因此,自然资源资产负债表制度所需要建构的法律关系,也主要发生在这3类主体之间。

(1)自然资源资产负债表编制的组织者与信息提供者之间的法律关系。自然资源资产负债表编制的组织者是发起组织自然资产负债表编制工作的主体,只能是政府及其相应的部门——自然资源资产监管部门。编制自然资源资产负债表是国家行政权力的体现,也是行政职责的体现,需要借助行政权力。自然资源资产负债表相关信息提供者是拥有相关信息的社会主体。当因编制自然资源资产负债表而需要这些相关信息时,信息提供者不得非法拒绝,因为他们是义务人,负有提供相应信息的义务。所以,在自然资源资产负债表的组织者与信息提供者之间,存在一种法律权利与法律义务的关系。

(2)自然资源资产负债表编制的组织者与编制工作实际承担者之间的法律关系。自然

---

[1] 郑玉波.民法总则[M].北京:中国政法大学出版社,2003.
[2] 陈锐.法律关系内容的重构:从线性结构到立体模型[J].法制与社会发展,2020,26(2):86-108.

资源资产负债表编制的组织者根据法律规定,组织开展自然资源资产负债表编制工作时,不可能亲自去承担实际的编制工作。这不仅是因为组织者可能不具备编制自然资源资产负债表所需要的专业知识,更因为组织单位缺乏大量的工作人员。因此,组织者需要寻找编制工作的实际承担者,承担实际的编制工作。由我国现行法律的规定可知,组织者以政府采购、招标方式寻找实际承担者,在组织者与实际承担者之间以政府采购合同确定各自的权利和义务。

3. 自然资源资产负债表编制程序

程序是做事的方法、顺序。尽管讨论这些方法、顺序,可能过于琐碎,但是,这些方法、顺序等具有重大的价值。在社会治理意义上,"正是程序决定了法治与恣意的人治之间的基本区别"。[1] 对于自然资源资产负债表编制工作而言,亦有必要关注其程序问题。自然资源资产负债表的编制程序主要规制两个主体:一是自然资源资产负债表编制的组织者,即政府及相应的自然资源行政管理部门;二是自然资源资产负债表编制工作的实际承担者,一般是具有自然资源资产负债表编制资质的事业单位、科研院所等社会团体。根据自然资源资产负债表编制的"事理",其法定程序应当包括如下内容。

1)决定开展自然资源资产负债表编制工作

自然资源资产负债表反映一定区域内自然资源资产的存量动态变化,自然资源资产负债表精确与否关乎政府经济社会决策的科学性、发展的可持续性。开展自然资源资产负债表编制工作,是一项意义重大的任务,因此,必须得到权力机关的授权。《编制自然资源资产负债表试总方案》(国办发〔2015〕82号)规定,全国范围内的自然资源资产负债表编制工作必须由国务院统一决策部署。地方行政区划内的自然资源资产负债表由各级政府依据上级政府的决策统一安排本行政区域内的自然资源资产负债表编制工作。

2)拟定自然资源资产负债表编制工作实施方案并报政府批准

各级政府根据法律、行政法规的规定决定开展自然资源资产负债表编制工作后,相关的统计部门与自然资源监管部门应当根据该决定并在与自然资源资产负债表编制牵涉的其他部门会商的基础上拟定自然资源资产负债表编制工作实施方案并报政府批准。拟定自然资源资产负债表编制工作实施方案应当分级进行。具体来说,中央层面,由国家统计局牵头,同各自然资源主管部门制定全国范围内的自然资源资产负债表编制实施方案,报国务院批准;地方层面,地方各级自然资源资产负债表编制组织者制定实施方案,经同级政府审核批准,报上级自然资源资产负债表编制组织者备案。不过,需要注意的是,省、市、县三级地方政府应当根据本行政区域内的自然资源资产实际状况制定相应的工作实施方案。例如,内陆省份没有海洋资源,无须针对海洋资源资产编制自然资源资产负债表,实施方案也不需涵盖海洋资源。

3)开展自然资源资产负债表编制工作

(1)选定自然资源资产负债表编制工作的实际承担者。自然资源资产负债表必须反映

---

[1] 季卫东.法律程序的意义(增订版)[M].北京:中国法制出版社,2011.

自然资源的客观状态以及自然资源负载的各种经济、社会、生态价值的评估与核算,因而编制工作是一项具有专业性、专门化的工作,对编制人员的技术性和专业性要求较高。自然资源资产负债表编制的组织者本身缺乏对应的专业技能,加之组织机构缺少足以支撑完成自然资源资产负债表内容筛选等精细工作的大量工作人员,因此,在实践中,自然资源资产负债表编制工作的组织者需要将自然资源资产负债表编制的实际任务转交给符合资格条件的企业或者社会组织,由它们事实上承担编制工作。这样,开展自然资源资产负债表编制工作,首先就需要由组织者选定编制工作的实际承担者。根据《中华人民共和国政府采购法》《中华人民共和国统计法》《中华人民共和国土地管理法》《土地调查条例》等法律法规的规定,自然资源资产负债表编制组织者应以政府采购、招标等形式选定编制工作的实际承担者。组织者对自然资源资产负债表编制工作的实际承担者应当设立严格的准入门槛,明确自然资源资产负债表的编制资质,保证采购、招标程序公开透明,严格按照编制资质进行政府采购、招标,从源头把握自然资源资产负债表的质量、效率的科学性和权威性。组织者与实际承担者以政府采购合同确定各自的权利义务,合同中应当明确实际承担者的义务,如不得伪造、篡改信息提供者提供的自然资源资产基础数据等。

(2)实际承担者处理自然资源资产基础数据,开展具体的编制工作。编制自然资源资产负债表,说到底,就是在不同年度中对自然资源客观状态进行调查的基础上,合理评估自然资源的生态价值和经济价值,并予以动态化的展示,揭示全国层面或者地方层面自然资源及其资产化管理的变化状况,为政府制定各种经济、社会与生态环境决策提供客观的依据。显然,这一工作必定涉及对自然资源及其资产化管理后的各种基础数据、信息的处理、加工,因而自然资源资产负债表能否反映自然资源及其资产化管理的真实状况,与各种基础数据、信息是否准确、及时有关。现阶段,编制自然资源资产负债表,实际任务的承担者面临的主要难题在于自然资源以及其资产化后的基础数据、信息的采集、整理质量不高、时效性不强。例如,依据《中华人民共和国土地管理法》《中华人民共和国森林法》的相关规定,各地每年会根据土地利用的变化状况及时调查更新土地资源数据,但由于每5年开展一轮调查工作,森林资源数据无法按年度及时更新,依据这些森林资源数据而进行的森林资源资产价值评估无法客观反映森林资源资产的年度变化状况。

4)组织者进行审核,依法公布

由于自然资源资产负债表反映了自然资源及其资产化管理的客观状况,因而其内容是否准确、全面,关系所反映的自然资源资产状态是否真实,进而关乎政府对领导干部的自然资源资产离任审计是否准确、真实。基于此,在面向社会公布自然资源资产负债表之前,必须对负债表进行全面的审查、核对,以保证表内所记载的各种自然资源资产数据的准确性、真实性。因此,在自然资源资产负债表制度中,必须设置自然资源资产负债表审核程序,以保证组织者依据一定的技术标准、规程,组织有关专家、技术人员对完成的自然资源资产负债表进行审核。组织者进行审核,可采取部门共同审核以及第三方评估的形式,确保自然资源资产负债表的科学性和权威性具有双重保障。这样做的原因在于:一方面,自然资源资产负债表赖以编制的基础数据主要来自各自然资源主管部门,对于不同类型的自然资源基础数据,负责的主管部门最为熟悉。自然资源资产负债表终稿形成后,组织者可将终稿移交同级各自然资源主管部门进行基础数据核查、核对。另一方面,部门共同审核结束后,由组织者委托第三方再次对自然资产负债表进行评估(第三方评估一般由多位自然资源资产负债表相关领域的专家负责),保证自然资源资产负债表的科学性。组织者审核完成,依照信息公开条例等法律法规依法进行公布,以政府公信力保障自然资源资产负债表的权威性。

(三)自然资源资产负债表制度的建构路径:从法律到标准

1. 自然资源资产负债表制度的法律化

在全面推进依法治国、提升国家治理能力与治理体系现代化的时代背景下,自然资源资产负债表制度的建构与完善必须运用法治思维与方法来引领和保障。

编制自然资源资产负债表是一项全面建设生态文明、保护生态环境的重大任务,具有重要的意义,因此必须以法律的形式建立起自然资源资产负债表制度的框架。但是,我国现行的环境、资源类法律与统计、会计类法律均未规定自然资源资产负债表制度,这种状况并不符合"改革于法有据"的要求,难以在法治的轨道上推进自然资源资产负债表编制工作。因此,需要加快自然资源资产负债表制度的法治化进程,保证自然资源资产负债表的编制符合法治的基本理念。目前,确保自然资源资产负债表编制工作有法可依、于法有据,可以采取3种方式。

(1)授权试点。以全国人大常委会授权试点的方式在试点地区开展自然资源资产负债表编制工作。根据《中华人民共和国宪法》,全国人大常委会享有授权开展试点工作的权力。全国人大常委会的授权使试点地方开展的自然资源资产负债表编制工作取得了相应的法律权源,符合行政权力法定的法治要求。另外,这一方式具有效率高、短期内可以实现的优势。

(2)制定行政法规。根据《中华人民共和国立法法》第六十五条的规定,国务院可以就"国务院行政管理职权的事项"制定行政法规。显然,自然资源资产负债表是一种自然资源管理所必需的工具,因而属于国务院自然资源管理职权范围。国务院可以根据该条规定制定《自然资源资产负债表编制条例》,或者将自然资源资产负债表制度作为自然资源调查制度的子制度,在《自然资源调查条例》中一并规定。

(3)地方立法。根据《中华人民共和国立法法》第七十二条规定的授权,设区的市的人民代表大会及其常务委员会可以对城乡建设与管理、环境保护、历史文化保护等方面的事项制定地方性法规,而编制自然资源资产负债表属于环境保护的具体内容之一,因而地方可以依据该条授权制定地方性法规。

尽管这3种方式各有其优势,但是对于在短时间内消解自然资源资产负债表编制工作于法有据的难题,采取地方立法方式可能更佳。一方面,地方立法具有耗费时间短、制度出台快的优点;另一方面,各地根据本地编制自然资源资产负债表的实际状况出台相应的规章制度,就科目设置、法定程序、配套保障等内容可以继续深化探索,有助于为更高层级的立法提供经验和参考样本。

当然,在中长期内,必须在中央层面制定统一的自然资源资产负债表制度,至少在法律层面必须采取类似现行《中华人民共和国土地管理法》第二十六条的做法,对国家建立自然资源资产负债表制度进行规定。至于自然资源资产负债表制度的更细致的规定,则交由国务院以行政法规的形式加以规定。我国建构土地资源调查制度的经验值得借鉴。一方面以《中华人民共和国土地管理法》第二十六条为基础,奠定土地资源调查制度的法律根据;另一方面关注土地资源调查本身的复杂性、特殊性,对无法以法律的形式规定的土地调查所牵涉的全部制度性规则,由国务院以行政法规的形式规范土地调查制度的规则。先在《中华人民共和国土地管理法》中规定由国家建立土地调查制度,使该制度的建立具有明确的法权基础,然后由国务院制定《土地调查条例》。土地调查制度的建构兼顾了自然资源法治化与灵活性的要求,这种经验值得相关部门在建构自然资源资产负债表制度时所借鉴。

2. 建立健全严密的自然资源资产负债表编制标准体系

(1)建立健全自然资源资产负债表制度,必须以标准体系充实自然资源资产负债表制度的血肉。自然资源资产负债表既要反映自然资源的实物量和价值量,又要反映一定时间内自然资源资产的变化状况,而自然资源本身是千差万别的,因此,编制自然资源资产负债表,绝非简单数字的加减核算,而是非常专业、烦琐的工作,涉及自然资源及其资产的名称、范畴、指标等。显然,基于立法技术与立法成本的考量,自然资源资产负债表制度不宜完全委诸于法律,以法律条文的形式加以表达,而是在根据法律建立起框架后,以编制标准、规程等充实之。目前,一些地方在编制自然资源资产负债表的过程中已经发现核算标准不统一的问题。这些核算标准的不统一源于我国采取分部门管理自然资源的方式,不同的资源管理部门根据自身管理的要求制定了不同的自然资源统计标准。例如关于林地的认定,在《土地利用现状分类》(GB/T 21010—2017)和《第二次全国土地调查技术规程》(TD/T 1014—2007)、《林地分类》(LY/T 1812—2009)等标准中有不同的规定,导致自然资源部(原国土资源部)和林业部门对同一区域内的林地的面积统计出现了不同的结果。类似情况还存在于自然资源部门与农业部门的耕地质量调查标准和草地面积调查标准上,以及水利部门与环保部门分别制定的地表水水质标准上[1]。

因此,在制定编制标准充实自然资源资产负债表制度时,首先需要解决的问题就是建立健全统一的编制标准,尤其是统一概念、范畴、编码等,使编制标准的元语言得以统一。只有将这些构成编制标准元语言的概念、范畴、编码等统一了,才可能进一步统一一些具体的技术参数、技术规范、指标等,构建统一的编制标准。

(2)清理现行的各类与自然资源资产负债表编制有关的标准,及时修订、消除相互矛盾、模糊的表述。同时,根据新的时代要求,制定更为科学、可行的编制标准,构筑一个体系严密、覆盖全面的标准编制体系。

(3)与其他环境标准、生态标准相协调。自然资源资产负债表涉及生态、环境质量事项。在编制自然资源资产负债表时,必须以各种环境标准为依据评价自然资源及其资产化管理的状况。因此,自然资源资产负债表的编制标准需要与各种环境标准相协调,避免出现相互

---

[1] 姚霖.论自然资源资产负债表编制的"三瓶颈"——基于自然资源资产负债表国家试点调研[J].财会月刊,2016(34):6-9.

冲突的状况,从而保证所编制的自然资源资产负债表能全面、准确地反映出自然资源及其资产化管理的客观状况。

自然资源资产负债表制度关系自然资源资产负债表编制工作能否顺利开展、能否实现其功能,因而制度建设不可轻视。应当在总结地方编制自然资源资产负债表实践的基础上重点关注账户科目、编制程序、参与者的权利义务等内容,借鉴合理的做法,并以法律规则的形式落实为法律条文,从而建立健全自然资源资产负债表制度。

青海省自然资源确权登记制度改革

第一节 自然资源确权登记的制度缘起、目标及定位

自然资源统一确权登记制度作为根植于我国社会历史发展背景的特有新制度,形成于外部的自然资源资产产权制度体系与内部的确权登记改革的交互作用下。作为一项程序性和技术性的改革,自然资源统一确权登记改革需置于自然资源资产产权改革的整体背景下;与此同时,"统一登记"的改革趋向要求自然资源统一确权登记应与不动产物权登记实现有效衔接。这种内部与外部制度关系上的交互作用描绘出中国自然资源统一确权登记改革的总体脉络与背景,并在一定程度上预设了统一确权登记改革未来的发展方向。因此,要充分认识自然资源统一确权登记制度,应从其历史背景中厘清其制度缘起,明确其应有的制度目标及在既有法律制度体系中的准确定位。

一、自然资源确权登记的制度缘起

(一)自然资源统一确权登记肇始于不动产统一登记

现行自然资源统一确权登记制度是不动产登记由分散登记到统一登记、再到整体登记的制度嬗变的结果[1]。长期以来,土地、房屋、海域、森林、水流等不动产的权利登记分别适用《土地登记办法》《房屋登记办法》《海域使用权登记办法》及《中华人民共和国森林法》等法律法规,并由不同的行政主管部门按照行政管理职权办理。这种分散登记的登记依据、登记机构独立设置的制度与实践状态,不仅造成了登记标准不一、登记交叠等操作实践困境,还阻碍了登记信息的整合互通,削弱了以信息披露为核心的物权公示效力。

对此,2014年国务院颁布了《不动产登记暂行条例》(简称《登记条例》),从"房地统一"的角度确立了"房屋等建筑物、构筑物和森林、林木等定着物应当与其所依附的土地、海域一并登记"的统一登记规则,旨在"一体表彰不动产上的物权信息"。统一的不动产登记具有以下三重制度意义:第一,明确了不动产登记的物权效力,转变了以往分散登记环境下浓厚的

---

[1] 郭洁.自然资源统一登记的物权法问题及其破解[J].法学,2020(3):124-141.

行政色彩;第二,确立了登记的稳定权利归属和维护交易安全的制度功效;第三,形成统一的登记规则,"统一"是指在整合不动产登记权限的基础上,统一土地与房屋登记权利主体,服务于定着物与其载体间物权变动的共同体关系[1]。

对于自然资源而言,由于其不动产属性,不动产统一登记将它纳入自身的制度范畴之中,表现在两个方面:一是《登记条例》在登记对象的选取上,将土地、海域及林木等自然资源类型界定为"不动产形态";二是将林地使用权、草原使用权等纳入土地承包经营权,从而赋予林、草等自然资源类型以登记能力。因此,伴随着不动产统一登记制度的实施,具有经济价值的自然资源顺利纳入统一的物权登记体系。

(二)生态文明体制改革背景下物权登记制度的供给不足

2015年,中共中央、国务院印发的《生态文明体制改革总体方案》提出了"对水流、森林、山岭、草原、荒地、滩涂等所有自然生态空间统一进行确权登记"的改革要求。从逻辑上看,由于自然资源已然纳入不动产统一登记制度体系,相关改革实践似乎应在既有物权登记体系规则之下进行探索和细化,但2016年国土资源部、中央机构编制委员办公室等七部委专门印发了《自然资源统一确权登记办法(试行)》(简称《试行办法》),在形式层面确立了独立于不动产物权登记的新的规则体系,并据此开展全国范围内的大规模试点工作。截至2018年底,在12个地区的32个试点区域共划定自然资源登记单元1191个。在总结统一确权登记试点成果的基础上,自然资源部等部委于2019年7月发布了《自然资源统一确权登记暂行办法》(简称《暂行办法》),进一步修改了自然资源确权登记规则。之所以在不动产登记规则之外,另行确立自然资源确权登记规则,源于既有登记制度的供给不足,这体现在以下两个层次。

第一,从规范文本层面上看,《登记条例》并没有涵盖全部的自然资源类型。在登记对象的择取上,《登记条例》将不动产的形态限定为"土地、海域以及房屋、林木等定着物",并未涵盖《中华人民共和国民法典(物权编)》中的水流、山岭、草原、荒地、滩涂、矿藏等自然资源。在登记能力方面,《登记条例》对自然资源权利的登记仍以其单一资源的财产属性为基础,各资源类型的独立登记造成了自然资源生态功能的分割,无法呼应《生态文明体制改革总体方案》对"自然生态空间统一确权登记"的改革要求。

第二,从制度效应上来看,《登记条例》中无论是部分自然资源类型涵盖的空缺,还是自然生态空间呼应的缺失,都是由《登记条例》服务于明确不动产财产关系的归属与流转的制度功能所造成的。不动产权利的归属抑或流转,均建立在其财产价值基础之上。之所以水流、山岭、草原、荒地、滩涂等资源类型,以及自然生态空间未被明确涵盖至《登记条例》,就是因为它们缺乏财产价值或财产价值难以权利化。

整体上看,生态文明体制改革背景下的自然资源统一登记以维护生态功能的整体性为根本,不动产登记以维护物权交易安全为出发点,两者虽在制度上有渊源,但在制度设计上必然存在诸多差异。诞生于生态文明体制改革背景下的自然资源确权登记必须在不动产登

---

[1] 郭洁.自然资源统一登记的物权法问题及其破解[J].法学,2020(3):124-141.

记制度的基础上进行创新,首要问题在于明确制度目标与定位。

二、自然资源确权登记目标辨析

对于不动产登记以维护物权交易安全为基本目标,无论是学界和实务界均无大的异议,但对于自然资源统一确权登记目标,两者存在不同认识。对于自然资源确权登记的目标而言,应从其制度背景中加以考察。

2019年4月,中共中央办公厅、国务院办公厅印发了《关于统筹推进自然资源资产产权制度改革的指导意见》,强调"以完善自然资源资产产权体系为重点,以落实产权主体为关键,以调查监测和确权登记为基础,着力促进自然资源集约开发利用和生态保护修复,加强监督管理,注重改革创新,加快构建系统完备、科学规范、运行高效的中国特色自然资源资产产权制度体系"。由相关人士的解读可知,"这一基本思路,突出和强化了产权的两大关键要素——权利体系和主体,突出和强化了产权的重要基础性工作——调查监测和确权登记,突出将产权制度贯穿自然资源源头保护、过程节约和末端修复的全过程"[1]。可见,自然资源确权登记是构建自然资源资产产权制度体系的重要基础性工作。

针对标准规范不统一,资源家底不清,资源主体不到位、边界模糊、权属不清的问题,该意见提出要总结自然资源统一确权登记试点经验,完善确权登记办法和规则,重点推进国家公园等各类自然保护地、重点国有林区、湿地、大江大河等重要生态空间确权登记工作,将全民所有自然资源资产所有权代表行使主体登记为国务院自然资源主管部门,逐步实现自然资源确权登记全覆盖,清晰界定全部国土空间各类自然资源资产的产权主体,划清各类自然资源资产所有权、使用权的边界,建立登记信息管理基础平台,提升公共服务能力和水平。此外,还将"完善自然资源资产产权登记制度"作为"完善自然资源资产产权法律体系"的重要内容。在"健全自然资源资产监管体系"中,还提及"完善自然资源资产产权信息公开制度,强化社会监督"。

由此看出,自然资源统一确权登记制度是自然资源资产产权法律体系的重要组成部分,作为自然资源资产产权制度改革的重要基础性工作,服从并服务于自然资源资产产权制度改革。自然资源统一确权登记的基本目标在于确权,即"清晰界定全部国土空间各类自然资源资产的产权主体,划清各类自然资源资产所有权、使用权的边界",目的在于清晰界定各类产权的主体以及权属的边界,即实现"归属清晰"。这一目标也得到了官方的确认,自然资源部自然资源确权登记局将"归属清晰"的确权目标表述为4个方面[2]:第一,加强自然资源产权保护,维护所有者权益。通过自然资源统一确权登记,明晰全民所有和集体所有之间的权利边界和权利内容,既能防止国有自然资源被蚕食,又能避免集体自然资源被侵害。第二,明晰权责主体,夯实监管责任。明确中央政府直接行使和委托地方政府代理行使自然资源所有权的范围边界,划清自然资源资产所有权、使用权的边界。第三,摸清自然资源资产

---

[1] 焦思颖.深化改革为生态文明建设夯实基础性制度[N].中国国土资源报,2019-04-17.

[2] 自然资源部自然资源确权登记局.自然资源确权登记驶入法治化轨道[N].中国自然资源报,2019-08-02(006).

家底,支撑生态文明体制改革。通过开展自然资源统一确权登记,解决产权不明的问题,建立涵盖自然状况、权属状况和公共管制要求等内容的自然资源登记系统,能够为生态文明建设相关改革提供数据支撑和产权保障。第四,化解权利交叉重叠的问题,维护群众的合法权益。通过自然资源统一确权登记,在同一信息平台上实现权利关联叠加,既显化自然资源登记范围内各类不动产权利状况,又准确发现不动产权利交叉重叠的类型、数量、范围,能够为今后有效解决"一地两证"等权利交叉重叠问题提供依据,为保护权利人合法权益奠定基础。

有所争议的是自然资源确权登记目标是单一的抑或是多重的,即自然资源确权登记的目标是否只限于实现上述"归属清晰"的制度功能。对此,有观点持否定意见,认为自然资源统一确权登记是为了落实《中共中央 国务院关于印发〈生态文明体制改革总体方案〉的通知》要求,为建立归属清晰、权责明确、监管有效的自然资源资产产权制度奠定基础。其目的在于"清晰界定全部国土空间各类自然资源资产的产权主体。对水流、森林、山岭、草原、荒地、滩涂等所有自然生态空间统一进行确权登记,逐步划清全民所有和集体所有之间的边界,划清全民所有、不同层级政府行使所有权的边界,划清不同集体所有者的边界。推进确权登记法治化"[1]。自然资源统一确权登记的核心在于确权,在于对特定空间内的各类自然资源的权利边界和权利主体加以厘清,原则上不涉及交易安全的问题。

也有观点认为自然资源确权登记目标应当作多元化设定:一方面自然资源确权登记要体现对自然资源相关权利的公示公信,为未来的自然资源市场交易奠定基础,通过明确归属,实现定分止争,通过公示公信,有力地维护交易安全,更多地服务于自然资源要素流转的需要,为更好地实现自然资源的经济价值起到重要的保障作用;另一方面又要突出国家对自然资源规划、管理、保护的目标和职能,服务于生态文明建设的需要,注重实现自然资源"绿水青山"的生态价值[2]。

对此,需要进一步思考自然资源确权登记只是通过"确权"实现生态监管功能,还是在保留物权登记功能基础之上同步实现生态监管功能。

三、制度定位:物权登记抑或行政登记

自然资源确权登记目标的争论涉及自然资源确权登记自身性质的问题。上文所述目标涉及单一与多元之争,其区别在于自然资源确权登记是否应当包括物权公示公信制度。这一问题关系自然资源确权登记的规范性质与结构,若包含物权公示公信原则或制度,表明自然资源确权登记具有物权登记的特征;如若不包含,自然资源确权登记则表现为行政(确权)登记。物权登记抑或行政登记的制度定位,决定了自然资源确权登记规范体系的构建路径,殊值考察。

(一)公示公信原则的内涵

公示就是公诸于世。所谓公示原则是指物权的变动必须依据法定的公示方法予以公

---

[1] 高永.我国自然资源统一确权登记[J].中国机构改革与管理,2018(11):13-15.
[2] 刘志强.自然资源统一确权登记注入新内涵[J].中国不动产,2016(12):34-36.

开,以便第三人能够及时了解物权的变动情况。《中华人民共和国民法典(物权编)》第二百零八条规定:"不动产物权的设立、变更、转让和消灭,应当依照法律规定登记。动产物权的设立和转让,应当依照法律规定交付。"从该规定来看,一方面物权公示是将物权设立和变动的事实对外公开,而不是将某项财产对外公开。它针对的是权利状态尤其是权利变动,而不是某项财产本身。另一方面,物权公示,目的在于维护交易安全,故而此公示并非要向全社会公开,而应当是向一定范围内的人公开,能够使利害关系人知悉。由于任何当事人设立、转移物权时,都会涉及第三人的利益,因此,物权的设立、移转必须公开、透明,以利于保护第三人的利益,维护交易的安全和秩序,这就需要法律规定公示原则,将物权设立、移转的事实通过一定的公示方法公开,从而使第三人知道物权变动的情况。

所谓公信原则,就是指对于通过法定公示方法所公示出来的权利状态,相对人有合理理由相信这是真实的权利状态,与基于此种信赖与公示的权利人进行了交易,对该交易的结果法律就应当予以保护。从立法内容上来看,我国公信原则表现为两个方面的内容:其一,登记簿记载的权利人在法律上被推定为真正的权利人。《中华人民共和国民法典(物权编)》第二百一十六条规定,"不动产登记簿是不动产归属和内容的根据"。这就确立了登记的权利推定效力。在登记簿记载的权利人与实际权利人不一致的情况下,对于第三人来说,他只能相信登记结果而不能相信其他的证明,这就必须采取所谓权利的推定性规则[1]。也就是说,一方面,凡是记载于登记簿上的权利人,就在法律上被推定为法律上的权利人。反过来说,登记一旦被注销或变更,即使是真正的权利人,在法律上也被认定其权利已经不存在。另一方面,登记簿记载了权利内容,该内容就被推定为真实存在。权利的内容、负担,完全以登记簿记载的为准。其二,与登记簿记载的权利人进行交易的结果,在法律上应当受到保护。对此,《中华人民共和国民法典(物权编)》第三百一十一条规定了不动产善意取得制度。既然登记簿是不动产归属的根据,那么第三人便有合理理由对登记簿的记载产生信赖,这种信赖应当受到保护。《最高人民法院关于适用〈中华人民共和国物权法〉若干问题的解释(一)》进一步明确了此种公信力,第十六条将不动产善意取得中受让人非善意的认定,限于5种情形:①登记簿上存在有效的异议登记;②预告登记有效期内,未经预告登记的权利人同意;③登记簿上已经记载司法机关或者行政机关依法裁定、决定查封或者以其他形式限制不动产权利的有关事项;④受让人知道登记簿上记载的权利主体错误;⑤受让人知道他人已经依法享有不动产物权。前3种情形显然必须在登记簿上记载方可成立,这就极大强化了登记簿的效力。

(二)公示公信原则与自然资源统一确权登记

公示公信原则与交易安全维护密不可分,其目的就是维护交易安全。维护交易安全的目的是鼓励交易。一方面,在登记簿具有公信力的情况下,登记机构已对不动产及相关权利的真实性、合法性进行了审查,相对人有权利相信登记簿的记载,故而他们在查询登记簿之外,无须花费其他时间、精力、钱财去调查了解标的物及其权利的状态,尤其是与他们交易的

---

[1] 孙宪忠.德国当代物权法[M].北京:法律出版社,1997.

登记簿记载的权利人的权利来源的合法性,从而节约了大量的尽职调查的成本。另一方面,交易当事人也不必因过多担心处分人非真正的权利人而犹豫不决,从而可以更为迅捷地达成交易。故而,公示公信原则对于鼓励交易具有极为重要的作用。

《中华人民共和国民法典(物权编)》第二百四十二条规定:"依照法律规定专属于国家所有的不动产和动产,任何单位和个人不能取得所有权。"这就是说,一些财产只能在法律上归属于国家,而不能由其他主体享有所有权。《中华人民共和国宪法》和有关法律规定,城市的土地、矿藏、水流、森林、山岭、草原、荒地、滩涂等自然资源属于国家专有,禁止侵占或以买卖及其他方式非法转让,这就排除了其所有权交易的可能性。也正因如此,《中华人民共和国民法典(物权编)》第二百零九条第二款才规定:"依法属于国家所有的自然资源,所有权可以不登记。"因为不动产登记的目的是维护交易安全,既然没有交易的可能性,就没有登记的必要。

从公示公信原则的内涵可以看到,公示首先意味着公示方式的法定化。从《中华人民共和国民法典(物权编)》的规定来看,对于不动产物权的公示,是通过不动产登记来实现的。公信意味着对通过法定公示方式展现出来的权利状态所产生的合理信赖予以保护,一旦脱离了法定的公示方式,就没有公信可言。《中华人民共和国民法典(物权编)》完全没有提及自然资源确权登记,显然不可能将自然资源确权登记作为法定公示方式。

如果持这种观点,自然资源确权登记似乎更符合行政(确权)登记的规范特征,而显然与作为物权登记的不动产登记有所区别、性质迥异,那么《暂行办法》强调的在不动产登记基础上完成自然资源登记该如何实现?两者制度上的衔接又应是一种什么样的制度形态?对于此类自然资源确权登记的目标与定位在理论上的诘问,有必要回到实践的观察视角,从我国的试点实践以及域外相关经验中找寻答案。

第二节　国内外自然资源确权登记实践

一、国内自然资源统一确权登记实践

全国大规模的自然资源统一确权登记实践集中开展于《试行办法》颁布实行后。为积极稳妥推进建立统一的确权登记系统,以点带面探索自然资源统一确权登记方法,推进确权登记法治化,指导试点地区形成可复制可推广的自然资源统一确权登记经验,原国土资源部地籍管理司(现为不动产登记局)特制定了《自然资源统一确权登记试点方案》(简称《试点方案》),选取了陕西省、青海省、甘肃省、宁夏回族自治区、江苏省、湖北省、福建省、黑龙江省、吉林省、贵州省、江西省、湖南省12个省(区)在国家公园、湿地、水流、森林等方面开展试点工作,时间为2016年12月—2018年2月。

一方面,这些地方试点探索,积累了大量具有可操作性的经验,试点区域自然资源统一确权登记路径和工作机制基本建立,形成了具备可操作性的规范文件,逐步摸清了试点区域

自然资源状况;通过自然资源自然状况调查,各试点区域全面盘清了试点范围内各类自然资源总量;确立了较为完整的制度性框架,改革支撑作用逐渐呈现。另一方面,这些地方试点探索也暴露出了诸如登记范围确定、登记单元划分、自然资源类型划分、登记管辖、权属争议等操作难点。这些经验部分被吸收进了《暂行办法》,部分问题则需要继续探索解决。

(一)实践概况

按照《试点方案》的时间安排,自然资源统一确权登记试点工作于 2016 年 12 月正式启动,前期准备阶段持续到 2017 年 2 月,正式实施工作将于 2018 年 2 月全部完成。整体来看,各试点地区基本完成了以下工作。

1. 确立了基本工作机制

自然资源统一确权登记中的"统一"前提是原分散管理登记机构的衔接与协调,从各典型试点地区的探求来看,基本建立起具有可操作性的工作协调机制。

(1)纵向组织。湖南省建立了省级政府组织、市县政府统一调查确权、国土部门登记、相关部门配合的自然资源确权登记体制,形成了"省级统一组织市县调查确权,逐级审核确认,成果登记入库,各级共享应用"的工作模式;江西省自然资源统一确权登记试点工作采取省级政府组织、自然资源主管部门(不动产登记部门)牵头落实、作业单位操作实施的工作模式;福建晋江市成立市自然资源统一确权登记试点工作指导组和专家顾问组,加强试点工作指导;甘肃省成立了由省自然资源厅、省编办、发改委、财政厅、生环厅、住建厅、水利厅、农牧厅、林草局、地税局、互联网信息办等 14 个部门的负责同志组成的确权登记工作领导小组。

(2)横向衔接。试点地区对领导小组议事制度、部门协同配合制度等制度进行了有益探索。如湖南省制定了《湖南省自然资源统一确权登记工作部门职责分工方案》和《试点任务责任分解表》,各省直相关部门围绕试点积极加强指导和督促,推动试点工作的有序开展;福建晋江市建立联席会议制度,定期研究试点工作重要事项,明确各单位工作协同要求;江西省在试点中建立了领导小组成员单位协调制度,联络员协调工作会议并负责提供相关资料,参与协调解决工作中遇到的具体问题。

2. 出台系列地方规范文件

一方面,按照 2017 年 1 月召开的自然资源统一确权登记工作协调推进会的要求,12 个试点省份完成了试点实施方案的编制工作,并已分别获批,其中延边朝鲜族自治州、浏阳市、澧县、芷江侗族自治县、城步苗族自治县等试点地区还根据上级省政府试点实施方案制定了县市级实施方案。另一方面,各试点地区及时总结试点经验,形成了操作性强的规范性文件,如晋江市按照"边实施、边总结"的方式编制完成了《自然资源调查技术设计书》,齐齐哈尔市则根据试点方案批复前先行先试的县市的成功经验,编制形成了《试点工作细则》《试点工作技术方案》《自然资源登记单元划定原则和审定程序》等操作指南。

3. 形成基本性的操作规则

部分试点地区通过制定可操作性的规范文件,对自然资源登记单元划定、权属调查、纠纷处理等关键工作进行了标准化规范,主要在以下几个方面形成了具有一定操作性的登记规则体系。

(1)登记单元划分标准。黑龙江省齐齐哈尔市、湖南省根据试点经验分别编制完成了《自然资源登记单元划定原则和审定程序》《自然资源登记单元编码规则》等规范文件。

(2)自然资源调查技术标准。福建省晋江市、青海省分别编制完成了《自然资源调查技术设计书》《青海省自然资源统一确权登记调查指南》等技术标准。

(3)登记信息平台数据库标准。贵州省、青海省、江苏省等地分别编制出台了《贵州省自然资源统一确权登记平台数据库标准》《青海省自然资源数据库标准(试行)》《徐州市自然资源数据库标准》等。

(4)权属争议解决办法。福建省、湖南省分别出台了《武夷山国家公园体制试点区自然资源所有权争议处理暂行规定》《晋江市自然资源所有权争议处理暂行规定》《湖南省自然资源权属调查和争议处理办法》等处理权属争议的规范文件。

(5)不同类型自然资源的登记标准。贵州省根据探明储量矿产资源的确权登记经验形成了《贵州省探明储量的矿产资源统一确权登记工作的指导意见(建议稿)》,黑龙江省针对国家公园确权登记制定了《东北虎豹园国家公园自然资源统一确权登记试点技术规范》等。

(二)总体特征

1. 以不动产登记为基本工作路径

《暂行办法》要求自然资源要以不动产登记为基础开展确权登记,这形成了试点工作的基本逻辑。各试点区域围绕不动产登记在自然资源统一确权登记这项改革中的基础地位,对如何以不动产登记为基础开展自然资源统一确权登记,两者如何有序衔接、有机结合进行了探索,主要形成了以下工作路径。

(1)以不动产登记信息管理平台为基础开发自然资源确权登记系统。以不动产登记信息平台为基础,开发自然资源登记模块,提取不动产登记信息,如福建省晋江市、厦门市,江西省,江苏省徐州市都是在不动产登记系统内研发自然资源登记模块,实现信息共享互通。湖南省在自然资源登记簿的构建、自然资源登记系统和数据建设上,以不动产登记信息管理基础平台为依托,通过在不动产登记系统和数据库中增设模块和扩充内容,实现自然资源统一确权登记与不动产登记的融合,建立起包含自然资源在内的所有不动产类型的确权登记数据库。福建省晋江市在与不动产登记信息衔接方面以不动产登记信息平台为基础,研发了自然资源登记模块。在该模块中将自然资源调查成果入库,自动调取登记单元范围内不动产登记的权属界线进行空间拓扑分析,并提取范围内的不动产登记信息,实现与该信息的自动关联。江西省建立以不动产登记信息管理基础平台为基础的自然资源登记信息数据库,在不动产登记信息管理基础平台上开发预留模块,实现自然资源登记信息数据库纳入不动产登记数据库,最终将融合后的信息平台中的自然资源登记信息与农业、水利、林业、环保等领域的相关部门管理信息互通共享,为自然资源的确权登记和有效监管提供服务。

(2)以不动产登记成果为基础,划分国家所有权和集体所有权边界。在权属边界划分上,湖南省以不动产登记为基础,利用已有的集体土地所有权确权登记成果、国有土地使用权确权登记成果,通过内业研判、外业核实、相关方共同指界等方式加以认定。福建省晋江市在登记单元范围内通过关联集体所有权和已登记的国有用益物权来划分国家所有权和集体所有权边界。

2. 偏重工作推进,制度探索迟滞

1)以"掌握基本信息"为主要工作内容

囿于前文讨论的登记定位问题,确权登记实践普遍采取"摸清基本信息"的操作策略,以期推进试点工作的进展。各试点地区主要在以下两个方面进行登记。

(1)自然资源基本属性信息。通过自然资源自然状况调查,全面盘清了试点范围内各类自然资源总量。福建省晋江市查明市域范围内国有自然资源占地面积约 $101.14km^2$,涉及水流、森林、荒地、滩涂等类型,它们分别占比 17.78%、2.01%、0.58%、74.84%,地表探明储量的矿产资源占地面积约 $4.85km^2$,占比 4.80%;青海祁连山国家公园总面积 1.6 万 km^2,主要包括森林、草原、冰川和水域面积;湖南省查清了试点区域内的各类资源类型及其占地面积:森林资源约 $5948km^2$、水流资源约 $416km^2$、草原资源约 $140km^2$、荒地资源约 $80km^2$、滩涂资源约 $125km^2$,并将试点区域内自然资源划分为 197 个登记单元,对登记单元内自然资源的权利主体、面积、类型、范围等逐一明确;宁夏回族自治区对全境内湿地情况进行了调查,湿地面积达 $2072km^2$;贵州省试点区域内各类自然资源及其占地面积分别为森林资源 $16\ 165km^2$、水流资源 $10\ 109km^2$、草原资源 $3549km^2$、荒地资源 $654km^2$、滩涂资源 $149km^2$。

(2)已有明确依据的管制信息。湖南省对登记单元内公共管制要求等内容予以记载。甘肃省在试点区域中依据主体功能区规划、自然保护区规划等相关规划,结合《中华人民共和国土地管理法》《中华人民共和国森林法》《中华人民共和国自然保护区条例》等相关法律法规,明确自然资源用途管制、生态保护红线、防洪规划、公共管制及特殊保护要求。根据土地利用总体规划明确试点区域内土地禁止建设区面积占总面积的 78.37%,限制建设区面积占总面积的 20.85%,有条件建设区面积占总面积的 0.78%,根据草原生态保护规定明确除水域类湿地外,其他湿地均为禁牧区。江西省通过收集并沿用各有关部门已有公共管制成果,将相关信息叠加套合在登记单元内,以此摸清了自然资源管制状况。

2)制度规则探索普遍存在困境

整体来看,虽然国内自然资源确权登记建立了基本的工作机制,明确了基本的登记内容,确保了登记工作的正常运转,但在制度细化上还存在以下困境。

(1)登记范围和对象不清晰。《暂行办法》第三条中明确"对水流、森林、山岭、草原、荒地、滩涂以及探明储量的矿产资源等自然资源的所有权统一进行确权登记,界定全部国土空间各类自然资源的所有权主体"。同时第十二条又提出"首次登记是指在一定时间内对登记单元内全部国家所有的自然资源所有权进行的登记。在不动产中已经登记的集体土地及自然资源的所有权不再重复登记"。这种规定致使自然资源登记范围是仅限于国家所有自然资源还是包括国家所有和集体所有的全部国土空间自然资源界限不清晰。从各地试点情况来看,大部分区域在试点中主要对国有自然资源进行登记,如湖南省、福建省等绝大多数区域自然资源登记范围重点为国有土地上的自然资源和特定保护空间内的自然资源,而从试点区域来看,国有土地自然资源占比相对较少,如湖南省芷江侗族自治县国有土地自然资源仅占比2.9%,南山国家公园内国有土地自然资源占比也不到35%,湖南全省国有土地自然资源占比估计不足10%。

(2)资源类型边界划分困难。《暂行办法》要求对水流、森林、山岭、草原、荒地、滩涂等自然资源进行登记,但没有明确各类自然资源的概念、内涵。这几类自然资源既不是《土地利用现状分类》标准中规定的自然资源,也不是各自然资源类型分类标准中规定的自然资源,并且各种自然资源类型也有重叠,比如森林与山岭有重叠,荒地与滩涂、山岭、草原等地类也存在重叠。

另一方面,以《土地利用现状分类》为基础的自然资源类型边界划分与林业部门、水利部门、农业部门调查的地类界限不一致,会产生确权纠纷。如湖南省4个试点区域均反映自然资源类型边界存在较大争议,浏阳市、南山国家公园均反映林业部门的林地分类标准与国土部门林地分类标准不一致,林业部门为提高森林覆盖率还将南山国家公园部分草地划分为林地;芷江侗族自治县、澧县也反映水利部门的水库分类标准与国土部门水库属于建设用地的分类标准存在差异,各部门在自然资源类型分类标准上难以达成一致,造成类型边界难以划分清楚。

(3)登记单元划分标准不一致。《暂行办法》第八条规定:"县级以上人民政府按照不同自然资源种类和在生态、经济、国防等方面的重要程度以及相对完整的生态功能、集中连片等原则,组织相关资源管理部门划分自然资源登记单元,国家公园、自然保护区、水流等可以单独作为登记单元。"自然资源登记单元划分仅规定了一些原则,各地划分登记单元标准不一致。如对于水流登记单元划分,湖南省、徐州市等试点区域以水利部门划定的河湖管理范围界线(河流、湖泊)和水利工程管理范围界线(水库)进行划分,陕西省渭河登记单元以堤脚线为界线进行划分。总体来说,自然资源登记单元划分主要依据管理界线、规划管控界线、权属界线等,需要在登记办法中进一步明确自然资源登记单元的内涵,从自然资源登记单元内涵出发明确划分标准。

(4)基本状况、公共管制信息缺乏登记标准。《暂行办法》中自然资源登记簿基本信息栏填写内容和公共管制内容都不明确。在实践中各试点区域对填写内容的理解存在很大差异,很多试点地区在登记自然资源基本状况和公共管制内容时采取"依据现有资料确定登记内容"的做法,影响了登记的实际效用。

从对国内确权登记的概况性梳理来看,为了达成自然资源确权登记的目标,试点地区普遍采取了区别于不动产登记的方式,着重收集、整理并登记自然资源数量、质量以及管控信息等不同于不动产登记的标识信息。另一方面,自然资源确权登记的实践操作又秉承着不动产登记的规则,形成了操作规则上的不匹配性,这也是试点探索中制度性成果较为匮乏的重要原因。

二、国外自然资源统一确权登记实践

(一)基本制度框架

国外自然资源所有权主体主要包括联邦和州(地方)两级。如《俄罗斯联邦特保自然区法》规定所有权分为联邦级、地区级和地方级3个级别。联邦级特别保护自然区为联邦所有,由联邦国家机关统一管理。地区级特别保护自然区为各联邦主体所有,由所在联邦主体的国家权力机构统一管理。地方级特别保护自然区为市、区所有,由所在市、区的地方自治机构管理。特别保护自然区的设立和运作等由国家管理监督。美国的土地资源中39%为公有土地,其中联邦政府所有的为32%,州及地方政府所有的为7%[1]。

从国外的自然资源或不动产登记规则来看,完整的登记规则一般包括登记目的、登记对象界定、登记机关和职责、登记权利类型、登记程序、登记国家责任、登记信息查询等方面[2]。如《俄罗斯联邦不动产权利及相关法律行为登记法》从不动产包含范围及内涵、不动产登记的权利类型、不动产登记的程序、不动产登记的机关、不动产登记国家责任五大方面制定不动产登记的具体操作办法。英国的《土地注册规则》和德国的《土地登记条例》主要包括登记目的、登记对象的内涵界定、登记机关及其职责、登记权利类型的列举性规定、登记簿的设置、登记程序方法(如申请、形式审查、注册登记、变更登记、异议登记等)登记错误的赔偿责任、登记的信息查询等方面。

从世界范围来看,由于森林、水、矿产等自然资源边界存在不确定性,因而很多国家都以土地为基础开展确权登记工作。究其原因,土地空间位置比较稳定,又是承载自然资源的载体,基于土地地籍或土地登记系统,可以为自然资源的位置确定提供标尺。另外,以土地为载体还可以实现全覆盖,利用地理位置信息可识别自然资源的唯一性。因此,大多数国家都以土地作为自然资源登记的参照系[3]。

目前以土地为载体开展自然资源登记,形成了3种模式[4]:第一种是将自然资源从土地中分离出来,将两者当作不同的所有权主体;第二种是通过仅登记土地的所有权,来明晰依附的自然资源所有权主体;第三种是将土地及附着的自然资源看作一个整体空间,进行确权登记。

(1)分离登记模式。主要服务于自然资源的开发利用。比如:为更好地促进矿产资源开发利用,美国对矿产资源进行单独登记,以在土地上进行的"矿物测量"明确矿产资源的位置空间,并将外部边界线标明在土地上。再如:美国等水权交易市场较为发达的国家,水权交易主要对象为水资源的额度(水量),可以脱离水的承载物水集聚体(土地)独立进行,因此其

---

[1] 国土资源部信息中心课题组.国外自然资源管理的基本特点和主要内容[J].中国机构改革与管理,2016(5):25-28.

[2] 楼建波,唐勇,石珩.域外不动产登记制度比较研究[M].北京:北京大学出版社,2009.

[3] 陈丽萍,吴初国,刘丽,等.国外自然资源登记制度及对我国启示[J].国土资源情报,2016(5):3-10.

[4] 陈华飞,洪旗.以土地为载体登记全覆盖[N].中国自然资源报,2018-07-14(006).

水资源登记也采取分离登记模式。

(2)仅登记土地模式。部分国家出于自然资源共同组成生态系统的考虑,为实现系统的整体保护,对土地和地上附着的自然资源实施全覆盖登记。比如:澳大利亚只对土地权属进行登记,并不对地上的自然资源权利设置登记,而是通过各类自然资源法律来明确土地上针对不同自然资源类型的权利与义务,限制土地所有权人对自然资源的利用,实现对自然资源的保护和利用。其中,昆士兰州设计了多种类型的土地登记簿,登记簿并不对地上附着自然资源的权利单独登记,但将有关管理办法和法律法规的内容都登记在册,如禁止砍伐、垂钓等,实现对权利人利用自然资源的约束限制。再如:俄罗斯以土地地籍为基础,建立了覆盖全域的土地地籍系统,形成既无遗漏也不重叠的不动产单元。《俄罗斯联邦土地法典》将土地按用途分为农业用地,居民点土地,工业、能源、运输、通信、广播、电视、信息、保证宇航活动、国防、安全用地及其他专门用地,受特殊保护的区域和客体的土地,森林资源土地,水资源土地,储备土地七大类,通过土地登记实现对地上附着自然资源登记的全域覆盖。对于森林资源和水资源的登记,俄罗斯也将它们承载的土地视作自然资源本身,登记对象包括土地及地上的森林、林木、水等自然资源。

(3)整体登记模式。随着土地登记立体化趋势发展,部分国家开始将土地及附着于土地上的自然资源看作一个产权登记整体,对地上和地下空间进行立体登记。比如:瑞典的地籍登记制度堪称世界领先,它将二维平面的宗地转化为三维空间进行立体登记,对于一宗土地同时进行地面(登记内容为土地权属)、地下(登记内容为地下水、矿产种类质量权属等)及地上(登记内容为森林、树木种类质量权属等)登记,更加直观,避免了重复测量、确权、发证,也提高了登记结果的准确性和公信力。换句话说,瑞典的登记单元由土地组成,包含地上的建筑物、附着物、植物、水域等。他们将土地及附着物看成一个产权登记的整体,从土地及其附着自然资源综合保护的角度开展登记工作,将重点放在权属边界的调查、确认和测绘上。

(二)登记对象与内容

为了更好地保护自然资源,国外自然资源登记的内容不断拓展,从最基本的地址、面积、边界等信息,逐步包括数量、质量、价值、空间属性,以及规划用途、限制条件等多种信息。相应地,国外对自然资源权利的登记范围也在扩充,不仅登记所有权和使用权,还对地役权、抵押权、管理权等多重权利进行登记。另外,由于自然生态空间存在的外部性,自然生态空间的私权总是受到公共权力的干预和限制,这种干预和限制贯穿于自然生态资源保有、使用、交易的全过程。因此确权登记不仅表现为物权公示,更多的表现为"物权公示+公共管制"的发展态势。除物权公示外,国外的自然资源登记制度也服务于规划、公共管制等需要[1]。

当前,国外对自然资源基本信息的登记已从地址、面积、边界等信息,扩展到质量、价值等全方位信息登记。比如:俄罗斯农地地籍文件就包括描述农地物理、技术与经济特征3个方面的信息。具体来说,农地的物理特征有地理位置与空间特征,包括土地的地址、面积、边界、地块上不动产的数量、规模等;技术特征则包括地块数量、质量、土壤肥力和地上不动产

---

[1] 陈丽萍,吴初国,刘丽,等.国外自然资源登记制度及对我国启示[J].国土资源情报,2016(5):3-10.

的名称、用途、建筑年份、结构、地基材质、交通条件等内容;经济特征则包括农地籍评估的结果、地块税费的额度,以及土地所享有的优惠政策等信息[1]。

从登记权利来看,国外自然资源登记包括所有权、使用权、地役权、抵押权、管理权等多重权利,既有物权等私权信息,也有管理权等公权信息,还有地役权等他项权利信息。俄罗斯自然资源登记制度是建立在物权形式主义立法基础上的权利登记制,同时兼具托伦斯登记制的特点,登记的权利包括所有权、经营权、业务管理权、终身继承占有权、永久使用权、抵押权、地役权、委托管理权、租赁权,以及民法典和其他法律规定应登记的权利,权利的登记产生物权变动的效力。德国的林地档案对每一块森林、林地的所有权、经营权和管理权都有清楚的记载。美国、英国还会对湿地保护地役权进行登记。保护地役权是指为了有效防止自然资源的破坏活动,通过出售或捐赠土地开发权,在土地所有人和合格的特定机构之间达成的一种自愿的、可由法律强制执行的,且通常为永久性的土地保护协议。

德国森林登记中将防护林、游憩林公益义务负担等内容纳入登记范围,水资源登记中特别登记了水源保护区、洪水泛滥区等规划控制内容,以及明确禁止或限制的行为和范围[2]。澳大利亚规定登记土地权利时也要对土地权利的限制进行登记,主要以"相关行政管理通告"形式记录在受通告影响的土地登记簿附注中。应登记的行政通告有土地污染通告、自行建屋通告、登记古迹地点通告、有意征收土地通告、自然保护区指令等;同时规定,负责执行的政府部门或机构、行政通告执行日期及完结日期等也应记录在案[3]。

在自然资源确权登记内容探索方面,拥有较为成熟实践经验的省是加拿大不列颠哥伦比亚省,目前该省已经实行了统一登记制度,并且将各种自然资源相关的权利纳入一个统一的平台进行登记。其自然资源确权登记是通过综合土地和资源登记项目来实现的。该项目于2001年开始实施,以响应不列颠哥伦比亚省总理对可持续资源管理部长的指示——"为皇家土地和资源的所有权和其他法定抵押权创建一个中央登记处"(图5-1),具体目标包括以下几项。

(1)代表所有不列颠哥伦比亚省支持对9500万hm^2(2.35亿英亩)土地和水的有效管理。

(2)利用公有(即公有土地)土地和资源,提高决策过程的效率。

(3)减少决策中的风险。

(4)提供更具竞争力的商业环境以促进投资。

(5)改善对客户的信息服务方式。

目前,该中央登记处共登记260项公共土地相关的权益[4],包括土地保有状况、用途管制、土地和资源的使用限制和保留方面,这些信息来自19个与登记处合作的省厅部门和机构。公园、森林、水、矿产等都包含其中。从权益的类型来看,主要包括准许、专利、租约、执照、协议、许可、权利、管理或控制转移和指定等。

---

[1] 周进生.国外自然资源管理模式及选择动因分析[J].国土资源情报,2005(2):1-6.
[2] 侯宁.中德林地物权变动制度对比研究[J].北京林业管理干部学院学报,2003,2(2):14-19.
[3] 陈华飞,洪旗.国外自然资源管理都有哪些模式?[N].中国自然资源报,2018-05-21(008).
[4] 杨杰.加拿大不列颠哥伦比亚省和阿尔伯塔省的自然资源确权登记[J].国土资源情报,2016(6):37-41+21.

第五章 青海省自然资源确权登记制度改革

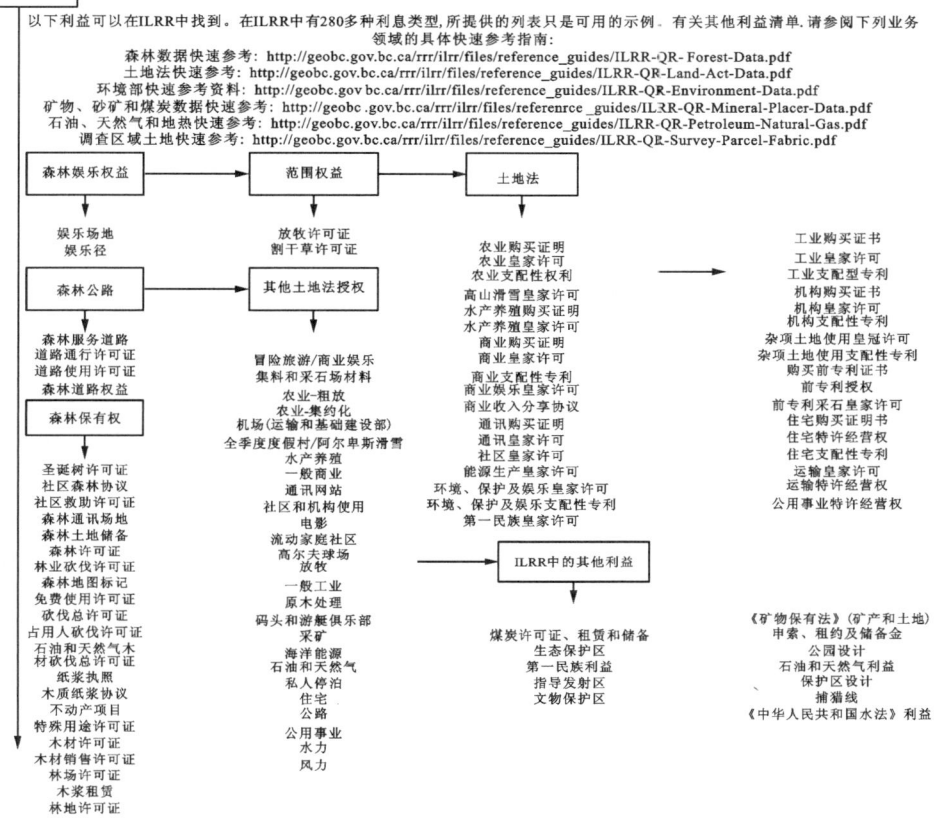

图 5-1 ILRR 权益图

土地与资源统一登记处的登记信息可以供公众和政府工作人员查询。除非是有人恶意所为,否则由于政府、部长及在部长授权或指示下的个人依据土地法的"土地和资源统一登记处"项下规定行使权力或履行职责,或因使用登记信息而对使用者造成损害的,使用者不能对上述机构和个人提出诉讼。可见,目前这一系统的作用仅被限定于为公众和政府工作人员提供关于某一土地上自然资源各项权益的综合信息,而并不具有政府管理的功能。

(三)登记单元的划定

登记单元是自然资源登记的基本单位。由于登记目的不同,不同国家在自然资源登记中采取了差异化的方式,以权属或管理或地块为边界确定登记单元。比如:俄罗斯的地块登记有利于区分自然资源的不同类型,如森林资源、水资源、特殊保护区域等;日本、瑞典、澳大利亚等国家的宗地登记有利于区分土地权利主体;美国国家公园的管理边界登记,更有利于明确监管的范围和职权。

总体来看,多数国家采取了以宗地为边界的确权登记方式,即以权属边界进行登记。具体来看,瑞典将土地、房屋及附着物的权属边界作为一个整体进行登记;英国采取的权属登记,主要是针对登记产权人,包括产权人的姓名、住址、产权类型等信息;澳大利亚土地登记也是对宗地进行登记,包括宗地的法定描述,土地权利人、共享权益或共有权益人的姓名、地址,宗地上存在的各种权益如抵押、租赁、地役和收益等,以及土地用途与限制等内容[1]。

针对某些特定的自然资源保护区域,有的国家采取以管理边界划定登记单元的方式。以美国国家公园为例,自然资源登记是以保护为目的,经提案申报、资源调查与评价、协调关系等流程确定国家公园的管理保护边界,再以该边界作为登记单元进行登记。管理边界(即登记单元)的调查确认,一方面要考虑规划因素,边界调整是国家公园规划的一部分;另一方面要考虑管理因素,从公园的规模、形状、所有权、成本和其他因素考量管理边界的可行性。一般沿着地貌、自然特征或道路的边界加以识别,选择包含重要资源和土地资源的产权区域,包括过去历史的土地产权区域,但不包括缓冲区域或对重要资产没有直接贡献的区域,同时考虑到资源和地域形状的完整性,也需纳入一些分散或者不十分重要的小区域[2]。

除了宗地边界和管理边界,还有国家以自然资源类型地块作为登记单元,以如森林资源地块、水资源地块等为登记单元,俄罗斯土地登记的客体主要包括作为自然客体和自然资源的土地和地块。《俄罗斯联邦国家地籍法》规定,地块是国家地籍的客体。也就是说,地块是最基本的登记单元。地块是指有具体用途,在实地和地图上能确定边界的一块土地。依据地块进行登记,可以明确不同自然资源的类型。俄罗斯水资源登记就是以水体地块为登记单元。水体是指装载水资源,具有一定的界限、容积和动态特征的水集聚体,我们可以通过登记水体的产权来明确水体中水资源的产权[3]。森林资源的登记也是以林地地块为登记单元的。

(四)登记的启动程序

根据登记方式分类,除了依嘱托登记和依职权登记,其他登记都是依申请登记。依职权登记,是指无须当事人申请,不动产登记机构依据法律赋予的职权主动进行的登记。如美国国家公园登记不仅需要登记地方、州公园产权,还需要登记国家产权,每一个国家公园系统历史和文化单位都是自动登记,授权签署文件后具有法律保障,由国家专家组进行实地调查评估,并与和它有利益关系的联邦、州和地方机构、印第安部落或公众进行磋商确定登记边界,在进行边界核准后,即在法律上明确了国家公园的建园宗旨,而且确定了规划、土地所有权获取、管理及经营等各个方面的基本框架[4]。俄罗斯对水体所有权也进行了造册登记,登记的特点是:对各类不动产的特征进行特定化描述,比如对水体的名称、所在位置、面积、用途以及其他必要信息进行描述,使之与其他水体或自然资源明确区分,并同时标上资产登记号码[2]。这种登记是技术性登记,既不产生权利,也不影响不动产法律行为的效力。

---

〔1〕 韩英夫.自然资源统一确权登记改革的立法纾困[J].法学评论,2020,38(2):156-166.
〔2〕 《国外自然资源的运行管理机制集锦大全》,2019年3月29日由新型城镇建设与产业发展促进中心发布。
〔3〕 陈丽萍,吴初国,刘丽,等.国外自然资源登记制度及对我国启示[J].国土资源情报,2016(5):3-10.
〔4〕 张志强.美国资源管理体制研究[J].经济研究参考,2010(26):34-42+60.

(五)域外自然资源登记整体特征

(1)登记目标多元。从国际经验来看,作为自然资源登记的基本单位,登记单元主要依托土地所有权的权属单元,通过土地权属边界来明确自然资源产权边界,同时对国家公园等特定保护单元采取以管理边界划定登记单元的方式进行确权登记。自然资源登记单元按照管理范围进行划定,可以保证它们生态功能的完整性,便于满足自然资源管理的实际需要。也就是说,登记单元线便是管理权界线,可在登记单元内再划分土地国家所有权和集体所有权,使管理权和所有权范围界线分离。这样一来,不仅有效协调了自然资源所有权和管理权的关系,而且有效支撑了自然资源监管,有利于自然资源的权属划分[1]。

(2)登记内容多元。从国外实践看,除服务于物权公示外,自然资源登记还服务于信息采集、政府监管、行政许可等多重目标的实现。自然资源除了具有财产特性外,更多地表现为生态特性,需要满足国家对自然资源数量、质量、产权及动态变化情况的通盘掌握的需求[2]。鉴于此,自然资源确权登记不仅需要物权公示,还需要将自然资源管理机构的权力和责任纳入登记事项,明确政府权责,如自然资源用途管制、生态保护红线划定、公共管制及特殊保护要求[2]。

(3)登记功能多元。从域外经验来看,自然资源登记的功能远多于传统的土地登记。以较为成熟的加拿大不列颠哥伦比亚省自然资源确权登记系统为例,其主要功能包括以下几个方面:一是为用户提供最新的和可靠的、与他们的土地使用权益相关的信息,以供用户决策;二是为用户识别需要通过政府系统来获得的历史信息,如数字数据和资源信息可通过"不列颠哥伦比亚省数字库"获得,详细的土地法和土地调查信息可通过"政府联机检索访问工具"获得,私有土地的信息可以通过"我的地权与调查当局"获得;三是可以为用户指定土地利用计划及相关谈判提供信息;四是可以帮助用户识别潜在的土地利用方面的冲突;五是为用户制定应急预案提供信息;六是确定公有土地和私有土地当前的所有权状态;七是在几分钟内可为用户提供土地和资源的综合信息;八是支持跨机构的流程衔接等。这一系统目前包含的主要信息有占有权、用途管制、土地使用限制与保留等公有土地信息,私有土地信息,包括林区、公园的边界等行政边界信息,道路、水文、地图网格和地形等基本地图信息[3]。

(六)域内外自然资源登记对比认识

从域外的整体情况来看,自然资源登记的内涵与范围要远远广于传统不动产登记,基本上呈现出"物权登记+行政登记"的整体结构形态,也就是说,域外自然资源登记的功能是多元性的而非单一性的。这似乎对前文关于我国"自然资源确权登记构建目标与制度定位诘难"进行了回答。但值得注意的是,这种既包含私法性质(物权性)又包含公法性质(行政性)的登记形态认识在比较视域上有以下两层限定。

---

[1] 陈丽萍,吴初国,刘丽,等.国外自然资源登记制度及对我国启示[J].国土资源情报,2016(5):3-10.
[2] 陈华飞,洪旗.以土地为载体登记全覆盖[N].中国自然资源报,2018-07-14(06).
[3] 杨杰.加拿大不列颠哥伦比亚省和阿尔伯塔省的自然资源确权登记[J].国土资源情报,2016(6):37-41+21.

首先,自然资源确权登记既有私法功能的规范,也有公法功能的规范,是在一国法律体系内整体考察得出的结果,而非同一制度体系下的结果。换言之,支撑不同功能目标的规范是分别乃至独立存在的,两者并不具有显著的制度关联。从某种程度上说,自然资源确权登记目标的多元对应的是制度定位、规范体系的多元。

其次,自然资源确权登记兼有私法、公法功能的不同规范,对此认识可从英美法系国家的制度比较窥见一斑。但英美法系国家无论是在传统上还是在学理上,都未有明显的公、私法规范界分。从这个角度看,该考察结果对于我国自然资源确权登记顶层设计上的"不动产登记与自然资源确权登记衔接"问题并无太多规范设计上的借鉴意义。

基于以上认识,可以形成以下两方面的基本启示。

第一,结合域内外的自然资源登记实践,从比较分析的意义层面来看,自然资源确权登记的功能多元是现实存在的,在域外诸多立法实例与实践中均有所体现,但多元功能下的规范关联并无成熟的立法借鉴。这种规范关联恰恰是我国自然资源确权登记实践中的困惑所在。因此,在自然资源确权登记顶层设计上,需要构建兼容多元功能目标的制度体系,明确并优化自然资源确权登记的规范属性与制度结构,以厘清它与不动产登记制度的规范关系,这是走出当前实践探索困境的基础。

第二,在微观层面的具体程序规则设计上,要充分考虑资源的特征。从域外的自然资源登记经验来看,不同类别的自然资源在登记内容、标准与方式上有所不同。因此,针对我国实践中出现的质量评价体系空缺、管制信息缺乏等难点,需要结合地方的自然资源禀赋细化具体的操作规则。对青海地区而言,自然资源禀赋具有生态价值显著性、生态空间完整性等特点,青海省可在登记单元划定、登记对象确定、登记内容明确等方面探索以形成具有可操作性的规则体系。

对此,下文将分别从宏观结构与微观规则两个层次来探讨青海地区制定自然资源确权登记制度的路径,以期形成既具有一般规则意义的顶层制度框架、又能契合青海资源特色的具体制度规则。

第三节 自然资源确权登记的规范属性与制度结构

一、自然资源确权登记实践的规范意义

目前,我国确权登记实践中面临着自然资源登记范围和对象不清晰、自然资源类型边界划分困难、登记单元划分标准不一致以及公共管制信息不明确等困境。从规范意义上来看,这些困境实质上源于"规则目标及定位"与"规则内容供给错位"的内在矛盾:即利用定位于物权登记的公示公信功能、运用传统不动产登记的规则框架实现自然资源确权登记目标具有不适应性。从规范文本的形式上看,无论是《试行规定》还是《暂行规定》,都创立了与《登记条例》不一样的规则体系。但从实践探索来看,我国所确立的登记单元划分、登记内容、登

第五章 青海省自然资源确权登记制度改革

记类型等规则体系仍沿用的是不动产登记的基本规则,这种公示公信不动产经济价值的登记逻辑无法顺利实现生态监管的单一制度目标,抑或是生态监管+物权公示的多重目标。

实践困境凸显了前文所述的自然资源确权登记理论问题,即如何理解自然资源确权登记与不动产登记的制度关系,自然资源确权登记的制度目标与功能定位如何与不动产登记制度相衔接。这表明只要存在生态监管这一新的制度目标,无论是单独存在还是与传统物权公示目标共同存在,都必须在传统物权登记规则之外形成新的登记规则。从实践探索的困境来看,生态监管的新功能至少要求以下规则创新。

(1)生态监管的公示公信。在对权属确认的传统登记功能定位之外,当前自然资源统一确权登记改革中生态监管功能日益凸显[1]。就财产属性而言,土地和其他自然资源是彼此分离的,它们能够成为各单行法的调整对象,但从整体保护和监管的角度来看,自然资源必然依附于土地,进而被纳入统一登记单元。由于受部门分散管理、立法滞后等因素的影响,各类自然资源处于碎片化的管理状态,山水林田湖草上的各项产权相互独立,未能形成统一的管理举措。2019年中共中央办公厅、国务院办公厅印发的《关于统筹推进自然资源资产产权制度改革的指导意见》提出,发挥自然资源资产产权制度在生态保护中的基础性作用。可见,改革中的政策倾向体现为:将自然资源资产产权制度定位为生态监管的重要基石。而作为自然资源资产产权制度的重要一环,确权登记亦需贯彻产权改革的总体精神并立足于生态监管登记的功能定位[2]。

(2)登记单元划定规则的突破。自然资源统一确权登记制度改革的突出亮点在于它摒弃了单纯以物的有用性的经济关联为依据的登记单元划定规则,为登记单元划定注入了生态功能上的考量。《试行办法》第八条规定,按照"相对完整的生态功能、集中连片等原则,组织相关资源管理部门划分自然资源登记单元"。在地方改革试点层面,《试行办法》提出的登记单元生态功能划定标准并未得到各地试点实践的充分贯彻,自然资源登记单元划定受到行政区划的深刻影响。自然资源的整体性与连续性因行政管理需要被人为切割,登记单元划定的生态性考量被科层作用和行政区划所替代。以"行政线"标示的行政辖区取代生态关联的登记单元划定规则,深刻影响着统一确权改革的法治实践[1]。不同依据间的冲突致使登记单元划定规则面临较大不确定性,并已逐渐成为制约登记确权改革的主要难题。

(3)登记客体范畴的突破。自然资源是一个庞大的统一整体,任何人都不能对整个自然资源排他性地占有和支配,将自然资源纳入所有权领域,必须利用法律技术手段,利用空间、时间、数量等技术方法将自然资源的某部分特定化,进而成为所有权的客体[3]。基于自然生态系统的整体性和连续性,虽然自然资源在立法研究中常被拆分成具体的资源类型,但它实质上却是一个"聚合概念"。一般认为,自然生态空间是草原、森林、矿藏、水流等在国土空间上以一定比例与结构形成的地域空间,但其功能却已不再局限于上述单项资源要素间的简单叠加,具有整体意义上的独立价值[4]。与之形成鲜明对照的是,现行自然资源立法秉

---

[1] 韩英夫,佟彤.自然资源统一确权登记制度的嵌套式构造[J].资源科学,2019,41(12):2216-2226.
[2] 郭洁.自然资源统一登记的物权法困境及其破解[J].法学,2020(3):124-141.
[3] 孙宪忠等.国家所有权的行使与保护研究[M].北京:中国社会科学出版社,2015.
[4] 肖攀.自然资源确权登记的法律性质及制度完善[J].中国不动产法研究,2019(2):257-276.

持的是区分资源类型的立法模式,《中华人民共和国宪法》和《中华人民共和国民法典(物权编)》将自然资源按"土地、矿藏、水流等"类型划分,并未涉及整体性的生态空间概念。沿袭这一立法传统,2019年7月实施的《暂行办法》第三条列举了"水流、森林、山岭、草原等"9类登记客体类型,将自然生态空间内各类自然资源作为确权登记的客体。

二、与传统不动产物权登记的制度区隔

自然资源确权登记设计上的功能多元、实践中的登记瓶颈与制度突破需求,彰显了它与传统不动产物权登记的制度区隔。对这些制度差异的规范分析,是合理构建自然资源确权登记的基础。

(1)在登记能力方面,对记载于登记簿的权利类型应当严格按照物权公示原则的要求进行把握:只有那些具有交易能力进而有必要通过登记对权利变动表彰的物权,方有资格进入登记簿[1]。《登记条例》确立的可登记物权包括"集体土地所有权,房屋等建筑物、构筑物所有权,森林、林木所有权,耕地、林地、草地等土地承包经营权,建设用地使用权,宅基地使用权,海域使用权,地役权,抵押权,法律规定需要登记的其他不动产权利"。在所有权方面,仅赋予"集体土地所有权,房屋等建筑物、构筑物所有权,森林、林木所有权"以登记权力,明确排除了自然资源国家所有权。而自然资源国家所有权不予登记的实体法支撑源于《中华人民共和国民法典(物权编)》第二百零九条第二款规定的"依法属于国家所有的自然资源,所有权可以不登记"的豁免登记规则。其理据在于,在以"交易保障"为目标的物权登记制度中,国家所有自然资源不可能投入交易中,不可能因法律行为发生物权的变动,所以无须通过不动产登记来维护交易安全与保证交易效率。从登记能力的制度意旨来看,自然资源国家所有权在传统物权登记中并不具有进入登记簿的资格和能力。官方立法解读也认为国有自然资源的登记是资产性登记,与物权法上规定的作为公示方法的不动产物权登记在性质上是不同的,它只是管理部门为"摸清家底"而从事的一种管理行为,并不产生物权法上的效力[2]。因此,从现行立法上来看,自然资源国家所有权进入登记是存在一定逻辑障碍的。

(2)在登记簿编制体例上,我国立法上采用"物的编成"体例,进一步强化了登记单元与物权客体间的同一关系。在域外立法体例中,不动产登记簿的编制有"物的编成"体例和"人的编成"体例之分,前者以不动产(物)为编制基准,为每个不动产建立一个登记簿页(地籍),进而确定各个不动产的权利人;相反,后者以权利人为主线,依人来登载物[3]。现行不动产登记簿之编制,基本采取"物的编成"体例,隐含了以客体为准的编制思路。传统物权在衡量一物能否作为物权客体时,其判断标准是物的经济价值,即能否满足人们的社会生活需要。由此,在以土地为中心的不动产登记中,采取二维平面化的标示登记方法。标示登记的功能在于确认每个不动产的同一性,将客观存在的事实正确无误地标示于不动产登记簿,目的在于使权利登记的客体得以特定,在单一经济物的物权客体识别标准中,这种特定化总是体现

---

[1] 肖攀,郭威.不动产登记原因体系[M].北京:北京大学出版社,2018.
[2] 胡康生.中华人民共和国物权法释义[M].北京:法律出版社,2007.
[3] 程啸.不动产登记法研究[M].北京:法律出版社,2011.

为横纵坐标的二维识别方式。虽然为满足建设用地使用权分层设立的登记要求,需借助三维立体登记手段,对土地等不动产的地表、地下、地上空间予以区隔和特定化,但仍未超出经济利用的财产功能实现目的,更没有对物权客体的外延和判定标准形成实质扩张。"物的编成"体例虽得到了自然资源统一确权登记改革的承继,但自然资源登记簿中所标示的是"物"在形态上出现重大变化。自然生态空间是基于特定生态功能关联结成的独立实体,空间概念对它来说乃是生态维度中自然资源集合体的客观、本然的存在形态。而传统不动产登记中的空间概念,则是用以标示和区分不同权利主体利用范围的技术性识别工具,旨在实现建设用地使用权的立体化利用和权利行使经济效益的最大化。

(3)登记内容上,传统物权登记以权利登记为主,标示登记和公法管制事项登记处于从属地位,这种从属性定位与自然资源统一确权登记的生态保护目标形成排斥[1]。在不动产登记中,就权利登记和标示登记的地位而言,后者是前者的前提和基础,并以前者为目标。标示登记在于确认不动产的同一性,使权利登记的客体得以特定化。标示登记是服务于权利登记的,权属状况的记载处于核心地位。这是由不动产登记的制度功能所决定的。一般认为,实体的土地登记法(不动产物权法)解决的是:要使一项不动产物权变动生效的话,必须具备哪些条件;而程序的土地登记法所规定的则是:这项不动产物权变动,怎样在土地登记簿中办理登记。在这一意义上,程序性的不动产登记乃是为了服务于实体上的物权变动。因此,再现不动产之上的法律关系和权利状况是不动产登记的直接和主要功能,有利于对物权变动进行公示,高效地维护权利的畅通流转。与之不同,《暂行办法》第九条第一款规定,在标示登记中,自然资源登记簿应登载"自然资源的坐落、空间范围、面积、类型以及数量、质量等自然状况",增设了"质量"这一考量资源禀赋的生态性指标。出于维持生态功能的完整性考量,标示登记框定的是具有生态依存关系的各资源要素所在的整体自然生态空间,不考虑资源的具体形态[2]。自然资源标示登记具有区隔于权利登记的独立性,并非仅是实现物权客体特定化的手段,而旨在明确生态监管和保护的范围和边界[3]。

(4)在管制事项登记方面,不动产登记中公法管制事项被视为权利行使的外在负担,不具有登记能力。不动产登记中的权利限制内容主要是抵押、查封等私法性质的限制,而自然资源确权登记的限制性内容主要是用途管制、生态保护红线等公法属性的限制[4]。比较法上,公共管制事项一般也不作为登记事项进行记载。在瑞士,不动产登记簿用于记载不动产上的权利,由主簿、补充资料(平面图、名册、证明文件、状态描述文件)和日记簿构成。每一宗不动产在主簿中拥有独立的登记页和登记号,主簿的登记页分设不同栏目,用于记载:①所有权;②为不动产设立的役权和土地负担,或在不动产上设立的役权和土地负担;③在不动产上设立的抵押权。公法对所有权的限制可作为备注事项在登记簿中展示。《瑞士民法典》第962条第1款规定:"根据公法,维护公共利益的公法机构或其他实体,应当在不动产登记簿上,备注对特定不动产之所有权的限制。"在德国,公法性法律关系与法律负担不具

---

[1] 郭洁.自然资源统一登记的物权法问题及其破解[J].法学,2020(3):124-141.
[2] 肖攀.自然资源确权登记的法律性质及制度完善[J].中国不动产法研究,2019(2):257-276.
[3] 刘雨桦.自然资源所有权统一确权登记研究[J].中国不动产法研究,2016,4(2):67-75.
[4] 肖攀,郭威.不动产登记原因体系[M].北京:北京大学出版社,2018.

有登记能力。土地登记簿页,除标题外,被划分为"状态目录"与"栏",各栏系用于记载土地的所有权、用益权、地役权、抵押权等各种权利类型及土地债务等权利上的负担[1]。就不动产登记的交易保障功能而言,公共管制事项并不具有独立的登记地位,它是被动性地进入登记簿,以界定权利边界。但在自然资源统一确权登记中,公共管制事项是自然资源国家所有权管理权能的重要体现,是自然生态空间客体价值实现的主要方式。传统物权理论中对公共管制事项的登记定位难以承接自然资源的登记需求[2]。

三、自然资源确权登记应然的规范结构

我国的实践探索表明,自然资源统一确权登记并非纯粹遵循私权的市场化配置逻辑,以确定"物的归属与利用秩序"为唯一关注点,抑或在"物尽其用"原则指引下片面追求资源利用效率以取得最优的经济效益,而是将自然资源整体性保护的公共性价值考量渗入其中。针对自然资源的资产属性,统一确权登记制度承载着定分止争、公示权属秩序的确权功能;针对自然资源的生态要素属性,该项制度兼具生态监管、整体保护的管理功能。因此,自然资源统一确权登记需有效服务于资源利用的经济目标以及生态功能整体发挥的公共目标[3]。

国外实践经验中的登记目标与登记内容呈多元化状态,也印证了这一论断。从国际经验来看,作为自然资源登记的基本单位,登记单元主要依托土地所有权的权属单元,通过土地权属边界来明确自然资源产权边界,同时对国家公园等特定保护单元以管理边界划定登记单元的方式进行确权登记。自然资源登记单元按照管理范围进行划定,可以保证它在生态功能上的完整性,便于满足自然资源管理的实际需要。同时,除服务于物权公示外,自然资源登记还服务于实现信息采集、政府监管、行政许可等多重目的。自然资源除了具有财产特性外,更多地表现为生态特性,需要满足国家对自然资源数量、质量、产权及动态变化情况的通盘掌握需求。鉴于此,自然资源确权登记方式不仅是物权公示,还需要将自然资源管理机构的权力和责任纳入登记事项,明确政府权责,如自然资源用途管制、生态保护红线划定、公共管护及特殊保护要求。

另一方面,从确权登记对传统物权登记规则的影响来看,自然资源的生态监管和管护功能与自然资源经济价值利用功能应分属两种不同性质的制度体系[4]。因此,整体上看,自然资源统一确权登记应具有如图5-2所示的一种复合性的制度结构体系。

具体来说,这种复合性结构应包括以下内容。

(1)客体的双重性。一是整体意义上的登记客体——自然生态空间。《暂行办法》规定,自然生态空间是统一确权登记改革的登记客体。作为各项资源要素在空间上的集合体,自然生态空间的价值意涵始终大于各项资源要素简单相加后形成的价值意涵,自然生态空间

---

[1] 程啸.不动产登记法研究[M].北京:法律出版社,2011.
[2] 郭洁.自然资源统一登记的物权法问题及其破解[J].法学,2020(3):124-141.
[3] 肖攀.自然资源确权登记的法律性质及制度完善[J].中国不动产法研究,2019(2):257-276.
[4] 韩英夫,佟彤.自然资源统一确权登记制度的嵌套式构造[J].资源科学,2019,41(12):2216-2226.

图 5-2 自然资源确权登记结构体系图

的管控目标、利用方式和空间价值呈现出"整体大于部分之和"的特征。二是作为整体之组成部分的登记客体——空间内各项具体资源要素。由于自然资源本身具有生态性和经济性的复合特质,因而以生态保护为目标的自然生态空间登记并不是自然资源统一确权登记工作的唯一指向,尚需妥善完成"界定全部国土空间各类自然资源资产的所有权主体"之制度目标[1]。换言之,自然生态空间并非统一确权登记的唯一客体,科学厘定登记空间内的各项具体资源要素之所有权,构建归属清晰、流转顺畅的自然资源物权体系,亦是登记工作的重要环节。

(2)内容的双重性。自然资源确权登记呈现出"权属内容+管制内容"共同登记的公私法交融之复合特征,隐含了自然资源国家所有权兼具公私法权能的复合构造[2]。所有权权能,即所有权的权利内容,是所有权人对所有权标的物依法享有的权利,是所有权制度的核心。自然资源内在的生态价值及全民所有所蕴含的利益形态的公共性决定了自然资源国家所有权内含公法性管理权能[3]。此外,"自然资源登记簿"在登载空间客体及其内部具体资源要素的自然状况和权属状况的同时,应一并关联明确国土空间规划用途、划定生态保护红线等管制要求及其他特殊保护规定等信息。据此,自然资源国家所有权的权属状况记载不限于实现私法层面的"利用可能性",公共管护事项的关联登记有利于明确自然资源的生态保护目标和监管要求,映衬所有者监管和行政监管相区隔的改革趋势,并渗入自然资源国家所有权的权能构造,通过所有权管理权能的行使实现生态治理[4]。

(3)双重结构的衔接关系。自然资源确权登记客体与内容的双重性代表着不同的法律关系。自然生态空间对应于管制性登记,属于公法关系;空间内各自然要素对应于权利登记,属于私法关系。在衔接关系上,整体意义上的客体相较于组成部分客体具有优越性,应通过设定登记单元划定的优先级,确保生态功能完整性的考量优先于经济利用层面的所有权确认,以防止基于经济要素划定登记单元,引发经济要素与生态功能的割裂和碎片化保护倾向。这就要求针对典型的自然生态空间,设置整体登记的优先性强制规则。

(4)登记的双重适用与信息的双重利用。管制性登记与权利性登记的适用范围以及登

---

[1] 肖攀.自然资源确权登记的法律性质及制度完善[J].中国不动产法研究,2019(2):257-276.
[2] 韩英夫.自然资源统一确权登记改革的立法纾困[J].法学评论,2020,38(2):156-166.
[3] 刘雨桦.自然资源所有权统一确权登记研究[J].中国不动产法研究,2016,14(2):67-75.
[4] 郭洁.自然资源统一登记的物权法问题及其破解[J].法学,2020(3):124-141.

记信息利用途径存在着差异[1]。自然生态空间的管制性登记更多适用于自然资源生态价值优位的地区,其登记信息多应用于公法领域,如明确生态保护权责的依据;各自然要素的权利性登记更多适用于自然资源经济价值较高、易于实现的地区,其登记信息多应用于私法领域,如自然资源交易信息查询等。结合青海地区实际,自然资源确权登记的探索更多应集中于自然生态空间的管制性登记规则领域。

综上所述,自然资源确权登记兼具明确权属与生态监管的制度功能,两者在制度客体、规范设计、适用范围上均存在差异,这种双重且衔接的关系形态构成了自然资源确权登记制度的一般性规范结构。这种双重衔接结构有利于厘清不动产登记与自然资源确权登记的制度关系,合理优化当前立法下的自然资源确权登记顶层设计,可在未来《暂行办法》的修改过程中加以调整,形成适用于全国的一般性规则。

而在操作层面,各地方可依据自身的资源禀赋,确立相适应的规则重点。就青海地区而言,应围绕森林、草原、水流、湿地等主要资源进一步明确、优化登记操作规范。同时,由于自然资源生态价值的优位性,在划定登记单元、确定登记对象,以及明确限制性登记内容等方面,应对生态管制的功能作针对性设计,对现有操作规则予以优化。

第四节 青海省自然资源确权登记具体要素的优化探索

一、单元划定

(一)自然资源登记单元划分的基本原则

自然资源确权登记以不动产登记为基础,不动产登记为解决登记中的特定性问题,出现了"登记单元"这一法律概念[2]。《不动产登记暂行条例》(国务院令第656号)第八条规定:"不动产以不动产单元为基本单元进行登记。"所谓不动产单元,是指使不动产特定化,以便以之为基础设立登记簿簿页,并将不动产相关信息在登记簿上予以记载的基本单位。自然资源登记试点过程中借鉴了这种做法,创设了自然资源登记单元的概念[1]。《暂行办法》第十三条要求自然资源登记单元应综合考虑不同自然资源种类和在生态、经济、国防等方面的重要程度以及相对完整的生态功能、集中连片等因素划定,自然资源登记单元具有唯一编码。

自然资源统一确权登记的核心目标在于确权,即清晰界定全部国土空间各类自然资源资产的产权主体,划清各类自然资源资产所有权、使用权的边界,登记只是确权的结果。确

---

[1] 肖攀.自然资源确权登记的法律性质及制度完善[J].中国不动产法研究,2019(2):257-276.
[2] 张富刚.自然资源与不动产登记制度改革的协同创新[J].中国土地,2018(2):33-35.

权登记的目的在于清晰界定各类产权的主体以及权属的边界,即实现归属清晰的目标[1]。要实现这一总目标,自然资源统一确权登记过程中在登记单元的划分上,要遵循下列原则。

1. 确保全面覆盖

自然资源统一确权登记是自然资源资产产权制度的重要内容和基本保障,国土空间开发保护、空间规划、资源有偿使用和生态补偿、环境治理和生态保护市场、生态文明绩效评价考核和责任追究等制度,均以自然资源统一确权登记作为制度依托。这决定自然资源统一确权登记要实现对我国国土空间的全覆盖[2]。2019年4月,中共中央办公厅、国务院办公厅印发的《关于统筹推进自然资源资产产权制度改革的指导意见》明确强调:"逐步实现自然资源确权登记全覆盖,清晰界定全部国土空间各类自然资源资产的产权主体,划清各类自然资源资产所有权、使用权的边界。"

全面覆盖的另一要求是不重不漏。不重不漏是实现自然资源确权登记在所有国土空间范围内全覆盖的基本要求。自然资源统一确权登记的核心目标在于确权,这就要求在划定登记单元过程中,各个登记单元之间界限是固定的、清晰的,登记单元包含的空间不能有重复,也不能有遗漏。这些登记单元累积起来,应当能够涵盖我国全部国土空间。

2. 物的编成主义

自然资源资产单元本质上是特定空间,在编制相应登记簿的时候,应当参照不动产登记的做法。在不动产登记簿的编制中,绝大多数国家或地区采取的都是物的编成主义,如德国、瑞士、日本、俄罗斯、中国台湾地区等[3]。在物的编成主义之下,登记簿是以登记单元所在的行政区域、地段和地号为序相应设置的。一个登记单元设置一份登记簿页,在该簿页中相应地列明该登记单元上应记载的各种物权和法律关系。这种做法的意义不仅在于能够比较清晰地展现特定登记单元的权属状态,而且依托登记单元坐落位置、所在区域和地段来设置登记簿,并为它们编制唯一、不变的编号[4],能够有效地实现不重不漏、国土空间全覆盖的目标。

从《试行办法》的实施情况以及自然资源统一确权登记试点工作的情况来看,我国的自然资源确权登记始终坚持了自然资源登记簿的物的编成主义,这一经验应当继续保持和发扬。因此,自然资源登记单元划分应采取物的编制方法,即以自然资源资产单元建立不动产登记簿,进而确定该项自然资源的所有权人和其他物权人。

3. 资源的科学特定

自然资源确权登记的对象是各类自然资源。各种自然资源的分类,依据其自然属性、社

---

[1] 自然资源部自然资源确权登记局.自然资源确权登记驶入法治化轨道[N].中国自然资源报,2019-08-02(006).
[2] 刘雨桦.自然资源所有权统一确权登记研究[J].中国不动产法研究,2016,14(2):67-75.
[3] 程啸.不动产登记法研究[M].北京:法律出版社,2011.
[4] 向明.我国不动产登记簿制度研究[J].政治与法律,2011(2):152-160.

会属性、管理上的便利,有不同的做法。在划分登记单元时,既要尊重自然资源分类的规律,又要充分结合法律上对物权客体的要求,更要切实考虑自然资源统一确权登记的目标,以点面结合、一般原则与特殊规则相结合的方式完成登记单元或者自然资源资产单元的划分。在这一过程中尤其要注意的是:一方面应当切实以土地为基础,结合土地利用现状分类、自然资源的分类,划定登记单元;另一方面,对国家公园、自然保护区等各类综合性较强的自然保护地等单独划定登记单元[1]。

4. 价值的综合评判

自然资源是多种多样的,其利用价值也各有不同,单纯以生态价值或经济价值为登记单元划分标准均存在不足[2]。就自然保护区、风景名胜区、国家地质公园、国家森林公园等自然保护地等而言,其价值主要体现为生态价值;各类建设用地等则主要体现为经济价值;还有一些资源,例如水流资源,不仅具有重要的生态价值,其经济价值也日渐凸显[3]。在划定登记单元的过程中,应当充分考虑各类自然资源独特的利用价值,既要考虑生态价值,也不能忽视经济价值。

(二)青海自然保护区的登记单元划定

1. 保护区的特殊性

2013 年 11 月,党的十八届三中全会首次提出建立国家公园体制。2015 年 9 月,中共中央、国务院印发的《生态文明体制改革总体方案》(中发〔2015〕25 号)对建立国家公园体制提出了具体要求,强调"加强对重要生态系统的保护和利用,改革各部门分头设置自然保护区、风景名胜区、文化自然遗产、森林公园、地质公园等的体制",保护自然生态系统和自然文化遗产的原真性、完整性。2015 年 12 月 9 日,中央全面深化改革领导小组第十九次会议审议通过了《中国三江源国家公园体制试点方案》。2016 年 3 月 5 日,中共中央办公厅、国务院办公厅正式印发《三江源国家公园体制试点方案》,我国首个国家公园体制试点工作全面展开。2017 年 8 月 1 日,我国首份国家公园地方性法规——《三江源国家公园条例(试行)》(简称《国家公园条例》)开始施行。自然保护区的下列特征是将它作为特定登记单元的现实考量。

(1)以生态系统的维持为主要目的。国家公园是由国家批准设立并主导管理,边界清晰,以保护具有国家代表性的大面积自然生态系统为主要目的,实现自然资源科学保护和合理利用的特定陆地或海洋区域。2017 年 9 月,中共中央办公厅、国务院办公厅印发的《建立国家公园体制总体方案》指出:"坚持将山水林田湖草作为一个生命共同体,统筹考虑保护与利用,对相关自然保护地进行功能重组,合理确定国家公园的范围。按照自然生态系统整体性、系统性及其内在规律,对国家公园实行整体保护、系统修复、综合治理。""建立国家公园

---

[1] 肖攀. 自然资源确权登记的法律性质及制度完善[J]. 中国不动产法研究,2019(2):257-276.

[2] 程雪阳. 国有自然资源资产产权行使机制的完善[J]. 法学研究,2018,40(6):145-160.

[3] 焦艳鹏. 自然资源的多元价值与国家所有的法律实现——对宪法第 9 条的体系性解读[J]. 法制与社会发展,2017,23(1):128-141.

的目的是保护自然生态系统的原真性、完整性,始终突出自然生态系统的严格保护、整体保护、系统保护,把最应该保护的地方保护起来。"

(2)自然保护区以完整性为显著特征。《建立国家公园体制总体方案》明确指出:"国家公园是我国自然保护地最重要类型之一,属于全国主体功能区规划中的禁止开发区域,纳入全国生态保护红线区域管控范围,实行最严格的保护。国家公园的首要功能是重要自然生态系统的原真性、完整性保护,同时兼具科研、教育、游憩等综合功能。""明确国家公园准入条件,确保自然生态系统和自然遗产具有国家代表性、典型性,确保面积可以维持生态系统结构、过程、功能的完整性,确保全民所有的自然资源资产占主体地位,管理上具有可行性。"

(3)特殊的利用与管理关系。2017年9月颁布的《建立国家公园体制总体方案》提出,针对人地关系的问题,可以通过实施生态移民搬迁、在国家公园周边合理规划建设小镇、吸收当地居民参与国家公园管理等方式,在保护自然的同时,为当地民众创造工作和发展的机会。而在权责归属方面,要对以往分头设置自然保护区、森林公园、风景名胜区等不同类型的自然保护地体系进行改革,建立统一的管理机构,由一个部门统一行使国家公园自然保护地管理职责。"整合相关自然保护地管理职能,结合生态环境保护管理体制、自然资源资产管理体制、自然资源监管体制改革,由一个部门统一行使国家公园自然保护地管理职责。国家公园设立后整合组建统一的管理机构,履行国家公园范围内的生态保护、自然资源资产管理、特许经营管理、社会参与管理、宣传推介等职责,负责协调与当地政府及周边社区关系。可根据实际需要,授权国家公园管理机构履行国家公园范围内必要的资源环境综合执法职责。"

2. 保护区登记单元的特殊性

基于上述特征,自然保护区登记单元的划定有它自身的规律。《中华人民共和国自然保护区条例》第二条将"自然保护区"定义为"对有代表性的自然生态系统、珍稀濒危野生动植物物种的天然集中分布区、有特殊意义的自然遗迹等保护对象所在的陆地、陆地水体或者海域,依法划出一定面积予以特殊保护和管理的区域"。由此可知,自然保护区作为独立登记单元是以自然保护区特定的管理和权利边界划分的特殊登记单元[1]。自然保护区的边界是按法律规定在自然保护区划定时确定的,在自然保护边界范围内,从事任何活动或行使权利除了需遵守国家一般法律法规外,还必须遵守自然保护管理的特定法律法规。在设定自然保护区登记单元时,必须依据自然保护区设立的法定边界来设定。其边界应采用自然保护区边界作为单元界线,不应再按自然资源统一确权登记单元设定的原则进行重新划定调整。划定的特殊要素如下。

1)资源的生态性

自然保护区作为对特定的自然生态系统、珍稀濒危野生动植物资源进行保护而设定的特定区域,它包含的自然资源类型往往不具备单一性,而是一个包含多种自然资源类型的集

---

[1] 尚作为,鲍竹,王文玉,等.土地权属争议案件的界定[J].国土资源,2010(5):48-49.

合体[1]。与其他自然资源登记单元划定标准的确定不同,在划定自然保护区登记单元时,主要依据为生态系统的完善性和生态环境保护的必要性。自然资源统一确权登记是建立归属清晰、权责明确、监管有效的自然资源资产产权制度的基础工作,自然保护区所承载的生态环境保护功能在自然资源统一确权登记后可以得到强化。在我国强化生态环境保护的总体精神下,正是基于这一特点,在划定自然资源登记单元时才将自然保护区予以特别考量,把自然保护区作为独立登记单元进行确权登记。

(1)在划分自然保护区登记单元时,自然保护区核心区和缓冲区的严格保护管制,限制了其他权利,从权利行使角度看比较单一,可以划分为一个登记单元。在试验区可以进行科学试验、教学实习、参观考察、旅游以及驯化、繁殖珍稀濒危野生动植物等活动。由于在权利设定时存在使用权等用益物权(如与核心区划分为一个单元),会对权利行使产生限制,因此试验区在登记过程中作为独立的登记单元进行登记。

(2)自然保护区作为一个系统的生态保护区域,可将其内部各类自然资源作为一个整体进行管理。各类自然资源具有不可分割性,为了防止在调查过程中对自然环境造成影响,在确权登记过程中,对核心区和缓冲区内的单一自然资源类型建议不进行细化调查,对试验区内单一自然资源可视情况开展调查。

(3)要充分参考自然保护地金字塔结构体系。国家公园是最为重要的自然资源保护区,是为保护最关键的一个或多个自然生态系统和大尺度的生态过程而建立。国家公园保护区不受行政边界限制,生态系统更完整,保护层级更高,处于自然保护地类型中最重要的顶级地位,在特殊登记单元划分空间重叠时应优先保障国家公园作为独立登记单元的完整性。未进入国家公园保护区范畴的其他层级不一、分布范围更广的自然保护地,如自然保护区、森林公园等,在划定独立登记单元时应充分参考各自然保护地的事权等级差异,根据重要程度、保护严格程度,运用自然保护地金字塔结构体系进行单元划分[2]。

2)权利的限缩性

自然保护区设立的根本目的是对自然生态系统、珍稀濒危野生动植物资源进行保护。目前,我国的自然保护区采用"人与生物圈"计划的生物保护区基本模式进行功能分区,即"核心区-缓冲区-实验区"三圈模式。《中华人民共和国自然保护区条例》规定,自然保护区设定分为核心区、缓冲区和实验区。核心区是"自然保护区内保存完好的天然状态的生态系统以及珍稀、濒危动植物的集中分布地",禁止任何单位和个人进入,要尽量避免人类活动对自然生态系统的干扰;缓冲区是核心区和实验区之间的过渡地带,只准进入从事科学研究观测活动,可以允许有限的人类活动;实验区是缓冲区的外围地带,可以进入开展科学试验、教学实习、参观考察、旅游以及驯化、繁殖珍稀濒危野生动植物等活动。一般到自然保护区旅游时,允许游客参观游览的区域就是实验区部分。

《试行办法》也规定了自然保护区登记时要全面了解用途管制、生态保护红线划定、公共管制及特殊保护规定或政策性文件。因此,自然保护区作为自然资源登记单元具有明显的

---

[1] 肖攀.自然资源确权登记的法律性质及制度完善[J].中国不动产法研究,2019(2):257-276.
[2] 徐文海,谭勇,姚德懿.自然资源登记单元划分方法研究[J].国土资源导刊,2018,15(3):1-6.

权利限制特征,对与自然保护区相邻或重叠的其他物权具有绝对的限制性。

(三)制度难点的实践突破

1. 自然资源空间重叠与跨行政区划

自然资源以自然生态空间为载体,具有复合性特点。划分登记单元需要综合土地资源和地表、地上、地下附属资源特点。自然资源中以国家公园为主体的保护地独立登记单元通常是跨行政区划的,空间重叠和跨行政区划是自然资源确权登记单元设定面临的难题。

(1)两种或两种以上类型的自然资源重合的情况登记处理。实践中大多数自然资源单元都是在一个固定范围内只有一个类型的自然资源,其用途也只有一种,但是由于自然资源具有外延不可控的特性,因而就可能出现两种或两种以上类型的自然资源重合的情况。如森林与水流的重合、草原与水流的重合、滩涂与水流的重合、森林与山岭的重合、森林与草原的重合等,在这种情况下,可以以自然资源单元内的主要自然资源为登记客体,在登记时特别备注重合的其他次要自然资源,并将它们作为单元内的辅助资源进行登记。例如当森林与水流重合,森林为主要自然资源时,可以以森林为自然资源单元登记的登记客体,在登记时对作为单元区域内的辅助资源水流资源进行特殊备注,但对于该水流的整体,自然资源单元的权属主体并没有其他主要的权利。

(2)跨行政区域的自然资源登记处理。在实际生活中,一宗地的情况是最普遍的情况,但是也会存在一些特殊情况,对于同一行政区域内,出现同一权属主体多宗地或者一宗地多权属主体的情况,应全部去该行政区域内的自然资源资产登记部门办理登记手续。但是对于同一权属主体多宗地,且其宗地在不同的县级行政区划时,这些宗地的登记由所跨县级行政区域的自然资源资产登记机构分别办理。如果存在特殊原因且符合常理而不能分别办理登记的,则可由所跨县级行政区域的自然资源资产登记机构协商办理,协商结果应当在协商开始后3日内通知权属主体。所跨县级行政区域的自然资源资产登记机构协商不成的,则可由共同的上一级登记主管部门指定办理,指定办理的结果应当在上一级登记主管部门接到办理裁定请求的3日内告知权属主体,如果情况较为复杂,协商有一定困难,可以延迟处理。土地的划界会因时间、自然、人为等因素而改变。土地在改变划界以后,势必会影响到临界区的自然资源单元划分,地域标识也会改变。涉及土地传统划界变动这一特殊的跨行政区域自然资源登记处理问题,在土地划界改变以后,需要重新去登记部门,更改登记簿,根据新的土地划界登记相应的土地标识。对于一宗地多权属主体的情况,各权属主体所在地不同的,应当由该宗地所在地的自然资源资产登记机构办理,登记时所有权属主体应当在场,如有特殊情况无法到场的可以委托同一宗地的其他的权属主体代为进行登记,但要出具一份委托登记说明并通知其他权属主体,如果情况较为复杂,可以延迟处理[1]。

2. 非定着附属资源登记

不动产登记中的定着物是指固定于土地(海域)且功能完整、具有独立使用价值的房屋

---

[1] 吴恒,唐芳林,曹忠,等.自然资源确权登记单元划分与代码编制探索[J].林业建设,2018(3):16-19.

等建筑物、构筑物以及森林、林木等不能移动的物。将非定着附属资源纳入自然资源确权登记是法律法规的要求,《中华人民共和国森林法实施条例》将森林资源定义为包括森林、林木、林地以及依托森林、林木、林地生存的野生动物、植物和微生物。《中华人民共和国民法典(物权编)》也明确了野生动物是一种自然资源。自然资源中的野生动物资源和水流中的渔业资源是林地和水域的附属资源,存在于相对固定区域,既具有移动特点,又依附于栖息地生存,应属于广义的定着物范畴。从域外立法法例来看,还有一种处理方式将野生动物排除自然资源范畴,如德国2002年修订的《宪法》中将"动物"置于与人平等的地位,野生动物不属于自然资源,不应纳入确权登记范围[1]。

从我国的实践来看,将野生动物排除于自然资源范畴之外既不符合我国的立法现状,也不符合社会的传统认知;近年来我国突发的公共卫生事件也促使我们认识到对野生动物实行有效管理的重要性,通过自然资源确权登记将野生动物纳入自然保护区的统一管理体系,是一个有效契机。但野生动物有别于不动产形态的传统自然资源,探索有效途径解决野生动物登记还将成为未来探索自然资源确权登记方法的一个重点。

二、登记对象

(一)以自然生态空间为基本对象

对于自然资源确权登记对象的表述,最早见于党的十八届三中全会通过的《中共中央关于全面深化改革若干重大问题的决定》。该文件指出应对"对水流、森林、山岭、草原、荒地、滩涂等自然生态空间进行统一确权登记",将登记对象界定为自然生态空间。2015年中共中央、国务院印发的《生态文明体制改革总体方案》中的表述是"建立统一的确权登记系统。坚持资源公有、物权法定,清晰界定全部国土空间各类自然资源资产的产权主体。对水流、森林、山岭、草原、荒地、滩涂等所有自然生态空间统一进行确权登记"。这一表述中,同时提出了两个概念,一是自然生态空间,二是自然资源资产[2]。《关于统筹推进自然资源资产产权制度改革的指导意见》则把确权登记作为构建系统完备、科学规范、运行高效的中国特色自然资源资产产权制度体系的基础环节来对待,"统筹推进自然资源资产确权登记、自然生态空间用途管制改革,构建归属清晰、权责明确、监管有效的自然资源资产产权制度",又将确权登记的对象限定为自然资源资产。

从这一发展历程来看,自然资源统一确权登记对象,经历了一个从自然生态空间,到自然生态空间与自然资源资产并重,再到只提自然资源资产的过程。笔者认为,自然资源资产与自然生态空间具有内在一致性。自然资源资产单元或者说登记单元,本质上就是某一特定空间内,具有相对完整的生态功能或者经济价值的某一类自然资源资产或者某几类自然资源资产的系统性集合。一方面,应当按照某一类自然资源资产集中连片的原则合理确定

---

[1] 陈丽萍,吴初国,刘丽,等.国外自然资源登记制度及对我国启示[J].国土资源情报,2016(5):3-10.
[2] 韩英夫,佟彤.自然资源统一确权登记制度的嵌套式构造[J].资源科学,2019,41(12):2216-2226.

特定空间范围，从而划定登记单元；另一方面，在登记单元划定后，应当将该空间内地表、地上、地下各类自然资源进行全面、系统性的记载。

1. 自然生态空间登记单元的划定

自然资源统一确权登记的客体本质上为《中华人民共和国民法典》中所言的集合物。《中华人民共和国宪法》及《中华人民共和国民法典（物权编）》等对自然资源所有权进行了规定，但自然资源的概念内涵并没有在法律上得到统一、精确界定。在建立自然资源统一确权登记制度时，首先要明确自然资源统一确权登记的客体，即自然资源登记单元。自然资源并不等同于不动产，它具有可用性、整体性、变化性等特点。尤其是自然资源的整体性，意味着某一类自然资源在一定空间集聚起来，其价值远远超出分割地块（不动产单元）上分散记载的自然资源价值。因此，为了维护自然资源的价值和其整体性，对自然资源的确权登记，也应当以特定的自然资源种类以及相对完整的生态功能等为基础设定自然资源登记单元。国家公园、湿地和水流等可以单独作为登记单元。这就是说，自然资源登记单元实际上是《中华人民共和国民法典（物权编）》中理论的集合物的概念，它以特定空间尤其是特定生态空间为基础，对该空间内各类自然资源的自然状况和权属状况加以描述，从而明晰权利边界。同一自然资源登记单元中可能涵盖多类、多项甚至产权主体不同的自然资源，每一个自然资源登记单元实际上是边界相互连接，主体、客体不同的多项不动产登记单元的集合。

从这一角度考虑，对于每一个自然资源登记单元的自然状况，目前要求记载"自然资源的坐落、空间范围、面积、类型以及数量、质量等自然状况"是合适的。实际上，目前国家林业和草原局移交的国务院确定的重点林区的林地、林权登记资料，严格地讲，就是自然资源登记的范例。该登记以每一个重点林区为登记单元来进行，并对各林场林地界址、面积、森林资源类型、林木蓄积量等及其前述各项总量等都进行了记载，同时也对林区内的建设用地面积等进行了记载。

从前述分析来看，目前的《试行办法》第八条对于自然资源登记单元确定规则的规定，提出了"自然资源登记单元边界应当与不动产登记的物权权属边界做好衔接"这一要求，进一步明确了自然资源登记单元涵盖多个不动产登记单元，与《中华人民共和国民法典（物权编）》中集合物的概念以及相关登记要求是一致的。

此外，同样需要对集合物的边界进行界定。这种界定实际上是通过它包含的不动产单元的界限来完成的。这就需要通过在登记簿上对自然资源登记单元内部包含的不动产单元进行描述，实现自然资源登记单元与作为其组成部分的不动产单元之间的关联。《试行办法》中的第七条"已按照《不动产登记暂行条例》办理登记的不动产权利，要在自然资源登记簿中记载，并通过不动产单元号、权利主体实现自然资源登记簿与不动产登记簿的关联"的规定，则进一步明确了不动产登记单元与自然资源登记单元、自然资源登记簿与不动产登记簿的衔接关系。加之考虑到农村地区不动产统一登记尤其是我国集体土地所有权和使用权确权登记工作已经基本完成，以此为基础能够有效区分集体所有权和国家所有权、集体所有权之间的界限，并通过不动产单元号和权利主体，实现自然资源登记簿与不动产登记簿的关联。因此，这种做法是能够满足自然资源统一确权登记需要的。

还需要指出的是，由《中华人民共和国民法典》可知，物权的客体必须为单一物。这主要是为了满足交易便捷、安全的要求，因为集合物的权利主体可能不一致，权利客体较为繁杂，如果以之为客体，登记的公信力等方面都会存在一定问题。但自然资源统一确权登记旨在确权，故而无须考虑这方面的问题。当然，为了满足将来建立"覆盖各类全民所有自然资源资产的有偿出让制度"的需要，还应当在自然资源统一确权登记的基础上进一步将自然资源单元分割、细化为不动产登记单元，通过登记设立自然资源用益物权并记载于不动产登记簿中。

以空间为对象划定登记单元，要求在三维上确定它可能的高度和深度，或者说纵向高程，最终实现登记单元界限的固定、封闭。2015年，《中国国土资源报》刊发的《〈条例〉释义·不动产登记簿（上）》提出："不动产之间在空间上相互连接，必须通过测量等手段从空间上将其相互区分，使之成为独立的物。建立不动产单元，统一编码制度，既有利于区别不同的不动产，也有利于政府对不动产进行管理。"因此，《试行办法》第八条明确要求不动产单元具有唯一编码。同样在进行自然资源统一确权登记过程中，在实现登记单元界线固定封闭的基础上，要依托相关调查测绘结果，依据空间的特定性，为自然资源登记单元确定唯一、不变的编号。按照前期试点的经验，自然资源登记簿与不动产登记簿可通过不动产单元号、权利主体等进行关联。

自然资源确权登记的对象是各类自然资源。与土地、海域、房屋等界限稳定、不可移动的不动产相比，某些种类自然资源本身具有一定的灵活性，不同种类的自然资源也具有不同的特征和属性。例如，水流、滩涂等自然资源的自然边界易变；而森林、草原、荒地等自然资源，随季节时间变化，生长状况也会发生改变。因此，自然资源登记单元划分时应当坚持以特定空间为对象，结合自然资源的特性，合理划分空间界线，而不能轻易地以某一类自然资源为对象，否则资源的自然边界发生变化、自然形态有所改变，随着自然资源逐渐耗竭，必然导致自然资源登记单元也要随之变化。

另外，在自然资源分类的基础上划分一般登记单元的同时，应充分注意自然资源的综合性，合理划定特殊登记单元。自然资源相较于一般不动产登记单元具有自然属性和权属全民所有等特点，在划分特殊登记单元时应充分结合自然资源的自身特性设定独立的登记单元。由于不同种类的自然资源在空间上往往不是单独存在，而是相互依存、相互影响的，自然资源登记单元的综合性首先体现于其内部各类自然资源的综合性，它是一个综合的生态空间整体。对于已纳入国家公园、自然保护区、自然公园等各类自然保护地登记单元内的水流、湿地、海域、无居民海岛、矿区等综合性较强的区域，要单独划定特殊登记单元。以水流资源为例，河长制和湖长制就充分考虑了河流、湖泊资源的特征，河流、湖泊作为一个整体不应被行政区划而人为分开，自然资源确权登记时也应将它们作为一个独立登记单元。

2. 自然生态空间以土地为基本载体

对于大量附着在土地上的自然资源，可以依托土地划定登记单元，同时在记载附着的自然资源类型时，适当保持一定的灵活性来配合不同的自然资源特性[1]。按照相关经验，自

---

[1] 徐文海，谭勇，姚德懿.自然资源登记单元划分方法研究[J].国土资源导刊，2018，15(3)：1-6.

然资源确权登记要以土地为基础,确定土地及其承载的各类自然资源所有权及边界,调查反映各类自然资源的利用现状。土地作为重要的自然资源,存在全民所有和集体所有两种形式,自然资源统一确权登记就需要调查清楚每一宗国有土地边界,包括国有未利用土地和国有自然资源承载土地,并将完整的国有土地作为一个自然资源登记单元完成所有权登记。对无附属资源的宗地资源,如盐碱地、沙地、裸土地和裸岩石砾地等,应将其每宗地使用权设一个自然资源登记单元,明确无附属资源的宗地、宗海使用权,实现对未利用土地、海域资源的有效监管。对有附属资源的宗地、宗海,应将宗地、宗海内的每项自然资源及其所有权与该宗地、宗海及其所有权设为一个自然资源登记单元。例如,对于有附属资源的宗地如林地上有林木、林地下有矿产资源的宗地,应将此宗地使用权和附属的资源作为一个自然资源登记单元,明确林地使用权、林木或森林所有权、矿产资源矿业权,完成对此类宗地所有资源的确权登记[1]。

以空间为对象,就意味着自然资源登记应为三维登记,但三维登记信息处理量过于庞杂,因此可以以三维空间内的土地平面进行统一登记,自然资源单元也可以用平面化的土地来进行划分,即自然资源单元可以宗地或宗海为基本单位来进行划分。宗地是土地登记的基本单元,宗地划分的基本标准是:同一权属主体所有或使用的土地,如果是相连成片的,则划分为一宗地;如果是不相连成片的两块或两块以上的土地,则划分为两个或两个以上的宗地。若干个权属主体共同所有或使用同一地块,实地又难以划分清楚各权属主体的用地范围,划为一宗地,称为组合宗。自然资源单元划分标准可以依据上述基本标准,即:同一权属主体所有或使用的土地,如果是相连成片的,则划分为一单元;如果是不相连成片的两块或两块以上的土地,则划分为两个或两个以上的单元。对于同属于同一宗主的不相邻的两块土地而言,若划分为一个单元,对于接下来的登记工作会造成一定的不便,若划分为两个单元,则有利于全国自然资源登记信息库对土地板块进行划分和标识。若干个权属主体共同所有或使用同一地块,实地又难以划分清楚各权属主体的用地范围,划为一单元,称为共同单元。此类划分标准主要适用于地域广阔的地区。例如草原、湖泊这些自然资源由村集体共同利用,集体放牧或者养殖,对于地域广阔的草原和湖泊来说很难在实地上划分清楚每一权属人所具有使用权的确切土地。单元土地中以土地权属界线封闭的范围为单元界址[2]。

自然资源单元登记除了依据基本标准之外,还应与之前所划分的类别标准相结合,建立一些特殊标准。首先,森林、山岭这两类自然资源单元的划分标准应考虑到在这两类自然资源单元类别里,只要权属人所有或使用的土地是相连成片的,就可以划分为一单元,但是对同一权属人在同一单元上,有不同类型的林权或者采矿权等或者终止时间不同的应当分单元登记。其次是水流、湖泊这一类自然资源,关于它们的权属人的权利基本上为取水权、承包养殖权等他物权,对此,可将其底土视为宗地进行自然资源的单元划分。若在同一水域,则可根据其底土进行划分,但在其上有多个权属主体,当在水上难以划分清楚各权属主体的使用权范围时,可将该水域划为一单元,视为组合宗,从而进行共同登记。最后是草原、滩涂

---

[1] 吴恒,唐芳林,曹忠,等.自然资源确权登记单元划分与代码编制探索[J].林业建设,2018(3):16-19.
[2] 徐文海,谭勇,姚德懿.自然资源登记单元划分方法研究[J].国土资源导刊,2018,15(3):1-6.

这两类自然资源,相邻成片的且属于同一权属主体的,即可划为一单元。但是对同一权属人在同一单元上有不同类型的权利,应当分宗登记[1]。

(二)水流、滩涂、湿地

1. 水流

1)水流定义及分类之确定

《中华人民共和国宪法》第九条明确规定:"矿藏、水流、森林、山岭、草原、荒地、滩涂等自然资源,都属于国家所有,即全民所有;由法律规定属于集体所有的森林和山岭、草原、荒地、滩涂除外。"这就确立了作为自然资源的水流的国家专属性。《中华人民共和国水法》第二条第二款规定:"本法所称水资源,包括地表水和地下水。"第三条规定:"水资源属于国家所有。水资源的所有权由国务院代表国家行使。"显然,《中华人民共和国水法》将《中华人民共和国宪法》中的水流表述为水资源,《中华人民共和国民法典(物权编)》为与《中华人民共和国宪法》保持一致,也使用了水流的表述。从这一立法过程来看,我国法律中的水流与水资源只是表述上的差异,在内涵上是完全一致的[2]。《中华人民共和国水法》第二条第二款对水资源进行了列举式的描述,依据水资源储存空间位置的不同将水资源划分为地表水和地下水,但并未对地表水和地下水作进一步说明或划分。

河流水面、湖泊水面、水库水面、坑塘水面这4种类别在试点中被归为水流类别均无问题。亦有相关论述对此种分类予以认同,他们认为:"水流的规制限于水役权能与地籍相对应,具有固定水籍的可供取水的部分,包括河流、湖泊、水库和坑塘4个二级类型。这种以水面形式体现的水权依附于土地的所有权。"[3]"水流是江河等的统称,因此水流的范围包括水域、岸线等水生态空间。"[4]除了以上讨论界定的水流资源之外,最新土地利用现状分类中还加入了沿海滩涂和内陆滩涂、沟渠、沼泽地、水工建筑用地等类别。沟渠和水工建筑用地属于水利设施,很难将它们认定为自然资源,它们不符合自然资源的天然生成性,其主要作用是为人类生产活动提供帮助和支持,所以不将这两者归为水流资源类别。沼泽地基于土壤和水混杂的生态特性,更符合湿地资源的特征,将它纳入湿地资源更为妥当。所以最后确定的水流资源的二级类别为河流水面、湖泊水面、水库水面、坑塘水面、冰川及永久性积雪。

2)地下水和永久性积雪的性质认定

确权登记实践中还需要着重讨论以下两个问题。

(1)地下水是否属于水流。地下水作为一种重要的资源,因天然形成,在人类生产生活中不可或缺,符合自然资源的几项特性,即天然性、有价值性、稀缺性、可支配性。地下水作

---

[1] 吴恒,唐芳林,曹忠,等.自然资源确权登记单元划分与代码编制探索[J].林业建设,2018(3):16-19.

[2] 全国人大常委会法制工作委员会民法室.《中华人民共和国物权法》:条文说明、立法理由及相关规定[M].北京:北京大学出版社,2007.

[3] 余姝辰,余德清,彭璐,等.自然资源统一确权登记的相关问题雏探[J].国土资源情报,2018(2):13-19.

[4] 彭岳津,林锦,卞荣伟,等.我国水流产权确权路径探索[J].中国水利,2017(23):12-15.

为一种自然资源是确定的,但对相关部门是否具有地下水登记能力需要进一步探讨。地下水因处于地表层以下,所以其分布情况较为复杂。与其他资源不同的是,其他资源虽然也具有一定变化性,但相对在一定时间内可以特定化,而地下水的特定化则较为困难,对地下水进行清晰登记的目标难以实现,因此地下水目前尚不适合作为自然资源确权登记的对象。但如果能够明确探明某一区域地下水的储藏量,并予以特定化,则可以对该地下水确权登记,将它登记到水流类别之下。

(2)冰川及永久性积雪是否属于水流。试点工作中徐州市和青海省均将冰川及永久积雪归入水流类别之下。此种做法值得肯定,因为冰川及永久积雪等特殊形态的自然资源的本质与水流资源最为相似,且两者极易转化为水资源形态,目前可考虑将它们认定为水流资源。

2. 湿地

(1)湿地的概念。《中华人民共和国宪法》并未对湿地作明确规定。2013年国家林业局颁布了《湿地保护管理规定》,这是我国第一个专门规范湿地保护的国家层面文件。2014年4月全国人大常委会修订的《中华人民共和国环境保护法》第二条将"湿地"作为唯一新增列的环境要素,通过修改"环境"定义的方式将"湿地"列举为法律明确保护的对象。

《暂行办法》并未列明湿地是登记的对象,但第六条规定了国务院自然资源主管部门负责组织开展国家公园、自然保护区等自然保护地以及大江大河大湖和跨境河流、重要湿地、国有重点林区、重要草原草甸的登记工作,提到了"重要湿地"这一资源。考虑到湿地在调节气候、维持生态平衡、保护生物多样性方面发挥着不可代替的作用,其重要性毋庸置疑,对于湿地具有自然资源确权登记能力是没有疑问的。

《关于特别是作为水禽栖息地的国际重要湿地公约》(简称《湿地公约》)是国际上较为权威的也是较早对湿地予以规定的文件,其中第一条规定:"湿地系指不问其为天然或人工、长久或暂时之沼泽地、湿原、泥炭地或水域地带,带有或静止或流动、或为淡水、半咸水或咸水水体者,包括低潮时水深不超过6m的水域";第二条规定:"每一湿地的界线应精确记述并标记在图上,并可包括邻接湿地的河湖沿岸、沿海区域以及湿地范围的岛域或低潮时水深不超过6米的水域,特别是当其具有水禽栖息地意义时"[1]。

《中华人民共和国海洋环境保护法》第九十五条第三项规定:"滨海湿地,是指低潮时水深浅于6m的水域及其沿岸浸湿地带,包括水深不超过6m的永久性水域、潮间带(或洪泛地带)和沿海低地等。"《湿地保护管理规定》第二条规定:"本规定所称的湿地,是指常年或者季节性积水地带、水域和低潮时水深不超过6m的海域,包括沼泽湿地、湖泊湿地、河流湿地、滨海湿地等自然湿地,以及珍贵、濒危野生动物栖息地或者重点保护野生植物的原生地等人工湿地。"从定义上看,我国法律上的规定概念接近于《湿地公约》中的界定。

美国法律上认为"湿地是指表面暂时或永久的有浅层积水,以浅水植物为特征,包括各

---

[1] 李爱年,刘爱良.湿地法律概念的实践审视与理论溯源——兼论我国湿地法律概念的反思与重构[J].湖南师范大学社会科学学报,2017,46(5):76-83.

种类型的沼泽、湿草地、浅水湖泊,但不包括河流、水库和深水湖的地域"。该定义明确了两个条件:一是湿地对水的要求,即浅层积水;二是湿地必须具备植被这一生态要素。即湿地需具备"湿地水""湿地植被"两大要素,该法明确将河流、水库和深水湖排除在外[1]。

比较而言,《湿地公约》的定义采用尽量宽泛而模糊化的语言表述湿地的生态学诊断性特征,甚至将明显不属于湿地范畴的永久性陆域、海域都纳入湿地保护范围,这尽管对于湿地管理有意义,但是这个定义的科学性明显不足[1]。同时,若采用广义湿地概念,则河流湖泊等水资源将无独立存在空间,有悖于自然资源确权登记目标。自然资源确权登记的目的是划清不同资源之间界限,尽可能将不同资源分离出来,划分到相应部门进行合理保护。水流资源本身具有独特的功用和价值,在生产活动和生态保护方面与湿地并不一致,因此更适合采取狭义湿地概念来确定自然资源确权登记中湿地类别的登记客体。

(2)湿地类型确定。《土地利用现状分类》(GB/T 21010—2017)将湿地分为14类,包括水田、红树林地、森林沼泽、灌丛沼泽、沼泽草地、盐田、河流水面、湖泊水面、水库水面、坑塘水面、沿海滩涂、内陆滩涂、沟渠、沼泽地。此种分类是基于广义湿地概念作出的,主要关注湿地土壤要素,地表土壤具备一定存水量即可,但并未设置水量上限,比如水深。

湿地类型的确定应当结合《土地利用现状分类》中对湿地的分类予以补足,首先需要删减《土地利用现状分类》中能够划分到其他资源类别的二级湿地。也就是说,河流、湖泊、水库、坑塘水面需要删减,沿海滩涂和内陆滩涂作为滩涂资源予以删减,继续保留水田、红树林地、森林沼泽、灌丛沼泽、沼泽草地、盐田、沟渠、沼泽地。其中,需要注意的是沟渠,它并非天然构成湿地,构成与否要看它是否满足湿地几大生态要素。有一部分沟渠是作为生产性活动辅助使用的,其绝大部分时间不能够满足湿地的水分长期饱和性,即缺少湿地土壤,因此在实际分类中应当有所区分[1]。

3. 滩涂

(1)滩涂的概念。"滩涂原为我国沿海居民对淤泥质潮间带的俗称,后这一概念渐为立法所采用。广义上的滩涂包括海滩、河滩和湖滩,但一般指海滩。就海滩而言,海洋一般每天出现两次高潮与两次低潮,高潮和低潮时海水到达岸边的位置是不同的,由此在最高高潮线与最低低潮线之间就形成了一个海岸带。这个海岸带又称潮间带,高潮时它为'海',低潮时它为'地',包括岩礁、沙滩、泥滩、河口等生态类型。其中的泥滩部分就是俗称的滩涂,又称潮间带滩涂,是潮间带的一种。"[2]也有人认为沿海滩涂除了具有海陆交互的本质特征之外,提供沿海生物栖息的生态物质基础也是其另一个本质特征,进而将沿海滩涂定义为:"具有可供沿海生物生存、栖息和繁殖的生态物质基础的潮间带、潮上带和潮下带。"[3]其中,潮上带和潮间带滩面宽窄不一,从几十米至几千米不等,由《中华人民共和国海洋环境保护法》中滨海湿地定义可知潮下带的边界是退潮时水深不超过6m的区域。这种考虑到生态物质

---

[1] 李爱年,刘爱良.湿地法律概念的实践审视与理论溯源——兼论我国湿地法律概念的反思与重构[J].湖南师范大学社会科学学报,2017,46(5):76-83.
[2] 王克稳.论滩涂资源的法律属性及其法律适用[J].江苏行政学院学报,2014(2):132-136.
[3] 王刚.沿海滩涂的概念界定[J].中国渔业经济,2013,31(1):99-104.

基础的定义有其意义,也与滩涂本身的生态机能相契合[1]。

(2)滩涂的分类。《土地利用现状分类》(GB/T 21010—2017)将滩涂划分为沿海滩涂和内陆滩涂,并将它们归入水域及水利设施用地和湿地之中。其中,沿海滩涂是指沿海大潮高潮位与低潮位之间的潮浸地带,包括海岛的沿海滩涂,不包括已利用的滩涂。内陆滩涂是指河流、湖泊常水位至洪水位间的滩地,时令湖、河洪水位以下的滩地,水库、坑塘的正常蓄水位与洪水位间的滩地,包括海岛的内陆滩地,不包括已利用的滩地。在统一确权登记工作中,应当将滩涂限于《土地利用现状分类》认定的内陆滩涂,并基于不同水面类型的滩涂性质、特征、权属等存在的明显差别,依据水面类型将滩涂划分为河流、湖泊、水库3个二级类型。因坑塘不存在滩涂,未列入其中[2]。

(3)滩涂与湿地关系的探讨。滩涂在众多法律层面是作为单独自然资源存在的,但是在《土地利用现状分类》(GB/T 21010—2017)里它被归入水域和水利设施以及湿地类别之中。所以目前的问题集中在是单独保留滩涂的独立地位,还是将它归入湿地之中并作为湿地的二级分类。有观点认为:湿地是水陆的过渡带,其区域位置的过渡性使得湿地的概念要义中既包含一定的水资源和一定深度的水体,同时又包含着丰富的生物多样性。当然,湿地概念并不是土地、水资源、水生动植物概念的集合体,它是一个独立的法律概念,有其独立的要义。从湿地提出的背景和湿地概念的要义看,滩涂应该是一种湿地类型[3]。也有试点单位认为可以从登记单元划分角度处理两者之间关系:考虑到湿地空间定义与水流空间定义存在重叠和滩涂分类的关系,在湿地的定义中,可以看到,湿地定义与水流、滩涂定义存在较多的重叠部分,从概念上来说,湿地包括了水流和滩涂,原则上建议对外延小的湿地优先分类。因此,湿地是一个综合体,而非某一个具体资源类型,可以作为一个生态功能完整的综合体来考虑划分独立登记单元[4]。

由于《中华人民共和国宪法》和其他法律明确界定了滩涂这一资源,因此应将滩涂作为单独一种资源予以确定。实践中,滩涂以生产养殖为代表特色,经济生产性较为浓厚;而湿地更多强调的是提供生态保护功能、具有极强的生态价值。若将滩涂完全归入湿地类别,可能会削弱甚至破坏湿地的生态价值。因此,在认定沿海滩涂和内陆滩涂之时,应当考虑登记调查之时其生产性价值与生态价值的对比,生产性价值高则纳入滩涂类别,生态价值高则归为湿地类别。

4. 水流、滩涂、湿地交叉重叠处理

水流、滩涂、湿地在实地资源界线划分中很难区分,有的地区将河道中的滩涂归类为水流,有的地区将河道中的滩涂单独划分。在水流和湿地划分方面,湿地类型中包含了河流湿地和湖泊湿地,而河流和湖泊是最重要的水流形态,试点中有的作为水流资源,有的作为湿地资源。

---

[1] 薛鸿超.海岸及近海工程[M].北京:中国环境科学出版社,2005:22.
[2] 余姝辰,余德清,彭璐,等.自然资源统一确权登记的相关问题雏探[J].国土资源情报,2018(2):13-19.
[3] 唐双娥,裴丽.滩涂物权制度的困境及出路[J].湖南大学学报(社会科学版),2016,30(6):146-150.
[4] 参见徐州市自然资源和规划局发布的《徐州市自然资源统一确权登记试点技术方案》(2017)。

就滩涂和湿地的区分而言,可对湿地中的沿海滩涂和内陆滩涂予以剥离并将它们单独称为一种类别,但如上文所述也应当结合实际进行认定。而水流与湿地划分则主要根据某地存水蓄水量、水深、蓄水用途等综合认定,水流主要作用体现于水资源本身的效益,以水资源利用为主要目的而建的蓄水地应当认定为水流。而湿地则是一种生态综合体资源,通过其地表上的生物、水流等综合发挥生态作用,来维护生态平衡,起到保护自然环境之作用,在参与人类生活活动方面体现的价值较少,所以在划分水流和湿地之时水资源的利用以及对人类经济活动的参与度可作为重要因素予以参考。

但在很多场合,湿地常呈斑块状分布,此种情形之下我们应当认为它仍属于湿地资源类型,只是在确定登记单元划分之时需要根据湿地面积量大小因素再决定是否将某一湿地类型划分为单独登记单元。基于森林沼泽等湿地常以湿地斑块形式存在,可将湿地斑块量作集中汇总,并与最外围湿地边界线连线确定区域,在这一区域范围内对比湿地斑块面积之和与植被覆盖面积之和大小来确定登记单元的划分。但如果湿地斑块分布不完全分散且占用面积达到区域面积一定比例(如35%),则可单独划分出湿地登记单元[1]。

(三)草原资源

1. 草原资源界定与类型

草原资源是草原、草山及其他一切草类资源的总称,包括野生草类和人工种植的草类,是一种生物资源,其实体是草本植物,具有数量、质量、空间结构特征,有一定分布面积。《中华人民共和国草原法》中所称的草原指的是"天然草原和人工草原",即在立法上将草原分为天然草原和人工草原两类。《土地利用现状分类》(GB/T 21010—2017)将草地编为4类:天然牧草地、沼泽草地、人工牧草地以及其他草地[2]。有学者以《土地利用现状分类》为基础,参考草原行业分类方法,把沼泽草地划归湿地资源,将草原资源的类别细分为天然牧草地、人工牧草地和其他草地(指树木郁闭度小于0.1,表层为土质,以生长草本植物为主的其他草地)[3]。

从前期试点工作情况来看,地方确权登记中草地资源一般包括天然草地资源和人工草地资源,天然草地是指以天然草本植物为主的一种土地类型,它是草本和木本饲用植物与其所着生的土地构成的具有多种功能的自然综合体;人工草地是指选择适宜的草种通过人工措施而建植或改良的草地。由耕地改为人工草地,但耕作层未被破坏的耕地也在此类,但是规定了不同编码[4]。在林地与草原的区分问题上,首先,应按照一级与二级分类的资源定义严格区分;其次,解决技术问题,从遥感等技术应用中获得的自然资源影像上进行划分。对林地改草改耕、草地改耕造成的资源划分困难,要切实考量土地类型,以应有类型进行确权登记并以代码等方式标记其特殊性,在后续工作中对应开展还林、还草工作。

---

[1] 余姝辰,余德清,彭璐,等.自然资源统一确权登记的相关问题雏探[J].国土资源情报,2018(2):13-19.
[2] 布小林.立法的社会过程——对草原法案例的分析与思考[M].北京:中国社会科学出版社,2007.
[3] 王伟.自然资源类型统一分类指标研究[J].中国矿业,2018,27(6):66-69.
[4] 福建省自然资源厅.福建省自然资源统一确权登记试点情况报告[R].福建:福建省自然资源厅,2018.

2. 草原资源的登记内容

除草原资源的自然信息外，登记内容主要是草原上的各项权利。

(1)草原所有权，即草原所有权人(国家、集体)对草原享有占有、使用、收益和处分的权利。我国现行法律规定了两种草原所有权类型——草原国家所有权与草原集体所有权。国家虽然是草原资源的所有者，但因它并非具体的实体，故对草原无法进行有效占有、使用，导致国有草原的利用问题并没有得到有效解决。因此，为了充分发挥国有草原的使用价值，并通过设立草原使用权来进一步确认国有草原所有权，1985年《中华人民共和国草原法》在第四条中规定，国家所有草原可以固定给集体长期使用。这是草原使用权首次上升为国家法律规定中的权利。

(2)草原使用权，是国有草原所派生的一项权利。草原使用权是法律赋予全民所有制单位和集体经济组织等主体直接占有和使用国有草原的权利，是对国有草原的直接支配权。草原使用权主体是全民所有制单位、集体经济组织等。草原使用权主体可将拥有使用权的草原分配给集体或者个人承包以便从事畜牧业生产。

(3)草原承包经营权制度，是一种基本的农村土地制度。结合《中华人民共和国农村土地承包法》对农村土地的界定，以及《中华人民共和国民法典(物权编)》对土地承包经营制度的相关规定可知，土地承包经营权的客体为依法被承包经营的耕地、草地等农业用地。因此，草原承包经营权是指承包人以养殖、畜牧业为目的，依法对集体所有的或国家所有的，草原享有占有、使用和收益的权利。

草原使用权与草原承包经营权，均是非所有权人以获取一定的经济利益为目的，依法享有的对草原资源占有、使用及收益的权利。《中华人民共和国草原法》第十三条规定，草原承包经营权是以草原所有权和草原使用权为基础设立的权利，在此意义上，草原使用权和草原承包经营权有一定的关联性。《不动产登记暂行条例》第五条对登记能力的规定中，规定了"耕地、林地、草地等土地承包经营权"具有登记能力，但未提及国有草原的草地使用权，当时确实未注意到该权利与草原承包经营权的区别，可以参照该条例第十项"法律规定需要登记的其他不动产权利"来解释。

《不动产登记暂行条例实施细则》(简称《实施细则》)规定了土地承包经营权登记，显然包括草地承包经营权。而对于国有草原使用权，《实施细则》则要求准用农村土地承包经营权登记。其中第五十二条规定："以承包经营以外的合法方式使用国有农用地的国有农场、草场，以及使用国家所有的水域、滩涂等农用地进行农业生产，申请国有农用地的使用权登记的，参照本实施细则有关规定办理。国有农场、草场申请国有未利用地登记的，依照前款规定办理。"第五十三条规定："国有林地使用权登记，应当提交有批准权的人民政府或者主管部门的批准文件，地上森林、林木一并登记。"

(四)森林资源

1. 森林资源界定与类型

《中华人民共和国宪法》第九条规定："矿藏、水流、森林、山岭、草原、荒地、滩涂等自然资源都属于国家所有,即全民所有;由法律规定属于集体所有的森林和山岭、草原、荒地、滩涂除外。"这一条文虽然界定了森林的所有权属性,但并没有明确森林的概念和范围。《中华人民共和国森林法》则在森林概念表述之外,还加入了"森林资源的表述"。其中第十四条规定:"森林资源属于国家所有,由法律规定属于集体所有的除外。"这与《中华人民共和国宪法》表述相对应,但无论是《中华人民共和国宪法》还是《中华人民共和国森林法》,对"森林资源"的内容和范围都没有形成清晰的表述。

《中华人民共和国森林法实施条例》第二条规定:"森林资源,包括森林、林木、林地以及依托森林、林木、林地生存的野生动物、植物和微生物。"这里森林资源指的是一个生态系统整体,包括了森林、林木、林地以及与上述3种要素形成伴生关系的野生动物、植物和微生物等4类要素。显然,森林资源意义下的森林是广义概念,是生态学意义上的森林概念,是以土地为基础、以植物群落为主干而构成的生态系统,范围相当宽泛,既有经济价值还存在生态价值,能对人类以及其他生命体的生存和发展产生影响[1]。因此,《中华人民共和国森林法实施条例》中提出的森林资源的概念更加倾向于环境学和林学上对森林概念的界定。

法学理论对于森林概念的界定存在分歧。有观点认为森林与森林资源系同义语,认为《中华人民共和国宪法》第九条旨在确定自然资源权属的公有属性,在国家、集体与自然资源之间建立支配和控制的排他性关系。国家、集体是权利主体,自然资源是国家所有权或者集体所有权的客体,其上绝不能负载私人所有权。由于森林的上位概念是自然资源,因此自然资源的一切属性均能适用于森林,故森林与森林资源实为同义的概念术语,两者应可互换[2]。另有观点认为,森林仅指林木的集合体。《中华人民共和国森林法实施条例》第一章第二条将森林界定为乔木林和竹林,并将之与林木、林地等要素并列,未将野生动植物等生态要素纳入进来,也没有把土地涵括在内。这种狭义范围上的森林作为林木的集合体,与土地、野生生物等要素一起构成了自然环境的一部分,因此《中华人民共和国环境保护法》第二条规定的森林可作这种狭义的理解[2]。

《中华人民共和国森林法》及《中华人民共和国森林法实施条例》中关于森林资源的表述实际上是空间概念,在生物学上体现为一个生态系统。传统观点主要是从资源对人的效用的角度来定义森林资源,在林地的范围内,森林生态系统中一切为人们所认识,并具有一定效益的物质,均属于森林资源的范畴,应当包括林地范围内的所有林木资源、林木副产品资源及其他森林植被资源、森林动物资源、森林土壤及岩石资源、森林水资源、森林气候资源和森林景观及旅游资源[3]。但实践中因为对森林资源中林木以外的其他资源调查较少而且很不系统,森林资源仍以林木资源即森林的乔木资源及林种的面积和蓄积量为主。林木、林地是森林资源的主体,但其范畴也包含林地范围内所有林木副产品资源、其他森林植被资源、动物资源、土壤及岩石资源等一切为人们所认识的具有一定效益的物质,即包含森林生

---

[1] 黄明健,刘晓庄.我国森林资源物权法律保护探析[J].林业经济问题,2005,25(2):72-76.

[2] 常鹏翱.论林业物权客体的确定——中国法律经验的总结与评析[J].政法论丛,2008(1):57-62.

[3] 中华人民共和国林业部林业区划办公室.中国林业区划[M].北京:中国林业出版社,1987.

物资源、森林土地资源以及森林环境资源[1]。因此森林资源在法律上属于集合物的概念，森林体现为森林资源的一部分。但是，存在于为专门目的设定的自然保护区、风景名胜区、自然遗迹区域内的林木、林地不应划入森林资源的范畴。它们与保护区域内的其他自然资源组成一种特定的集合体，为了避免法律对调整对象的重叠适用，不应将它们再视为森林资源的组成部分[2]。

对于森林资源的划分，《中华人民共和国森林法》根据森林资源的主要使用目的将森林资源分为5类：以防护为主的防护林，以生产木材为主要目的的用材林，以生产果品、食用油料、饮料、调料、工业原料和药材等为主要目的的经济林，以生产燃料为主要目的的薪炭林，以及以国防、环境保护等为主要目的的特种用途林[3]。《土地利用分类现状》（GB/T 21010—2017）采用两级分类体系，将一级分类林地分为乔木林地、竹林地、红树林地、森林沼泽、灌木林地、灌丛沼泽和其他林地七大二级类别。有研究认为，自然资源类型可按照三级进行分类：一级类为自然资源类别，二级类为土地利用现状分类，三级类为行业分类。根据土地的覆盖和利用状况综合将一级分类森林资源下的资源划定为三大类型：乔木林地、灌木林地以及其他林地，再由此向下进行行业细分[4]。

结合以上分类，鉴于新增添的湿地资源已吸纳红树林地以及沼泽类林地，可在森林资源中将两者剔除，并加入经济林，故森林资源可细分为以下5类：乔木林地（乔木郁闭度大于等于0.2的林地）、竹林地（指生长竹类植物，郁闭度大于等于0.2的林地）、经济林（包含果木林、茶叶林、其他经济林）、灌木林地（指灌木覆盖度为≥40%的林地）以及其他林地[包括疏林地（0.1≤树木郁闭度≤0.2的林地）、未成林地、迹地、苗圃等林地]。

2. 森林资源的登记内容

对于森林资源的登记，《不动产登记暂行条例》第七条规定："国务院确定的重点国有林区的森林、林木和林地，国务院批准项目用海、用岛，中央国家机关使用的国有土地等不动产登记，由国务院国土资源主管部门会同有关部门规定。"目前国家林业和草原局移交的国务院确定的重点林区的林地、林权登记资料，严格地讲，就是森林资源登记内容的示例。该登记以每一个重点林区为登记单元来进行，并对各林场林地界址、面积、森林资源类型、林木蓄积量等及其前述各项总量等都进行了记载，同时也对林区内的建设用地面积等进行了记载。这种做法充分考虑到森林资源的经济、生态指标，值得借鉴。《试行办法》第六条规定"国务院确定的重点国有林区权属登记按照不动产登记的有关规定办理"，其实就是考虑到现行的登记本质上就是自然资源登记而非不动产登记。

《国土资源部、国家林业局关于国务院确定的重点国有林区不动产登记有关事项的通知》提出"有序开展重点国有林区内建设用地划出试点"，其本质就是要将既往的自然资源登记与不动产登记相衔接，将自然资源登记单元中的不动产单元析出，进行相应的不动产登

---

[1] 霍明远,张增顺.中国的自然资源[M].北京:高等教育出版社,2001.
[2] 王文卓.自然资源的法律分类研究[D].昆明:昆明理工大学,2016.
[3] 高岚.林业经济管理学[M].北京:中国农业出版社,2009.
[4] 王伟.自然资源类型统一分类指标研究[J].中国矿业,2018,27(6):66-69.

记。这一安排实际上仍然是把过去的林权登记作为不动产登记对待的,所以才要求把既往的林权证涵盖范围内的、颁发林权证后取得合法用地手续的新增建设用地(同时对发林权证后建设占用林地但未取得合法用地手续、但又有一定合理性的历史遗留问题进行研究处置),从试点地区划出,然后由所涉林业单位去申请相应的林权变更登记,也就是说将划出的这部分从林权登记中删去,再把划出的建设用地由所在地不动产登记机构进行不动产登记。这种做法值得商榷,因为目前的重点国有林区森林、林木、林地登记本质上属于自然资源统一确权登记,应当直接作为自然资源确权登记来看待;同时,应在此基础上重建不动产登记。

借鉴这一做法,考虑到目前林权证记载的客体和内容本身就是自然资源登记单元和内容,森林资源的登记内容可将林权证上记载的内容转化为自然资源确权登记的内容,同时适当补充全民所有权或者说国家所有权的具体行使人等相关事项。在此基础上,应当对重点国有林区范围内的土地按照相关规划和审批确定的利用现状进一步细分,将这些土地按照相关用途的不同,区分为建设用地、林业之外的各类农用地(如耕地、草原、滩涂等)及未利用地等,进而再结合不动产单元标准确定不动产单元,进行相应的不动产登记。

(五)野生动物资源

《中华人民共和国野生动物保护法》所保护的野生动物是指陆生、水生野生动物和有益的或者有重要经济、科学研究价值的陆生野生动物。野生动物资源是指生存在天然自由状态下,或来源于天然自由状态的,虽然已经短期驯养但还没产生进化变异的具有经济价值、社会价值和生态价值的各种动物总体,具有可再生性、稀缺性等特征[1]。

1. 产权结构

国家规定所有的野生动物资源属于国家所有。但是,通过狩猎或者人工繁育的野生动物,应如何界定并不明确。

《中华人民共和国野生动物保护法》第二十一条规定:"禁止猎捕、杀害国家重点保护野生动物。因科学研究、种群调控、疫源疫病监测或者其他特殊情况,需要猎捕国家一级保护野生动物的,应当向国务院野生动物保护主管部门申请特许猎捕证;需要猎捕国家二级保护野生动物的,应当向省、自治区、直辖市人民政府野生动物保护主管部门申请特许猎捕证。"通过该条规定可以分析出,个人可以通过申请、批准的方式获得捕猎野生动物的资格。该法第二十七条规定"禁止出售、购买、利用国家重点保护野生动物及其制品""出售、利用非国家重点保护野生动物的,应当提供狩猎、进出口等合法来源证明",即获得狩猎资格的,可以出售、利用非重点保护野生动物。同时,该法第二十五条规定,可以通过人工繁育的方式获得野生动物。所以,人们可以通过国家认证的方式,以狩猎、人工繁育方法获得野生动物,并进行利用和出售。

所以,《中华人民共和国民法典(物权编)》认为野生动物资源属于国家所有,野生动物能够在获得国家准许的前提下,通过狩猎、人工繁育等方式取得,并进行利用和出售。但是,

---

[1] 马建章,邹红菲,贾竞波.野生动物管理学[M].2版.哈尔滨:东北林业大学出版社,2004.

《中华人民共和国野生动物保护法》规定国家重点保护动物是禁止狩猎、人工繁育、进出口的,所以对野生动物的所有权及其产权结构不能一概而论,依据对象不同,所管辖的范畴不同[1]。

2. 我国动物资源应归国家所有

我国动物资源应归国家所有主要基于以下理由:第一,规定野生动物资源属于国家所有符合现有立法。《中华人民共和国宪法》第九条第一款规定:"矿藏、水流、森林、山岭、草原、荒地、滩涂等自然资源,都属于国家所有,即全民所有;由法律规定属于集体所有的森林和岭、草原、荒地、滩涂除外。"野生动物资源属于该条中未列明的自然资源,亦属国家所有。同时,《中华人民共和国野生动物保护法》第三条也规定:"野生动物资源属于国家所有。"第二,野生动物保护的严峻形势要求通过立法确立国家所有权来保护和管理野生动物资源。第三,现实中不断发生被保护的野生动物造成当地群众的人身财产损失的案例,如果将野生动物视为无主物,那么遭受损失的人一方面出于公共利益要保护野生动物,另一方面又得不到充分赔偿,这既不符合法律所遵循的公平正义原则也不利于人们积极主动地保护野生动物。

3. 动物资源应进行登记保护

动物资源登记可以实现自然资源的有偿使用,具有经济效益同时兼顾保护功能。在现实生活中,野生动物活动频繁地区大多属于贫困山区,因限制猎捕野生动物、限制森林采伐,山区居民已经代替国家承担了生态建设的巨额成本。现实中,野生动物致害赔偿范围过窄,地方政府作为赔偿主体财力不足,受害人遭受损失往往只能自己买单,这对受害人极不公平,且容易激发受害人报复性猎捕的行为,不利于野生动物保护。[1]

野生动物资源作为生态空间中的重要组成部分,也应进行登记。实践中登记野生动物资源有两种思路:一种是将野生动物作为评价其栖息地的质量指标在登记单元中进行记载,另外一种是将野生动物在国家保护公园或登记单元中作为一部分进行登记[2]。还有学者认为,目前自然保护区设立时是以单个、孤立的自然保护区为主,相邻或者相近的保护区又分属于不同部门,忽略了自然保护区之间的联系。因此,应以优化整个国土空间布局为目标,遵循生物地理、植被地理、野生动物的空间和时间生态位的区域生态学理论,建立网络化的国家自然保护区体系。在对以野生动物在自然保护区中的登记进行分析时可以发现,单一区域的自然保护区,不能适应区域上动物迁徙所带来的动态变化,如果能够与迁徙地的自然保护区和野生动物居住区自然保护区相结合,生物多样性等方面都能得到体现[3]。

---

[1] 马燕,彭元宜.动物资源的物权法保护[J].法学杂志,2008(3):11-14.
[2] 吴恒,唐芳林,曹忠,等.自然资源确权登记单元划分与代码编制探索[J].林业建设,2018(3):16-19.
[3] 王秋凤,于贵瑞,何洪林,等.中国自然保护区体系和综合管理体系建设的思考[J].资源科学,2015,37(7):1357-1366.

三、限制性登记内容

(一)性质分析

在自然资源登记过程中,面对已经登记的不动产,对通过征收或设置地役权等方式限制或调整不动产权利人相关财产权利的行为是否造成了权利限制,以及权利限制的性质是什么,值得明确。

公权力对财产权的限制可分为两类:一类为征收,一类为财产权的社会义务。从法律后果的角度来看:征收必然伴随着补偿,而财产权的社会义务则是无补偿的单纯限制[1]。

征收是指国家为了公共利益的需要而利用公权力强制性地将集体或私人所有的财产征归国有。《中华人民共和国民法典(物权编)》第二百四十三条规定:"为了公共利益的需要,依照法律规定的权限和程序可以征收集体所有的土地和组织、个人的房屋及其他不动产。"这就明确了征收的概念和条件。传统上,征收是指公权力剥夺私主体对物的所有权的行为,所有权移转是其基本特征。随着实践的发展,征收的概念得到了扩充,存在一些没有转移所有权但却对财产利益造成重大损害而实际上构成"征收效果"的情形,对各国财产权理论中将并不转移所有权但对财产利益造成重大损害而具有类似征收效果的限制称为"应予公平补偿的内容限制",应以宪法上的征收条款来规范[2]。如《中华人民共和国民法典(物权编)》第三百五十八条对建设用地使用权提前收回进行了规定:"建设用地使用权期限届满前,因公共利益需要提前收回该土地的,应当依据本法第二百四十三条的规定对该土地上的房屋以及其他不动产给予补偿,并退还相应的出让金。"

除征收之外,还存在对财产权无补偿的单纯限制。《中华人民共和国民法典(物权编)》第二百四十条规定:"所有权人对自己的不动产或者动产,依法享有占有、使用、收益和处分的权利。"通常认为"依法享有"是指所有权的取得必须合法;所有权的权能是由法律规定或赋予的,必须受到法律的限制;所有人行使所有权必须遵守法律的规定,不得滥用权力。如《中华人民共和国自然保护区条例》第三十二条规定,对自然保护区外围地带的建设限制即为无补偿的单纯限制而非征收。财产权的社会义务是指私人财产负有社会义务,即出于维护社会正义的目的,财产权应当作自我限缩。在个人主张其财产自由的同时,应使其财产亦有助于社会公共福祉的实现,也就是能够促进合乎人类尊严的人类整体生存的实现[2]。

通过上述分析可以看出,同为不转移所有权而对财产的使用与收益的限制,有些被认为是应补偿的征收,而有些却被认为是无须补偿的社会义务。这就要求建立区分两者的标准。对此,可综合期待可能性理论和牺牲理论[1],将区分两者的标准描述为:是否违反平等原则,造成了个别人或人群的财产权的特别牺牲,并且这种损害是严重的和不可期待的。对于自然资源确权登记中的权利限制性内容,要结合具体情况分析,通过判断该种限制是针对特

---

[1] 张翔.财产权的社会义务[J].中国社会科学,2012(9):100-119,207-208.
[2] 张翔.机动车限行、财产权限制与比例原则[J].法学,2015(2):11-17.

定人群还是针对社会公众的普遍限制,以及限制的严重程度等因素来综合分析是属于征收还是属于财产权的社会义务或者其他,继而决定公权力是否要进行相应补偿[1]。

(二)类型化分析

自然资源用途管制、生态红线划定、公共管制及特殊保护要求等限制情况记载于自然资源登记簿也会引发类似不动产权利限制的问题,有必要进行类型化梳理。

1. 自然资源用途管制

(1)用途管制的内涵。关于用途管制的规定最早出现于1998年修订后的《中华人民共和国土地管理法》,该法确立了对耕地实行特殊保护和严格控制农用地转为建设用地的土地用途管制制度,限制建设用地总量。2006年实施的《城市规划编制办法》明确提出土地资源、水资源、能源资源、自然资源以及历史文化保护等重要资源的管制措施。2013年十八届三中全会通过的《中共中央关于全面深化改革若干重大问题的决定》提出要对水流、森林、山岭、草原、荒地、滩涂等统一登记,实行用途管制,从而限定人类生产、生活和资源开发的界限。

自然资源用途管制是指对一定国土空间范围内的自然资源按照权属、位置和范围等因素及其功能或用途进行强制监管[2]。国家根据划定的各类国土资源的权属、位置和范围确定生态保护红线,结合自然资源管理制度对生态空间依法实行区域准入和用途转用许可制度,严格控制人类开发利用活动对生态空间造成的影响,从根本上确保生态资源的数量,有效进行资源整合,在科学研究和分析的基础上对自然资源进行合理利用,扩大自然资源功能的效益最大化,自然资源用途管制实质上是功能管理[3]。

(2)用途管制登记的法律意义。自然资源用途管制是对开发利用者行为的限制,在开发过程中,必然会造成相关主体的利益遭到损害,因此在实施自然资源用途管制制度的过程中,要以自然资源生态平衡为主线,以自然资源主体的意愿和权益为主,制定相应的生态用途补偿制度,在政府监管下根据相应的补偿办法和补偿标准进行补偿,避免无节制的自然资源开发对生态的破坏[2]。在此过程中造成的不动产权利的限制和调整应属于征收的范围,是针对特定人群的达到一定严重程度的侵害,需要依据确权登记中的限制性内容进行补偿。

2. 生态红线划定

1)生态红线的内涵

红线通常具有约束性含义,表示各种用地的边界线、控制线或具有低限含义的数字。"红线"一词起源于城市规划,在规划单位的建筑用地示意图中,用来表示建筑物占用土地的边界线[4]。随着红线概念的不断深化,"红线"一词也逐渐被运用到环境领域。学术界对生

---

[1] 车东晟.政策与法律双重维度下生态补偿的法理溯源与制度重构[J].中国人口·资源与环境,2020(8):148-157.
[2] 杜娜,刘红瑛,王映月.基于生态文明的自然资源空间用途管制思考[J].西部大开发(土地开发工程研究),2018(3):47-49.
[3] 黄玥.完善自然资源产权和用途管制的制度研究[J].环境与可持续发展,2015,40(3):106-109.
[4] 郑华,欧阳志云.生态红线的实践与思考[J].中国科学院院刊,2014,29(4):457-461+448.

态红线的基本认识是大体一致的,但有关生态红线的基本内涵、具体内容、划分方法等方面尚存在不同的观点。多数学者认为生态红线是指对维护国家和区域生态安全及经济社会可持续发展,保障人民群众健康具有关键作用,在提升生态功能、改善环境质量、促进资源高效可持续利用等方面必须严格保护的最小空间范围,是"划定生产、生活、生态空间开发管制界限,落实用途管制"的基础[1]。

2011年,《国务院关于加强环境保护重点工作的意见》(国发〔2011〕35号)提出:"在重要生态功能区、陆地和海洋生态环境敏感区、脆弱区等区域划定生态红线,对各类主体功能区分别制定相应的环境标准和环境政策。"2013年,《中共中央关于全面深化改革若干重大问题的决定》用专章阐释了"划定生态保护红线",将生态红线从单纯的生态空间保护领域延伸至自然资源和生态环境领域,使生态红线成为一个综合性概念。2014年环境保护部印发《国家生态保护红线——生态功能基线划定技术指南(试行)》(简称《试行指南》),对生态红线的基本含义进行了明确界定,认定生态红线是对维护国家和区域生态安全及经济社会可持续发展,保障人民群众健康具有关键作用,在提升生态功能、改善环境质量、促进资源高效利用等方面必须严格保护的最小空间范围与最高或最低数量限值。《试行指南》将生态红线划分为3类:生态功能红线(生态功能保障基线)、环境质量红线(环境质量安全底线)、资源利用红线(自然资源利用上限)。这应被视为国家层面上对生态红线内含与外延的权威界定[2]。

(1)生态功能红线。生态功能红线是以维护自然生态系统服务、保障国家和区域生态安全为目标,在特定区域划定的最小生态保护空间,其范围主要包括3类:重要生态功能区,生态敏感区、脆弱区,禁止开发区[3]。

(2)环境质量红线。环境质量红线是为维护人居环境与人体健康的基本需要而必须严格执行的最低环境管理限值。对此,目前具有法律效力的环境质量红线包括两类:一是经过法定程序转化的强制性环境标准,这是污染物排放浓度控制领域的法定最低限值;二是针对行政机关(地方政府及中央政府有关部门)设定的主要污染物总量减排目标,这是污染物总量控制领域的法定最低限值[3]。

(3)资源利用红线。资源利用红线是指为促进资源能源节约,保障能源、水、土地等资源安全利用和高效利用的最高或最低要求。目前具有法律效力的资源利用红线包括两类:一是根据国家综合性发展规划("五年规划")确定的节能目标,这是能源利用领域的法定最高要求;二是根据国家综合性发展规划("五年规划")及相关立法确立的耕地红线和林地红线,这是土地资源利用领域的法定最低要求[4]。

2)生态红线登记的法律意义

如前所述,生态红线是一种权利限制,对此应通过完善生态补偿机制来平衡个体与公共利益、生态与经济利益。将生态红线纳入自然资源确权登记,一方面通过登记使该限制性内

---

[1] 吕红迪,万军,王成新,等.城市生态红线体系构建及其与管理制度衔接的研究[J].环境科学与管理,2014,39(1):5-11.

[2] 陈海嵩."生态红线"的规范效力与法治化路径——解释论与立法论的双重展开[J].现代法学,2014,36(4):85-97.

[3] 环境保护部.红线是实线关键在执行[N].中国环境报,2014-01-28(06).

容产生法律效力;另一方面,也确立了生态补偿的法律依据。匡此,在现有森林生态效益补偿制度的基础上,进一步完善自然保护区生态补偿机制尤为重要。生态红线作为生态的高压线,必将对原有居民的生产生活以及区域的社会经济发展产生影响,所以必须积极创新各种生态红线保护利益补偿机制,协调好红线内外区域的利益、个体与公共的利益[1]。2011年由国家发展和改革委员会(简称国家发改委)牵头起草的《生态补偿条例》草案分别就不同领域如草原、森林、湿地等制定不同的生态补偿实施办法,明确了不同生态系统领域的补偿主体、受益主体、补偿程序、监管措施等,确立了我国《生态补偿条例》制度建设的基本路径。未来在此基础上,生态补偿应与自然资源确权登记簿中生态红线限制性内容相关联,以登记中的生态红线管制内容作为补偿的基本依据。具体关联机制还涉及自然资源确权登记的信息利用问题,在下文中会作进一步讨论。

3. 公共管制

公共管制是政府管理社会过程中使用的一种基本的政策工具,它指政府行政机构依据一定的法律性规范文件对社会中行为主体进行治理的过程。政府公共管制的特殊性在于,它是一种面对市场主体的行政法律制度,即政府行政机构通过法律授权,对社会主体的非竞争性等特殊行为进行限制和监督,从而达到既维护公民权利,促进市场主体的发展,又保护社会公共利益的目标[2]。

在我国,公共管制即为政府管制。当前我国政府公共管制的主要类型有四大类,即宏观调控、市场监管、社会管理和公共服务。政府公共管制从具体层面上讲,可以分为经济管制和社会管制。自然资源领域涉及的多为社会管制,即政府通过立法形式规制所有可能产生外部不经济或内部不经济的行为,横向制约社会组织、个人不利于提高环境质量等的公共行为[2]。我国对社会和经济上的公共管制是建立公平、合理、不危害他人和社会的市场经济秩序的必要手段,从涉及生态建设的方面来看,海洋捕捞业公共管制的主要措施有界定产权、收费或征税、总可捕量制度(total allowable catch,TAC制度)及可交易配额制和直接行政手段[3]。

当前实践中,公共管制的限制性内容由有关部门按照规定流程制定、发布生效。由于没有规定登记流程,更没有规定要经登记才能生效,确权登记的实践过程只是简单地复制再现过程。根据前文所分析的自然资源确权登记的目标与定位,应改变这种情况,即在不动产登记机构中增设自然资源登记的职责,并规定公共管制内容须经由登记后产生效力。

四、登记信息利用

自然资源确权登记源于生态文明体制改革的宏观社会背景。2015年中共中央、国务院印发的《生态文明体制改革总体方案》提出了"对水流、森林、山岭、草原、荒地、滩涂等所有自

---

[1] 李力,王景福.生态红线制度建设的理论和实践[J].生态经济,2014,30(8):138-140.
[2] 李瑞昌.公共管制:利益分析与风险分析[J].复旦公共行政评论,2006(0):249-268.
[3] 曲延芬.关于海洋捕捞业公共管制的思考[J].产业经济研究,2003(4):19-23.

然生态空间统一进行确权登记"的改革要求。因此,自然资源确权登记必须服务于整个自然资源资产产权改革实践,登记成果应与相对应的产权改革制度有效衔接。

(一)自然资源确权登记信息利用的范畴

党的十八大报告提出,生态文明建设重点关注国土规划、资源的可持续利用、生态环境治理和生态文明制度建设。党的十八届三中全会通过的《中共中央关于全面深化若干重大问题的决定》第十四部分"加快生态文明制度建设"提出,要健全自然资源资产产权制度和用途管制制度、划定生态保护红线、实行资源有偿使用制度和生态补偿制度、改革生态环境保护管理体制,其中划定生态保护红线制度包括了自然资源资产离任审计。中共中央办公厅、国务院办公厅发布的《关于加快推进生态文明建设的意见》进一步细化了生态文明制度体系,并要求将自然资源资产离任审计、环境责任离任审计与健全政绩考核制度结合起来。按照党中央、国务院的总体部署,2015年国家打出"1+6"生态文明体制改革"组合拳",推出生态文明体制改革"1+6"方案(其中"1"即为《生态文明体制改革总体方案》),构建了生态文明建设的"四梁八柱",提出了8类生态文明制度。

其中,涉及自然资源确权登记信息利用的,应是责任追究制度。《生态文明体制改革总体方案》第九部分"完善生态文明绩效评价考核和责任追究制度",提出对领导干部实行自然资源资产离任审计,以自然资源资产离任审计结果和生态环境损害情况为依据,明确对领导干部追责情形和认定程序;同时推出的6个方案中就有《开展领导干部自然资源资产离任审计的试点方案》。探索编制自然资源资产负债表,对领导干部实行自然资源资产离任审计,建立生态环境损害责任终身追究制,是《中共中央关于全面深化改革若干重大问题的决定》明确要求的改革任务;是全面贯彻党中央决策部署,按照"五位一体"总体布局和"四个全面"战略布局,认真落实五大发展理念,创造性地健全生态文明制度体系、推进自然资源治理体系现代化工作的重要着力点。"编表""审计""追责"这3项改革任务,存在着依次递进的清晰逻辑关系。其中,编表是领导和政府部门履职尽责的基础性工作,是实施审计和进行追责的前提;审计是对责任的认定,是追责的依据;追责是干部管理、人事管理科学化和法制化的重要手段,是加快推进自然资源治理的重要抓手。缺少任何一个环节,都无法持续推进自然资源治理体系现代化[1]。

3项改革制度还存在一个逻辑前提,即明确的自然资源资产产权信息,产权明晰是自然资源治理的根本前提。因此,"自然资源资产产权改革(确权)"——"资产负债表编制"——"资产离任审计"——"生态环境损害责任追究"是我国生态文明体制改革整体背景下自然资源资产责任追究机制的顶层设计逻辑。具体来说:首先,自然资源资产产权信息既是自然资源核算的一个重要制度前提,同时自然资源资产离任审计与损害追责又是自然资源资产产权保护的重要手段。其次,领导干部自然资源资产离任审计制度与其他绩效评价考核制度一起,构成领导干部任期生态文明责任追究制度的前置制度安排,自然资源资产离任审计发

---

[1] 姜木枝,黄桂花.政府生态环境损害责任终身追究制的逻辑起点和理论解析[J].重庆交通大学学报(社会科学版),2015,15(3):26-29.

现问题后,定责应与领导干部环境责任损害终身问责制相结合。再次,领导干部自然资源资产离任审计应与自然资源资产负债表的编制同步进行,自然资源资产离任审计可以依托自然资源资产负债表开展,也可以单独进行,还可以服务于自然资源资产负债表的编制[1]。最后,其他生态文明制度的执行情况是自然资源资产离任审计的重要内容,如《土壤污染防治行动计划》要求将计划考评结果作为自然资源资产离任审计的重要依据,意味着自然资源资产离任审计应该将该计划的执行情况作为审计的重要内容,纳入自然资源资产离任审计实施方案。

(二)自然资源统一确权登记信息的关联应用

1. 提供自然资源全要素信息查询与信息服务

(1)将自然资源确权登记信息纳入不动产登记信息管理基础平台。各级自然资源登记机构的登记信息应当纳入统一的不动产登记信息管理基础平台,确保国家、省、市、县四级登记信息的实时共享,全面实现我国自然资源的信息化查询,进一步促进自然资源登记信息完备、准确、可靠,有利于监管部门实施有效的监管。通过"国土资源云"这一信息化平台,以信息化迅速发展为契机,快速推进自然资源统一确权登记部门与其他自然资源管理部门互联互通,使自然资源统一确权登记制度发挥更大的效用。以自然资源"一张图"数据库和政务办公、综合监管、公共服务三大平台为基础,充分利用云计算、大数据等先进理念和技术方法,进一步完善自然资源信息化技术架构,统筹整合业务应用与服务体系,完善网络与安全保障体系。

(2)面向相关部门提供信息交换服务。自然资源相关登记信息纳入不动产登记信息管理基础平台后,应与农业、水利、林业、环保等部门间实时互通共享,建立横向互联、纵向互通的网络体系,这样有利于在各级自然资源统一登记机构之间、各级自然资源统一登记机构与横向相关部门之间实现自然资源统一登记与管理的信息互通共享和业务联动,为相关部门的行业管理和监管提供保障信息。

2. 为自然资源监管与责任追究提供法律依据

自然资源资产产权确权登记信息作为自然资源监管与责任追究的前提,相关信息首先直接应用于自然资源资产负债表编制。探索编制自然资源资产负债表,根本目的在于将经济活动造成的资源环境问题作为发展成本纳入经济核算与考核,是生态文明建设的重大制度创新。要编制自然资源资产负债表,首先需要健全自然资源资产产权制度,明确自然资源的产权主客体,同时对使用者所需要承担的责任和义务作出规定,防止过度开发利用自然资源,赋予使用者保护生态环境的责任,这样才能实现自然资源的优化配置及生态环境的合理保护。同时,应建立自然资源资产登记制度,完成自然资源生态空间的确权登记,以产权界定作为依据和基础,改变目前产权归属不清、权责不明的情况,在保护自然资源使用者利益

---

[1] 陈希晖,崔伦刚.自然资源资产离任审计相关制度梳理及启示[J].审计月刊,2017(10):7-9.

的同时,确保生态环境功能也受到严格的保护。现行的自然资源所有权代理或托管的法律规定在各种自然资源领域中都不同程度地存在着产权归属不清、权责不明的情况。具体信息利用的内容包括以下几个方面[1]。

(1)要明确所有权的代理主体,将产权主体具体化,解决产权主体虚置的问题。完善国有自然资源国务院代理的规定,建立具体、完整的国有和集体自然资源资产代理或托管及其经营管理的制度体系,明确规定各类自然资源资产由哪一级或哪些机构代理,明确相应的经营管理主体。如将自然资源所有权委托给地方政府、企业和部门代为行使并建立委托代理制度。为解决不同的自然资源具体由谁代为行使所有权、如何代理等问题,必须建立配套的委托代理制度。

(2)要明确界定自然资源的使用权,清晰界定使用权的界限,保护使用者的合法权益,防止侵权行为的发生。在明确使用权的基础上,需要将使用权尽可能地细化。比如,在农村土地制度改革中,强化土地承包权的物权特性,细化承包权、经营权、转包权、转让权、入股权、租赁权、抵押权、处分权、收益权等各项权能、权责、权利,保证土地的规范流转和经营。

(3)依据各类自然资源的不同情况延长自然资源使用权年限。由于自然资源的开发利用周期较长,有必要根据实际情况延长使用权的年限,甚至不限制年限。这样有利于合理、高效地利用自然资源,避免自然资源的过度开发利用,提高自然资源的利用效率,保证自然资源的可持续利用。

(4)要明晰权利与义务的关系。在明确产权主体和客体的基础上,明晰产权关系,确定产权主体在获取使用权时所需承担的责任和义务以及享有的权益,做到权责利对称,避免出现因权责利不对称造成的侵权现象,以及自然资源破坏和收益分配不公的现象。只有产权主体权利和责任对称,对产权主体获得的权利进行约束,才能保护自然资源。只有做到产权主体归属和收益归属的对称,保障产权主体的合法利益,才能充分调动各产权主体的积极性和能动性,使自然资源获得最佳配置,提高自然资源的利用效率。

自然资源资产负债表在内容、成果与功能上与资源离任审计制度进一步衔接,可确保自然资源确权登记的原始信息成为资源离任审计的法律依据。自然资源资产负债表、资源离任审计则进一步成为生态环境损害责任追究制度的法律依据,确保"自然资源资产产权改革(确权)"——"资产负债表编制"——"资产离任审计"——"生态环境损害责任追究"的顶层设计逻辑得以完整贯彻实施。

(三)以确权登记信息利用为基础的生态环境责任追究规则

1. 追责主体协作规则

自然资源确权登记机构、统计部门、审计部门、负有监管职责的工作部门、纪检监察机关或者组织(人事)部门、公安机关以及检察院应形成以纪检监察机关或者组织(人事)部门为

---

[1] 杨海龙,杨艳昭,封志明.自然资源资产产权制度与自然资源资产负债表编制[J].资源科学,2015,37(9):1732-1739.

主导、分工明确、配合顺畅的协作机制：纪检监察机关或者组织（人事）部门对追责活动进行监督指导，对在审计、监管工作中发现的情节严重、性质恶劣或者疑难复杂的情形，应适时采取提前介入等方式，积极引导调查与追责工作；负有监管职责的工作部门负责对相关线索进行初步调查，确有追责依据的、涉嫌犯罪的，及时移交纪检监察机关或者组织（人事）部门、公安机关以及检察院，并在职能范围内协助调查、提供业务支撑；公安机关与人民检察院受理移送的涉嫌犯罪案件并建立受理案卷制度，同时结合自身职能主动摸排违法犯罪线索，依法严厉打击自然资源资产管理领域犯罪活动；人民法院应充分发挥刑事审判职能，依法及时审理自然资源资产管理领域犯罪案件。

具体协作规则有以下5条。

（1）联席会议运行规则。建立追责机构联席会议制度，明确各级自然资源确权登记机构、统计部门、审计部门、负有监管职责的工作部门、纪检监察机关或者组织（人事）部门、公安机关以及检察院等单位的牵头机构和联系人，定期召开联席会议，加强日常工作沟通与协作。

（2）纪检监察机关或者组织（人事）部门提前介入规则。对影响巨大、涉及人员众多、情形疑难复杂的情况，纪检监察机关或者组织（人事）部门应提前介入，会同有关部门共同调查。

（3）公安机关提前介入调查规则。对嫌疑人构成犯罪、并判处有期徒刑以上刑罚的重大案件，可能引发公共安全事件的案件，性质难以认定、法律适用方面争议较大的案件，公安机关应当提前介入案件查办工作。

（4）咨询配合规则。对追责工作中的有关问题，自然资源确权登记机构、统计部门、审计部门、负有监管职责的工作部门、纪检监察机关或者组织（人事）部门、公安机关以及检察院可以相互咨询。咨询单位提出书面咨询的，被咨询单位应当在7日内书面答复。

（5）重大案件联合督办规则。省级统计部门、审计部门、负有监管职责的工作部门、纪检监察机关或者组织（人事）部门、公安机关以及检察院对"全省范围内有重大影响的、造成自然资源资产重大损害的、跨区域案情复杂的"追责案件进行联合督办。联合督办的重要案件信息应当联合发布。

2. 责任追究衔接规则

统计部门在自然资源资产负债表编制过程中发现需要进一步调查处理的情况，应在3日内向负有监管职责的工作部门提供线索，并提交相关材料。

审计部门、负有监管职责的工作部门、公安机关以及检察院在相关工作中发现追责情形的，应在3日内向纪检监察机关或者组织（人事）部门提出对相关党政领导干部应负责任和处理的建议，并提交有关材料。需要追究党纪政纪责任的，由纪检监察机关按照有关规定办理；需要给予诫勉、责令公开道歉和组织处理的，由组织（人事）部门按照有关规定办理。

审计部门、负有监管职责的工作部门有证据证明涉嫌犯罪事实发生的，经本部门负责人批准、在作出移送决定之日起24小时内向公安机关移交案件材料，并将案件移送书抄送同级人民检察院。同时应附有涉嫌犯罪案件移送书、涉嫌犯罪案件情况调查报告、涉案物品清单以及有关检验报告或者鉴定意见等证据材料文件;案卷材料原则上应当为原件,移送前应当将案卷材料复印备查。审计部门、负有监管职责的工作部门应如实填写涉案物品清单、采取必要措施固定证据,及时收集、提取、固定涉案物品,规范制作检查笔录、调查询问笔录,做好录音录像并收集与案件有关的照片。对有证据证明涉嫌犯罪但尚未达到刑事追诉标准的案件,可提请公安机关提前介入共同调查。

公安机关应当及时接受移送案件,对材料不全的,24小时内书面告知移送部门在3日内补正。受理后依管辖原则进行立案审查,自受理之日起10日内作出立案或者不予立案的决定;案情重大的时限为30日。立案决定3日内告知移送机关,不予立案或撤销案件的附书面理由。对于审计部门、负有监管职责的工作部门获取的物证、书证、视听资料、电子数据等证据,可依法在刑事诉讼中作为认定事实的依据,作为证据使用;对于收集的涉案人员供述或者相关人员的证言、陈述等行政言词证据,应当重新收集,在特定情况下无法收集的,经审查符合法定要求的,可以作为证据使用。

公安机关认为不需要追究刑事责任的处理规则。经公安机关审查没有犯罪事实,或者立案侦查后认为犯罪事实显著轻微、不需要追究刑事责任,但依法应当予以行政处罚的,应将案件移交负有监管职责的工作部门并告知理由。

人民检察院、人民法院在完成刑事诉讼程序后不追究刑事责任的处理规则。人民检察院对作出不起诉决定的案件、人民法院对作出无罪判决或者免予刑事处罚的案件,认为依法应当给予行政处罚的,应当及时移交负有监管职责的工作部门处理,并可以提出书面检查意见或者司法建议。

3. 追责信息共享规则

自然资源确权登记不仅明确了自然资源基本权属,更集成了自然资源的客观信息,既是自然资源资产核算、负债表编制、离任审计等责任追究制度的构建基础,更是不同追责机构进行追责的基本依据。不仅编制自然资源资产负债表、进行自然资源资产离任审计需要以自然资源确权登记信息平台为基础,各追责机构也应以自然资源"一张图"数据库为基础形成统一的责任追究信息共享平台。审计部门、负有监管职责的工作部门、纪检监察机关、组织(人事)部门、公安机关以及检察院应当积极建设信息共享平台。

(1)自然资源确权登记部门应当录入的信息包括:①自然资源质量、数量等客观信息;②全民所有自然资源权属信息;③生态红线、特殊保护等自然资源管制性信息。

(2)统计部门应当录入的信息包括:①在自然资源确认登记簿册信息基础上编制的自然资源资产负债表;②在编制工作过程中发现的需要进一步调查的相关线索与材料。

(3)审计部门应当录入的信息包括:①以自然资源资产负债表为基础形成的审计报告;②需要对相关党政领导干部进行追责的案件,应在移交案件之日起3个工作日内录入处理建议;③移送涉嫌犯罪案件的,应在案件移送之日起3个工作日内录入案件名称、涉嫌犯罪案件移送书、涉嫌犯罪案件调查报告等信息。

(4)负有监管职责的工作部门应当录入的信息包括:①对统计部门提交线索案件的,处理之日起3个工作日内录入处理结果信息;②需要对相关党政领导干部进行追责的案件,应在移交案件之日起 3 个工作日内录入处理建议;③移送涉嫌犯罪案件的,应在案件移送之日起 3 个工作日内录入案件名称、涉嫌犯罪案件移送书、涉嫌犯罪案件调查报告等信息。

(5)纪检监察机关、组织(人事)部门应当录入的信息包括:①对相关部门提交线索案件的,处理完成之日起 3 个工作日内录入处理结果信息;②移送涉嫌犯罪案件的,应在案件移送之日起 3 个工作日内录入案件名称、涉嫌犯罪案件移送书、涉嫌犯罪案件调查报告等信息。

(6)公安机关应当录入的信息包括:①受理移送案件后发现没有管辖权的,在转送有管辖权的机关处理之日起 3 个工作日内录入案件转送文书;②在作出是否立案决定之日起 3 个工作日内录入立案决定书或者不予立案决定书及不予立案的理由;③在提请逮捕、移送起诉之日起 3 个工作日内录入相关法律文书。

(7)人民检察院应当录入的信息包括:①在作出批捕、不批捕、起诉、不起诉、退回补充侦查等决定之日起 3 个工作日内录入相关文书;②作出不起诉决定且认为依法应当给予行政处罚的,应当在作出决定之日起 3 个工作日内录入检察意见。

(8)人民法院应当录入的信息包括:作出无罪判决或者免予刑事处罚且认为依法应当给予行政处罚的,应当在作出决定 3 个工作日内录入司法建议。

第六章 青海省生态补偿机制研究

第一节 我国生态补偿的理论探索与政策实践梳理

一、生态补偿的理论探索

(一)生态补偿及相关概念界定

如何准确界定生态补偿的概念是探索生态补偿相关问题的前提与关键,但由于以往研究的侧重点不同和生态补偿自身的复杂性,至今尚未形成公认的生态补偿定义,本节将从国外和国内两方面梳理生态补偿等相关概念。

国外将经济思维应用于生态环境治理起始于生态系统服务价值的研究,因此通常将该手段称为生态系统服务付费(payment for ecosystem services,PES)或生态效益付费(payment for ecological benefits,PEB),而我国学术界使用生态补偿这一概念,则侧重于研究以政府为主导的补偿实践[1]。

1. 生态系统服务付费

国外生态系统服务付费的理论研究明显滞后于实践探索,其理论发展也体现着实践导向性。生态系统服务付费的发展整体上可以分为3个阶段。

(1)生态系统服务功能概念的发展阶段(20世纪60年代末至90年代中期)。20世纪60年代末70年代初,生态系统服务功能概念研究逐渐兴起。《人类对全球环境的影响报告》提到了生态系统的服务功能,其中包括环境服务功能。随后有不同的学者进行深入的研究,Holdren(1974)将生态系统服务功能概念拓展为全球环境服务功能,并主张发挥生态系统的生态环境的维持功能[2]。而后Westman(1977)在此基础上,提出了自然服务功

---

[1] 王璟睿,陈龙,张燚,等.国内外生态补偿研究进展及实践[J].环境与可持续发展,2019,44(2):121-125.
[2] Holdren J P,Ehrlich P R. Human Population and the Global Environment[J]. American scientist,1974,62(3):282-292.

能概念[1],最终 Ehrlich 等学者将此概念定为"生态系统服务"[2]。

20世纪70年代初至90年代中期,学者主要针对生态系统服务的概念界定、生态系统服务类型的划分等问题深入开展研究。生态系统服务功能的发挥是以生态系统的资源为基础的,随着生态系统服务概念的不断演化,社会与生态环境的联系也更加密切。此外,学者也非常重视生物多样性减少这一问题,即在对生态系统特征和演变过程进行管理的整个过程中,生物多样性与生态系统服务功能密不可分。与此同时,学术界对于生态资产与生态系统服务价值评价的关系问题展开了较为系统的研究,这为后续有关生态系统价值评估的科学开展、区域性或全球性的生态系统服务评价框架的合理构建奠定了坚实的理论基础。后来,经济激励逐渐延伸至自然资源管理领域。

(2)生态系统服务付费发展成熟(20世纪90年代末—21世纪初)。1990年以来,生态系统服务价值评估成为国内外学者关注的焦点,学术界的研究重点开始转向基于市场的生态保护工具这一问题,并就该问题开展了广泛的理论探索和案例实践。

在充分认识到生态系统服务功能及其重要作用的前提下,学者对生态系统服务的价值评估原因作出了解释。Howarth 等(2002)认为科学表述生态系统物品或服务的价值是改善福利衡量的基础,同时,构建良好的社会决策机制也有利于解决稀缺资源在各种具有竞争性的社会需求之间的分配问题,以实现社会公平和生态可持续性[3]。Limburg 等(2002)指出生态系统内部相互作用的法则决定着人类和环境之间的相互作用,而不是社会价值体系,这也为生态系统服务付费的逐步成熟提供了理论支持[4]。

生态系统服务价值的计算方式也成为这一时期主要探讨的问题。主流计算方法可以分为3种:Odum(2000)提出以生产非货币化和货币化资源、服务和商品的太阳能单位(称为太阳能值)来核算能源的价值[5]。Chee(2004)提出采用市场经济评估方法来估计出某个地区的经济价值,其中包括代理市场评估、模拟市场评估等技术[6]。Brouwer(2000)提出了效益转化法,具体是指以市场基础或者非市场基础作为评价方法所进行的经济价值评估,并以经济价值代指生态系统的服务价值[7]。Wunder(2005)提出生态系统付费的概念,具体是指供求双方以某种具体的生态系统服务为商品进行的自愿交易,具有交易意愿自由、交易双方明

---

[1] Westman W E. How Much Are Nature's Services Worth? [J]. Science (New York, N. Y.),1977,197(4307):960-964.

[2] Ehrlich P R,Ehrlich A H. The Causes and Consequences of the Disappearance of Species[J]. The Quarterly Review of Biology,1982,57(3):343-343.

[3] Howarth R B. Farber S. Accounting for the Value of Ecosystem Services[J]. Ecological Economics,2002,41(3):421-429.

[4] Limburg K E. O'Neill R V. Costanza R. et al. Complex Systems and Valuation[J]. Ecological Economics,2002,41(3):409-420.

[5] Odum H T. Emergy Evaluation of an OTEC Electrical Power Sstem[J]. Energy,2000,25(4):389-393.

[6] Chee Y E. An Ecological Perspective on the Valuation of Ecosystem Services[J]. Biological Conservation,2004,120(4):549-565.

[7] Brouwer R. Environmental Value Transfer:State of the Art and Future Prospects[J]. Ecological Economics,2000,32(1):137-152.

确、交易商品为既定的某种生态产品或服务、支付前提是提供服务这4个方面的特点。[1]

国际上生态系统服务付费有3类最普遍的案例：农业环境付费、集体行动基金/水基金和REDD＋项目（REDD指减少毁林和森林退化所致排放量；"＋"代表在原先的基础上保持和增加森林碳汇）。农业环境付费是PES机制中最普遍的一种形式，这些项目经常会建立在现有的农业规定或者补贴政策的框架中，以激励农业生产者进行法律规定义务之外的土地保护生态系统服务供给。其中美国的环境质量计划，是一种通过为期10年的合同向农业生产者提供财政和技术支持的自愿性项目，该措施由鼓励农户保护和改善农地环境的PES措施构成，促使农户在良好耕作实践的基础上获得额外的补偿。集体行动基金（水基金）是指资金池中多个项目投资者针对特定的保护对象进行投资的资金。最常见的一种类型便是水基金，在此之中，基多水基金项目又是水基金领域中的经典案例，作为世界上最早的水基金，直接或间接催化了12个以上其他基金在拉丁美洲建立。REDD＋作为《联合国气候变化框架公约》(United Nations Framework Convention on Climate Clange，UNFCCC)下的一种机制，是国际上针对发展中国家通过各种森林管理活动减少废气和温室气体排放所作出的努力进行财政激励的一种手段。

（3）生态系统服务市场化工具的发展（21世纪以来）。生态系统服务市场化工具通常作为一个集合概念出现[2]，目前常用的市场化工具分别是：调控价格变化、直接市场交易、科斯类型协议、反向拍卖和自愿价格信号[3]。

经过多年来的探索与发展，生态系统服务付费已相对成熟，其中反向拍卖作为近年使用较多的工具类型，是生态系统服务付费的特殊实现方式，它能够通过竞争性出价极大减少信息不对称和寻租行为，同时还能利用拍卖获得额外的私人信息，提高政府开支效率[4]。

除此之外，使用较为普遍的还有保护抵消和环境交易机制两大类。这些政策工具类型不是互斥的，许多项目或方法同时包含几种类型的政策元素，例如REDD＋，它被列入生态系统服务付费的项目之中，但也是"应对气候变化的全球努力"的一部分，因此同时也被列入碳汇市场之中。

保护抵消包括监管驱动市场的创建，主要目的是减小土地开发商负外部性行为对生态系统的影响。美国的湿地缓解银行体系是使用此方法最好的例证，湿地缓解银行能够利用市场机制确保以低成本进行湿地保护，特别有助于缓解美国沿海湿地地区日益增长的经济压力和既有的维护湿地保护的强硬法律之间的冲突。湿地缓解银行体系已经不再是一个项目特定的缓解信贷的个人"银行"系统，而是一个大型商业和公共湿地银行，它不依赖于任何特定的项目，并向第三方开发商出售湿地缓解信贷服务。

环境交易（也称为"限额交易"）是有效实现环境目标的方法，它允许相关的权利或许可

---

[1] Wunder S. Payments fo Renvironmental Services: Some Nuts and Bolts[M]. Jakarta: Center for International Forestry Research, 2005.

[2] Whitten S M, Shelton D. Market for Ecosystem Services in Australia: Practical Design and Case Studies[R]. Canberra: CSIRO, 2005: 1 - 9.

[3] Romain P. Market - Based Instruments for Biodiversity and Ecosystem Services: A Lexicon[J]. Environmental Science and Policy, 2012: 59 - 68.

[4] 张晏. 生态系统服务市场化工具：概念、类型与适用[J]. 中国人口·资源与环境, 2017, 27(6): 119 - 126.

证通过市场交易机制重新分配,使那些最需要的人可以得到,一般而言,环境交易包括水质交易和碳排放交易。水质交易是一种基于水质规定的降低成本的有效手段,如美国的流域内水污染许可证交易,这种交易通常发生在点源污染者和非点源污染者之间,以期达到设定的水质目标,这在美国的《清洁水法案》中规定的个别流域的最大日负荷量上得以体现。碳排放权交易市场的减排交易,以 CO_2 排放量为计量单位,用于抵消经济活动排放到环境中的温室气体对气候的影响。目前在《联合国气候变化框架公约》下,已经有一些国家或地区正在实行碳排放交易计划和信用方案,如欧盟碳排放交易体系(EU Emissions Trading System,EU-ETS)、瑞士碳排放交易计划以及澳大利亚碳定价机制等。

这些只是政策工具的冰山一角,国际上多样化的政策工具实践为解决我国生态环境问题提供了新的视角。比如探索私营部门投资环境的渠道,在我国通常要综合考虑政府、地区、各领域的水平以及企业投资意愿和能力;比如生态保护和修复的市场发展,在我国仍然面临诸如政府制定政策工具时专业知识缺乏、产权界定仍需完善以及法律法规不健全等挑战;比如生态系统服务付费的优点是可以用基于契约的方式来有效解决特定的环境问题,这对于许多存在环境管理薄弱和产权模糊等问题的发展中国家治理环境污染而言是有效的,因此只要有明确的生态服务提供者和受益者、特定干预的成本效益或价值,能够充分识别或商定,以及相关生态系统服务的提供者和受益者愿意进行相互协商,PES 方法就有效,并在我国水权交易(如浙江省东阳-义乌的水权交易)、退耕还林等项目方面提供了极为有益的指引。

2. 我国生态补偿概念的发展

我国生态补偿涉及因素较多,内涵也较为复杂。在界定生态补偿概念之前,有必要对生态环境损害赔偿、生态补偿与生态产品价值实现 3 个概念加以区分。三者本质上都是以生态环境质量改善为目的,并且都以资金或市场作为实现工具。生态环境损害赔偿使用法律手段惩处生态环境破坏者,具有一定强制性,通常是一个地区最先建立和实施的生态环境保护制度;生态补偿是指政府通过政策激励的方式向生态环境保护者补偿其损失的发展机会成本和直接保护成本;生态产品价值实现是指用市场交易手段达成生态产品供给的最优配置。

我国生态补偿的这一概念最早由张诚谦提出,他认为生态补偿就是在开发利用自然资源过程中,将获取的一部分收益反哺生态系统,以维持生态系统的物质、能量在输入、输出时的动态平衡。

最初,生态补偿通常被视为一种抑损性的补偿措施,通过征收费用的方式来减缓生态破坏,是将外部成本内部化的合理手段。随着社会经济的发展,生态补偿的内涵也不断拓展,由以前的抑损性补偿发展为增益性补偿,即对生态服务提供者或生态环境的保护者予以补贴。最具代表性的观点认为应将生态补偿界定为通过对损害生态环境行为的处罚或对保护生态环境行为的补偿,激励行为主体减少损害行为、增加保护行为,从而实现节约资源、保护环境的根本目标[1]。

---

[1] 毛显强,钟瑜,张胜.生态补偿的理论探讨[J].中国人口·资源与环境,2002,12(4):38-41.

随后不同学者如任勇、李文华等从生态补偿目的、前提、手段等角度对生态补偿的概念进行了完善,使其内涵更加丰富[1][2]。

2010年,青海省人民政府结合三江源地区的实际,在《三江源生态补偿机制试行办法》中对生态补偿涵盖范围作出探索,并为后续生态补偿实践提供理论指引:生态补偿的主要任务是推进生态环境的建设与保护、改善农牧民的生产生活条件和水平、提高基层政府的基本公共服务供给能力和水平。为实现上述3个主要目标而制定的一系列公共政策都属于生态补偿的范畴。2014年,王劲提出了相对成熟的生态补偿概念,他将生态补偿界定为一种互动行为,即综合考虑生态保护成本、发展机会成本和生态服务价值,在行政和市场的作用下,生态保护受益者(生态损害者)与生态保护者以物质资料为载体进行利益交换的一种行为。2018年,国家发改委等九部委印发的《建立市场化、多元化生态保护补偿机制行动计划》中提到了生态补偿未来发展的新趋势:市场化生态补偿。这一提法进一步拓展了生态补偿的含义,使生态产品价值实现成为生态补偿的重要构成部分。至此,生态补偿的理论内涵已经趋于系统化和成熟。

纵观生态补偿的内涵变化历程发现,生态补偿都是指以经济手段促进生态环境保护,赔偿、补偿、购买行为最终贡献于生态环境质量的改善。广义的生态补偿内涵既包括发展之初以"谁破坏谁付费"为原则的生态环境损害赔偿,也包括与"市场化、多元化生态补偿"意义相近的生态产品价值实现。

生态补偿的内涵除了包含以国内外理论框架为导向不断精进的学术研究成果外,还包括以生态系统保护和修复工程为导向不断拓展的政策实践。在我国,生态环境保护已形成了"三位一体"的工作格局,其中包括了生态补偿、生态建设以及环境综合治理3个方面的重要内容。生态补偿的实践往往是以生态保护工程建设为起点的,早期的生态工程一直处于环境污染、资源稀缺、人口激增等多重压力下,国家通过兴建一些基于生态学等多学科原理的工程,以达到社会-经济-自然复合系统协调统一的目的。为了快速修复生态环境系统,我国目前已经实施了诸多生态建设工程,如"三北"防护林工程、黄土高原治理工程以及退耕还林工程等。除此之外,考虑到生态保护的系统性、完整性,我国在已建立的森林公园、地质公园等自然保护地的基础上,对建立国家公园体系进行了探索。国际上的生态工程受生态服务付费思想影响,讲求在环境管理方面,花最小代价的措施来达到治理环境的效果,且国外生态工程研究与处理的对象一般为自然生态系统,更加注重恢复自然生态系统原貌。相较于发达国家生态工程而言,我国的生态保护工程具有"以人的行为为主导,自然环境为依托"的显著特点。

党的十九大报告曾多次提到"实施重要生态系统保护和修复重大工程"。"生态修复"这一名词既包含了恢复的目的性,又囊括了修复的行动意愿。具体来说,它是指在那些自然生态系统已被彻底破坏或消失的土地上采取一系列重建或新建的有效措施,如造林种草、退耕还林以及退牧还草等措施都可以纳入生态修复的范围。生态系统保护和修复都是国家出资

---

[1] 任勇,俞海,冯东方,等.建立生态补偿机制的战略与政策框架[J].环境保护,2006(19):18-23+28.
[2] 李文华,刘某承.关于中国生态补偿机制建设的几点思考[J].资源科学,2010,32(5):791-796.

以工程手段对生态环境的负外部性进行矫正,并积极高度协调统一生态效益、社会效益与经济效益的一种方式,这是生态服务付费在我国环境问题上的特色应用,更是生态补偿的实践先驱[1]。

综上所述,从生态补偿的概念演变来看,生态补偿本质上是一种将外部性内部化的经济手段,形式上是一个运用多元化手段来调节多重利益关系的过程,其中包括人际关系、府际关系以及人与生态环境系统间的关系等;从生态补偿近10年的实践来看,中央政府高度重视生态环境保护与建设工作,陆续启动实施以生态环境保护或修复为主要目标的生态工程。生态补偿的定义除上述内涵外,还得到了进一步的拓展:生态补偿是指对生态系统本身保护(恢复)或破坏的成本进行补偿;也是指对个人或区域因保护生态系统和环境的投入或放弃发展机会而产生损失的经济补偿;还指对具有重大生态价值的区域或对象进行保护性的投入,并通过生态补偿机制调动生态建设的积极性,以达到生态资源优化配置使用和生态经济可持续发展的目标。

3. 生态补偿机制——一项重要制度设计

生态补偿机制是促进我国区域协调发展与生态保护的一项重要制度设计,目前在我国仍有很大的完善空间。生态补偿机制最早被认为是对自然资源的生态环境价值所进行补偿的制度设计[2]。洪尚群等认为生态补偿机制是在各方利益驱动下,通过激励手段,协调人与自然矛盾的制度设计,其核心目标是环境保护与可持续发展[3]。杜万平从生态系统本身出发解析生态补偿,他提出生态补偿机制的目标在于引导人们开展环境改善行为,以促进生态系统各要素之间达到良性的动态平衡[4]。杜万平从生态学的角度出发,认为生态补偿机制的建立旨在协调和理顺系统内各要素的关系,改善系统的物质能量流动,促进生态系统的良性循环[4]。《关于开展生态补偿试点工作的指导意见》(环发〔2007〕130号)从环境政策视角给出生态补偿机制定义:"以保护生态环境、促进人与自然和谐为目的,根据生态系统服务价值、生态保护成本、发展机会成本,综合运用行政手段和市场手段,调整生态环境保护和建设相关各方之间利益的环境经济政策。"

综上所述,生态补偿机制是一个系统化的政策设计,政策目的是改善、维护或恢复生态系统健康,政策的实施手段为通过激励或惩罚达成利益交换,政策设计的原则是外部成本内部化[5]。生态补偿机制一般包括生态补偿原则、生态补偿主体与客体、补偿标准、补偿方式、监测评估5个基本要素。

对于生态补偿机制的制定原则,我国存在着许多不同观点。生态补偿机制建立之初通

---

[1] 沈国舫. 从生态修复的概念说起[EB/OL]. (2017-12-05)[2019-03-17]. https://www.forestry.gov.cn/main/3957/20171205/1054408.html.

[2] 庄国泰,高鹏,王学军. 中国生态环境补偿费的理论与实践[J]. 中国环境科学,1995,(6):413-418.

[3] 洪尚群,吴晓青,段昌群,等. 补偿途径和方式多样化是生态补偿基础和保障[J]. 环境科学与技术,2001,24(s2):40-42.

[4] 杜万平. 构建区域补偿机制促进西部生态建设[J]. 重庆环境科学,2001,23(5):1-3.

[5] 吴顺发,程和侠. 关于完善西部生态补偿机制的建议[J]. 中国农学通报,2007,23(8):436-439.

常考虑以下4个原则:破坏者付费、使用者付费、受益者付费以及保护者得到补偿原则[1]。在后续健全补偿机制的过程中,统筹考虑补偿主体、发展模式、区域状况等因素时又加入"政府主导、社会参与""统筹兼顾、转型发展""试点先行、稳步推进"等原则,从不同角度拓宽生态补偿机制制定原则所涵盖的范围。

补偿主客体的界定是生态补偿机制有效运行的前提与基础。我国大部分学者都是依据生态补偿的基本原则来选择补偿主客体的。一般是将生态系统服务的受益者视为生态补偿的主体,其中主要有受益地区的居民、企业以及政府;将生态系统服务的供给者确定为生态补偿的客体,包括保护生态环境的个人或服务供给区域的地方政府。

确定生态补偿标准是开展生态补偿工作的关键,决定了生态补偿的效果和可操作性,研究内容包括标准的期限、补偿的空间选择以及标准的上下限等。总的来说,生态补偿标准是多元化的,要考虑到生态效益、经济效益以及社会的认可度等因素的协调统一。有不少学者针对生态补偿标准进行深入研究,比如郑海霞等从生态补偿标准影响因素出发,认为生态补偿标准应该是成本核算、生态系统服务价值增量、受偿主体的支付意愿和补偿主体的支付能力等方面的综合[2]。当前,国内主要是采用影子价格法、机会成本法、市场价格法等价值核算方法来对生态系统服务价值进行测算,并据此确定生态补偿的额度[3]。目前生态补偿标准的确定方法尚未统一,但是探讨生态补偿标准时必须考虑生态环境破坏的成本补偿和对因生态环境保护而丧失的发展机会的补偿。

生态补偿方式是生态系统服务价值得以实现的形式,有不少学者对如何划分生态补偿方式开展了深入研究。按照生态补偿支付方式可以分为政策补偿、实物补偿、资金补偿等,按照资金来源可以划分为财政补贴和市场机制补偿,按照补偿条块可以分为跨流域补偿、生态要素补偿、空间区域补偿等,按照实施主体可划分为政府补偿、社会补偿、国际合作等形式。

生态环境监测与评估的目的是为生态效益核算服务,生态环境监测的顺利实施能够为生态补偿机制的建立健全提供有力保障[4],将生态环境的家底尽早清晰化和细化,可以为生态补偿资金的量化提供坚实基础。生态补偿效益的评估主要包括生态资产和生态系统生产总值(gross ecosystem product,GEP)两方面的核算。评估工作的主要目标是核实受偿地区包括生态产品、生态服务等在内的生态资产变动情况。近年来,生态系统服务检测技术和评估方法发展较快,生态资产、产品和服务产生的价值,能够通过我国国民经济核算体系来货币化,而我国在环境监测、资源清查等领域的工作又可以呈现出资源的总量与质量,在此基础上生态系统服务价值的测算也就有了依据[5]。

---

[1] 王金南,庄国泰.生态补偿机制与政策设计国际研讨会论文集[M].北京:中国环境科学出版社,2006.
[2] 郑海霞,张陆彪.流域生态服务补偿定量标准研究[J].环境保护,2006(1):42-46.
[3] 王金南,万军,张惠远.关于我国生态补偿机制与政策的几点认识[J].环境保护,2006(19):24-28.
[4] 杨桂华.应对流域生态补偿机制的环境监测[J].环境科学与管理,2008,33(7):148-149+152.
[5]《积极探索生态保护补偿效益评估的理论与方法》,2016年5月20日由国家发改委印发。

（二）生态补偿与自然资源产权

实施生态补偿最根本的原因在于生态系统服务及其所依附资源具有独特产权特性,从而导致生态效益及其相关经济效益在相关各方之间分配缺乏公平性[1]。在生态补偿机制研究中,产权是必须加以衡量的关键要素,本节将从生态补偿和产权的内涵及理论实践情况系统梳理两者的相互关系。

1. 自然资源产权——生态补偿的核心

产权,包含了财产的所有权、占有权、处置权、支配权、收益权和使用权。具体来说,产权是法定主体对其财产所拥有的各项权利的综合,是经济所有制关系在法律中的表现形式。因此,自然资源产权是指社会组织、团体或者个人对某一具体的自然资源的占用、收益、支配、转让、使用以及由此延伸出来的其他权利的综合。

国内对自然资源产权的研究主要集中在两个方面：一方面,主要研究的是提高资源利用效率,其核心在于建立和培育全国统一的自然资源产权交易市场,促进自然资源产权交易效率的提高；另一方面,主要研究的是生态保护问题,这就要求对自然资源产权进行明晰界定,以已建立的国家所有制和有偿使用制为前提,在《中华人民共和国宪法》明确自然资源国有和集体属性的基础上,对各类自然资源的产权归属进行进一步划分,以期能够实现自然资源资产由无偿非市场化使用向市场配置的有偿化使用的转变。

生态补偿理论基础涉及多学科领域,纵观生态补偿理论的经济学基础和法学基础,其中都有产权要素成分。公共经济学理论中关于外部性补偿方式之一的科斯定理,在国际社会的生态补偿案例中广泛使用,其发生作用的前提就是在交易费用最低的前提下清晰界定产权,并依靠市场自主调节外部性问题。在大多数生态补偿案例中,市场主体均是通过产权交易解决外部性问题的,所以如何明晰产权、降低交易成本以及建立高效优质的产权交易制度,使得净收益最大化成为关键问题[2]。

自然资源价值理论指出了以往的理论和实践中常被忽视的问题,即自然资源和其他资源一样也具有价值,而这种价值大小主要体现在自然资源转化为自然资源资产的程度上。相较其他可交易资源,自然资源通常需要满足有用性、稀缺性和产权明晰这3个基本条件才是有价值的。其中产权明晰是自然资源具备价值的核心一环,自然资源具有稀缺性是相对于无产权或产权不明晰而言的,只有产权清晰界定且用于市场交易,才能更合理利用自然资源并提高经济效率[3]。

环境资源产权理论把产权的权能进一步细化为权利的初始分配,据此可以确定生态补偿的责任关系。我国法律规定,任何人包括自然人和法人都具有平等地获取和享受生态服务功能、生态产品的权利,即自然人和法人可根据其实际拥有的自然资源来实现其权利。但

---

[1] 何立华.产权、效率与生态补偿机制[J].现代经济探讨,2016(1):40-44.
[2] 袁子娟.浅谈外部性内在化理论对环境治理的指导作用——从"庇古税收"走向"科斯定理"的产权制度建设角度分析[J].现代商业,2016(26):135-136.
[3] 龚光明,侯涛,夏晓莉.自然资源价值与价值补偿[J].天然气技术,2008(2):68-71+95.

是从实践来看,权利分配存在不公现象,比如在流域生态补偿中,上游的生态环境保护者相对于下游的生态环境受益者享有更少的权利分配,因此要对他们的行为进行一定的约束和调整,使用补偿手段来弥补这种权利的失衡[1]。

从产权本身的结构特征和归属分析也足可见产权问题在生态补偿过程中的重要作用。产权经济学家认为自由市场的良好运行取决于有效产权结构,这种结构应具备排他性、可转让性和强制性3个主要特征。然而,自然资源及其附属的生态系统服务并不具备上述产权特征,一方面,生态系统为人类提供了多种类型的服务,但是并未反映在市场机制中;另一方面,生态系统服务所依附的自然资源,诸如农地、森林、草原、湿地和水域的产权归属也不清晰,由于产权的结构特征和产权关系都有待完善,生态系统服务相关的利益无法在各地之间公平分配,因而系统把握产权问题成为生态补偿的应有之义。由于自然资源应具备产权清晰的特征,而自然资源的产权归属正是生态权益的归属,针对产权归属相对清晰的自然资源类型,需要对生态补偿的成本进行分摊,因此生态补偿主体的合理界定和生态补偿机制的完善显得尤其重要。

总之,生态补偿与产权明晰之间应是相互促进、共同发展的关系,即生态补偿的设计、实施和发展有助于推动产权明晰,同时自然资源产权的明晰界定也有助于在法理上厘清生态补偿的各利益主体之间的关系,促进生态补偿机制的进一步完善,推动生态补偿在更多的场景下发挥更大的作用[2]。

2. 自然资源资产产权制度与生态补偿的良性互动

党的十八大以来,我国以自然资源资产产权制度和生态补偿制度为着力点推进生态文明体制改革,然而这些改革探索的整体统筹仍然有待加强,现阶段关于两者互动的研究也较为缺乏,把握两种制度的内在关联性是生态文明建设的必然趋势。

2019年,中共中央办公厅、国务院办公厅印发的《关于统筹推进自然资源资产产权制度改革的指导意见》多次提到生态补偿。例如"明确自然资源资产产权主体"和"加快自然资源确权登记"实则也是在生态补偿实践过程中亟须解决的问题。为确定生态补偿主客体,需要进一步明晰自然资源的产权归属,生态补偿标准的核算必须以自然资源调查监测、价值核算与确权登记为依托,生态补偿的政策实施离不开自然资源的整体保护,自然资源资产产权制度改革不仅是落实生态文明建设的重要制度,更是推进生态补偿工作的制度支撑[3]。

(1)以自然资源产权明晰化为前提,推动生态补偿规范化。2015年中共中央、国务院印发的《生态文明体制改革总体方案》明确提出要构建归属清晰、权责明确、监管有效的自然资源资产产权制度。然而,我国资源环境产权界定不清晰、权利与义务不对等和产权交易困难等自然资源资产产权制度的不完善问题,不仅导致当前地区横向生态补偿的法理基础、动力机制与绩效考核等多个方面问题的解决困难重重,而且引发难以矫正资源环境外部性的问题。

---

[1] 郝俊英,黄桐城.环境资源产权理论综述[J].经济问题,2004(6):5-7.
[2] 靳乐山,吴乐.中国生态补偿十对基本关系[J].环境保护,2019,47(22):36-43.
[3] 朱道林.自然资源资产产权制度改革须遵循自然资源属性[J].中国土地,2019(6):11-12.

基于自然资源资产管理和监管体制改革,我国应积极推进地区间横向生态补偿制度建设,在加强自然资源资产用途管制的基础上,尝试建立自然资源资产使用权交易市场,并在生态环境保护领域利用市场竞争机制来拓展自然资源使用权以扩大其交易范围。如何通过顶层设计将明晰后的产权进行交易也成为各级政府的工作重点。

自然资源资产产权制度体系的构建涉及众多权能,主要包括自然资源资产所有权的明晰、自然资源资产使用权的规范、自然资源资产收益权的保障、自然资源资产转让权的激活、自然资源资产监管权的理顺5个方面。而生态补偿顺利推动的有效前提是产权明晰,这涉及使用权让渡、受益权分配、补偿认定和权责认识等各个方面。只有对补偿双方的生态产权细分,才能平衡各利益主体关系,例如耕地产权衍生而来的承包权、使用权、转让权、抵押权必须受到有力保障,否则会出现生态补偿侵犯农民合法权益现象。

(2)以自然资源资产化管理为导向,实现生态补偿市场化。考虑到所有者权益和环境损害责任,调控自然资源及相关产品价格,实现自然资源的有效保护与利用,完成自然资源资产化和市场化,正是自然资源资产产权制度改革的核心目标,而要真正实现自然资源资产化管理需要经历资产布局结构、配置效率、评估检查等多个环节。

目前我国自然资源资产所有权虽已明确规定为国有和集体所有,但配置与布局仍不尽合理,仍存在效率不高等问题。一方面,需要继续加快自然资源资产核算评价制度建设、自然资源资产负债表编制探索等。另一方面,应对自然资源资产处置措施如"出售、转让、出让"等的衍生权能进一步优化。最后是自然资源资产评估检查,应当配置资产的监督评估指标体系和动态监测评估机制,尤其针对自然资源这种具有特殊性质的资产,更应该把相关指标纳入经济社会的发展评价体系,如生态效益、资源消耗、环境损害等评价指标,以使自然资源资产评估检查能够有效地反映生态文明建设情况,并且为生态补偿制度的建立提供导向和参考。

在生态补偿制度的演变过程之中,"市场与价格"是贯穿始终的,生态补偿市场化过程本质其实就是产权明晰的前提下不同主体之间进行交易的过程。党的十八大报告明确提出"建立反映市场供求和资源稀缺程度、体现价值和代际补偿的资源有偿使用制度和生态补偿制度",随后中共中央、国务院印发的《生态文明体制改革的总体方案》提出"健全资源有偿使用和生态补偿制度",其核心是"有价"。2019年,国家发改委、财政部、水利部等九部门联合印发的《建立市场化、多元化生态保护补偿机制行动计划》指出,要加快完善市场化生态补偿方式,构建多元化的生态补偿机制。

生态补偿的定价权应下放给市场,然而自然资源量化定价问题是很多地方认为难以深入推进生态补偿制度的主要原因。总结国际生态环境服务付费的实践经验可知,转移支付的主要方式是由市场决定生态环境服务价格,并通过政府与民众的协商谈判、地区之间的利益平衡达成协议,最终实现生态环境服务交易。我国可以借鉴国外的实践经验来推进生态补偿制度建设,将市场定价机制与我国行政体制相结合,建立相应的财政转移支付体系,以用于生态环境保护基金运作[1]。

---

[1] 刘瀚斌.从产权制度看生态补偿问题[N].中国环境报,2016-10-12(003).

二、我国生态补偿的政策沿革与实践梳理

(一)生态补偿政策法规发展脉络

1. 生态补偿前奏(20世纪70年代末—2004年)

我国早期生态补偿的政策法规一般作为环境规制的附属措施,且都是以中央政府出资实施的重要生态系统保护和修复重大工程为目标对象,并逐步明晰受益者补偿原则。

这一阶段的政策法规通常集中在单一特定资源领域[1]。例如20世纪70年代伴随"三北"防护林体系建设工程兴建[2],1979年通过的《中华人民共和国森林法(试行)》确立了以森林资源开发和保护为主的原则,但并未清晰界定森林产权,对森林资源的价值缺乏科学认识。1984年,《中华人民共和国森林法》的颁布初步明确了森林权属和森林资源保护权责。1998年,全国人大常委会颁布了《中华人民共和国森林法》(1998年修订)。基于此,我国设立了专门的森林生态效益基金,为防护林和特种用途林生态效益的持续发挥提供资金支撑。

1998年11月7日,《国务院关于印发全国生态环境建设规划的通知》(国发〔1998〕36号)第一次明确提出:按照"谁受益、谁补偿,谁破坏、谁恢复"的原则,建立生态效益补偿制度。2004年3月,《国务院关于进一步推进西部大开发的若干意见》(国发〔2004〕6号)提出建立生态建设和环境保护补偿机制,鼓励各类投资主体积极参与生态建设和环境保护,从而将西部地区生态补偿机制的建立提升到前所未有的高度。

生态补偿的领域范围已经由点向面展开。2003年,《中共中央 国务院关于加快林业发展的决定》明确了林业在生态环境建设中的首要地位,提出要完善森林生态效益补偿机制,并进一步完善公益林建设和森林生态效益补偿基金。生态补偿开始重视对外部经济性的矫正,强调基于"受益者付费和破坏者赔偿"原则的经济激励政策的使用,这也是生态环境服务付费与我国实践相结合的初步探索。此外,生态补偿机制的建设也被列入党和政府的工作计划之中。

2. 生态补偿机制初步建立(2005—2011年)

在明确贯彻受益者补偿的原则下,这一阶段开始考虑生态保护成本、发展机会成本和生态服务价值补偿,生态补偿的体制建设开始有规可循。随着生态补偿领域与范围的进一步扩大,在实践过程中呈现出的差异也愈加明显,亟须出台针对不同领域的生态补偿方案[3]。尽管这一时期我国的政策法规仍不尽完善,但在矿产资源开采、森林、草原、水土保持、国家重点生态功能区等重点领域已初步形成生态补偿体制的基本框架。

---

[1] 李国平,刘生胜.中国生态补偿40年:政策演进与理论逻辑[J].西安交通大学学报(社会科学版),2018,38(6):101-112.

[2] 陈国阶.生态补偿的理论与实践探索[J].决策咨询,2019(6):1-5+8.

[3] 陈学斌.加快建立基于主体功能区规划的生态补偿机制[J].宏观经济管理,2012(5):57-59.

"十一五"规划中明确提出"谁开发谁保护、谁受益谁补偿"的原则,加快建立生态补偿机制。相较于"谁受益、谁补偿,谁破坏、谁恢复"的原则而言,这一阶段更加重视资源节约型和环境友好型社会的建设,对破坏生态环境的行为予以限制与禁止。生态补偿原则的调整,标志着我国生态文明体制建设进入快车道。

2005年12月,为突出生态环境保护的重要性,国务院发布的《国务院关于落实科学发展观加强环境保护的决定》明确提出,财政转移支付考虑生态补偿因素,地方可通过开展生态补偿试点工作来建立生态补偿机制,以完善生态补偿政策。2007年8月,为了开展生态补偿工作,建立生态补偿机制,国家环境保护总局印发了《关于开展生态补偿试点工作的指导意见》,其中明确指出探索建立集重点生态功能区、自然保护区、矿产资源开发和流域水环境保护于一体的生态补偿机制。

2011年财政部发布的《国家重点生态功能区转移支付办法》与2007年财政部、国家林业局发布的《中央财政森林生态效益补偿基金管理办法》规范了生态补偿资金的管理,增加了可操作性。在流域生态补偿中,浙江和安徽等地探索出的"异地开发""流域共享共建"等模式丰富了以往单一的补偿形式。国际上诸如"排污权交易""生态标记"等生态补偿方式逐渐受到关注并在局部区域付诸实践,各类补偿政策共同构成了多层次的生态补偿政策体系。

2010年,国务院正式将生态补偿条例的制定纳入立法计划,国家发改委与有关部门共同起草了《关于建立健全生态补偿机制的若干意见(征求意见稿)》和《生态补偿条例(草稿)》,提出中央森林生态效益补偿基金制度、重点生态功能区转移支付制度、矿山环境治理和生态恢复的责任制度,为我国生态补偿法规的制定构建了大体框架。

生态补偿的空间统筹工作重要性也日益凸显。2010年12月,《国务院关于印发全国主体功能区规划的通知》将国土空间划分为优化开发区、重点开发区、限制开发区和禁止开发区4类,确定主体功能定位,为建立生态补偿机制提供了空间布局框架和制度基础。然而限制开发区与禁止开发区中的个人和集体,为保护生态环境承担了"保护自然、修复生态和提供生态产品"的责任,使该地区的经济发展受到了严重的制约,因此尽快建立基于主体功能区的生态补偿机制,不仅有利于全国主体功能区规划的顺利实施,而且可以促进国土空间的高效利用和区域间的协调发展。

3. 生态补偿机制健全完善(2012—2017年)

生态补偿法规基本框架建立后,重点转向了健全与完善生态补偿机制。党的十八大以后,我国生态补偿工作发生了一定的转变:在领域方面,除原有重点领域外,新增了海洋、野生动物等领域;在机制体制改革方面,除了河长制和国家公园体制的探索外,更进一步的生态补偿制度改革构想也在不断发展。生态补偿作为生态文明建设的重要一环并不是单独起作用的,而是配合多项政策制度多轴联动、协同发力。

生态补偿领域方面,除森林、草原、流域等主流生态补偿领域外,在其他领域也正逐步展开探索。比如海洋生态损害国家赔偿、海洋生态红线划定等在国家重大政策上的体现,标志着我国海洋生态补偿的起步,随后对野生动物、大气等重点领域的生态补偿在我国部分省市开展探索实践。

生态补偿体制方面,2017年9月中共中央办公厅、国务院办公厅印发了《建立国家公园体制总体方案》,该文件对国家公园生态补偿机制的发展有极高的指导意义。在政府工作报告中,李克强总理提出要"全面推行河长制,健全生态保护补偿机制",一定程度上也促使我国横向生态补偿机制得以发展。

深层次生态补偿制度改革方面,自2014年起,我国不断健全完善已有生态补偿机制。2014年第十二届全国人大常委会第八次会议通过的《中华人民共和国环境保护法》(2014年修订版)明确提出要建立健全生态保护补偿体系;不断加大中央财政对生态保护区域的转移支付力度,有效落实地方财政生态保护补偿资金,并要求地方政府基于协商或市场化的方式开展生态补偿工作。

2013年,国务院发布的《国务院关于生态补偿机制建设工作情况的报告》进一步提出要不断探索市场化、多元化的生态补偿机制,积累试点工作经验。同年,党的十八届三中全会通过的《中共中央关于全面深化改革若干重大问题的决定》提出:"探索编制自然资源资产负债表,对领导干部实行自然资源资产离任审计。建立生态环境损害责任终身追究制。"同时,明确指出要健全自然资源资产产权制度、用途管制制度以及生态保护责任追究制度等,使它们与生态补偿制度相互支撑、相互促进[1]。

2013年11月习近平总书记提出精准扶贫政策后,生态补偿机制更加注重受偿区域的民生工程建设,关于生态环境恶化和经济贫困度如何协同治理的问题受到学者广泛关注,以生态扶贫带动精准扶贫,实现生态文明建设和精准扶贫政策的双赢成为时代考题。

2015年4月,中共中央、国务院印发《关于加快推进生态文明建设的意见》,随后9月印发《生态文明体制改革总体方案》,这些文件都明确了在生态文明建设中建立健全生态补偿机制的积极作用,并提出我国要加快构建受益者付费、保护者获得合理补偿的运行机制,努力探索多元化的生态补偿机制。

2016年4月国务院办公厅印发了《国务院办公厅关于健全生态保护补偿机制的意见》(简称《意见》),确立了我国"分类补偿与综合补偿相结合"的生态补偿政策框架,之后各地陆续发布了对应以上国务院文件的实施意见,国家相关部委也相继发布了某个领域或者某个区域的生态补偿指导意见,《意见》提出:"在生存条件差、生态系统重要、需要保护修复的地区,结合生态环境保护和治理,探索生态脱贫新路子。"[2]生态补偿与精准扶贫同频共振,以生态扶贫带动精准扶贫,实现减贫脱贫和生态文明建设的"双赢"。生态保护补偿机制为生态脱贫提供重要制度支撑。现有的生态保护补偿资金、国家重大生态工程项目资金等在不同程度上向贫困地区的建档立卡户倾斜。纵观近年实践取得成效,生态补偿机制确实在脱贫攻坚中发挥了重要作用。

为实现建立健全生态保护补偿制度体系的目标,中央及地方各级政府围绕生态环境保护补偿的主题颁布实施了系列公共政策,不断调整生态保护补偿的原则,明晰生态保护补偿的对象,优化生态保护补偿的手段,使得我国生态补偿政策体系逐步完善,对生态补偿的理

---

[1] 蔡春,毕铭悦.关于自然资源资产离任审计的理论思考[J].审计研究,2014(5):3-9.
[2] 张化楠,接玉梅,葛颜祥.国家重点生态功能区生态补偿扶贫长效机制研究[J].中国农业资源与区划,2018,39(12):26-33.

解也从此前单一的"补偿"或"赔偿"手段扩展为由众多政策法规和制度框架所构成的利益调节机制。

4. 生态补偿发展新阶段（2018年以来）

我国生态补偿经历了近40年的探索，各级政府结合本地发展特点，运用生态补偿政策，较好地解决了环境破坏问题，但受益者与保护者的利益联结机制尚未形成，同时生态补偿需要统筹的要素更加复杂、面临的挑战也更加严峻。在此背景下，生态补偿的发展迈入了新的阶段，这种阶段的"新"体现于生态补偿的区域由以往的行政区域内补偿逐步发展为跨行政区域补偿，由最先单一要素补偿逐渐扩展为生态综合补偿，由传统的政府补偿逐渐转向政府与市场相结合的补偿，且发展速度与规模都是空前的。

2018年，财政部发布的《关于建立健全长江经济带生态补偿与保护长效机制的指导意见》指出，要以长江经济带为突破口，加强上下游协作，在合适的省份开展跨流域补偿试点工作，进一步保护好长江。《建立市场化、多元化生态保护补偿机制行动计划》对未来我国生态补偿的任务与目标进一步明确：到2020年，要初步建立市场化、多元化生态保护补偿机制，到2022年，建立较为完善的生态保护补偿市场体系，使市场化、多元化生态保护补偿水平得到明显提升[1]。

2019年4月，中共中央办公厅、国务院办公厅印发了《关于统筹推进自然资源资产产权制度改革的指导意见》，这为生态补偿提供了一定的制度背景。我国生态补偿的综合改革包括多方面的内容，在持续大力推进自然资源资产产权制度改革的同时，还要建立完善的生态产品和生态服务购买市场体系，以期能够在一定程度上解决生态保护补偿不充分的问题，这也是对党的十九大报告中提出的建立"市场化、多元化生态补偿机制"目标的延伸与拓展。

2019年，《国家发展改革委关于印发〈生态综合补偿试点方案〉的通知》首次提出生态综合补偿，这意味着统筹自然资源全要素，加快建立系统性补偿已成为下一个阶段的重点。生态综合补偿则试图以"共同体"思维来对区域、流域范围内的生态要素进行集成优化，促使单一要素补偿向全要素补偿转变，最大化地发挥生态补偿效益[2]。2020年4月20日，国家各部委联合发布《支持引导黄河全流域建立横向生态补偿机制试点实施方案》。目前，黄河流域各省市正结合该试点方案积极展开相关工作，不断完善目标考核体系、改进资金分配办法、优化资金用途，建立流域生态补偿标准核算体系，逐步构建区域间横向综合生态机制。

未来我国各重点生态补偿领域的改革构想是在保证自然资源资产产权确权、产权流转和产权权益实现的前提下，建立以中央政府为主导，地方政府、个人以及其他社会主体积极参与，政府行政管制与市场化交易优势互补的多元化生态补偿体制机制。

---

[1] 任俊霖,彭梓倩,伍新木,等.中国生态补偿研究最新进展与前沿分析[J].林业经济,2020,42(5):19-29.
[2] 徐瑞蓉.综合性生态补偿制度设计与实践进路——以福建省为例[J].福建论坛(人文社会科学版),2020(6):136-142.

(二)生态补偿政策实践梳理与经验总结

1. 不同类型生态补偿实践进展

当前对地方生态补偿实践的探索往往侧重某种特定的划分方式或是某种划分方式下的具体类型。为较为全面地梳理我国地方的生态补偿实践,本节结合以往关于生态补偿的政策规划和各地方实践情况,探讨不同划分方式下的生态补偿实践。

2007 年,国家环境保护总局印发的《关于开展生态补偿试点工作的指导意见》明确指出探索建立重点生态功能区、自然保护区、矿产资源开发和流域水环境保护的生态补偿机制。2016 年,国务院办公厅印发的《关于健全生态保护补偿机制的意见》对我国生态保护补偿机制的建设现状和方向进行阐述,明确指出我国分领域的生态保护补偿包括森林、草原、湿地等方面,继续完善重要区域以及横向的生态保护补偿机制,不断推进我国生态保护补偿机制向纵深发展。

基于此,可以将现有的生态补偿政策实践按照生态要素与生态空间两种划分方式加以梳理,其中生态空间又可以分为流域环境和区域类型两类。

1)按生态要素划分

按照生态要素划分地方生态补偿的实践类型是已有研究中所采取的最为常见的方式之一。结合相关政策内容以及青海省生态补偿实践情况,本节主要梳理森林、草原和湿地三大重点领域的生态补偿实践情况。

(1)森林生态补偿。在各领域生态补偿的理论研究和实践探索中,森林生态效益补偿开展得较早且较为全面,其实施形态经历了从商业林到经济林再到生态林的转化[1]。从广义上讲,森林生态补偿是指对森林生态系统的补偿,包括所有主体为保护森林而进行的投入,如生态公益林效益补偿、林业重点工程等;从狭义上讲,森林生态补偿是指对公益林所有者或者经营者进行专项资金补助,弥补他们在造林、抚育、保护和管理方面的投入。我国森林生态补偿的主要内容是指森林生态效益补偿、天然林保护工程、退耕还林工程、"三北"防护林体系建设工程等。

1984 年我国颁布的《中华人民共和国森林法》是我国森林生态补偿的开端。20 世纪 90 年代中期,我国先后开展了天然林保护工程、退耕还林工程和"三北"及长江流域防护林建设工程,中央政府及有关部门对森林生态效益补偿问题的重视上升到新的高度,陆续出台了一系列法规,逐步建立了森林生态效益补偿制度,并在实践中不断予以调整完善。

青海省在森林生态补偿领域主要围绕退耕还林工程和森林生态效益补偿两块重点内容有序开展工作。青海省是我国最早开始退耕还林的省份之一,按照"退耕还林、封山育林、以粮代赈、个体承包"的要求,青海省历时 15 年,积累了丰富的实践经验,在此基础上新一轮退耕还林从 2015 年开始,将结合已有成果探索新的方式[2];森林生态效益补偿方面,青海省

---

[1] 张泉,陈建男.森林生态补偿地方实践中的困境和对策——以云南芒市、安徽太湖为例[J].法制与经济(中旬刊),2011(11):184-186.

[2] 刘青芳.青海省退耕还林工程经验和问题思考[J].南方农业,2014,8(21):100-101.

于 2005 年开始执行国家重点公益林生态效益补偿基金制度,公益林面积与补偿标准基本逐年提升,并在此过程中通过探索生态补偿与扶贫相结合的模式为当地农牧民创收。

(2)草原生态补偿。草原生态补偿的起始时间相对较晚,但其重要意义与日俱增。我国草原生态补偿主要依托退牧还草工程和草原生态保护补助奖励机制建设与实施两个方面。草原生态补偿的政策目标是生态目标,即草原的生态环境保护,其中生计与环境关系是草原生态补偿中需要考虑的两个核心元素[1]。退牧还草工程主要通过发放饲料补助、围栏建设等方式开展,草原生态奖补直接分区域按草原面积对牧民进行补贴,两者补偿的对象都是参与禁牧、轮牧或休牧的牧民。

青海省在草原生态补偿的实践中,紧跟国家草原生态补偿步伐,主要包括退牧还草工程和草原生态保护补助奖励机制建设与实施两个方面。其中,退牧还草工程于 2003 年开始实施,在三江源地区通过围栏封育、补播改良、减畜禁牧等措施,取得显著成效[2];草原生态保护补助奖励机制最早于 2011 年提出,在全国草原生态保护补助奖励政策实施指导意见的基础上,青海省根据实际情况已经开展两轮草原生态奖补实践。

(3)湿地生态补偿。我国是湿地类型最为丰富的国家之一,同时湿地也是生态系统的重要组成部分。目前,我国一些地方已经积极开展了湿地生态补偿的试点工作,并取得了不错的成果。比如青海省,其湿地资源丰富且具有独特的高原湿地生态系统结构与功能,生态保护价值极高。因此,针对湿地呈现的湿地面积萎缩、湿地生态功能弱化以及湿地生物多样性减少等问题,青海省人民政府自 2010 年开始便积极实施湿地生态保护工程,并在青海省实施湿地生态效益补偿试点工作,开展湿地及周边地区生态环境整治,以建立湿地生态效益补偿的长效机制,这为全国湿地保护提供了实践经验。但不可否认的是,当前我国对于湿地的生态补偿实践尚未成熟,具有可操作性的湿地生态补偿方案还未出台,仍需要我们不断努力与探索。

2)按生态空间划分

除按生态要素进行补偿外,还有按生态空间进行的生态补偿实践类型。具体来说,生态空间是指具备自然属性,并以提供生态产品或生态服务为主导功能的国土区域。基于我国已有的生态补偿实践,并结合《关于健全生态保护补偿机制的意见》中的相关内容,按生态空间进行的补偿又可以分为流域环境和区域类型两大主体。

(1)按流域环境划分。流域因具有独特的生态要素和区域活动特征而有别于资源类型和区域类型,它是以水资源与河流定向跨区域运动为特征的自然地域系统,同时也是一种整体关联性较强的经济系统。考察我国已有的流域生态补偿实践发现,补偿主体与受偿客体基本上是各级人民政府。按照补偿模式可以将生态补偿分为省域内生态补偿、混合生态补偿、跨省横向生态补偿 3 种类型,但仍然是以省域内生态补偿模式和混合生态补偿模式为主,跨省横向生态补偿模式难度较大,目前尚处于探索与试点阶段。

(a)省域内生态补偿是指省级政府对本区域内流域治理并进行财政转移支付,积极引导

---

[1] 杨清,南志标,陈强强.国内草原生态补偿研究进展[J].生态学报,2020,40(7):2489-2495.
[2] 王孝发,容旭翔.青海省退牧还草工程与思考[J].青海草业,2012,21(2):32-36.

县区进行横向生态补偿探索的一种模式。目前我国多地对省内流域生态补偿进行了有益的探索和实践,其中主要包括浙江省的流域生态补偿,福建省在省辖区的3个流域生态补偿,江西省内对境内五大河流、东江源头保护区的生态补偿以及长江经济带沿江9省(市)在本辖区内实施的全流域生态补偿等。从青海省已有的省内流域生态补偿实践来看,主要是在江河源头区、水生态修复治理区等重要水源地开展生态保护补偿工作,其中包括三江源、黑泉水库等。除此之外,青海省开展的横向流域生态补偿实践较早,如西宁市南川河流域生态补偿、湟水河流域生态补偿等实践探索,并取得一定效果。

(b)混合生态补偿是指同时具备横向和纵向生态补偿两种类型特征的一种补偿模式。具体表现为中央政府和流域下游政府作为补偿主体,以专项资金的方式给予下级政府或流域上游政府支持,还包括构建横向生态保护补偿机制并对保护治理成效突出的省份予以奖励。其中较具代表意义的有新安江流域上下游横向生态补偿,它属于以地方补偿为主、中央财政给予支持的典型例证。此外,九洲江生态补偿、汀江—韩江生态补偿、东江生态补偿、引滦入津工程、密云水库上游潮白河生态补偿等都是由流域上下游政府和中央政府共同参与补偿过程的典型例证。在中央最新发布的试点实施方案中,青海省被界定为沿黄省份,在中央政府的资金支持下与下游省份开展生态补偿机制建立探索。

(c)跨省横向生态补偿是指不具有行政隶属关系的政府部门之间就流域范围的水环境质量进行补偿的一种方式。跨省流域的生态补偿更能体现水资源区域流动的特征,且跨度大、范围广,涉及各方利益博弈,较省域内的生态补偿而言难度更高。因此,目前跨省横向生态补偿仍然处于初步探索阶段,比如赤水河流域生态补偿、滁河流域生态补偿等跨省横向生态补偿的探索。在跨省横向生态补偿方面,青海省处于开拓与摸索阶段,目前青海省与四川省、甘肃省等相关部门共同探索构建省际间生态补偿机制。

(2)按区域类型划分。2011年,财政部印发的《国家重点生态功能区转移支付办法》将生态补偿的范围划分为四大类:一是国家重点生态功能区,二是禁止开发区,三是生态环境保护较好的省区,四是环保部制定的《全国生态功能区划》中的部分国家生态功能区[1]。针对国家重点生态功能区的转移支付对象对本节区域类型划分具有一定启示意义,本节将区域类型分为重点生态功能区生态补偿、自然保护地生态补偿、试点省市生态补偿三大类。

(a)重点生态功能区生态补偿。中央政府选定《全国主体功能区规划》中的部分重点生态区域,根据地方政府的财政收支缺口等因素划拨专项经费,用于生态环境保护与民生改善[2]。

《国家重点生态功能区转移支付办法》(财预〔2011〕428号)提出我国中央财政转移支付主要针对的是主体功能区规划中限制开发区的国家重点生态功能区,以及青海省三江源自然保护区、海南国际旅游岛中部山区生态保护核心区等国家重点生态功能区。而后,政府部门又于2014年将河北环京津生态屏障、西藏珠穆朗玛峰等区域内的20个县纳入转移支付范围,由最新统计可知,目前国家重点生态功能区中央财政转移支付覆盖的县市已增至676

---

[1] 况文婷.我国重要生态功能区生态补偿制度:实践、不足与完善[J].法制与社会,2015(24):167-169.

[2] 杨倩.重点生态功能区生态补偿机制建立探索[J].环境与可持续发展,2018,43(6):97-100.

个,其中有41个重点生态功能区县属于青海省。

(b)自然保护地生态补偿。自然保护地一般是由各级政府依据相关法律进行划定或确认的,是对重要的自然生态系统、自然遗迹、自然景观以及承载的自然资源、生态功能和文化价值实施长期保护的区域。我国重要的自然保护地类型主要有国家公园、自然保护区、自然公园等。相对于重点生态功能区、限制开发区等主体功能区,自然保护地在转移支付、管理模式与保障措施等方面仍处于起步阶段。2019年6月,中共中央办公厅、国务院办公厅印发的《关于建立以国家公园为主体的自然保护地体系的指导意见》明确提出了要建立自然生态系统保护的新机制,建成具有中国特色的以国家公园为主体的自然保护地体系,这标志着我国自然保护地体系建设进入了新阶段。

国家公园体制的建立也是保护生物多样性和提升生态质量的重要途径之一。党的十九大报告提出建立以国家公园为主体的自然保护地体系,并在我国部分省份开始试点工作。如何协调试点的国家公园体制与现有的自然保护区体系成为现阶段最大的挑战。此外,我国自然保护区在生物多样性与社区发展等方面取得突出成就。自然保护区是指在保护生物多样性、维系生态平衡、促进人与自然和谐发展等方面发挥独特作用的区域。自然保护区的效益由全民享受,而其负外部性与损失由自然保护区范围内的居民承担,这有悖区域平衡发展。因此,建立健全自然保护区生态补偿机制,并对自然保护区内对生态保护作出贡献或承担损失的居民予以补偿,是优化自然保护区产业结构以及激励社会公众保护行为的长效机制。

由于自然保护区存在着时空、类型的差异,在自然保护区生态补偿过程中,我国通常实施分时段、分类以及分情况的差异化补偿,并取得了良好效果。但目前管理体制的弊端也非常明显,我国自然保护区对自然资源实行强制性的封闭式保护,此类措施在很大程度上限制了当地居民对保护区内资源的合理利用,进而制约着居民生活质量的提高。另外,由综合管理与分部门管理相结合的管理体制所引发的权责不明和多头管理的问题也依然存在。

从青海省自然保护地发展历程来看,自然保护区的建立最早始于20世纪70年代,现基本形成具有系统性、代表性的自然保护区,自然保护区涵盖了三江源、青海湖、祁连山、柴达木等重要区域;在国家公园建设方面,青海省已建成三江源国家公园、祁连山国家公园,此外还在开展青海湖和昆仑山两个国家公园的前期准备工作,并取得了较好效果。青海省是目前唯一一个国家公园示范省。

(c)试点省市的生态补偿。本书以少数民族自治区生态补偿为例加以说明。西藏自治区实施生态安全屏障保护与建设,2014年建设区域内的森林面积增加了1 024.2 km^2,灌木林面积增加了1 036.7 km^2,沙化土地面积减少了10.71万 hm^2,生物多样性得到有效保护,农牧民的生活水平稳步提高,清洁能源使用率大幅提高,农牧区生产生活条件得到改善。再以陕西省和甘肃省的首例省级生态补偿实践加以说明。2011年,陕西省和甘肃省就渭河流域保护签订跨流域补偿协议,约定以跨界水质为考核指标,由陕西省向上游甘肃省天水市和定西市补偿300万元。各地市、区县乃至乡镇政府愈加认识到生态补偿的重要性,并因地制宜开展多种方式的生态补偿实践,主要包括实施了一系列重大工程以促进重要生态系统的保护与修复,同时,还注重开展水流域生态补偿体制机制的建立健全等工作。

这些不同划分方式下的实践类型只是我国生态补偿的缩影,但足以说明生态补偿政策实践在部分地区初见成效。

2. 生态补偿的实践特征总结

党中央密切关注重大生态环境问题并通过制定一系列宏观政策、指导意见与标准导则提供政策支撑和财政保障,积极探索了多样化的生态补偿模式,推动了生态补偿实践的多元化发展[1]。各地方政府在广泛探索过程中积累丰富实践经验,个别地方实践进展甚至已经超过国家层面的工作进度。结合前文梳理,本书归纳出我国生态补偿实践过程的如下特征。

(1)生态补偿内涵不断丰富拓展。从前文梳理中不难发现,随着生态补偿政策法规和实践的不断完善,生态补偿的内涵也日渐丰富。生态补偿最初依附于环境规制,且强调"谁受益、谁补偿,谁破坏、谁恢复"原则,旨在通过法律手段对既成损害征收费用并抑制这类行为的持续发生。一般来说,生态环境保护制度往往是一个地区最先建立和实施的。随着我国社会经济的快速发展与环保意识的不断增强,生态补偿在我国政策制定中的地位日益显著,生态补偿注重对生态保护区域内的政府、单位和个人因经济发展活动受限而丧失的利益进行补偿,本质上是对生态环境的保护者因保护生态环境而丧失的发展机会的补偿。生态补偿发展到一定阶段后,国家发改委等相关部门开始强调补偿的系统性和整体性,在政策文件中使用了生态综合补偿概念,并通过调节多方利益关系、优化生态补偿资金安排、实现生态产品价值的方式,建立市场化、多元化补偿机制,这也成为我国越来越多的地区发展的新趋势[2]。

(2)生态补偿的财政转移支付制度相对完善。我国生态补偿制度在近10年发展速度较快,得益于国家宏观调控支持,其补偿范围几乎涵盖生态系统内的全部领域,经济发展质量稳步提升。国家重点生态功能区转移支付政策在实践中不断完善,具体体现在:①转移支付范围逐步优化,如生态文明示范工程、国家公园体制试点、"三区三州"等深度贫困地区都被纳入转移支付范围;②转移支付资金分配方法不断改进,体现出由以往单一"输血型"补偿向"造血型"补偿转变;③转移支付力度与规模持续扩大,该项政策目前已覆盖全国的818个县域,有效保证了国家重点生态功能区生态产品的产出能力;④生态空间补偿特征日益清晰,具体表现为以往生态功能区转移支付集中于森林、草原等单个生态要素,而重点生态功能区通常是与深度贫困区域和生物多样性保护优先区重合[3]。

(3)市场化、多元化生态补偿制度得到深入探索。党的十九大明确提出要建立市场化、多元化生态补偿机制,这表明在我国生态补偿机制的构建过程中,要充分运用市场手段并积极探索生态补偿主体与模式的多元化。《建立市场化、多元化生态保护补偿机制行动计划》也指出我国生态补偿市场化中存在市场主体参与度不高、生态服务供给不足等问题,并就制

---

[1] 程滨,田仁生,董战峰.我国流域生态补偿标准实践:模式与评价[J].生态经济,2012(4):24-29.
[2] 黄东风,李卫华,范平,等.闽江、九龙江等流域生态补偿机制的建立与实践[J].农业环境科学学报,2010,29(S1):324-329.
[3] 刘桂环,文一惠,谢婧,等.国家重点生态功能区转移支付政策演进及完善建议[J].环境保护,2020,48(17):8-14.

度细化提出具体要求,明确了市场化的重点和发展方向[1]。总之,生态补偿问题在国际社会中实践较早并已有相当数量的成功案例。反观我国早期生态补偿制度形成迟缓、实施困难,与自然条件、区域经济发展水平等因素都密切相关。

2006年至今,我国在学习国外生态补偿理念和政策实践的经验上,因地制宜探索出具备中国特色的生态补偿制度,其中最大的特色在于这项制度能和其他政策形成良好的互动机制,生态补偿与精准扶贫、乡村振兴、全面建成小康社会等多项政策步调统一、协同推进。在综合考虑广大人民日益增长的生态环境需求上,中国特色生态补偿制度将通过创新生态产品与服务的供给模式进一步实现[2]。

三、青海省生态补偿的必要性与紧迫性

(一)青海省生态战略位置重要

2016年8月,习近平总书记在青海省考察工作时曾指出,青海省南部是长江、黄河、澜沧江的发源地,三江源地区被誉为"中华水塔"。黄河总径流量的49%、长江总径流量的2%、澜沧江国内总径流量的17%、黑河总径流量的41%从青海流出。

青海湖是阻止西部荒漠向东蔓延的天然屏障,作为"青海北大门",其冰川雪山融化形成的河流不但滋润灌溉着青海省祁连山地区,而且滋润灌溉着甘肃省、内蒙古自治区部分地区,被誉为河西走廊的"天然水库"。

祁连山冰川与水源涵养生态功能区是我国保留最完整的寒温带山地垂直森林-草原生态系统,森林茂密、草原广袤、冰川发育,是珍稀物种资源的基因库,是黑河、大通河、疏勒河、托勒河、石羊河、布哈河、沙柳河等河流的发源地,对维系青海省东部、甘肃省河西走廊和内蒙古自治区西部绿洲具有重要作用。

青海省独特的生态环境造就了世界上高海拔地区独一无二的大面积湿地生态系统,是世界上生物多样性、物种多样性、基因多样性、遗传多样性最集中的高海拔地区,是高寒生物自然物种资源库。所以,青海省的生态地位十分重要,无可替代。

2021年3月7日,习近平总书记在参加十三届全国人大四次会议青海代表团审议时再次强调:"青海对国家生态安全、民族永续发展负有重大责任,必须承担好维护生态安全、保护三江源、保护'中华水塔'的重大使命,对国家、对民族、对子孙后代负责。"

(二)青海省生态保护任务艰巨

1. 青海省生态保护成本高

(1)青海省地域面积广阔,亟须保护的空间大。习近平总书记曾强调,青海的生态就像

---

[1] 张捷,王海燕.社区主导型市场化生态补偿机制研究——基于"制度拼凑"与"资源拼凑"的视角[J].公共管理学报,2020,17(3):126-138+174.

[2] 靳乐山,朱凯宁.从生态环境损害赔偿到生态补偿再到生态产品价值实现[J].环境保护,2020,48(17):15-18.

水晶一样,弥足珍贵而又非常脆弱。全省总面积约 72 万 km²,其中 90% 属于限制开发或禁止开发区域,这决定了青海省保护生态环境的范围广、任务重、难度大。保护好三江源,保护好"中华水塔"是青海省义不容辞的重大责任,来不得半点闪失。

(2)青海省自然环境恶劣,工程建设成本高。青海省海拔高、气候恶劣,部分生态修复工程施工成本远高于同等工程量的其他地区,但在国家相应的项目拨款中却没有提高标准,如三江源二期植树造林工程拨付标准为 500 元/亩,实际成本需要 2000 元/亩;黑土滩治理拨付标准为 150 元/亩,实际成本需要 293 元/亩。

(3)贫困人口多,生态补偿压力大。青海省是我国扶贫开发任务重、难度大的省份之一,共有贫困县(市、区、行委)42 个,其中国家扶贫开发重点县 15 个。2019 年,青海省共设立 8.5 万个生态管护员岗位,其中有 5.7 万个岗位的工资都来源于省财政自筹资金,财政负担很重;与其他省份横向对比,省内生态补偿标准偏低且覆盖面小,资金缺口大,根据省财政厅初步估算,如果全面铺开生态补偿政策,资金缺口将达 30 亿元。

2. 青海省地方财政能力弱

一直以来,深处内陆高原、自然环境恶劣、交通不便、人口少、市场经济不活跃,青海省的产业发展较为单一,虽然有较为丰富的矿产资源,却因受限于国家生态保护政策而无法大力开采,诸多因素导致青海省经济发展程度较低。2019 年全省国内生产总值(Gross Domestic Product,GDP)仅有 2 965.95 亿元,在全国 GDP 中占比很小,省财政收入相对拮据,重大工程项目基本依靠中央政府的转移支付,是名副其实的"经济小省"。

第二节 青海省生态补偿实践状况及其存在的问题

一、以生态要素划分的生态补偿实践

生态补偿的出发点是促进人与自然的和谐共处。从补偿的客体来看,生态补偿是对已经被破坏的生态进行修复补偿以及对放弃发展权的农牧民和地方政府所进行的补偿。21 世纪以来,青海省开展了一系列的生态工程,大多数生态工程依托于中央的财政转移支付,其目标是改善青海省生态环境、提高农牧民的生活质量和地方政府的公共服务能力,其中包括了退牧还草工程、退耕还林工程、三江源一期和二期工程规划以及对生态环境的修复、对当地农牧民和政府的补偿等方面。起初,青海省的生态工程大多是具有补贴性质的生态补偿,比如围栏建设、划区轮牧、退化草地改良、封山育林、人工造林、退牧还湿等。上述措施的不断推进使得青海省的生态系统功能得以恢复,改善了农牧民的基础设施,改变了畜牧业的经营方式,达到了保护环境的目的,进而推动了青海省的生态大省、生态强省的建设。

(一)草原生态补偿实践

青海省是我国主要牧区之一,草地面积约 3 947 万 hm^2,主要分布在环湖地区、青南高原、柴达木盆地,占全省草地总面积的 94.47%。草原牧区的主要经济活动以草地畜牧业为主,牧区内的生态环境较为脆弱,再加上受到人工干预、过度放牧以及高原高寒自然气候的变化影响,牧区的草场出现区域性的草地退化。由于全省暂未开展草畜平衡管理,片面追求牲畜数量的增加,畜牧业高速发展,自 20 世纪七八十年代开始,畜牧业发展强度严重超出了草场的承受能力,部分草地退化为裸地。除此以外,严重的鼠虫灾害也导致草场的覆盖度进一步降低,形成"黑土滩",进而引发草地生态系统的生态功能减弱、水土流失等一系列生态问题。由此可以看出,超载放牧是导致草地退化的主要原因。为了遏制草地生态环境的持续恶化,缓解草畜矛盾,促进经济社会的可持续发展,实现人与自然和谐共生的局面,青海省依托生态工程项目实施了两类草原生态补偿政策:一是从 2003 年开始的退牧还草工程,二是从 2011 年开始的草原生态保护补助奖励机制。

1. 退牧还草工程的实施情况

1)退牧还草工程的实施背景

退牧还草工程具体是指为优化当地农牧区的牲畜生产方式,促进草原和畜牧业的协调发展,对严重退化的草场采取围栏封育、草地改良、鼠害治理措施,并结合禁牧、休牧、轮牧等措施,使草场的畜牧量与承载量之间实现平衡,达到草场可持续利用的目的所开展的一项生态建设工程。针对全国主要牧区出现草地退化的现象,为防止草地生态系统功能进一步弱化,水土流失更加严重,进而导致整个草原生态失衡,我国退牧还草工程于 2003 年正式实施。2005 年,国务院西部办等部门联合印发的《关于进一步完善退牧还草政策措施若干意见的通知》规定:为退牧还草农户发放草场围栏建设资金、补播草种费和饲料粮补助,在三江源地区率先开启此项工作。这项生态工程属于青海省草地生态补偿的首次实践。经过专家讨论、地方探索,认为草畜失衡是导致草地退化的主要原因。该生态工程按照改善民生、以人为本、因地制宜的原则,在补偿方式上,以户为单位,通过财政拨款,发放各项退牧补贴。在政策内容上,一方面通过禁牧防止草场进一步恶化,包括围栏封育禁牧、搬迁禁牧;另一方面通过补播良种,培育草场,恢复草场生产力。青海省退牧还草工程既是覆盖全省牧区的重点工程,也是青海省三江源自然保护区生态保护规划、青海湖流域生态环境综合治理规划中的原渠道子项目。

2)退牧还草工程的发展阶段

对于退牧还草工程的阶段问题,调研发现现有文献中并没有提出严格意义上的划分标准,而只是阶段性的整体规划,因此这里把退牧还草工程的内容和补助标准作为划分依据。截止到目前,青海省退牧还草工程补偿标准经历了两次大的调整。依据退牧还草工程补偿标准可将青海省退牧还草工程实践大致分为 3 个阶段。

(1)第一阶段(2003—2010 年)。退牧还草工程实施之初,建设内容只有围栏封育和草场补播两项,围栏封育投资标准为 25 元/亩,中央预算内投资补助 70%,青海省配套 30%;

草场补播草种费中央补助 10 元/亩;前期工作费按围栏封育投资额的 1% 安排。同时,中央财政安排饲料粮补助,解决禁牧休牧后饲料不足的问题。饲料粮补助周期由 5 年延长至 10 年。

（2）第二阶段（2011—2015 年）。2011 年,为推动畜牧业发展方式转变,巩固退牧还草工程成果,国家调整完善退牧还草政策,增加了人工饲草地和舍饲棚圈两项建设内容;对围栏封育投资的标准未作调整,中央预算内投资补助比例从 70% 提高到 80%,中央投资补助的退化草地补播草种费每亩增加 10 元;扩大了前期工作经费计算基数,提高了计提比例。同年,国家出台草原生态保护补助奖励政策,饲料粮补助转变为禁牧补助和草畜平衡奖励。

（3）第三阶段（2016—2025 年）：从 2016 年起,青海省将围栏封育投资标准从 20 元/亩提高到 30 元/亩,退化草原改良投资补助从 20 元/亩增至 60 元/亩,舍饲棚圈投资补助从每户 3000 元增至 6000 元,人工饲草地投资补助从 160 元/亩增至 200 元/亩,黑土滩治理费用从 150 元/亩增至 180 元/亩,打草场培育费用从 100 元/亩增至 150 元/亩。具体内容参见表 6-1。

表 6-1 退牧还草工程建设内容表

政策实施时间/年	工程建设内容以及补助标准						投资补助比例
2003—2010	围栏封育	草场补播	/	/	/	/	中央 70%
	25 元/亩	10 元/亩	/	/	/	/	
2011—2015	围栏封育	草场补播	人工饲草地	舍饲棚圈	黑土滩治理	/	中央 80%
	25 元/亩	20 元/亩	160 元/亩	3000 元/户	150 元/亩	/	
2016—2025	围栏封育	草场补播	人工饲草地	舍饲棚圈	黑土滩治理	打草场培育	
	30 元/亩	60 元/亩	200 元/亩	6000 元/户	180 元/亩	150 元/亩	

目前来看,青海省全面完成了 2003—2015 年的退牧还草工程建设任务,也通过了省级检查验收和国家农业部抽验工作。除此以外,退牧还草工程经过了一些政策调整,比如建设内容的增添、补助内容的改变等,退牧还草工程的建设周期从最开始的 5 年延长至 10 年,到现在新一轮的《青海省退牧还草工程建设规划（2016—2025 年）》,伴随着生态工程的实施,工程规划的内容也得到了适当的调整。青海省现一共安排 41 个县（市）和 6 个牧场实施退牧还草工程,这也对全省牧业区草原生态系统功能恢复起到积极作用。需要指出的是,青海省退牧还草工程新一轮的规划中,在以往的基础上增加了打草场培育、牧道建设和鼠害防治等建设项目。现阶段青海省实施的退牧还草工程坚持山水林田湖草是一个生命共同体原则,以保护生态环境为目标,以林草融合发展为方向,开展大面积的生态修复和治理,达到生态修复的目的。

3）退牧还草工程的成效

在中央和青海省人民政府对草原牧区发展的大力支持下,退牧还草工程的实施改善了青海省的草原生态环境,草原生产力和水源涵养能力显著提高,草原生态环境恶化趋势有所遏制,局部地区生态环境明显好转,取得阶段性成效。主要体现在以下几个方面。

(1)草原生产力提高。工程区内的草地生态环境有明显改善,其中,草地平均盖度提高了15%~20%,高度提高了3.5~5.5cm,牧草产量提高了26%左右,可食牧草量增长了9.53%,草原产草量、植被高度及盖度不同程度相应提高,草原生产能力稳步提高。

(2)水源涵养能力提高。草原生态系统水源涵养量增加了28.4亿m^3,湿地面积增加了104km^2,三江源地区水资源量增加了84亿m^3,青海湖水位已经连续9年上升。

(3)农牧民收入增加。退牧还草工程与草原生态奖补政策相结合,使得享受政策补贴的农牧民人均年增收1588元,其中三江源地区农牧民人均年增收比例近15%。两项政策的实施使得农牧民人均收入达到5171元/a,相较于实施前增加近3倍。

(4)生物多样性增加。生物多样性逐步恢复,藏羚羊、藏野驴、岩羊、野牦牛等野生动物种群明显增多,栖息活动范围呈扩大趋势。

2. 草原生态保护补助奖励机制政策的实施

1)草原生态奖补政策的实施背景

草原生态保护补助奖励机制政策由青海省农牧厅负责落实。尽管退牧还草工程取得了一定成效,但是草原生态恶化的趋势并没有得到根本改变。为了保障国家的生态安全,继续巩固退牧还草的成果,实现牧民增收和畜牧业发展,2011年,全国主要牧区正式建立草原生态保护补助奖励机制,通过禁牧轮牧,基本达到草畜平衡,促进转变畜牧业生产方式,实现牧民增收和畜牧业发展的目标。

2)草原生态奖补政策的实施内容

(1)实施禁牧补助。对呈现出严重退化、生态环境恶劣的草场进行禁牧封育,给予一定的补助。第一轮草原生态奖补(2011—2015年),青海省对禁牧封育的补助标准为6元/亩;新一轮草原生态奖补(2016—2020年),中央财政对禁牧封育的补助标准为7.5元/亩,青海省进行差异化调整实施。

(2)实施草畜平衡奖励。除了上述禁牧区以外,针对其他区域实行草畜平衡管理。具体来说,在符合既定的合理载畜量的前提下,对这些可利用的草原实行草畜平衡奖励。第一轮草原生态奖补(2011—2015年),青海省对未超载放牧的牧民制定的补助标准为1.5元/亩;新一轮草原生态奖补(2016—2020年),青海省对未超载的农牧民进行奖励,标准为2.5元/亩。

(3)落实农牧民的生产性补贴政策。除了以上两种补贴外,对于农牧民的畜牧放养也有一定的补贴,比如增加牧区畜牧良种补贴,对人工草场良种给予10元/亩补贴,在牧民生产资料上每户补贴500元。

3)草原生态奖补的发展阶段

对草原生态奖补进行梳理后发现,每年青海省投入的资金量是一定的,因此本书也是按照规划进行阶段性的划分。到目前为止,草原生态奖补经历了两个阶段:一是2011—2015年第一轮草原生态奖补,二是2016—2020年新一轮的草原生态奖补(表6-2)。

(1)第一阶段:青海省按照财政部和农业部的要求,完成了前期准备工作,并结合青海省实际生态背景情况,编制了《青海省建立草原生态保护补助奖励机制方案》,选取了部分具有代表性的州、县、乡、村,并对方案做了适当的调整;青海省近4.74亿亩可利用草原被纳入该项方案中,惠及75万牧民群众。方案中下达的草原生态保护补助奖励资金共计19.47亿元。其中,补助资金14.73亿元,天然草原禁牧草原面积达2.45亿亩;奖励资金3.43亿元,草畜平衡草原面积达2.29亿亩;人工补贴资金0.45亿元,种植草地面积达450万亩;补贴资金0.86亿元,牧民生产性补贴覆盖17.2万户。除此以外,为了更好地实施草原生态奖补方案,稳固退牧还草的成果,青海省制定了《青海省草原生态保护补助奖励机制实施意见(试行)》,对政策实施的目标、任务、措施等提出了指导性建议,天然草原基本实现草畜平衡。

(2)第二阶段:自2016年起,中央政府决定实施新一轮草原生态保护补奖机制政策,因此,2016—2020年成为一轮新的政策周期,中央政府每年补助青海省24.1亿元,其中,青海省总的禁牧面积为2.45亿亩,平均补助7.5元/亩;草畜平衡面积共为2.29亿亩,平均补助2.5元/亩。根据国家在禁牧补助方面的相关测算标准,青海省结合实际进行差别化的补助,重新确立了禁牧补助标准:海西州为3.6元/亩,果洛州、玉树州为6.4元/亩,海南州、海北州为12.3元/亩,黄南州为17.5元/亩。从人均补助情况看,年每亩可补助5.1元,户均补助1.1万元。

表6-2 草原生态保护补助奖励机制政策实施概况表

政策实施时间/年	资金投入状况/亿元	禁牧面积/亿亩	草畜平衡面积/亿亩	标准	围栏建设补贴	草场改良补贴	牧草良种补助	生产资料补贴
2011—2015	19.47	2.45	2.29	禁牧为6元/亩,草畜平衡为1.5元/亩	5元/亩	1.5元/亩	多年生人工种草为50元/亩,一年生人工草每年为10元/亩	牦牛为2000元/头,藏绵羊为800元/只,绒山羊为800元/只;柴油、化肥等补贴为500元/户
2016—2020	24.13	2.45	2.29	禁牧为7.5元/亩,草畜平衡为2.5元/亩	/	/	/	/

注:①2011年开始,3年核减超载牲畜570万羊单位,前两年减畜比例为40%,第三年为20%,此外对牧区实施牧草良种补贴并对符合条件的牧民实行生产资料综合补贴;②资金投入单位为亿元,草畜平衡、围栏建设、草场改良栏单位为亿亩。

到目前为止,青海省开展了两轮草原生态奖补,对于草原生态奖补资金,中央政府是按照草原面积进行转移支付的,而青海省综合考虑生态补偿的公平性和地域差异,将补偿的标准进行动态调整,以更好地激励农牧民主动参与草原生态修复工程,进而促进草原生态系统的恢复。通过十多年的退牧还草工程,青海省全面推行禁牧、草畜平衡和基本草原保护制度,将退牧还草工程与草原生态保护补助奖励政策和区域性的生态保护建设工程相结合,例如将三江源建设工程和祁连山生态环境保护与建设相结合,以巩固生态保护和建设成果,提高畜牧业生产综合收益,进而提高农牧民的收入。

(二)森林生态补偿的实践

20世纪七八十年代,当时的科技发展水平落后、生产力水平较低,乱砍滥伐、气候变迁和历史遗留等问题,导致了森林生态系统的严重破坏,森林生态系统功能降低,不利于森林资源的可持续利用。为了遏制水土流失、森林水源涵养功能的减退,促进森林资源的合理利用,推动经济社会可持续性发展,青海省开展了退耕还林、森林生态效益补偿等生态工程,通过生态补偿的方式向森林生态保护和建设者提供补助,调动他们保护生态环境的积极性,推动人与自然和谐共生。

1. 退耕还林工程的实践概况

(1)退耕还林工程的实施背景。退耕还林是指有计划、有步骤地停止在那些容易造成水土流失的坡耕地以及易形成沙化的耕地,并以保护和改善生态环境为目标,本着宜林则林、宜草则草的原则,因地制宜地造林种草,恢复植被[1]。国务院于2000年开始相继出台了《国务院关于进一步做好退耕还林还草试点工作的若干意见》《国务院关于进一步完善退耕还林政策措施的若干意见》《退耕还林条例》等一系列政策文件。至此,退耕还林的生态补偿框架初步形成。青海省是在2000年开始开展退耕还林试点工作,直到2002年,才正式实施了退耕还林工程。为了尽快推进退耕还林工作的进程,青海省人民政府先后制定了一系列规章制度,如《青海省退耕还林工程管理办法》《退耕还林工程资金管理办法》等。除此以外青海省严格落实《禁牧令》,按照"谁退耕、谁造林、谁管护、谁受益"的原则,因地制宜地根据地区植被、环境采取差异化的补偿方式,将补偿的资金发放给取得了林证的农民。

(2)退耕还林工程的发展历程和内容。退耕还林工程的资金补偿包括中央政府对地方政府的补偿和对农户的补偿两个部分。一是通过财政转移支付的方式补偿地方政府因实施退耕还林工程而减少的财政收入,二是为农户提供粮食、种苗费和管护费补助。2000—2001年为第一阶段,2002—2006年为全面启动的第二阶段,2007—2014年为成果巩固的第三阶段,2016—2020年为退耕还林工程的第四阶段。在退耕还林最初的工作中,政府对退耕还林相关农户进行的资金补贴包括粮食补贴、现金补贴以及种苗和造林补助费三部分。其中,粮食补助的标准因地而异,具体来说,长江流域及南方地区为每亩每年300斤、黄河流域及北方地区为每亩每年200斤;而现金补助以及种苗费则是采取全国统一的标准,现金补助的标准为每亩每年20元,种苗费补助的标准是每亩50元,并且两者均为一次性补贴。还经济林补助周期为5年,还生态林补助周期为8年,而2007年时,青海省根据国家相关规定把原定的8年补助周期又延长了8年,延长期内粮食补助标准减半,现金补助则是按照原标准进行补贴。

---

[1] 丁四保等.主体功能区的生态补偿研究[M].北京:科学出版社,2009.

为了加快生态文明建设的进度,我国从2014年开启实施新一轮的退耕还林工程,规划截止日期为2020年。规划将全国具备退耕还林条件的土地都退耕到位,因此中央政府拟采取"自下而上、上下结合"的方式开展工作。具体来说,在农民自愿申报退耕还林还草任务的基础上,中央政府根据各地总规模将补助资金划拨到省,省级人民政府作为退耕还林的主要负责主体,根据自身情况确定发放给农户的补助标准。对于退耕后营造的林木,凡符合国家和地方公益林区划界定标准的,分别纳入中央和地方财政森林生态效益补偿;未划入公益林的,经批准可依法采伐。在新一轮退耕还林中,中央财政补助标准为1500元/亩(其中,中央财政专项资金安排现金补助1200元、国家发改委安排种苗造林费300元)。青海省按照中央政府设立的新一轮退耕还林还草标准实施规划,但是中央财政的补助资金下达给青海省人民政府分成了3个批次,每亩第一年800元(其中种苗造林费300元)、第三年300元、第五年400元。退耕还林工程以项目的形式开展,任务完成以后由相关部门进行验收,退耕还林工程的实施有效地遏制了水土进一步流失,改善了森林的生态功能,促进当地农业的产业升级调整,实现了农民增收。

2. 森林生态效益补偿的实践概况

1)森林生态效益补偿的实施背景

森林生态效益补偿基金主要用于营造、抚育、保护和管理提供生态效益的防护林和特种用途林的森林资源、林木。2005年,《财政部 国家林业局关于印发〈中央森林生态效益补偿基金管理办法〉的通知》提出建立中央森林生态效益补偿基金,用于国家级公益林的保护建设。同年4月,青海省人民政府召开实施森林生态效益补偿基金制度启动会议,该基金补偿范围覆盖全省范围内的国家级生态公益林,这标志着青海省正式进入了森林生态效益补偿阶段。

2)森林生态效益补偿的发展历程

2004年3月,青海省首先开展了省内的森林资源调查和林区划定工作。2004年,青海省的1000万亩国家级公益林被纳入中央财政第一批森林生态效益补偿范围,当年下达资金量为5100万元。青海省于2005年启动国家重点公益林生态补偿基金制度,用于补偿柴达木盆地内865.66万亩公益林。往后,青海省公益林的补偿面积逐年增加,2006年补偿面积为1 640.99万亩,2009年增加到4 601.13万亩。2010年,青海省财政厅、林业局制定并实施了新的《青海省国家级公益林森林生态效益补偿方案》,明确青海省国家级公益林的范围主要包括重要江河干流源头及两岸、重要湿地、国家级自然保护区以及荒漠化和水土流失严重地区的林地。2012年公益林补偿面积达到7 441.4万亩,其中国有公益林补偿面积为2 592.39万亩,集体和个人所有公益林补偿面积为4 849.01万亩。

由2017年林地变更调查结果可知,青海省生态公益林面积为16 352.19万亩,高达99%的青海省林地都为公益林,其中国家级公益林面积为9 308.50万亩。据统计,青海省2020年国家级公益林中央财政森林生态效益补偿基金的实施范围包括省林业和草原局2个直属单位、42个县、2个州直属林场、1个国家级自然保护区管理局共计47个实施单位,青海省森林生态效益补偿的范围逐步扩大,国有林和集体林的建设工作也在稳步推进。

3)森林生态效益补偿的补助标准

目前对生态公益林实施的是以中央财政为主的资金补偿政策,承担公益林保护管理的组织或者公益林经营所有者是补偿对象。国家级公益林森林生态效益补偿基金可以分为两部分:中央补偿支出和地方补偿支出,其中,管护补助支出和公共管护支出组成中央财政森林生态效益补偿基金。青海省森林生态效益补偿实施的内容有:国家重点公益林管护、补植和改造、营造、围栏封护、宣传与培训、管护房建设、检查和检测。2004 年,青海省实施国家公益林森林生态补偿,国有、集体和个人所有国家级公益林补偿标准均为每年每亩 5 元。如表 6-3 所示,2010 年以后,中央财政多次提高了生态补偿的标准。青海省林业局(现更名为青海省林业和草原局)本着"统筹兼顾、重点突出"的原则,统一规划管理。在公益林管护上,推行的管护形式主要是家庭合同制管护。在管护资金兑现上,实行一户一卡"直通车"制度,确保管护人员真正获得管护资金。

表 6-3 青海国家重点公益林中央森林生态效益补偿标准   单位:元/亩

类别	2004—2009 年	2010—2012 年	2013—2014 年	2015 年	2016 年	2017 年	2018 年
国有	5	5	5	6	8	10	10
集体和个人	5	10	15	15	15	15	15

注:数据来源于青海省林草局。

4)取得的主要成效

(1)国家公益林得到有效的管护。在明确管护职责和落实管护经费的前提下,通过有效的管护措施,逐步增加植被密度,提高林分质量,显著增强了公益林的防护功能。

(2)森林质量明显提高。根据公益林监测结果,管护区内不仅林分平均每公顷株数增加了 2.2 株,蓄积量增加了 0.41m^3,而且森林健康状况、树种结构以及龄组结构等多个方面都呈现较好的发展趋势。

(3)公益林的所有者和经营者收入得到提高。当地农牧民的经营收入明显提高,更好地调动了他们的积极性,加强了森林资源的管理和保护,助力林场脱贫解困,为农牧民创造了新的就业机会,增加了农牧民的收入。

(三)湿地生态补偿的实践

湿地是人类赖以生存和发展的资源宝库,湿地生态系统具有提供水源、补充地下水、调节流量、控制洪水、保护堤岸、保持小气候等多种功能,被誉为"地球之肾",因此湿地对于整个生态系统的重要性是不言而喻的。由林草部门的统计口径可知,青海省拥有湿地资源面积达 814.36 万 hm^2,占全国湿地总面积的 15.19%,湿地面积居全国第一。青海省现有青海湖鸟岛、扎陵湖、鄂陵湖 3 处国际重要湿地,17 处国家重要湿地,19 处国家湿地公园,1 处省级湿地公园,32 处省级重要湿地,是全国名副其实的湿地资源大省。

就目前来看,我国湿地生态补偿的工作处于初期阶段,湿地生态补偿相关法律法规、具体补偿措施仍需探索与完善。由于青海省早期湿地周边的牧区存在超载放牧、过度开发等问题,湿地生态功能出现退化,水源涵养能力弱化,影响了湿地的可持续发展和利用。为此,青海省积极开展了湿地生态保护工程。2010年,青海省正式启动湿地生态补偿试点工作,截至2013年,共投入资金3050万元,用于在省内3处国际重要湿地开展以禁牧、休牧、轮牧以及协议保护为主要内容的高原生态补偿。2013年,青海省正式施行的《青海省湿地保护条例》明确指出,对于依法占用、利用湿地资源的,按照"谁开发、谁保护、谁受益、谁补偿"的原则,建立生态补偿机制,对湿地周边的农牧民进行生态补偿,以遏制湿地生态环境的恶化趋势。2014年起,中央政府安排了专项资金用于湿地生态保护,青海省以此开展了一系列湿地保护项目,从而使得湿地生态环境得以明显恢复。

目前,大致可将青海省湿地生态补偿的实践分为两个阶段。

第一阶段(2010—2013):2009年,《中共中央 国务院关于2009年促进农业稳定发展农民持续增收的若干意见》明确提出启动湿地生态效益补偿的试点工作;2010年,财政部、国家林业局决定开展湿地保护补助工作。此后3年,青海省以湿地保护补助项目的形式落实湿地保护补偿工作。2011年10月,《青海湖湿地保护补助工作责任书》的签订标志着青海湖湿地治理项目正式启动。该项目由中央财政部投资850万元,建设期为2年,主要用于青海湖13万亩沼泽湿地禁牧、轮牧和休牧补助,其中补助禁牧每亩每年25元,轮牧每亩每年6元,休牧每亩每年10元。青海省依据高原湿地功能,探索了高原湿地生态效益补偿的试点工作,使湿地退化趋势得以缓解,湿地面积有所增加。

第二阶段(2014年至今):2014年,国家林业局增加林业补助资金用以支持启动退耕还湿、湿地生态效益补偿试点和湿地保护奖励等工作,以保护和恢复湿地生态系统服务功能[1]。湿地保护项目资金主要分为两类,一是中央财政湿地补贴资金,二是中央财政预算内湿地保护工程建设资金。为了促进湿地保护与恢复,青海省在省域内积极地开展了多次试点工作。从2014年开始,青海省将中央财政湿地补贴资金用于开展湿地保护相关项目,如湿地保护与恢复、湿地保护奖励等,以此来更好地开展湿地生态保护工作。据不完全统计,截至目前,中央财政湿地补助资金累计投入达到3亿元,湿地保护工程累计投入2亿元,项目区主要分布在三江源、青海湖、可鲁克湖等区域范围内。

从2015年起,青海省在三江源综合试验区开展了湿地生态管护员公益岗位项目,每年投入2080万元的省级财政资金用于公益性岗位支出。2017年,国家林业局、国家发改委和财政部联合印发的《全国湿地保护"十三五"实施规划》提出将青海省重要湿地纳入规划范围。2018年,青海省利用中央财政的资金,设立了退耕还湿的项目,资金额为1000万元,用于可鲁克湖-托素湖国家级自然保护区管理局区域内的退耕还湿。

总之,最初青海省围绕生态环境修复和治理所开展的生态补偿工作,是基于单一生态要素所开展的保护行动,该生态补偿行为由具体的行业部门操作实施。这种补偿模式适用于对生态系统所进行的抢救性修复,符合传统行政管理框架,各项政策执行渠道通畅,见效快,生态修复效果良好。但是早期的生态补偿工作是按照不同资源类型分部门管理的,这导致

---

[1] 傅斌,徐佩,王玉宽,等.山区生态补偿标准研究[M].北京:科学出版社,2016.

了生态保护体制条块分割严重,呈现出碎片化的状态,与"山水林田湖草是一个生命共同体"的生态理念存在矛盾。比如开展的祁连山国家公园体制试点工作,就充分体现了山水林田湖是一个生命共同体的理念。该试点以生态系统整体保护和系统修复为思路,着力解决跨地区、跨部门体制性问题,为协调生态保护与民生改善、系统保护与综合治理等方面作出了积极探索。以国家公园为主体的自然保护地建设,凸显了生态空间保护的重要性。所以,为了改善生态保护的效果,提高生态补偿资金的边际产出效益,生态空间补偿成为了生态补偿的重要方式。

二、以生态空间划分的生态补偿实践

(一)自然保护地的生态补偿实践

1. 三江源国家公园生态补偿实践概况

受人口快速增长和气候变化等因素影响,三江源自20世纪70年代以来生态环境持续恶化,黄河源头于80年代开始出现多次断流。为了遏制三江源生态环境不断恶化,1998年青海省响应国家停伐号召,明确规定全面停止天然林采伐;2000年,青海省启动天然林保护一期工程;2000年5月,青海三江源省级自然保护区获批成立,并于2003年成为国家级自然保护区;2005年,青海省启动实施三江源一期生态保护与建设工程,省财政共统筹投入资金85.39亿元;2006年,我国取消了对三江源区域州、县(区)政府的许多经济指标的考核,如GDP、财政收入、工业化等指标。2008年,《关于支持青海等省藏区经济社会发展的若干意见》(国发〔2008〕34号)开始实施,该文件明确指出要加快建立生态补偿机制的进程。2010—2011年,青海省人民政府先后颁布了许多重要文件,如《关于探索建立三江源生态补偿机制的若干意见》《青海省草原生态保护补助奖励机制实施意见(试行)》《三江源生态补偿机制试行办法》等。2011年6月,相关部门将青海三江源草原草甸湿地生态功能区列入我国25个国家重点生态功能区,并对该生态功能区实行限制开发和禁止开发管理。2011年11月,国务院决定建立青海三江源国家生态保护综合实验区。2013年12月18日,国务院批准实施《青海三江源生态保护和建设二期工程规划》。2018年1月12日,国家发改委公布《三江源国家公园总体规划》,明确2020年正式设立三江源国家公园。2018年正式启动《青海三江源生态保护和建设三期工程规划》的前期研究工作。21世纪以来,中央和地方都非常重视三江源地区生态环境保护与建设,开展了一系列的生态补偿试点工作并配套了政策措施(表6-4),为改善生态环境状况发挥了巨大作用。

目前,青海省三江源生态补偿属于以中央政府为主导的纵向生态补偿,资金主要来源于国家重点生态保护工程建设资金、重点生态功能区转移支付资金。青海省三江源生态补偿主要分为生态工程类补偿和重点生态功能区财政转移支付,而生态功能区转移支付包括农牧民生产生活补偿及公共服务补偿。

表 6-4　三江源生态补偿与生态建设政策概况表

政策公告	发布时间/年	发布部门
《关于请尽快考虑建立青海三江源自然保护区的函》	2000	国家林业局
正式批准三江源自然保护区晋升为国家级	2003	国务院
《青海三江源生态保护与建设工程总体方案》	2005	国务院
《国务院关于支持青海等省藏区经济社会发展的若干意见》	2008	国务院
《关于探索建立三江源生态补偿机制的若干意见》	2010	青海省人民政府
《关于印发完善退牧还草政策的意见的通知》	2011	国家发改委、农业部、财政部
审议通过《青海三江源国家生态保护综合试验区总体方案》	2011	国务院
批准实施《青海三江源生态保护和建设二期工程规划》	2013	国务院
审议通过《中国三江源国家公园体制试点方案》	2015	国家发改委
《三江源国家公园总体规划》	2018	国务院

1)生态工程类补偿

三江源生态保护和建设工程的主要目标是保护和恢复受损地区的生态系统,针对草原、林地、湿地、河流等三江源主要生态系统进行恢复补偿(表6-5)。三江源生态保护工作从2000年前后开始实施,主要开展了三江源生态保护和建设一期工程、生态保护和建设二期工程。

表 6-5　三江源主要生态保护工程概况表

名称	相关部门	总金额/亿元	实施时间/年	补偿方向	主要内容
青海省三江源天然林保护工程	林业和草原局	21.5	2000年至今	森林保护	森林管护、公益林建设
退牧还草工程	农业部	/	2003—2007	草原保护	围栏封育、草场补播、饲料粮补助、人工饲草地、舍饲棚圈等
青海三江源自然保护区生态保护和建设总体规划(简称一期规划)	国务院	75	2005—2012	生态保护、生产生活、公共服务	退牧还草、生态移民、生态监测与科技支持等
草原生态保护补助奖励政策	财政部、农业部	77.9	2011—2015	草原保护	禁牧补助、草畜平衡补助
三江源自然保护区生态保护和建设二期工程规划	国务院	160	2014—2020	生态保护、生产生活、公共服务	草原生态系统保护和建设、生态监测、培训和宣传教育等
青海长江经济带生态保护修复奖励	财政部	/	2018—2020	流域保护	长江干支流生态修复、水源涵养功能提升、饮用水水源地安全保障

注:"/"表示数据缺失。

2)重点生态功能区财政转移支付

2008年,中央财政划拨国家重点生态功能区转移支付专项资金,目的是激励重点生态功能区所在地方政府能够加强生态环境保护的力度,同时提高自身能力以更好地提供基本公共服务。转移支付主要是指选取能够影响财政收支的客观因素,并由省财政分县测算,直接拨付到县,各地方政府结合实际安排用于生态环境建设和涉及民生的公共服务领域。目前,青海省被纳入重点生态功能区转移支付保障范围的共有41个县,其中有16个县位于三江源地区。青海省重点生态功能区转移支付资金从2008年的6.27亿元逐步增加到2020年的36.28亿元,转移支付资金逐年增长。

(1)农牧民生产生活类补偿。三江源地区藏族人口占90%以上,牧业人口占2/3以上,贫困人口占全区人口总量的70%以上。中央财政资金支持的三江源生态保护工程的实施目的是对牺牲了发展机会的农牧民进行补偿,主要补偿项目和投资金额如表6-6所示。

表6-6 三江源农牧民生产生活类补偿项目统计表

项目名称	投资/亿元	实施时间/年	相关标准
退牧还草集中安置	/	2003—2007	/
生态移民	4.461 7	2005—2011	/
建设养畜配套	8.376 6	2005—2011	/
"1+9+3"教育经费保障政策	1.5/年	2011—	将义务教育公用经费生的补助均提高200元,向幼儿园大班及学前一年学生补助3700元,向中职学生补助4200元
异地办学奖补政策	1.2/年	2011—	向异地就读的初中、高中、中职学生分别补助4500元、5500元、6500元,当年考入普通本科的农牧民学生补助10 000元/年,专科学生补助6000元/年
农牧民技能培训和转移就业补偿政策	0.3/年	2011—	对参加省内、省外、州内技能培训的农牧民,分别补助300元、800元和20元;对介绍农牧民赴省内外转移就业的,补助职业介绍所(人)200元至400元;对初次创业者给予一次性开业补助5000元及相关交通补助
生态移民燃料费补助政策	0.23/年	2011—	对玉树州、果洛州以及唐古拉山乡补助2000元,对黄南州、海南州补助800元,2014年分别提高至3000元和2000元
生态移民生活困难补助政策	1.6/年	2011—	对饲补粮补助达不到上年度全省农牧民人均纯收入的,以上年度全省农牧民人均纯收入与人均饲料粮补助的差额为标准进行补助
生态移民创业扶持政策	0.3	2011—	安排0.3亿元后续产业发展扶持专项资金,通过无息借款方式,滚动用于鼓励和扶持生态移民后续产业发展

注:数据来源于青海省财政厅,"/"表示数据缺失。

(2)公共服务类补偿。2006年,青海省取消三江源区域政府的一般性经济指标考核,重点关注其生态保护建设及社会事业发展方面的指标。然而,三江源各种产业发展受到限制,财政收入随之减少。为增强地方政府基本公共服务保障能力,中央财政有必要从提供公共服务产品方面给予补偿。主要补偿项目已在三江源生态保护与建设一期和二期工程中列出,如表6-7所示。

表6-7 三江源一期工程公共服务补偿项目统计表

项目名称	实施时间/年	工程量	投资/万元
小城镇建设	2005—2011	41个	29 275
人畜饮水	2005—2011	256处	9231
生态监测	2005—2011	/	3859
科研课题及应用推广	2005—2011	17	2374
科技培训	2005—2011	37 000人(次)	4370
生态移民后续产业	2009—2011	/	2500
能源建设	2005—2011	28 504户	18 557
生态环境日常监测经费保障政策	2012—	/	县政府8万/年、省环保厅安排适当工作经费

注:数据来源于三江源国家公园管理局。

2. 祁连山国家公园生态补偿实践概况

祁连山国家级自然保护区是我国西部的重要屏障,是西北地区极为重要的生态功能区,是"中华水塔"三江源生态安全的屏障。但是祁连山地区生态系统却是极其脆弱的,由于人为的过度开发,祁连山自然保护区内生态环境遭到了严重的破坏。为了更好地保障国家的生态安全,并且更好地发挥祁连山地区的生态功能,必须对祁连山区域进行生态修护,开展生态修复工程。

因此,2005年以后,青海省建立了祁连山省级自然保护区,对区域性的生物多样性和生态环境进行了保护与修复。截至目前,青海省针对祁连山地区先后出台过近10项地方性规范文件以及政策建议(表6-8)。2011年,青海省启动祁连山水源涵养区生态环境保护和治理规划,青海省人民政府做了大量的前期工作,主张山水林田湖草整体修复,开展了祁连山保护区整体规划以及生态工程建设的试行工作。2012年,国家发改委批复的《祁连山生态保护与综合治理规划(2012—2020)》将祁连山纳入国家生态补偿示范区。《生态文明体制改革总体方案》明确提出要对财政资金进行整合,从而达到推进山水林田湖草生态修复工程的目的。2016年9月30日,财政部联合其他多个部门印发了《关于推进山水林田湖生态保护修复工作的通知》,明确指出山水林田湖草生态保护修复工程试点工作要分3个批次逐步开展,而作为全国山水林田湖草生态保护修复试点项目先期启动的5个试点项目之一,青海祁连山山水林田湖草生态保护修复工程试点项目于2017年9月正式启动。目前,祁连山国家公园体制建设以生态系统整体保护和系统修复为重点,开展区域内的生态整治与修复工作。

表6-8 祁连山生态补偿与生态建设政策概况表

政策公告	发布时间/年	发布部门
《青海省人民政府关于建立青海祁连山省级自然保护区的通知》	2005	青海省人民政府
《青海省人民政府办公厅关于印发〈进一步加大祁连山省级自然保护区保护与治理工作方案〉的通知》	2014	青海省人民政府
《青海省人民政府办公厅关于成立青海省祁连山山水林田湖生态保护修复试点工作领导小组的通知》	2017	青海省人民政府
《青海省人民政府办公厅关于印发祁连山国家公园体制试点(青海片区)实施方案的通知》	2018	青海省人民政府
《青海省人民政府办公厅关于印发〈青海祁连山生态保护与建设综合治理工程项目管理办法〉等八个管理办法的通知》	2018	青海省人民政府

目前已实施的祁连山区域生态补偿属于政府主导的生态补偿,资金基本上来源于纵向的中央财政转移支付。大体来看,祁连山区域内的生态补偿也是基于生态工程开展的生态建设,其具体措施是:对生态要素及其系统进行保护和修复,通过一定的资金补偿、政策补偿等补偿方式对当地农牧民所丧失的发展权进行弥补。

生态工程保护与建设的主要目的是保护和恢复祁连山区域内受损的生态系统,比如林地、草地、湿地等主要生态要素的恢复补偿。其具体措施有:结合青海省开展的一系列生态工程,如天保工程、退耕还林还草工程等,通过围栏封育、草原治理以及人工造林等措施,保护祁连山区域的林地、草地、湿地等资源;对于草地资源,采取禁牧、轮牧、休牧措施,使草地可以休养生息;对退化严重的地区进行草场补播,使水源涵养功能进一步增强,遵循因地制宜的原则,在水土流失严重地区和河流两岸地区进行人工造林,以提高区域内的林草覆盖度。

紧紧围绕祁连山存在的生态问题,并结合已经开展的生态保护工程以及实际建设条件,青海省在祁连山开展的生态补偿实践主要有:一是祁连山生态环境保护与建设综合治理工程,二是祁连山山水林田湖草生态保护修复工程(表6-9)。

表6-9 祁连山区实施生态工程统计表

序号	工程名称	实施时间/年	资金量/亿元
1	《青海省祁连山天然林保护工程》	2000年至今	/
2	《青海省退牧还草工程》	2003年至今	/
3	《祁连山生态环境保护与建设综合治理工程》	2012—2020	/
4	《青海祁连山山水林田湖草生态保护修复工程》	2017—2025	78.35

注:资料来源于青海省林业厅官网,"/"代表数据缺失。

青海省祁连山地区开展山水林田湖草生态保护修复试点项目以来取得阶段性进展,如矿山生态环境的历史遗留问题、农村生态环境问题等都有所改善,项目绩效目标初步实现。截至 2020 年 6 月,海西州 15 个工程已全部完工并完成自验收。海北州已基本完工 47 个工程,在建 49 个工程。除了完成一些生态修复计划任务的基础建设内容以外,青海省生态环境厅联合其他部门组织实施的几个生态项目已全部完成,其中包括生态保护红线勘界定标、生态环境状况本底监测、生态环境监测体系建设等工作。据不完全统计,近 10 年来中央财政部总体上下达开展祁连山区域生态系统恢复工程资金总额达到上百亿元,在一定程度上也遏制了祁连山区域生态系统的进一步恶化。

3. 青海湖区域内生态补偿实践概况

青海湖流域位于青藏高原东北部,隶属于青海省海北州的刚察县与海晏县,海西州的天峻县与海南州的共和县四县。

由于人为超载放牧以及自然气候变化,青海湖流域呈现出湿地萎缩、草地退化、土地沙化等问题,青海省在青海湖流域开展了生态工程项目。这些生态工程项目也给青海湖流域带来了良好的生态效益(表 6-10)。但是生态修复是一件复杂的系统工程,林草等资源的恶化状态并没有得到根本上的控制,需要长期开展生态修复工程,保障青海湖流域生态系统功能的恢复。

表 6-10 青海湖区实施生态工程统计表

序号	工程名称		实施时间/年	工程量	投资/万元
1	青海省退牧还草工程		2003—2007	/	/
2	青海湖流域生态环境保护与综合治理规划	退牧还草	2006—2015	150.84 万 hm²	110 753.7
		重点湿地保护	2006—2015	27.66 万 hm²	
		沙化草地综合治理	2006—2015	9.15 万 hm²	
		黑土滩综合治理	2006—2015	9.11 万 hm²	
		毒杂草退化治理	2006—2015	33.86 万 hm²	
		牧草种子建设基地	2006—2015	33.33 万 hm²	
		鼠虫害防治	2006—2015	162.09 万 hm²	
		退耕还林工程	2006—2015	16 046.4 万 hm²	34 453.1
		水源涵养林工程	2006—2015	66 390.6 万 hm²	24 784.5
		沙漠化土地防治	2006—2015	28 687.3 万 hm²	8 995.9
		水土保持工程	2006—2015	15 178.85 km²	6 520.9

注:"/"代表无法统计具体数值。

1) 主要生态工程的补偿实践

青海省自开展生态补偿实践以来,在青海湖流域也开展了一系列的生态工程,这些工程的开展使得环湖地区的生态环境得到了进一步改善,最明显的是青海湖水平面上升,青海湖周边的草地水源涵养功能增强。青海湖流域所开展的生态补偿项目主要集中在退牧还草、退耕还林还草工程等项目上,目的是提升区域内的生态系统功能。比如,退牧还草工程通过采取禁牧休牧、建立围栏、补播草籽等措施,对牧场进行封育和改良,并对当地农牧民进行一定的经济补偿;而青海湖流域内的湿地生态补偿也围绕退牧还草等生态项目,通过提高湿地周边的草地蓄水能力,进而恢复湿地的生态系统功能。

2) 重点生态功能区财政转移支付

自2008年起,青海湖流域周边的4个县开始接收重点生态功能区转移支付资金,这批生态补偿财政转移支付资金主要用于农牧民生产生活保障、地方政府基本公共服务能力提升和生态环境的保护上。

(1) 农牧民生产生活类的补偿概况。青海湖流域出现了生态系统功能弱化、草地退化、土地沙化等问题,一定程度上缘于人为因素,为了更好地对流域内的生态进行修复治理,不仅需要对流域内进行保护,还要尽可能地减少人为的干预。因此,有必要让流域内的农牧民进行生态搬迁。青海湖流域生态移民安置工程涉及刚察、海晏、共和、天峻4县16乡(镇)、4个农牧场55个村,共计1036户、4847人。通过对流域内的农牧民进行合理的补偿,有助于真正地消除人为因素对生态修复的影响,真正形成人与自然和谐共生的局面。移民生态补偿含有自建房补助、建设暖棚补助、建设贮草棚补助、移民搬迁补助4项主要内容。每户建房补助标准为1.5万元:按每户建60 m^2,600元/m^2计,共3.6万元;畜牧业经营户每户建设暖棚补助1.56万元:按每户建120 m^2,200元/m^2计,共2.4万元;牧业经营户每户建设贮草棚补助0.32万元:按每户建40 m^2,120元/m^2计,共0.48万元;人均移民搬迁补助400元;弃牧转产每户补助3.3万元,含建房补助1.5万元及畜棚、贮草棚补助1.8万元(表6-11)。

表6-11 生态移民工程政策实施概况表

生态移民补偿内容	建房补助	畜牧业经营户每户建设暖棚补助	牧业经营户每户建设贮草棚补助	移民人均搬迁补助	弃牧转产每户补助
标准/万元	1.5	1.56	0.32	4	3.3

注:数据来源于《青海湖流域生态环境保护与综合治理规划(2006—2015)》。

(2) 公共服务补偿项目。自2006年以来,青海省整体上是以生态保护为主要发展方向的,因此限制了周边地区的产业发展。对于地方政府而言,并不会增加财政收入,政府机构的正常运行和公共服务的正常开展都是依靠中央财政转移支付。近几年来,青海省在青海湖流域内以项目专项的形式进行公共服务补偿,这些项目也主要根据2006年发布的《青海湖流域生态环境保护与综合治理规划(2006—2015)》中提出的要求实行(表6-12)。

表 6-12　基础设施建设情况表

序号	工程名称	实施时间/年	工程量	投资/万元
1	人畜饮水	2006—2009	210 处	5 130.1
2	农村能源建设工程	2006—2007	13 791 户	929.0
3	生态监测	2006—2015	/	6 104.0
4	科技培训	2005—2010	26 960 人	/

注:"/"代表无法统计具体数值。

(二)流域的生态补偿实践

近年来,随着社会经济的发展,区域性的流域出现了生态环境恶化、水资源污染严重等问题。这些问题影响了流域间各个主体的利益分配,从而使得流域上下游之间的矛盾日益凸显,导致形成了上游地区负担、下游地区受益,经济不发达地区负担、经济富裕地区受益的不合理局面。青海省处于大江大河的源头区,经济发展水平低,生态环境比较脆弱,但生态功能对全国发展有着举足轻重的作用。为了发挥青海省"中华水塔"的作用,保证西部地区乃至整个国家的生态安全,青海省开展了一些试点探索,对于省域内的流域进行了生态保护和生态工程建设,比如湟水河流域的生态治理与修复,以及跨省域的长江流域专项补偿和黄河流域生态补偿的初步探索。目前来看,青海省的流域生态补偿实践包括省内及跨省两个维度的流域横向生态补偿机制的建立。

1. 长江流域的生态补偿探索

习近平总书记立足现实国情,从中华民族长远发展的战略高度谋划江河流域治理,强调长江流域的经济活动要坚持走绿色发展道路,要将"不破坏生态环境"作为发展前提,要在"生态环境只能优化、不能恶化"上谋求共识[1]。近年来,长江沿岸各省积极贯彻"不搞大开发,共抓大保护"的工作要求,开展了一系列生态环境保护工作。长江流域的主要问题是协调和优化空间资源的可持续利用,在生态环境保护与区域经济发展之间寻求资源的合理配置。因此,在流域生态补偿的目标设置方面,前者侧重对流域上游地区进行基于发展权丧失的补偿,后者侧重对流域上游地区进行生态环境修复保护建设等方面的补偿[2]。三江源是我国重要的水源涵养地、国家重要的生态安全屏障,其大部分区域都地处我国主体功能区当中的禁止开发区与限制开发区,在长江经济带生态补偿实践中,中央政府通过生态保护修复奖励资金的落实对青海省实施生态补偿。

此前,在流域生态补偿方面,作为"中华水塔"的青海省主要接受了来自中央财政转移支付的支持,这包括了对三江源进行整体性生态修复、保护、补偿的建设投入。青海省内国家级限制开发区有三江源草原草甸湿地生态功能区及祁连山水源涵养生态功能区,涉及 7 个

---

[1] 黎元生,胡熠.流域系统协同共生发展机制构建——以长江流域为例[J].中国特色社会主义研究,2019(5):76-82.
[2] 董战峰,郝春旭,璩爱玉,等.黄河流域生态补偿机制建设的思路与重点[J].生态经济,2020,36(2):196-201.

行政州、21个行政县。再加上2018年,三江源国家公园体制试点工作的推进,12个乡镇、53个建制村被纳入中央财政重点生态功能区转移支付的范围。这一系列的财政投入有效地保障了青海省内具有重要生态价值的片区能够落实生态修复、保护和补偿的建设,对三江源范围内大江大河源头保护和治理起到重要作用。

2. 黄河流域的生态补偿探索

2020年,财政部、生态环境部、水利部、国家林草局印发的《支持引导黄河全流域建立横向生态补偿机制试点实施方案》(简称《实施方案》)指出主要的工作目标有3个方面,一是使河湖、湿地应有的生态功能得到最大程度的恢复,增强其水源涵养、水土保持等其他生态功能,增加生物物种多样性,实现生态系统的恢复和生态环境的保护;二是使水资源得到有效保护和节约集约利用,使相关流域的水质能够稳中向好持续发展;三是在生态环境容量和资源承载力的范围内,实现生态产品的价值,让生态优势转变为经济优势,让绿水青山真正变成金山银山。这一《实施方案》的发布既标志着我国针对黄河流域生态补偿工作的进一步强化,又标志着我国黄河流域治理迈向系统性、整体性的全流域治理之路。

随着《实施方案》的出台,沿黄九省区纷纷开展跨省流域以及省内流域上下游的横向生态补偿机制探索工作。在跨省流域上下游横向生态补偿机制的建设方面,2011年陕西与甘肃两省自发开展针对渭河流域的治理行动,目标是在9年的工作中,保证甘肃渭河上游出境水质达到双方的既定目标,实现流域上游地区的污染治理、水源地的生态保护以及水质的动态监测。在省内流域横向生态补偿机制的建设方面,目前沿黄九省区都在省内流域横向生态补偿机制的探索方面不断推进。大多数实践探索都基于新安江模式,结合各省实际,建立了以跨界断面的水质、水量、水生态为补偿标准的流域上下游生态补偿机制。

2020年6月,与青海省相邻的甘肃省针对省域内的流域生态补偿展开了探索。甘肃省生态环境厅从环保专项资金中、财政厅从重点生态功能区转移支付资金中安排资金,在祁连山地区沿黑河、石羊河流域的7个县(区)开展横向生态保护补偿试点工作,以加快推进建立流域内的横向生态补偿机制。

虽然有了黄河流域的保护计划,但是目前也只是初步的探索,如何减小地方政府之间利益冲突导致的流域横向生态补偿关系的建立难度,如何使下游地区地方政府意识到生态补偿是他们应当承担的成本,意识到处理好与上游地区的流域横向生态补偿关系并最终让绿水青山成为绿色经济发展的新动力,是青海省必须思考的命题,也是一个亟须解决的问题。

3. 省内重点流域的生态补偿探索

2018年12月,《西宁市南川河流域水环境生态补偿方案》的颁布标志着国内首个以县区级横向补偿为主、水量和水质一体式的生态补偿机制正式建立。目前,青海省也探索建立湟水河流域(西宁段)生态补偿制度。

事实上,青海省在省域范围内开展的对横向流域生态补偿机制的探索较早,取得的成效也较为明显。然而,省域内的流域横向生态补偿机制探索仍然不够充分。2018年12月,青海省主体功能区规划编制工作领导小组办公室出台的《青海省主体功能区规划》显示,青省内有近53处水源保护地,占地面积为588.5km² 的地区属于禁止开发区。实现水资源的有效保护和节约集约利用也属于《实施方案》中的一项重要目标。因此,我们需要持续探索建立水源保护地横向生态补偿的体制,进一步夯实水量水质监测基础,结合客观流量数据分析水源保护地水资源的利用情况,明晰水资源的使用空间分布甚至是产业结构情况,因地制宜建立流域横向生态补偿机制[1]。

除此以外,还有跨省际的横向流域生态补偿探索。为全力推动黄河流域生态保护和高质量发展,2020年5月,青海省水利厅制定工作要点并推出"11125"计划。其中,"2"是指青海省水利厅将协助省财政厅、省生态环境厅开展黄河流域横向生态保护补偿机制和湟水流域水生态补偿机制2项重大政策研究;"5"是指开展"黄河流域源头保护和水源涵养""黄河青海流域水土流失治理""兰西城市群水利保障""黄河青海流域可供水量需求分析""黄河青海流域水沙关系"5项专题研究。目前,青海省也正在积极推动建立省际间的生态补偿机制,先后制定了上下游横向生态补偿方案、长江源区流域水环境补偿方案、水环境监测方案等,同时,青海省还与四川省相关政府部门就生态补偿工作进行了衔接与合作,并取得较大的进展。

三、以市场化为路径的生态补偿探索

"青海的最大价值在于生态",这一基本省情决定了青海省生态补偿市场化的发展路径。只有充分挖掘与利用青海省的生态价值,创新生态产品和服务的价值实现路径,才能使青海省在生态环境保护与社会经济发展之间找到平衡。

青海省生态保护补偿机制的市场化具体包括建立生态产业发展经营市场和生态环境权益交易市场。生态产业发展经营市场指利用当地的生态资源,投入资金发展生态产业,形成市场,如生态旅游业、生态农业、生态手工业等生态产业;生态环境权益交易市场指基于生态承载力和政府管制而形成的配额指标交易或环境容量交易市场,如碳排放权指标或排污权指标的交易市场,以及结合生态产品进行的开发项目,利用金融工具形成生态产品虚拟交易市场,如林业碳汇、湿地碳汇等自然资源碳汇交易市场。

(一)生态产业发展经营市场

从《全国主体功能区规划》来看,青海省域内的自然保护区大多数都是禁止开发区或限制开发区,但重点生态功能区、国家公园等限制开发区仍有结合自然保护地体系的建设,进行文化旅游产业和项目开发的空间。整体上的生态产业发展处于引导阶段,并没有完全成熟的体系,但是对于青海省当地政府和农牧民来说,客观上为自然保护地区域的居民创造了就业机会、增加了收益,在一定程度上是对当地居民丧失的发展权的弥补。

生态产业发展市场是依赖于青海省所拥有的自然资源发展起来的,主要包括生态旅游业、特色农牧业、节能环保业等。一是生态旅游业,比如康养产业属于典型的资源依赖性产

---

[1] 赵莺燕,于法稳.黄河流域水资源可持续利用:核心、路径及对策[J].中国特色社会主义研究,2020(1):52-62.

业,发展康养产业能够为游客提供多种依托于当地自然资源的生态产品或服务。2020年6月,青海省互助县北山林场森林康养基地和莫河骆驼场森林康养基地两处入选首批国家森林康养基地,健康养生产业的开发成为青海省文化旅游产业开发的新方向。二是特色农牧业,特色农牧业的市场化发展更倾向于结合生态标识,打造生态产品,生态标识能够使这些生态产品在市场交易过程中快速被消费者识别,使得具有较强生态环境保护意识或者具有较强生态效益补偿意识的消费者优先购买绿色产品。此外,地方政府采购时也可以有倾向性地优先购买具有绿色产品认证标识的绿色产品,从而间接增加对绿色产品生产者、制造者的发展权的弥补。三是节能环保产业,比如青海省盐湖产业的发展,是结合了生态保护的绿色可持续发展。

(二)生态环境权益交易市场

1. 碳交易的尝试

根据《联合国气候变化框架公约》和《京都议定书》,碳源是指含有碳元素且能被微生物生长繁殖所利用的一类营养物质。碳汇是指通过植树造林、植被恢复等措施,吸收大气中的二氧化碳,从而减少温室气体在大气中浓度的过程、活动或机制。青海省三江源地区具有高原森林、湿地和草地等多样生态系统,蕴藏丰富的碳汇资源,是重要的"碳库",碳汇交易的开展有待进一步深化[1]。青海省社会科学院综合评估了三江源生态系统服务功能,固碳释氧的年产出价值为1266亿元。中科院西北高原生态研究所初步研究发现,仅青藏高原的草地生态系统每年的固碳量就达到1000万t,等同于每年可减少4600万t的二氧化碳排放量。与此同时,青海省90%以上的草原为中度退化草原,若退化的高寒草甸得到大面积恢复,则碳汇能力进一步增强。碳汇交易是一种基于市场机制的制度安排,它是在控制碳排放总量的基础上,以清晰地界定碳排放权为前提而进行的。为了调整产业结构和转变经济发展方式,拓宽生态保护与建设的资金渠道,青海省积极探索碳汇交易,不断积累经验,已经初步形成林地、草地、湿地等多层次、多维度的碳汇交易市场。当前,青海省碳汇交易主要由基于配额的生态补偿碳交易和基于项目的碳信用交易两种交易类型组成。

1)基于配额的生态补偿碳交易

三江源-青海湖牧区分户式太阳能碳权开发项目是青海省基于配额的排放权交易的典型项目。该项目计划在2008—2023年间实施,共计开发600户牧民分户式太阳能设备。该项目选取玉树藏族自治州曲麻莱县多秀村、玉树藏族自治州囊谦县毛庄乡和海北州那仁湿地社区3个社区,以运用生态补偿的方式鼓励居民优先使用清洁能源。经由南德意志集团核证后,它们节约下的碳减排量指标可以在柴达木无机盐大宗商品交易所挂牌销售,销售价格则以深圳交易所所提供的价格作为参考,最终可以生态补偿方式将获得的碳交易收益分别返还给3个社区。目前2个社区的分户式太阳能设备由当地政府提供,1个社区的分户式

---

[1] 赵宗福,苏海红,孙发平.关于青海碳汇及碳交易的研究报告[J].青海社会科学,2011(4):39-44.

太阳能设备由联合国开发计划署全球环境基金小额赠款项目提供[1]。

2)基于项目的碳信用交易

青海省森林、草原、湿地面积广阔,具有很强的碳汇能力。目前青海省基于项目的碳信用交易已经在林地、草地和湿地方面都有探索,其中具有代表性的主要有:2011年青海省黄南州泽库县草地碳汇交易项目、2012年青海省碳汇造林项目和2016年亚行技术援助青海湿地碳汇研究项目(表6-13)。

表6-13 青海碳汇交易典型项目实施概况

交易类型	项目实施名称	项目总投资/规模	项目实施时间	项目布局
基于配额的生态补偿碳交易	三江源-青海湖牧区分户式太阳能碳权开发项目	600户牧民分户式太阳能设备的碳减排量	2008—2023年	海北州那仁湿地社区,玉树藏族自治州囊谦县毛庄乡、曲麻莱县多秀村
基于项目的碳信用交易	2012年青海省碳汇造林项目	造林总面积为20 512亩	2012年1月1日—2041年12月31日	大通县2870亩、互助县6820亩、湟源县2100亩、湟中县6422亩、循化县2300亩
	2011年青海省黄南州泽库县草地碳汇交易项目	年计划投资2000万元	2011年启动,实施期为10年	青海省黄南州泽库县
	2016年亚行技术援助青海湿地碳汇研究项目	计划总投资152万元,其中亚行提供5万美元(折合人民币约32万元),地方配套120万元	2016年启动,实施期为28个月	青海省黄南州泽库县泽曲湿地

注:数据来源于青海省林业厅。

(1)青海省黄南州泽库县草地碳汇交易项目。青海省草地固碳潜力巨大,一直颇受国内外广泛关注。2010年,农业部国际合作司和联合国粮食及农业组织达成初步协议,决定在青海省实施三江源可持续草地固碳信用项目。2011年,法国达能公司资助的青海省黄南州泽库县碳汇交易项目正式实施,项目年投资2000万元,为期10年。通过实施禁牧、高科技草场治理以及人工种草等项目,来改善项目区草场植被,积极扶持当地牧民发展畜牧业生产[2]。

(2)青海省碳汇造林项目。2011年青海省林业厅在中澳环境发展青海林业碳汇项目的

---

[1] 中国新闻网.中国西部首个碳交易项目在青海实施[EB/OL].(2013-11-06)[2022-01-10].https://www.chinanews.com.cn/ny/2013/11-06/5470027.shtml.

[2] 赵宗福,苏海红,孙发平.关于青海碳汇及碳交易的研究报告[J].青海社会科学,2011(4):39-44.

技术支持下,确定了湟源县、乐都县两个示范点,并开展了流域尺度的森林碳汇计量和检测操作[1]。

在此以后青海省林业厅继续以发挥林业碳汇功能为改革方向,启动了林业碳汇造林试点工作。因此,青海省林业厅于2012年1月启动碳汇造林项目,计划实施30年,规划造林总面积20 512亩,其中大通县造林2870亩、互助县造林6820亩、湟源县造林2100亩、湟中县造林6422亩,循化县造林2300亩,预计产生20.58万t碳汇量。该项目还将为当地群众提供良好的生产生活环境和自然景观,绿色低碳理念的传播更加广泛,公众节约资源、保护环境的意识得到强化,产生了显著的社会效益和生态效益。

(3)亚行技术援助青海湿地碳汇研究项目。2016年,亚行技术援助青海湿地碳汇研究项目在青海省泽库县泽曲湿地正式启动实施,将研究开发我国首个湿地碳汇方法。该项目实施期为28个月,计划总投资152万元,其中亚洲开发银行提供5万美元(折合人民币约32万元),地方配套120万元。

2. 排污权交易的探索

2014年2月,为发展和规范排污权交易市场,青海省生态环境厅出台《青海省主要污染物排污权有偿使用和交易管理办法(试行)》和《青海省主要污染物排污权有偿使用和交易试点实施方案(试行)》,明确提出积极推进主要污染物排污权交易的试点工作,试点实施期限为2014年1月—2015年3月。文件指明,交易指标设定了4项主要污染物,分别是二氧化硫(SO_2)、化学需氧量(chemical oxygen demend,COD)、氨氮(NH_3-N)和氮氧化物(NO_2)。其中,不同流域的情况也有所不同,比如湟水河流域内率先试行的是化学需氧量权、氨氮排污权交易,西宁市、海东市和海西州试行的是二氧化硫、氮氧化物排污权交易;另外,试点行政区域内的所有新建、改建、扩建项目和排污单位如果需要新增这4项主要污染物排污权指标,都应该参加排污权交易;排污权交易采用的方式也是多样化的,一般包括协议转让、电子竞价等方式。

青海省主要污染物排污权首次竞买交易会于2014年7月在青海省人民政府行政服务和公共资源交易中心顺利举办。按照价格优先、时间优先的市场交易原则,共有5家企业参与交易,以二氧化硫和氮氧化物2项主要污染物为排污权交易指标,总成交额513.6万元。青海省生态环境厅积极推进排污权交易,截至2020年6月,青海省排污权交易总成交额为10 161.4万元,该成交额来源于14次青海省主要污染物排污权竞买交易会和2次主要污染物排污权协议转让交易,其中,以电子竞价方式成交的交易金额达到6 029.26万元,以协议转让方式成交的交易金额为4 132.15万元。4项主要污染物排污权指标交易情况为:二氧化硫排污权指标3 648.51t,其中以电子竞价方式交易2 413.26t、以协议转让方式交易1 230.25t;氮氧化物排污权指标10 526.08t,其中以电子竞价方式交易6 585.65t、以协议转让方式交易3 940.43t;化学需氧量排污权指标119.17t,其中以电子竞价方式交易47.8t、以协议转让方式交易71.37t;氨氮排污权指标9.71t,其中以电子竞价方式交易3.51t、以协议

---

[1] 马洪波.可持续发展视角下三江源生态保护的长效机制研究[M].北京.人民出版社,2016.

转让方式交易 6.20t(表 6-14)。

表 6-14 青海省主要污染物排污权交易概况表

交易方式	二氧化硫排污权交易量/t	氮氧化物排污权/t	化学需氧量排污权/t	氨氮排污权/t	总成交金额/万元
电子竞价	2 418.26	6 585.65	47.80	3.51	6 029.26
协议转让	1 230.25	3 940.43	71.37	6.20	4 132.15
总计	3 648.51	10 526.08	119.17	9.71	10 161.40

注:数据来源于青海省生态环境厅。

从青海省林地、草地、湿地等生态资源的储量来看,碳汇资源及相关交易潜力巨大,退耕还林还草工程、退牧还草工程、湿地保护计划等的顺利实施,能够逐渐恢复原来高寒草地、林地、湿地生态功能,将生态要素富集区域的碳汇能力进一步提升。但是青海省目前的市场化进程还是比较缓慢的,市场主体参与不多,市场化机制还未建立起来。对于青海省这样的欠发达地区来说,这些探索可以进一步推动生态资源转化为生态资本,生态优势转化为生态实力,这也是具有里程碑意义的尝试。

四、青海省生态补偿实践中的典型问题

(一)生态补偿转移支付的资金不足

(1)纵向转移支付资金缺口增大。青海省的生态补偿资金来源渠道主要有两个:财政转移支付和专项资金。对于地方政府之间、上下游区域之间而言,财政转移支付的发展比较缓慢,由于青海省属于经济不发达的西部地区,因而横向的生态补偿资金体制没有得到很好的发展。财政转移支付是我国生态补偿实践中最为直接且易实施的一项手段,现阶段中央转移支付的纵向资金补偿机制,凸显出了补偿方式的单一性,而政府主导型的资金补偿模式,在早期阶段虽然取得了很好的效果,缓解了地方政府的财政压力,但是也暴露出了一定的问题。在生态补偿的资金方面,随着对生态保护的重视度不断提高,绿水青山就是金山银山的理念的贯彻,资金缺口也在不断扩大,地方政府的财政资金投入的局限性也进一步扩大,这样资金供需方面就存在很大的矛盾,使得青海省生态补偿工作常常面临"僧多粥少"的困境,生态补偿资金无法满足生态保护的需求,地方政府的财政压力较大,保护和发展的矛盾愈演愈烈。除此以外,生态保护区一般都是经济不发达地区,在资金补偿方面也就存在资金短缺的问题,所以对于地方政府而言,既要保护好本区域内的生态环境,又要维持一定的经济发展,保护和发展是摆在面前的最大难题。

(2)横向生态补偿规模难以做大。在生态补偿的过程中,地方政府的横向财政转移支付力度较弱,融资的渠道较少,缺乏诱因机制,无法鼓励社会群体参与到青海省的生态补偿中。青海省作为长江、黄河、澜沧江的源头省份,流域内的横向地方政府应该给予上游省份一定

的生态补偿。青海省为了保护水资源放弃了工业的发展,进行严格的生态保护,上下游省份理应构成利益共同体,下游地区拿出一部分资金给予补偿,缓解上游地区的贫困状态,进而激励上游地区投身于生态保护与建设的过程中。但目前来看,关于流域的横向生态补偿是明显不足的,很难就上下游之间的直接沟通达成一致意见,流域上下游地区之间缺乏有效的协商平台和机制,导致地区政府间横向生态补偿发展不足,并且周围的省份也大多是不发达地区,这在一定程度上也限制了支付的能力。所以从整体上来看,青海省的生态补偿资金存在较大的缺口,难以形成"造血式"的生态补偿模式。

(二)生态补偿市场化程度不高

青海省是一个生态大省,生态保护是青海省的主要考虑因素。尽管青海省人民政府成为了生态补偿资金的提供者,在生态保护补偿方面起着很重要的作用,但是相比之下,市场化、社会化的补偿相对滞后,企业、事业单位投入,社会捐赠等其他渠道的补偿相对较少,生态补偿市场主体长期缺位。随着生态保护的呼声越来越高,在经济发展新常态和政府财政收入增长放缓的大背景下,这方面的补偿资金压力也就越来越大,这么一个巨大的工程仅依靠政府是无法取得更好的效果的,因此需要其他群体参与进来,让生态受益者和一些社会投资者对相应的生态保护者进行补偿,目前来看社会和公众的参与意识不强。青海省并没有建立上下联动、政府与市场合作的生态补偿机制,以市场为主导的生态补偿不仅可以在一定程度上拓宽生态补偿资金的渠道,进而缓解地方政府的财政压力,还与生态补偿的基本原则更加契合。

目前来看,青海省进行了一些零星的市场交易,比如碳汇交易、排污权交易等,但青海省在整体上的市场化生态补偿模式上,相应的可操作性制度框架、体系的构建仍处于探索阶段,并没有建立生态效益市场化机制,很难抓住市场主体的支付意愿,私人企业和个人参与生态补偿市场的意愿不强。比如青海省生态旅游发展可以提高生态补偿效率,进而帮助生态要素富集的区域进行优化升级以及建立生态补偿长效机制。但是围绕着青海省的生态资源和生态价值,所对应的产业生态化与生态产业化的发展模式没有很好地建立起来,进而无法建立区域性的绿色发展基金。在绿色发展的基础上,市场化主体是需要进一步扩充的领域,现阶段市场化主体缺口较大,这也就导致了市场化生态补偿寸步难行。建立健全生态保护补偿机制是促进我国生态文明建设的重要保障措施,而且生态补偿可持续发展必须建立在市场化生态补偿的基础上。如何将市场化的生态补偿机制与现有的生态补偿模式相结合,是青海省需要解决的重大难题。

(三)生态补偿的标准单一

目前,生态补偿的标准低是生态补偿机制建设过程中的突出问题,首先是难以体现生态补偿的效果,在公益林补偿中,除了每年每亩5元的支出、用于护林员的管护支出以及其他管理支出,对当地的农牧民并没有多余的补偿。退牧还草工程的主要内容包括围栏、补播、舍饲等基础设施建设,其中围栏费用支出为主要部分,农牧民能从这些生态工程中直接得到的补偿很少,补偿受益者与需要补偿者相脱节,生态补偿的激励性不强,这在一定程度上影响了生态补偿的效果。其次是生态补偿的标准简单,没有考虑地区性和林种的差异、补偿地区生态区位重要性差异、经济发展程度的差异等因素,采用"一刀切"的补偿方式,未考虑异质性。例如在对位于不同海拔地区的林木和草原进行生态修复的过程中所付出的成本以及生态资源所附带的生态价值也是不一样的,但是采用同样的生态补偿标准就难以支撑生态修复所耗费的支出,并且难以体现独特的生态价值,很难形成一种长效的生态保护的内生动力。最后就是部分生态工程的补偿标准固定化,比如退耕还林工程自实施以来,补偿的标准几乎没有调整过,这种补偿标准相对于当今社会经济发展的速度来讲,很难适应现有的物价水平以及居民消费价格指数,补偿的金额也不够弥补因为生态保护所损失的机会成本。相对于草原草畜平衡来说,依照现阶段牛羊肉市场价格不断上涨的趋势,现行标准的草畜平衡补助远不足以弥补减畜行为给农户造成的经济损失。所以,制定合适的青海省生态补偿标准是一个比较难解决的问题,很难形成一种公平、效率均衡的生态保护积极机制。

生态补偿标准是生态补偿的核心内容,从青海省目前所开展的各类生态工程来看,补偿的标准是中央政府设立的一种转移支付标准,并没有与实际的补偿对象相结合,没有体现补偿对象的受偿意愿,没有考虑到青海省实际情况,因地制宜地设立生态补偿标准。依据生态功能来确定生态补偿标准是明显不够的,青海省目前所制定的与退耕还林补偿金、生态公益林补偿金等生态补偿相关的各项政策,并没有和补偿对象的实际相结合,因此难以体现青海省生态大省的特征,难以实现建设生态强省的目标。

(四)生态补偿管理碎片化

生态保护与修复是一项系统工程,而生态补偿也理应是一项系统管理。目前来看,前期生态补偿是由相关职能部门负责的,具有比较浓重的行政色彩,所开展的森林、草地、湿地等生态类型补偿都属于林业部门的责任范围,由于缺乏明确的生态补偿资金渠道,各个部门均在各自的领域以不同的方式进行生态保护与恢复。生态补偿工作中存在不同程度上的多头管理问题,工作内容也有一定的交叉性,难以实行统一有效的生态补偿制度。目前青海省的生态补偿部门分化比较严重,而且部门之间对生态补偿的认识还处于割裂的状态,比如在林草部门,为森林资源管理分设了退耕办、天保办、生态效益补偿处,这在一定程度上限制了系统性的工作对接,部门之间的协调不到位;还有草地资源所涉及的退牧还草工程和草原生态奖补项目分设在不同的厅级单位,介于部门之间的利益制约关系,生态补偿的成效有限。除此以外,还存在跨省际的补偿实践,比如祁连山生态功能区主要涵盖甘肃、青海两地,尽管他们都有自己的管理机构,但是无法形成合力,并且祁连山的生态工程规划相对于三江源国家公园来说,开始得比较晚,其中最重要的原因就是受多头管理的限制。

(五)部分生态补偿工程缺乏持续性

青海省生态补偿依托生态工程项目所开展的生态修复与保护,相继实施了退耕还林、退牧还草、停止沙金开采等一系列生态保护工程和措施,中央政府通过财政补贴投入了大量资金,以生态项目工程为依托改善了项目区的生态环境,完善了生态系统服务功能,缓解了区域性的生态环境恶化趋势。但是,生态工程最大的弊端就是周期性,缺乏长效性,这些工程项目实施结束以后,受偿主体的收入下降,所取得的效果是否能进一步巩固受到了限制,解决农牧民长远生计的长效机制尚未建立;而且生态工程面临项目检验,很大程度上导致在生态文明建设的过程中,存在重建设轻保护的现象,很难体现出生态补偿的独特作用。地方政府为了应对工程项目周期性检验,将重心放在完成项目任务上,而对生态补偿的长久性考虑不足。

中央政府对青海省的生态补偿转移支付也是阶段性投入,而投入的可持续性及投入规模都存在不确定性。因此,青海省人民政府没有多余的财政能力来支撑相关的生态建设工程,比如新一轮退耕还林工程,后续没有可以延续的生态补偿工程,难以保证当地农牧民后续的权益得到合理的补偿,这就直接影响到生态补偿与生态保护的持久性。再比如湿地生态补偿,也体现为一次性补偿,没有阶段性和延续性。因此,现阶段多采用的补偿方式是制定生态保护规划、临时性的政策等措施,而生态文明建设是长久大计,需要持续不断地投入人力和财力,一旦生态工程项目周期到了,就需要重新申报、审核,难免会出现生态补偿短暂性缺失的问题,这就造成青海省地方政府和农牧民对生态补偿政策延续性顾虑较多。

(六)生态补偿缺乏生态监管

生态监管主要是指面对生态补偿资金管理的监督和对以生态环境质量为指标的森林、草地等资源的监管。青海省生态补偿机制存在的一个重要问题就是生态监管的缺失,相应的监管和评价体系缺失会影响生态补偿机制的运行。青海省已经开展的生态补偿多以制定规划、实施工程和项目或者财政补贴等形式实施,在阶段性的总结工作中也有一定的成效分析,但是整体上来看生态补偿资金缺乏监管,生态补偿资金存在使用效率不高的情况。青海省三江源地区作为第一批转移支付对象,伴随着资金下达的一些政策文件并没有对资金使用监管作出明确批示,这些资金会和其他转移资金合并下发到各个县级政府,而各级地方政府在使用这批资金的时候,没有过多地考虑生态保护和恢复的投入,限制了资金使用效率的提高。青海省各级地方政府对生态补偿资金缺乏统筹规划,由于重点生态功能区转移支付属于财力性的转移支付,因而地方政府使用这些资金会更灵活,但会出现资金使用效率低下、将生态修复的资金用于其他支出等问题。

生态监管还存在生态补偿建设过程中补偿成效评估制度缺失的问题,比如林草资源建设的过程中缺失对整体资源的监管。虽然青海省在省域内增设了对林地、草地、湿地等资源进行监管的管护员岗位,但是需要管护的资源面积较大,配套的设备不足,调查监测的功能发挥得不是很好,一些偷牧放牧、草畜平衡区超载放牧等问题还是需要得到改善的。除此以外,生态监督还包括对农牧民的生态保护成效以及生态补偿成效的监管,比如退耕还林工程受限于资金体量问题,无法开展调查监测工作,这在一定程度上限制了生态工程实施成效的评价,对生态补偿政策实施的效果如何、生态补偿的标准是否合理等一系列与生态补偿政策相关的问题,都没有形成一定的评价体系,以至于下一步的生态规划没有依据,阻碍了生态文明建设的进程。

第三节 青海省生态补偿的改革方向

一、坚持以纵向补偿为主、横向补偿为辅的补偿路径

(一)夯实生态补偿基础,提高资金使用效率

1. 提高生态补偿标准,加大补偿资金投入

(1)提高重要领域生态补偿标准。青海省接近90%的地区都属于重要生态保护区域,然而现属于国家事权的部分占比并不高,仍然存在重要领域生态补偿补贴不到位的情况,如实施封山(沙)育林(草)、湿地保护、黑土滩治理、退牧还草、草原鼠(虫)害防治、生态畜牧业等项目,省财政共下达资金22.15亿元。在改善农牧民基本生活的投入中,省内生态公益管护岗位可按森林、草原、湿地等分为几大管护类别,以上生态公益管护岗位报酬由省财政每年安排资金17.2亿元进行支付。相较于国家生态补偿的资金量和补偿标准而言,青海省内财政生态补偿资金不足以弥补因禁止、限制开发带来的损失,但是青海省人民政府依然肩负起重要领域生态补偿责任,财政负担较重。此外,青海省草原产值每亩在21元左右,而目前中央财政对禁牧区域每亩补助7.5元、草畜平衡区域每亩奖励2.5元,可见补偿标准明显低于草原每亩的平均产值。生态补偿标准需要结合自然资源的存量价值以及生态系统服务价值等进行制定,尤其对于青海省而言,生态补偿应当同其他省份相区别,制定更高的补偿标准。青海省是以生态环境保护建设发展为主的省份,生态保护建设区域面积较大,涉及的生态系统类型较多。然而,现有的国家生态补偿政策中的补偿标准具有普适性,未能因青海省生态保护建设难度和财政压力而有所突破。因此,在国家生态补偿政策体系中,应当提高青海省重要领域生态补偿标准,使青海省摆脱财政收入不足以负担本省生态保护建设投入的困境。

(2)加大生态补偿项目申请力度。青海省现有的生态环境保护建设工程采取的都是项目管理模式,即由地方政府编制项目规划并报请中央政府批准的方式。然而,对省域内荒漠、矿区、生物多样性等的补偿政策尚未启动实施,为此,青海省应当锐意进取,在充分调研的基础上,先行试点工作,制定上述空缺领域的生态补偿方案和规划,提请中央政府审批,以扩大现有生态补偿的覆盖范围。

(3)要扩大重点生态功能区建设的投入规模。我国重点生态功能区分为水源涵养类、水土保持型、防风固沙型和生物多样性维护型。青海省域内有三江源草原草甸湿地生态功能区、祁连山冰川与水源涵养生态功能区两个国家级重点生态功能区和省级重点生态功能区。然而,从《国家重点生态功能区转移支付办法》和《中央对地方重点生态功能区转移支付办法》两个文件的内容中可以发现,转移支付的资金分配并没有同生态功能区的类型、地域分布特征、生态产品价值相联系,资金分配机制未体现地区生态重要性。青海省现有41个县

属于国家重点生态功能区建设区域,作为国家特别重要的生态安全屏障地区,重点生态功能区转移支付应当体现出青海省作为生态大省的特殊性和差异性。为此,青海省应向中央政府提出在重点生态功能区转移支付分配机制和绩效考核机制中加入生态补偿难度和生态重要性的指标,从而为青海省在重点生态功能区转移支付中争取更多资金,进而加大青海省重点生态功能区建设的投入力度。

2. 整合生态补偿资金,提高资金配置效率

青海省生态补偿资金整合主要包括两方面:第一,整合现有资金来源,包括中央财政转移支付与地方配套资金。生态补偿资金整合工作由省政府牵头,省财政厅落实,省发展改革委、省生态环境厅、省林业和草原局、省自然资源厅、省水利厅、省农业农村厅等相关部门的责任人为成员;在省级层面,对直接补偿给农牧民的资金进行汇总归并——用一个池子蓄水,建立省级生态效益补偿资金池。第二,进行生态补偿项目精细化管理——用一个龙头放水,形成政策合力,提高生态补偿政策满意度与激励效果。在县级层面,根据生态补偿专项资金池的资金使用要求,精准安排生态补偿资金,激发群众自觉保护生态的积极性,让辖区内的生态保护者切实受益,实现增收脱贫。

具体做法如下。

(1)整合行业间生态补偿资金。整合来自中央财政转移支付的国家林业和草原局的退耕还林补偿、退耕还草补偿、森林生态效益补偿、湿地生态效益补偿、草原生态补助奖励、重点生态功能区转移支付等众多资金。青海省财政中用于支付生态管护员工资的扶贫资金和生态保护资金、生态移民燃料补助费、农牧民技能培训和转移就业补偿、"1+9+3"(9是指小学+初中,1是指学前教育)教育补偿等资金,可形成省级生态补偿资金池。

(2)梳理分类与合并补偿项目。第一,加强不同行业部门之间的统筹与协作,以不同的自然资源要素统筹生态补偿资金,合并补偿项目有林草部门与水利部门负责的关于湿地保护与补偿的项目、林草部门与农业农村部门负责的关于草原补偿的项目、自然资源部门与农业农村部门负责的关于耕地生态补偿的项目;第二,合并行业内部补偿标准偏低且较为零散的补偿项目,诸如合并种草费、饲料粮补贴、围栏建设补贴、牧草良种补贴、生产资料综合补贴等作用相似、补贴资金较少、激励效果不明显的补偿项目,将分散的资金整合并使它们形成合力;第三,促进功能互补、用途衔接的资金集中投入,围绕自然保护地、重点生态功能区、大江大河等生态功能重叠的区域单元,将一些生态补偿项目进行合并。

(3)分项支出办法。将生态补偿支出分为三大类:第一类,针对利益受损者的止损性补偿,包括退耕还林还草还湿补偿(禁止耕种)、湿地生态效益补偿(耕种作物被损坏)、草原生态奖补(禁止放牧);第二类,针对生态保护者的激励性补偿,包括森林生态效益补偿、生态管护员补偿(护林、护草、护边);第三类,对原住民发展权的补偿,包括教育补贴、基本生活补贴、生产补贴、求职就业补贴等。在省级层面形成分项支出,将生态补偿分类并下发到县级单位使用。

(4)分项支出考核。根据不同的生态补偿支出类型,聘选专业化的第三方团队,根据不同支出分项的特点,细化评估生态补偿政策效果。根据评估结果,优化政策,提高生态补偿效果。

(二)聚焦大江大河流域,加快构建跨流域补偿机制

1. 总结湟水河试点经验,探索省内流域补偿机制

青海省域内进行的流域横向生态补偿机制构建还处于试点阶段,主要集中于东部市区,如南川河、湟水河,涉及范围较小,未涉及重点生态环境保护区域。为了不增加现有财政的生态环保支出压力,建议考虑使用现有的中央财政重点生态功能区转移支付资金以推进省内流域横向生态补偿机制的构建。

一是确保重点领域跨界断面监测网络的全面铺开。国内开展的流域横向生态补偿大多基于上下游跨界断面的水质、水量进行协商补偿。因此,试点工作的开展必须以保证基础设施建设为前提。可以在试点区域选择国家级重点生态功能区域内的流域开展试点工作,一方面能够确保有一定的资金保障,另一方面能够为重点生态功能区转移支付资金的分配使用提供实践经验。因此,完善试点范围重点领域跨界断面的水质水量监测网络,确保数据的易得性、科学性和连续性,是推进流域横向生态补偿机制构建的基础。

二是建立流域间河长制协调管理机制。流域横向生态补偿的实施难点在于地区之间存在利益冲突,上下游地区政府之间的协调共治、互惠互利的氛围难以形成。遵循"属地管理"和"因地制宜"原则建立河长制,有利于区域之间的利益协调和协商管理。按照青海省委办公厅、青海省人民政府办公厅联合印发的《青海省全面推行河长制工作方案》的规划要求,建议在流域途经地区分级分段设立河长,并且对各级河长的管理权责进行明确,以达到协调流域上下游、左右岸关系的目的,最终形成联防联控、共治共赢的新局面,不断推进跨区域流域上下游横向生态补偿机制的构建。

2. 加强大流域协同治理,参与跨流域生态补偿机制构建

在长江和黄河流域的生态补偿机制建设的大背景下,青海省跨省流域生态补偿机制的构建必须牢牢把握机遇与挑战,稳步推进同下游地区之间构建生态补偿领域互惠互利、互助共赢的新局面。

(1)向长江流域下游地区申请技术、资金援助。2018年,财政部牵头出台的《中央财政促进长江经济带生态保护修复奖励政策实施方案》提出重点对长江经济带11个省(市)实行奖励政策,用于协调双方流域保护和治理,实施期限为2018—2020年。流域方面的生态环境保护建设主要涉及水污染的处理和水环境的治理,类似的问题在长江经济带流域范围内更加突出。经过多年的保护和建设,长江流域下游地区的处理技术水平和经验都更丰富。然而对长江源头——青海省仅实行适当的定额补助,明显忽视了青海省作为源头区域的地位和作用。为此,青海省应结合长江下游地区生态环境保护建设的推进情况,为青海生态环境保护建设申请技术援助与支持,从而有效地保障省域内流域水环境的治理。

(2)做黄河流域大保护行动的先行者。黄河流经青海省内30多个县域,为了保护一河清水向东流,青海省作出了巨大的牺牲和投入。青海省内的黄河上游大型水库,担负着发电

和流域水量调控的任务,为满足中下游防凌、防洪和抗旱的需求,各水力发电站按照流域的统一调度,在发电效益受影响的情况下,也还要确保完成流域水量调控的任务;为保护三江源水生态系统,三江源以及青海省作出了重大牺牲。黄河流域的大保护大治理行动目前仍处于初步规划阶段,青海省作为黄河源头要积极参与跨省横向流域生态补偿机制的建设中,争做试点先行者,做黄河源头流域治理的领头人,结合黄河流域大保护行动规划,争取更多的生态环境保护建设资金和项目。涉及黄河流域的生态补偿主要致力于解决生态环境问题,如水土流失、土壤退化等问题。青海省现阶段应当寻找黄河支流、湖泊、源头区域的生态保护与修复问题,并制定相应补偿方案,主动向中央、沿黄九省区发出青海声音,团结沿黄九省区的力量,带领黄河流域大保护行动不断推进,确保源头范围黄河流域生态环境保护建设稳步推进。

3. 加强国内外流域生态补偿领域的联系,争取环境公益组织项目支持

青海省是三江之源,然而目前国内开展的流域生态补偿只聚焦于长江和黄河两个大江大河,一定程度上忽视了澜沧江流域的跨省、跨国环境治理。澜沧江作为跨国流域,涉及的流域生态补偿主体更多、利益纠葛更复杂。尽管如此,青海省作为澜沧江的源头区也投入了人力、物力、财政资金对它进行生态环境保护建设和生态补偿。况且,青海省内的生态环境保护不仅仅关乎生态系统本身的修复保护,更关乎国家生态安全屏障和全球生态系统调节器的保护。中华环境保护基金会、中国环境保护产业协会、国际联合国环境规划署、绿色和平组织、国际自然及自然资源保护联盟等组织机构致力于生态环境的保护,属于为社会提供环境公益性服务的非营利组织。青海省应积极向上述组织申报环境保护项目,为青海省的澜沧江流域生态环境保护行动争取更多补偿资金。

二、转变生态补偿模式,加快建立综合性补偿体系

(一)转变单一资源的补偿模式,探索建立综合性补偿体系

1. 建立适配于生态系统的复合型生态补偿模式

青海省现阶段开展的生态补偿,主要是以单一资源要素为补偿依据来执行的,这种补偿模式适合早期对生态系统进行抢救式恢复。从管理体制与可操作性来看,一方面适用于传统自然资源的行政管理框架,各项政策执行渠道畅通,见效快;另一方面,对于基层农牧民而言,相对统一的补偿标准也基本上兼顾了公平,不易产生社会矛盾。但随着生态文明体制的不断完善,在山水林田湖草生态系统观的指引下,我国对自然资源和生态系统的认识不断深化。生态系统是一个有机整体,割裂存在与多头管理已经无法适应新的保护要求,这一矛盾在青海省尤为突出。青海省的冰川融化成水,水资源进而孕育草地、湿地和森林,草地、湿地、森林又共同塑造了独有的高原生物体系,在这一过程中,青海省的草原生态系统和湿地生态系统高度重叠耦合在一起,难以具体区分开来。因此,单独地以草原面积、森林面积或

湿地面积为补偿依据的做法和生态系统观相冲突,在实际操作中也容易带来重叠补偿和补偿遗漏的问题。所以,要综合多方面的资金和渠道,对生态系统进行空间瞄准,加强生态保护工作的系统化,确保生态补偿资金不重叠、保护空间不遗漏。

2. 建立适配于自然保护地体系的生态空间补偿模式

生态补偿作为自然保护地建设中的关键问题,一直以来都缺乏足够的重视,往往片段化地出现在政策法规中,缺乏专门的自然保护地生态补偿政策法规。青海省是我国第一个以国家公园为主体的自然保护地体系建设示范省份,也是唯一的双国家公园建设省份。

因此,在自然保护地生态补偿中,应加快建立与自然保护地适配的生态补偿模式。该模式的建设要着眼于3个层次:第一,明晰自然保护地生态补偿的责任主体。根据不同层级的自然保护地管理主体,适当地划分财权与事权,明晰生态补偿中的权责。第二,分区执行生态补偿政策。加强对自然保护地的生态补偿力度,尤其是在自然保护地的一般控制区,要妥善处理好人类活动与生态系统保护的平衡,用好生态补偿政策。第三,加强专项的生态补偿规划与统筹。从生态空间的整体性与系统性出发,合理地制定生态补偿方案,明晰自然保护地内的生态保护主体与客体,结合国家的生态补偿与自然保护地体系建设政策,因地制宜制定政策。

(二)转变同质性的补偿方式,探索建立异质性生态补偿体系

1. 细分生态系统功能,差异化生态补偿标准

目前我国在主要的生态补偿实践中,基本上是统一按照自然资源的类别属性来进行补偿的,如在新一轮草原生态保护补助奖励政策中,统一按照禁牧每亩7.5元,草畜平衡每亩2.5元来进行补贴;然而即便是同一类生态系统,由于不同的地理位置、不同的物种特征,其生态重要性也各有差异,一个标准无法体现出生态重要性。如在草原生态系统中,三江源草地位于大江大河源头,相对而言,其生态效益与生态重要性高于一般区域,但却未得到额外补贴;在森林生态系统中,不同树种涵养水源与防风固沙能力也不同。青海省现有的差异化草原生态奖补标准的主要考量因素是草场面积而非生态重要性,森林生态效益补偿的差异化标准的考量要素是森林权属而非生态功能。

因此,在具体的生态补偿实践中,要加强对生态系统特征的进一步研究,针对同一生态系统的差异化功能,具体问题具体分析,对生态系统功能较强的生态区域适当提高生态补偿标准。如青海省国有公益林大多分布在江河源头、江河两岸区域及自然保护区和重要湿地等,是维持水源地生态效益的主体,但是其补偿标准低于集体公益林,严重影响了管护的积极性和效果。因此,青海省应对适宜于生产经营且经济价值产出较高的生态系统,适当调整补偿标准,从而激励重点生态系统的保护者,加大生态保护力度。

2. 考虑受偿主体价值偏好,使生态补偿方式多样化

生态补偿不仅仅是对受偿主体给予的一种经济补偿,更是一种综合性的补偿,虽然以货

币形式给予补偿较为直接高效,但这无法考虑到受偿者的个人价值偏好。青海省的生态补偿政策考虑到了多样化的补偿方式,如涉及智力补偿的"1+9+3"的教育补偿模式、涉及发展机会补偿的就业培训与劳务输出、涉及物质补偿的取暖费以及生态移民资金等,这些补助往往是较为公平地覆盖某一类人群,虽然做到了多样化,但没有考虑受偿者个人的价值偏好。在后续的生态补偿中,青海省应该在更高的生态保护要求中,充分考虑受偿者个人的价值偏好,极大地激发保护者的保护意愿,提高生态补偿的效果。

3. 正视生态保护的成本差异,动态调整生态补偿措施

青海省地处青藏高原地区,生态保护行为所付出的成本与东部地区相比,差异巨大。从省域层面来看,以植树造林项目为例,高寒地区植树存活率低,工程建设难度大,周期长,保护成本高;而东部地区工程难度小,树木成长周期短,保护成本低。然而国家在补助标准上却没有考虑青海省的特殊情况,对东西部制定了统一标准,没有考虑到青海省的特殊性。此外,即便是省域范围内,不同区域的保护成本也差异较大。以三江源地区为例,该地区人烟稀少,基础设施建设滞后,生态保护者不仅面临巨大的生态保护压力,工作环境也极其严峻恶劣;尤其是到了春冬季节,气温寒冷,野兽时有出没。全省统一的管护补助标准客观上无法激励生产生活条件恶劣地区的生态保护者积极履职尽责。

因此,在生态补偿政策的执行落地过程中,要因时因地地动态调整补偿标准。因时调整,即在春冬季节,加强对生态管护员队伍的关心与爱护,发放春冬季工作防护装备,适量发放高寒工作津贴;因地调整,即对一些工作环境恶劣、生态保护难度大的区域,适当地提高标准,激发生态保护者的工作积极性。

三、优化生态补偿空间布局,精准化生态补偿策略

青海省是我国国土面积第四大省,湿地面积第一大省,是我国四大牧区之一。作为三江之源,青海省境内生态资源丰富,生态服务价值高,生态环境脆弱,极易受到破坏;同时青海也是一个人口小省,全省人口约602万人,特殊的地理位置与人文环境,造就了青海省地广人稀、人口分布极度不均衡的特点,生态空间的保护程度高,开发利用程度低,人地资源配置错位。在此背景下,青海省当前生态补偿项目中的一个困局在于如何统筹区域间的生态补偿项目资源,使生态补偿项目与区域经济发展水平相适应,生态补偿资金与区域人口社会状况相适应,生态补偿项目与生态功能重点区域发展相适应。为此,必须对青海省的生态空间布局进行优化,将一些生态位置重要但还没纳入生态补偿范围的区域纳入,优化生态补偿资金的统筹使用。

(一)提高青海省生态补偿空间覆盖率

根据青海省财政厅不完全统计,截至2019年,青海省尚有1亿亩草原、0.4亿亩森林、0.6亿亩湿地未纳入生态补偿范围。国家在水资源、河流、荒漠、耕地等方面的生态补偿政策尚未启动或正在开展试点工作,青海省目前依然存在生态补偿的大量区域空缺,亟须加大生

态保护力度,识别生态敏感区域,用生态补偿的方式对生态系统进行保护。

生态补偿区域空缺填充需要遵循以人为本的原则,具体而言需要综合考虑以下因素。

(1)生态系统内是否存在人类活动。无人类居住的生态补偿区域因没有实质的保护者,缺乏必要的生态补偿客体,而无法得到生态补偿,但可以根据生态系统的健康程度,适当采取必要的生态保护措施,如黑土滩治理、草场退化修复、荒漠化防治等。

(2)针对存在人类活动的生态补偿空缺区域,要区分人类活动的性质,即区分人类活动的目的是营利还是保护,是保护性人类活动还是经营性人类活动。对保护性人类活动,需要进行专业补偿。对经营性人类活动,需要实施分类,如果经营性人类活动超出生态环境承载力,即存在过度开发利用,人类的活动就对现有生态环境构成威胁,破坏了生态系统的完整性,此时需要限制人类活动,并给予补偿;如果未超出生态环境承载力,则酌情适当补偿。

1. 加强行业部门协作,破解重叠补偿难题

一直以来,自然资源家底不清是困扰生态补偿空间覆盖的关键问题。在青海省湿地生态系统与草原生态系统高度重叠的情况下,不同部门对自然资源判定标准不一。青海省气温与降水量呈现季节性变化,夏秋季节,冰川融水量增加,丰水期来临,大面积草场变为沼泽湿地;冬春季节,水量减少,沼泽湿地化为草地,空间范围内的自然资源本底不确定。在实际的生态补偿实践中,这些季节性变化给补偿范围的确定带来了较大困难。2015年,青海省在制定新一轮草原生态补助政策规划时,曾向国家提交新一轮草原资源的本底数据(补偿依据),但由于数据与第一轮奖补面积出入较大,因而并未被国家采纳。此外,青海省的国家公益林森林生态效益补偿的面积虽有较大的调整与增加,但并未做到全覆盖,尤其是以灌木为主的森林生态系统,大部分未被纳入森林生态效益补偿,林业与草原管理单位在林草资源认定中也难以统一标准。因此,为获得更多的中央财政资金与项目支持,必须加强各行业部门之间的协作与统筹,建立起生态补偿的省域空间概念,打破各部门之间的鸿沟,厘清青海省生态补偿覆盖区域。

2. 编制生态补偿专项规划,拓宽资金体量

提高对生态补偿保护空缺区域的覆盖度,需要资金与项目支持,首要任务是划清自然资源本底地图,科学研判自然资源的季节性变化与补偿措施,有针对性地提出补偿方案,针对应补未补的草地或森林区域,应根据具体空缺情况,建议中央政府提高中央专项补偿资金的划拨力度,提高年度专项资金预算额度。针对高度重叠的草地与湿地系统,应该以自然资源本底调查为依据,细分生态系统中的保护者与经营者。要从生态系统本身的特征出发,既不拔高补偿标准、重复补偿、浪费生态补偿资金,又要确保重要生态区域都能够得到生态补偿的有效覆盖。

3. 建立湿地常态化补偿机制,探索青海湿地生态效益补偿办法

在生态补偿领域,青海省的林地与草地一直以来都有专门的资金渠道、项目安排方式与管理模式,但是一直没有建立起常态化的湿地生态补偿机制。虽然从2014年起,每年都有专项资金用于湿地的生态效益补偿,但一直以来缺乏明确的资金管理办法,湿地生态补偿的标准和补偿对象不明确,目前以一次性补偿为主。2022年,财政部、国家林业和草原局印发的《林业改革发展资金管理办法》中提到的候鸟迁徙带来的农作物损失补偿这一举措,对于青海省并不适用。青海省虽然地广人稀,适宜耕种的土地较少,分布在湿地范围内的耕地数量较少,但在实际的生产生活中,放牧、基础设施建设以及生活污水排放等依然会给湿地带来影响。因此,要加快探索建立湿地保护的常态化机制,搞清楚湿地利用者、湿地保护主体、湿地的生态系统状况等基本要素,进而有针对性地建立湿地常态化补偿机制。

(二)差异化青海省生态补偿空间分区

在制定生态补偿政策时,必须充分考虑生态系统的重要性,从中选出优先补偿区域,简单来说,即生态服务价值越高、区域经济发展水平越低的区域,越需要得到补偿。综合考虑多种方法,在结合青海省地方特色及数据可得性的基础上,对生态补偿优先级的模型进行优化,选取生态系统服务的非市场价值、地区国内生产总值、区域常住农牧民人口数、地方政府公共预算收入、农村人均可支配收入5个指标,来考量青海省的生态补偿优先级。

在综合测算区域农村人口、经济发展水平、农村人均可支配收入、2017年财政预算收入以及生态系统服务的非市场价值后,发现青海省的生态补偿优先级有以下几个特征:第一,各市州之间补偿系数差异巨大,生态补偿的空间差异巨大。青海省玉树州的生态补偿优先级系数为3 771.16,而西宁市的系数为0.2,两者的差距巨大,这体现出青海省的生态系统服务区与生态系统消费区的资源错配到了极致。第二,青海省的生态补偿空间布局可分为3个层次,玉树州、果洛州补偿系数均大于800,为最优补偿区,海北州、海南州、黄南州补偿系数均为30~100,为重点补偿区,海东州、海西州、西宁市补偿系数小于10,为生态支付区。从空间布局来看,青海省各区域需要得到生态补偿的迫切程度排序依次为南部>北部>东西部,青海省生态输出主要集中在南部三江源区域,该区域农牧民人口多,经济发展落后,但生态服务价值重要,是典型的生态产品输出区域;而生态消费区域主要集中在东部的西宁市和海东市,该区域人口多,经济发达,是典型的生态产品消费区,对该区域应当支付一定的生态补偿资金。通过对青海省、市、州以及县级的生态补偿优先级进行测算,可将优先补偿区域大致分为最优补偿区、重点补偿区、潜在补偿区以及补偿支付区。对于不同的区域划分,生态补偿的主客体自然要有所区分,因此,对于不同的区域本书分别提出相应的改善策略。

1. 生态最优补偿区:打造青海省生态补偿示范高地

生态最优补偿区即三江源地区,是青海省生态价值最高的地区、典型的生态系统服务供给区,也是青海省生态补偿起步最早、成效最好的地区。该区域生态补偿取得了较好的效果,农牧民生活水平有了较大的提升,生态环境状况不断变好;但同时这里也是生态补偿需求最迫切的地区,民生保障水平依然较低,群众收入水平低,良好的生态环境与落后的经济发展之间的矛盾依然尖锐,绿水青山还未能转化为金山银山。因此,接下来要从以下几个方面着手,进一步优化生态最优补偿区的政策实施效果。

(1)加大现有投入力度,不断提高补偿标准和扩大补偿范围。三江源地区的许多生态补偿政策都是阶段性的,资金的拨付是专项式的,如退耕还湿还草工程、退牧还草工程等,这些工程往往以3～5年为一个周期,对农牧民的补偿也是周期性的,一个补偿周期结束后,当农牧民在缺失生产资料的情况下,无法进行有效的生产经营活动时,就会重新恢复对生态资源的滥用。因此,要稳固现有的生态建设成果,一要重视农牧民权益受损情况,从长远的角度出发,探索建立周期性生态补偿项目的长期稳定投入机制,保障权益受损的农牧民可以在生态补偿中得到稳定的收益。二是要不断提高相关生态补偿的标准、扩大相关生态补偿的范围。三江源地区海拔高、生态环境好,但生存环境恶劣。各项生态保护和生态补偿政策的执行,往往要付出更多的成本,如国家天然公益林的保护、湿地修复工程的建设等项目的生态补偿成本就较高。因此,青海省要综合考虑三江源地区民生基础差、保护成本高、项目实施开展难度大的具体情况,提高三江源地区的生态补偿标准:纵向上,要高于国家相关政策制定的平均标准;横向上,要向东部经济发达区域的生态补偿标准看齐。

(2)加强生态管护员制度建设,提高专业化管护水平。生态管护员制度作为青海省一项特色的生态补偿政策创新,创新性地设立草原管护员、湿地管护员岗位。2014—2015年,为改善民生和增强湿地生态保护的内生动力,青海省人民政府办公厅颁布了《关于三江源国家生态保护综合试验区生态管护员公益岗位设置及管理意见》《关于印发青海省草原湿地生态管护员管理办法的通知》,形成了一条增收脱贫与生态保护良性发展的道路。下一步,要进一步加强生态管护员的制度建设。首先,完善相关的劳动权益保障制度,让生态管护员不仅是一个公益性岗位,而且是一份有劳动保障、有地域特色的正式工作;其次,要加强生态管护员的队伍建设,提高工资待遇,开展相应的生态管护员的职业技能培训,增强生态管护员的工作获得感;最后,管理部门要在能力范围内创造更好的工作条件,配齐相应的工作必备物品,保障生态管护员的人身安全。

(3)进一步保障民生,改善农牧民的生产生活条件。三江源地区的生态补偿政策要进一步惠及民生,改善群众的基础生活条件。要在生态保护红线、城镇开发边界和永久基本农田3条红线的约束下,综合考虑三江源区域生态空间的资源环境承载力,适当地加大对交通、能源、医疗、教育等领域的基础设施投入,改善农牧民的医疗、教育、就业以及日常生活的基本条件;在农牧民从事农牧业生产的区域,要结合农牧民发展生产活动的需要,在围栏建设、草场管护、农资补助等方面给予支持,改善农牧业生产条件,多方面提高三江源地区的民生保障水平,让高原之上的生态保护者得到较好的生产生活保障。

(4)建议中央政府划拨补偿专项资金,补偿地方政府财政损失。矿业权收入一直以来都是三江源地区地方政府财政收入的重要组成部分,青海省在全国率先启动自然保护区矿业权退出工作,导致地方政府财政收入锐减,这一做法既不利于地方政府开展生态保护工作,也不利于当地民生的改善。在2019年青海省首批达成补偿协议的31个矿业权退出案例中,玉树市有7个,杂多县有5个,曲麻莱县有3个,约占全部退出补偿案例数量的50%。因此,中央政府应当根据矿业权退出的具体情况,合理评估地方财政的税收损失情况,以转移支付的方式,适当地划拨矿业权退出专项资金补偿给地方政府,专门用于地方的生态保护与民生保障工作。

2. 生态重点补偿区:补齐生态补偿的区域短板

生态重点补偿区是青海省生态位置极其重要的区域,其重要程度和最优补偿区基本等同,是青海省生态补偿的重点区域,因此需要从以下几个方面进行优化。

(1)对纳入国家重点生态功能区的区域,保持现有的补偿力度。同德县、兴海县、玛沁县、河南县属于三江源草原草甸湿地生态功能区,祁连县、门源回族自治县、刚察县、天峻县属于祁连山冰川与水源涵养生态功能区,重点补偿区中的这8个县级行政单位在生态系统中的重要程度和最优补偿区同等重要。青海省要保持该区域现有的重点生态功能区内的一些生态补偿政策扶持力度不减,保证政策实施的稳定性、连贯性与资金渠道畅通性,保护好国家生态安全屏障。

(2)对未纳入国家重点生态功能区的区域,要加大投入力度,提高补偿标准。都兰县、化隆回族自治县、贵南县属于在省级层次上具有较大生态价值的区域,生态重要程度略低于国家重点生态功能区,但这几个区域的生态补偿优先级和青海省的国家生态重点功能区一样,主要原因为该区域的发展水平相对较低,农牧民人口较多,且得到的生态补偿机会较少。因此,青海省要进一步加强此类区域的生态补偿的投入,争取各类生态补偿资金以支持其生态保护工作,提高区域内的民生保障水平,改善农牧民的生产生活。

(3)加强矿业权退出的补偿力度,建议中央政府每年划拨专项矿业权补偿资金。矿业权收入一直以来都是祁连山地区地方政府财政收入的重要组成部分,在2019年青海省首批达成补偿协议的31个矿业权退出案例中,生态重点补偿区约有15个,分别为兴海县5个、都兰县2个、天峻县2个、门源回族自治县2个、刚察县2个、祁连县2个,约占首批退出案例总数的50%。因此,国家应当根据矿业权退出的具体情况,合理评估地方财政的税收损失情况,适当地划拨矿业权退出专项资金,补偿给地方政府,专门用于地方的生态保护与民生保障工作。

3. 生态潜在补偿区:建立高原农业生态补偿体系

生态潜在补偿区属于青海省生态位置相对重要的区域。该区域农业发展良好,经济发展水平处于全国中游,是青海省重要的农产品生产区,且农牧民人口众多,在生态补偿中处于次级地位。生态潜在补偿区主要分布在乌兰县、共和县、湟源县、海晏县、贵德县、循化撒拉族自治县、同仁县、尖扎县、乐都区、互助土族自治县、民和回族土族自治县,因此,在生态补偿中需要从以下几处着眼。

(1)发展现代与绿色农业,灵活运用市场手段实现生态价值。发挥青海省生态潜在补偿区在交通运输、气候、地理位置、人力资源等方面的区位优势,大力推进绿色与生态农业发展升级,培育高原特色绿色有机农畜产品;创建全国绿色食品原料标准化生产基地,逐步壮大青海省牦牛、藏羊、青稞、冷水鱼、枸杞等优势主导特色产业,提高农业的附加值;延长农产品生产的产业链,深挖高原农业的特色,对一些优质的草原牧场和耕地区进行市场补贴,鼓励农牧民通过现代农业发展提高收入水平,将优质的生态资源转化为经济发展的动力。

(2)探索建立具备青海特色的高原耕地生态补偿体系。不同于长江中下游和华北平原、东北平原这类在全国范围内具有粮食安全战略地位的农产品主产区,作为青海省的省级农产品主产区,该区域的农业发展对于保障青海省的粮食安全具有重要意义,因此不能因耕地面积小就对高原耕地置之不理,而是要将耕地保护放到重要位置。因此,要探索建立高原地区的耕地生态补偿体系,通过下发耕种补贴、农资补贴及使用绿色化肥等多种方式降低农业生产成本,保障农民从事农业生产的积极性和收入水平。

(3)关注农牧民生产生活,加强对农牧民的民生保障。青海省的生态潜在补偿区中,农牧民数量高达 1 358 441 人,占全省农牧民数量的 39.18%。在青海省的生态保护补偿工作中,农牧民兼顾了利益受损者与生态系统保护者双重身份,在退耕还林还湿还草、退牧还湿还草的过程中,农牧民是利益受损者,而这类农牧民也往往成为草原、湿地、森林的管护者。所以,在生态补偿的过程中要重视潜在补偿区的农牧民的生活保障,提高农牧民的生产生活积极性,达到保护与发展的均衡。

4. 生态补偿支付区:夯实生态补偿的物质基础

(1)生态补偿支付区是青海省经济发展程度最高的区域,大多属于青海省的重点开发区,包括德令哈市、格尔木市、大柴旦行政区、大通县、湟中县、城北区、城中区、城西区、城东区、平安区。区域内集聚了青海省大量的人口和经济,由青海省人民政府印发的《青海省主体功能区规划》可知,2014 年青海省重点开发区的产业类型均属于传统的重工业类型,特定的产业定位给青海省的生态环境带来了较重负担。因此,从青海省全局视角来看,该地区是生态系统服务消费区,享受了青海省其他地区额外的生态溢出效益。

(2)注重发展与保护的平衡,加强生态保护与生态修复。作为青海省的经济发展重心,要在习近平生态文明思想的指引下,坚持生态优先、绿色发展,树立绿色低碳可持续发展理念;提升产业的集中度,以延长产业链提高产品附加值,提高资源的综合利用率;积极采用新技术,推动节能减排和污染防治,减少产业发展对环境的破坏。要牢记绿水青山就是金山银山发展理念,推动新时代青海经济的高质量发展,为生态补偿夯实经济基础;加强生态治理与生态修复工作,对工业化导致的生态破坏区域,要投入更大修复力度,加快修复治理,如废弃矿区修复、土地污染治理等,恢复生态系统的健康。

(3)加强对省内地区的转移支付力度,建立省域内的生态协作机制。从省级财政的层面,统筹青海省生态补偿资金的转移支付,加大对省内欠发达地区的转移支付力度,将更多资源用于欠发达地区的民生保障工作中;建立省域定点协作帮扶机制,利用生态补偿支付区在市场、管理、技术等方面的资源优势,先富带动后富,带动欠发达地区的生态旅游业、生态农牧业和特色手工业的发展。

四、丰富生态补偿政策工具包,使生态补偿方案多样化

(一)健全环境权益交易制度,完善交易市场的建设

1. 继续推动碳交易市场的建设,提高市场占有率

只有经科研机构核验确定为增量价值后的碳汇才能在现有的市场中进行交易。目前,全国的碳排放权交易市场存在碳排放配额分配方案难以确定、交易市场活跃度不高等问题。

目前,青海省的碳排放权交易市场在全国相关市场的占有率并不高,因此青海省在碳排放权交易市场的建设过程中应当做好3个方面的准备工作。

(1)紧跟国家政策部署,完成青海省内有关碳排放权交易市场建设的基础性工作。如对省内重点企(事)业单位的年度碳排放情况进行监测,督促上述单位及时完成并递交年度碳排放报告,摸清本省内重点排放企业的碳排放情况,积极参与全国碳排放交易市场的建设,不断提高青海省碳排放权交易市场在全国市场中的占有率。

(2)借鉴现有碳排放权交易市场的试点经验,尤其是7个试点地区和2个非试点地区在碳排放权交易模式上的探索经验。目前广东省将碳普惠核证自愿减排量(cortified emission reduetion,CER)纳入省内的碳排放权交易市场补偿机制中,有助于将企业或个人纳入生态补偿的市场交易中。青海省可以尝试举办绿色低碳的活动,将当地企业或个人自愿参与的碳减排行为所产生的核证自愿减排量进行交易,创新省内碳排放权交易市场的形式和内容。

(3)吸引外资或跨国绿色清洁能源企业入资青海省,活跃本地交易市场。近年来,越来越多的企业开始关注碳中和的概念,力求通过使用可再生能源、材料或实施额外的碳捕获、森林碳汇等项目工程,将企业打造成低碳或"零碳"的绿色环保企业,减少或消除人类生活、生产活动造成的碳排放量。青海省可以吸引国际绿色清洁能源产业公司入资,在发展绿色产业的同时,帮助跨国企业或外资企业实现碳中和管理的目标,提高青海省碳排放权交易市场的活跃程度。

2. 建立健全排污权初始分配制度,助力产权市场交易

由于排污权交易仅仅体现试点地区生态环境容量的市场价值,无法体现生态环境较好的地区对其他地区产生的正外部效应的价值,相较于碳交易市场而言,排污权交易市场的地域性特征更加突出。目前青海省的排污权交易市场仅有政府主导的一级交易市场且市场中的交易主体相当有限,呈现出市场建设不充分、市场主体不完备的特点。因此,青海省排污权交易市场的建设与发展应当从以下3个方面进行。

(1)总结试点地区排污权交易市场建设经验,进一步巩固现有成果。明确排污权市场交易机制需要地方政府制定污染总量控制目标,建立排污许可证制度,从而使排污许可成为可以在市场中进行交易的产品。尽管在现有的市场中,交易主体的数量不充分且交易模式较为单一,但现有建设成果来之不易,了解现有建设问题、分析并总结现有经验有助于现有建设成果的巩固。青海省排污权交易市场仍需扩大试点范围,充盈排污权交易市场主体的数量,增大市场交易的体量。

(2)借鉴其他地区排污权交易市场建设经验,完善现有市场。青海省排污权交易市场目前仅具备政府主导的一级交易市场,缺乏由市场主体组成的二级交易市场,即市场主体之间的排污权交易尚未形成。因此,应当借鉴其他排污权交易市场建设走在前列的沿海地区的建设经验,稳中求进地推动青海省排污权交易市场的建设,让市场主体之间的交易更加活跃,从而巩固和完善自然资源有偿使用制度的建设以及生态保护补偿制度的市场化建设。

(3)强化排污权交易制度的政策激励属性,激发企业参与市场交易的主动性。目前排污权交易市场试点工作的参与主体数量较少,交易数量也比较有限,激发当地企业的参与积极性尤为必要。因此,在设计排污权交易制度,尤其是解决涉及各地区排污权配额分配问题时,应当给予具备较高绿色创新能力的企业更多的排污权指标,以此激励企业在绿色产业创新方面加大投入,进而推动省内绿色产业的发展,优化青海省的产业结构。

(二)构建绿色金融体系,激励多元主体参与

青海省生态环境保护建设行动的开展覆盖范围广、涉及的生态系统类型复杂、修复与保护难度较大,资金保障成为亟须解决的问题。绿色金融作为生态文明建设过程中重要的发展助力,有望成为青海省深化生态补偿机制建设的"助推器",具体实施建议如下。

(1)发行绿色资产债券、彩票等金融产品。长期以来,绿水青山的生态价值处于被忽视的状态,绿水青山就是金山银山这一生态理念的实践之路仍有待探索。由于青海省内存在大量的自然资源,因而青海省可以尝试将自然资源作为抵押物或标的物进行融资,从而丰富生态环境保护建设的融资途径,实现自然资源资产化的最终目标。

(2)推动绿色信贷业务的发展。自然资源的生态价值可以成为绿色产业发展的坚实基础,如区域范围的水土污染修复治理项目可以借助 PPP(public-private-partnership 的简称)模式开展。通过绿色信贷业务的开展,积极引导社会力量采用 PPP 模式、特许经营权、政府购买服务等多元化方式,参与生态环境保护修复的过程。

(3)建立区域性绿色发展基金。青海省可以联合长江下游地区、黄河下游地区、邻近省份分别设立长江流域绿色发展资金、黄河流域绿色发展基金等区域性的绿色发展基金,借助多元化的资金来源进行融资,并通过项目申报的方式分配资金,进而推动中国绿色金融发展模式的创新。

(三)建立统一的绿色产品体系,形成生态文明的共建氛围

2015 年 9 月,中共中央、国务院印发的《生态文明体制改革总体方案》提出建立统一的绿色产品体系,此后国务院办公厅发布的《国务院办公厅关于建立统一的绿色产品标准、认证、标识体系的意见》标志着我国绿色产品体系构建的正式开启。2019 年 5 月,国家市场监督管理总局印发《绿色产品标识使用管理办法》,进一步深化了现有体系的构建。然而青海省在绿色产品的认证管理、制造生产、营销推广等方面开展的工作并不突出。为此,结合国家意见和办法,针对性地提出如下建议。

(1)开展绿色产品认证工作。经过认证的绿色产品能够快速被消费者识别,营造良好的绿色供给氛围。绿色产品标识有助于激发消费者的生态环保意识,引导消费者自发进行绿色消费。因此,青海省应拓宽绿色产品的流通途径以及鼓励绿色市场的建设,大力推进绿色产品制造业、营销服务业的发展。

(2)完善绿色产品政府采购制度。要在省内营造良好的绿色产品采购之风,不断提高公共机构中绿色产品的采购比例;与此同时,也可以向其他省份推广青海省的特色绿色产品,形成类似对口支援的采购模式,从而以增加收入的方式给予当地农牧民、企业一定补偿。

(3)对绿色产品生产企业实行税收优惠政策。环境保护与污染防治、资源集约节约利用、清洁能源开发、生态农产品生产、生态旅游服务等绿色产业的发展需要在各产业政策中

设置税收优惠环节,以此减小绿色产品生产企业的税收负担,助力企业科技研发、平台建设等稳固发展。

(四)推进自然资源资产管理改革,创新生态补偿实施路径

国外的自然资源管理体制同我国存在较大差别,许多管理经验并不能直接借鉴。当前我国土地资源的三权分置管理模式具有中国特色,实施效果比较显著。我国目前也在进行耕地生态补偿模式的探索。为此,结合我国土地资源管理三权分置的思路,提出如下建议。

(1)探索建立自然资源反向拍卖机制。三权分置是指土地的所有权、承包权、经营权三权分置,其核心要义是明晰赋予经营权应有的法律地位和权能。自然资源的所有者为政府,其承包者和经营者都能够在资源的流转过程中获得收益,进而实现绿水青山就是金山银山的目标。自然资源的承包权与经营权可以通过反向拍卖的形式售卖给中标的企业。企业在保证生态环境不受破坏的前提下,合理开发与使用自然资源,可将自然资源的存量价值变现,形成可持续发展的生态保护建设之路。

(2)鼓励多元主体参与生态环境保护修复。随着自然资源统一确权登记的不断推进,大范围的生态环境区域能够被划分为不同的片区,上述反向拍卖的形式可将自然资源的承包权、经营权流转给企业、社会组织或个人。片区之间的承包者和经营者如果能够形成生态保护空间的联结与协同机制,实现整体生态空间的保护效应,加之政府给予一定的生态补偿资金,那么必然能营造出社会多元主体参与地区生态环境保护修复的良好氛围,不断加强生态空间的联结与协同,形成生态空间的整体性保护模式。

第七章 青海省自然资源资产的生态监管

第一节 自然资源资产监管的生态之维

一、自然资源资产监管制度的解析

自然资源是指天然形成的、人类已发现的，现在或未来有可能对人类有利用价值的自然环境和条件的总和。自然资源资产是部分自然资源资产化后的资产，是与权利（产权或财产权）联系在一起的概念。并非所有的自然资源都可以称为自然资源资产，因为资产必须具备边界性或可度量性、归属性和稀缺性3个本质属性[1]。本书对自然资源资产的研究并不完全以"货币化计量"为要求，而是更关注自然资源资产稀缺性、有用性（包括经济、社会、生态价值）及产权的可明晰性。自然资源资产以具有产权的自然资源为主体，此外还包括尚未产权化，但存在稀缺性、有用性及产权明晰性的自然资源。

自然资源资产监管，即遵循自然资源资产的自然规律和经济规律，建立起以产权约束为基础的管理体制，实现自然资源资产的保值增值[2]。具体包括建立和完善自然资源资产有偿使用和确权登记制度，制定自然资源资产保值增值考核指标体系、考核标准，通过调查、统计、稽核对自然资源管理责任主体所监管的自然资源资产的保值增值情况进行监督。其目的是维护资源的国家所有，实现资源开发与经济发展的和谐以及资源的优化配置，逐步改善生态环境，取得良好的社会效益和经济效益，实现价值化管理，合理、高效、节约地利用资产。国家对资源性资产进行宏观管理是资源性资产优化配置的现实选择[3]。

自然资源资产监管与自然资源管理存在差别。自然资源资产监管应遵循自然资源的自然规律和资产运作的经济规律，建立起以产权约束为基础的监管体制。自然资源管理是指以法律、行政、经济、技术等多种手段，以自然资源的可持续利用为目的，对自然资源的保护、开发和利用进行规划、组织、指导、协调和监督的管理过程。前者基于自然资源所有者及其委托行使

---

[1] 董祚继,田乐.自然资源资产管理与国土空间规划[J].景观设计学,2019,7(1):88-93.
[2] 余振国,余勤飞,李闽,等.中国国家公园自然资源管理体制研究[M].北京:中国环境出版集团,2018.
[3] 刘玉平.国有资产管理[M].2版.北京:中国人民大学出版社,2012.

者的地位,属于所有权权益的保护与实现;后者基于国家行政高权,属于国家公权力的行使。现行自然资源监管体制中,各部门既是国有自然资源行政监管者,又是国有自然资源产权的管理者,行政的不当干预,易造成对自然资源产权权益人合法权益的损害[1]。

自然资源资产监管与自然资源管理在实践中难以截然分开。自然资源资产监管的核心是产权管理,这一职能与自然资源管理中的调查评价、权益维护等职能密不可分,在两者间很难划分出比较明确的界限。将资产的概念运用到自然资源领域,试图以资产管理的理论和技术方法对自然资源进行管理和运营的理想很美好,但也会遇到现实困难。自然资源的自然环境属性、自然生态属性及其多用途性和不可替代性,自然资源保护的正外部性,自然资源利用的负外部性,特别是人类社会整体对自然资源保护及其世代传承、可持续利用的要求,致使自然资源的资产化管理的产权边界难以界定,价值难以用普遍认可的方式进行量化,并且因自然资源资产核算及其账户建立融入了大量的主观因素,变成了复杂的数字游戏而难以推广应用,可见进行市场化运营管理难以完全保障人类社会整体对自然资源环境的利益诉求[2]。因此有必要健全自然资源资产监管体系,进一步明确控制权、代表权、利用权、收益权及相应的义务与责任配置。

我国的自然资源资产监管与经济社会发展的水平相适应,横向上具有统一监督管理与各部门分工负责相结合的特点,纵向上具有中央与地方的分级监督管理相结合的特点。面对资源约束趋紧、环境污染严重、生态系统退化的严峻形势,党的十八大将生态文明建设纳入中国特色社会主义事业"五位一体"总体布局。党的十八届三中全会通过的《关于全面深化改革若干重大问题的决定》提出"设立国有自然资源资产管理和自然生态监管机构""统一行使全民所有自然资源资产所有者职责",完善自然资源资产监管体制,对提升政府自然资源治理能力和治理体系现代化水平具有重要意义,国家层面的这一战略选择具有全局性和革命性。国家层面的制度设计需要在各个地方落地生根,并通过地方实践累积经验和问题,通过地方反馈与中央回应的多次互动,促进整体制度的建构与完善。青海省作为单一制国家的地方区域,需要遵守国家关于自然资源资产监管的法律法规,落实国家宏观政策,积极推动试点工作,为国家制度的形成贡献青海智慧和地方性知识。

自然资源资产监管是一项复杂的系统工程,面临多项制度建构的任务[3]。本书主要关注自然资源资产配置与领导干部自然资源资产损害责任追究两项制度。

二、自然资源资产的类型与监管侧重

(一)自然资源资产的类型划分

自然资源具有天然性和文化属性。自然资源是自然过程所产生的天然生成物,地球表

---

[1] 洪旗,陈韦,陈华飞,等.健全自然资源产权制度研究[M].北京:中国建筑工业出版社,2017.
[2] 余振国,余勤飞,李闽,等.中国国家公园自然资源管理体制研究[M].北京:中国环境出版集团,2018.
[3] 北京大学城市与环境学院课题组.完善自然资源监管体制的若干问题探讨[J].中国机构改革与管理,2016(5):22-24.

面、土壤肥力、地壳矿藏、水、野生动植物等,都是自然生成物[1]。自然资源资产与资本资产和人力资产的差异性在于,自然资源资产具有固有的自然属性,能够为维持生命存在提供生态系统的物质和服务,同时也满足了人们的审美、娱乐需求。自然资源也同时具有文化属性,资源是由文化决定的,是社会选择、技术和经济系统作用的产物[2]。人类的响应机制在自然资源的发现与更替中发挥着重要作用。

天然生成物对人具有有用性时才能够成为资源,进而成为具有价值的资产,与市场和政府监管发生联系。这些价值有的可以通过产权与交易实现,如土地价值、水资源价值等,表现为经济属性;有的则产生普惠式作用,产生外部性效应,如生态功能、环境功能等,表现为公共属性[3]。在完备的市场经济中,自然资源的供求关系、生产成本会对资源价格产生影响,资源价格又会引发产业的响应。然而市场体系是不完备的市场运作的结果,很可能与社会文化、经济、政治目标不相符合;市场不能克服自然资源的稀缺性,实际上还在制造某些形式的自然资源稀缺,市场难以独立解决自然资源资产配置的问题。对此,政府有必要采取监管措施,对自然资源资产在经济发展,生态、美学与康养等社会福利用途的配置中进行干预。基于此,自然资源资产可以采用多种标准进行分类。

(1)按照资源门类进行类型划分。比如有学者指出目前我国法律制度中规定的自然资源主要有12种[4]。《中华人民共和国宪法》列举了土地、矿藏、水流、森林、山岭、草原、荒地、滩涂、珍贵的动物和植物9种自然资源类型。《中华人民共和国物权法》在此基础上,增加了海域、无线电频谱2类自然资源。而中共中央办公厅、国务院办公厅印发的《关于创新政府配置资源方式的指导意见》,在《中华人民共和国物权法》的基础上,又增加了无居民海岛资源。《国务院机构改革方案》中确定的自然资源资产主要是7类,即土地、矿产、森林、草原、湿地、水、海洋等。这7类自然资源资产并不都是有体物、具有特定性和排他性,而且有些自然资源资产如森林、湿地、水等的生态价值、社会价值大于经济价值。同时,自然资源资产具有整体性,相互之间交叉,是一个山水林田湖草共同体,或者是一个生态空间。有学者则指出现阶段我国自然资源资产管理工作中主要将自然资源资产分为8类进行管理,即国有土地、矿产、国有森林、国有草原、湿地、水、海洋和自然保护地[5]。由于我国尚未制定自然资源法典,自然资源立法呈现资源门类专项法典并立的形态,而各专项法典又沿袭部门主导立法的路径,按照立法与按照管理实践来做的资源类型划分均存在重叠之处,虽便于管理实践,但逻辑上并不周延,指导性尚显不足。

(2)按照自然资源资产化过程划分。比如有学者主张,自然资源资产是指在经历勘探发现、分类、确权、开发利用等人类活动后,可交易的自然资源。按人类的认识程度和利用程度,大致可划分为3种类型:第一种为已确权未开发的自然资源资产,包括未利用地、原始森

---

[1] 蔡运龙.自然资源学原理[M].2版.北京:科学出版社,2007.
[2] [英]朱迪·丽丝.自然资源分配、经济学与政策[M].蔡运龙,译.北京:商务印书馆,2005.
[3] 朱道林,张晖,段文技,等.自然资源资产核算的逻辑规则与土地资源资产核算方法探讨[J].中国土地科学,2019,33(11):1-7.
[4] 陈静,陈丽萍,郭志京.自然资源资产国家所有权实现方式探讨[J].中国土地,2020(1):20-23.
[5] 马晓妍,洪军.全民所有自然资源资产的价值核算问题[J].中国土地,2019(12):31-34.

林、未开发海域等,这类资源未经人类改造,更多体现生态价值。第二种为已确权开发暂不能直接交易的自然资源资产,是指被人类利用且具有公共物品属性,但现阶段还无法实现直接交易的自然资源,包括湿地、国有林草场、自然保护地等。这部分资产范围将随着国有自然资源资产有偿使用范围的扩大以及特许经营权制度的完善而逐步扩展。第三种为可完全交易的自然资源,指可货币化的自然资源资产,如经营性建设用地、物质资源(矿产品、已开采林木)等,主要体现经济价值。对应的,可将自然资源资产划分为已确权未开发、已开发尚不能交易、可交易三大类型。对已确权未开发的自然资源资产,只核算其生态系统服务价值。已开发尚不能交易的既有经济价值又有生态价值的自然资源资产,其经济价值由人类劳动参与的多少来决定,包括产权价值、使用价值、租金、开发成本等内容,价值呈现的价格可由成本和地租来核算;部分自然资源资产还拥有限制发展权,如被保护耕地、国家公园等,其生态价值可按千年生态系统评估(millennium Ecosystem Assessment,MA)方法来计算。可直接交易的自然资源资产属于商品,只核算其经济价值,价格可由市场来确定。其中,对建设用地和矿产资源资产,只核算经济价值;对湿地和自然保护地,以核算生态价值为主;对其他类型的自然资源资产,按是否被开发进行划分,对已开发的自然资源资产偏向于经济价值核算,对未开发的自然资源资产偏向于生态价值核算[1]。这一分类具有较强的启发性,有助于相关政府部门实现自然资源资产的价值核算的操作,同时这一分类也能反映当前部分自然资源资产化的过程,以及资产化的程度和目标,但对自然资源属性所决定的自然资源资产具有复合价值的客观性和复杂性还未充分应对。由于可交易的自然资源资产仍具有社会价值、生态价值,因而单纯核算经济价值,不能将外部性内化,不利于自然资源开发成本的公平分担和成果的公平分享。

(3)按照自然资源资产价值划分。目前,学术界仍对自然资源资产价值的内涵存在争议,但较为有力的观点是,自然资源既有生态价值又有经济价值,对社会而言还兼有社会价值。在此基础上将自然资源资产划分为:既包括具有经济价值的经营性资产,也包括没有经济价值但具有生态和社会价值的公益性资产,以及兼具经济、生态、社会价值的复合性资产[2]。鉴于有重要经济价值的自然资源同时会不可避免地兼具社会和生态复合价值,为便于进行监管制度设计,以及国家宏观政策顶层设计,本书采用公益性与经营性二分法来探讨青海省自然资源资产监管制度。

具体来说,属于"公益性国有财产"的自然资源资产主要包括:①具有生态或科研保护价值的水源地、海滩、森林、湿地、草原、沙漠、滩涂、天然洞穴等;②应当对公众开放日常生活使用的公园、道路、山岭、草原、滩涂等;③其他应当纳入自然资源资产但不宜在市场上进行流通的土地(如各类政府机关、军事、教育、卫生用地)及其他财产(如人类基因编组)等[3]。经营性自然资源资产主要是指能够进入市场交易流通,可提供市场产品的自然资源资产,主要包括经营性建设用地、经济林木、海域以及矿产资源等。这些自然资源资产能够作为财产在市场上流通,其所有者可获得收益。

---

[1] 马晓妍,洪军.全民所有自然资源资产的价值核算问题[J].中国土地,2019(12):31-34.
[2] 陈静,陈丽萍,郭志京.自然资源资产国家所有权实现方式探讨[J].中国土地,2020(1):20-23.
[3] 程雪阳.国有自然资源资产产权行使机制的完善[J].法学研究,2018,40(6):145-160.

(二)自然资源资产监管侧重

1. 生态问题的资源症结

自然资源,作为"天然存在、有使用价值、可提高人类当前和未来福利的自然环境因素的总和"[1],是自然生态空间最为重要的构成要素。因此,自然资源与生态环境具有同构性、依存性和不可分性,它们作为生态环境的要素,相互之间存在着物理学、化学和生物学的联系[2],彼此区别,又相互作用和穿插。生态环境问题,归根结底是由资源过度开发、粗放利用、奢侈浪费造成的,是由落后的经济增长方式和资源利用方式造成的。一方面,经济系统对生态系统需求的无限性与生态系统自身承载力的有限性之间、经济要素的规模效益递增与自然资源的报酬效益递减之间存在矛盾,片面追求经济增长、掠夺式开发资源,势必造成生态系统退化、环境污染加重;另一方面,生态系统与经济系统、自然生产力与经济生产力又是内在统一的有机整体,自然生产力是经济生产力的根基。加强自然资源监管,推动经济发展与生态环境保护相协调,是生态文明建设的治本之策[3]。

2. 疗治资源症结的处方:自然资源资产产权制度改革

我国长期以来经济的快速发展是以自然资源的过度消耗和环境破坏为代价,经济高速发展与生态环境保护之间的矛盾凸显,落后的经济增长方式和资源利用方式弊端已经被充分认识。党的十八大报告确立了中国特色社会主义"五位一体"的发展总布局,生态文明建设已受到高度重视,生态文明与经济、政治、文化、社会文明的内在关联性被充分认识,各项体制机制改革的顶层设计被逐步提出。自然资源资产产权制度改革便是我国当前生态文明建设的重要核心内容,是制定生态文明制度和实现生态文明建设的关键举措之一,是实现国家自然资源所有者权益、优化国家自然资源监管的重要抓手,是党和国家为疗治长期以来资源开发利用中无序浪费破坏等症结而开出的一剂治本之方。

国家层面自然资源资产产权制度改革的任务已由党的大政方针、生态文明体制改革的顶层设计及政策细化明确。2018年,中共中央办公厅、国务院办公厅印发的《关于统筹推进自然资源资产产权制度改革的指导意见》指出,要坚持保护优先、集约利用的基本原则。正确处理资源保护与开发利用的关系,既要发挥自然资源资产产权制度在严格保护资源、提升生态功能中的基础作用,又要发挥该制度在优化资源配置、提高资源开发利用效率、促进高质量发展中的关键作用。前者注重自然资源资产的生态性和公益性,后者强调发挥自然资源资产的资源性和经营性。

由此可见,我国自然资源资产产权制度改革具有双重目的,既追求资产配置的效率,同时也注重资产本身的保护。自然资源资产产权制度改革借助产权工具实现自然资源的资产化,提升自然资源的利用效率,在资产保值增值的直接诉求下,会产生自然资源保护与集约

---

[1] 本书编写组.中共中央关于全面深化改革若干重大问题的决定辅导读本[M].北京:人民出版社,2013.
[2] 曾斌,周建伟,柴波,等.地质环境监测技术与设计[M].武汉:中国地质大学出版社,2019.
[3] 董祚继.统筹自然资源资产管理和自然生态监管体制改革[J].中国土地,2017(12):8-11.

节约利用的效果,从而对生态环境产生积极的影响。

3. 自然资源资产监管的多维诉求与侧重

资产产权改革是经济理性促动的产物,而自然资源本身又具备不同于其他资产的特殊性,这一特殊性使得自然资源资产产权制度改革中的生态理性、公平诉求也不可或缺。自然资源具有天然性和文化属性,依据自然资源资产产权制度改革在"五位一体"总体布局中的设定,自然资源资产监管必然存在经济、生态和社会等多维诉求,应当实现其经济价值、生态价值和社会价值的统筹兼顾。其中自然资源的开发利用与生态环境的保护是同一问题的两个方面,资源开发程度和开发效率直接决定生态环境的质量,生态环境保护的力度强弱又反作用于自然资源资产的开发空间。生态环境治理不能独立于自然资源资产开发利用之外,对资源问题与生态环境问题必须统一、系统治理[1]。但不得不承认,社会经济、政治和环境各系统具有相互联系的性质,在这种情况下,力图实现某一政治目标的措施很可能使其他目标的完成更加困难[2]。同时,由于自然资源具有区域性不均衡分布的特征,自然资源资产尽管为全民所有或集体所有,但其分布具有属地性,监管具有层级性。在具体的监管过程中,不可避免地会出现保护与利用存在冲突的情形,为此,在具体实践中,监管政策和工具的适用,需要因地因时因事制宜,形成具体的监管目标,在此基础上制定差异性的监管政策和具体措施。

自然资源资产监管侧重的影响因素如下。

(1)自然资源资产的生态重要性。自然资源资产生态系统功能越重要,由该种自然资源作为组分的生态系统越脆弱或者越重要,则越应侧重生态保护目标的实现,严格控制甚至放弃以经济发展为目的的开发利用。

(2)自然资源资产的可替代性。自然资源资产被替代的难度越高,经济性越低,则表明越应当被加强保护。

(3)自然资源资产开发的负外部性和社会关联性。自然资源资产开发引发越多的负面资源环境影响和社会影响,则越应当强化生态保护。即使是对经营性自然资源资产,也应强化生态约束。

(4)自然资源资产所处的区位特点。自然资源资产所处区域生态重要性越高,生态环境越脆弱,原生性越强,则监管越应当侧重生态保护。事实上,但凡自然资源,除了完全不能界定产权的、具有公共性的那部分自然资源外,都有转化为自然资源资产的现实性或潜在可能性,都具备一定的生态价值。在审计资产是否实现了保值增值的指标时,不仅应考虑实物量、经济价值,还应考虑生态价值,但是在监管过程中,可以对这些指标的审核有一定的侧重。

---

[1] 田贵良.新时代国有自然资源资产监管体制改革的经济学逻辑[J].甘肃社会科学,2018(2):237-243.
[2] [英]朱迪·丽丝.自然资源分配、经济学与政策[M].蔡运龙,译.北京:商务印书馆,2005.

第二节 青海省自然资源资产监管的生态侧重

一、青海省自然资源资产的重要生态价值

"青海最大的价值在生态、最大的责任在生态、最大的潜力也在生态"。这"三个最大"是习近平总书记2016年在考察青海省时提出的。青海省具有丰富的自然资源,独特的生物、地貌景观和地质特征。青海省的生态地位重要而特殊。

(一)青海省自然资源禀赋

青海省位于我国西部腹地,幅员辽阔、地广人稀,全省面积位居全国第四位。境内山脉纵横、冰峰高耸,山系之间盆地、谷地、湿地、湖泊遍布,呈现出高山、峡谷、盆地和台地等复杂多样的地形地貌,特殊的地质环境和自然地理条件,造就了独特的高原野生动植物、自然景观和地质遗迹资源。青海省的自然资源禀赋决定了青海省在全国生态文明建设中的重要地位和功能定位,青海省的生态功能具有战略重要性和不可替代性。其最为显著之处如下所述。

(1)青海省是水资源大省,江河源头和内陆水域发育众多湖泊,冰川资源十分丰富,长江、黄河、澜沧江源远流长,2000余个内陆湖泊星罗棋布,3800多条河流纵横交错。根据林草部门的统计口径,全省湿地面积达到814.36hm²,居全国第一位。年均620亿 m³ 的源头活水,滋润了我国半数以上的人口,惠及全国20多个省区,以及缅甸、泰国等澜(沧江)湄(公河)流域5个国家。

(2)青海省有独特的高原野生动植物、自然景观和地质遗迹资源,是藏羚羊等珍稀野生动物的繁衍生息之所。青海省主要以地质公园为载体进行地质遗迹的开发利用和保护,现有世界级地质公园1处、国家级地质公园6处、国家级矿山公园1处和省级森林地质公园1处。这些地质公园依托青藏高原独特的地理环境,积极打造区域旅游产业,为地方政府提供了旅游精品路线中的地学旅游景点,形成了集地质遗迹与自然景观、民俗文化、休闲养生于一体的旅游资源,有力地促进了青海省旅游业的发展。

(二)青海省自然资源资产生态保护实践

青海省对生态文明体制改革极为重视。2015年,青海省人大常委会颁布了《青海省生态文明建设促进条例》,该条例规定了青海省各级政府的主要职责,从规划与建设、保护与治理、监督检查、法律责任等方面细化了青海省生态文明建设的具体内容。为进一步落实党中央国务院有关生态文明建设的要求,2014年,青海省国土资源厅制定了《青海省国土资源厅创建生态文明先行区实施方案》。

青海省作为生态文明先行示范区,在国家公园试点和水生态文明城市建设试点等领域

开创了青海特色,展现了青海魅力。青海省的国家公园体制试点亮点凸显,目前青海省着力推进国家公园示范省建设工作。2015年11月,青海省委、省政府向中央政府上报《三江源国家公园体制试点方案》(简称《试点方案》)。2015年12月9日,中央全面深化改革领导小组第十九次会议审议通过了《试点方案》。2016年3月5日,中共中央办公厅、国务院办公厅正式印发《试点方案》。省委、省政府迅速行动,成立了由省委书记、省长任双组长的领导小组,及时制定印发了《关于实施〈三江源国家公园体制试点方案〉的部署意见》,提出了涉及8个方面的31项重点工作任务,明确了"一年夯实基础工作,两年完成试点任务,五年建成国家公园"的工作目标,形成了三江源国家公园建设的任务书、时间表、路线图。2017年6月,中央全面深化领导小组第三十六次会议审议通过了《祁连山国家公园体制试点方案》。2019年6月,青海省率先启动"以国家公园为主体的自然保护地体系示范省建设"。由《三江源国家公园公报(2019)》可知,自开展体制试点工作以来,三江源水源涵养量年均增幅6%以上;草地覆盖率、产草量分别比10年前提高了11%、13%;17 211名牧民转变为生态管护员,人均年增收达2.16万元。2019年三江源国家公园区内实施的生态保护和建设工程有力推动了生态修复,成效明显好转。这些工程包括黑土滩综合治理(面积达14 000hm^2)、湿地保护(面积达33 333.3hm^2)、草原有害生物防控(面积达626 666.6hm^2)、沙漠化土地防治草方格设置(面积达1800hm^2)和牧草补播(面积达1 333.3hm^{2}等)。2019年8月19日,第一届国家公园论坛在青海省西宁市召开。2020年5月,"青海湖国家公园三年行动"正式启动,进一步助推国家公园示范省建设。作为"三江之源""中华水塔"的青海省,其自然保护地类型齐全、数量众多,目前已建立各类自然保护地217处,面积达25万km^2,约占国土总面积的35%。

青海省开展的生态文明城市建设试点工作卓有成效。2014年5月,国家正式批准海北州为全国第二批水生态文明城市建设试点地区。这也是唯一在青藏高原牧区实施的试点建设项目。建设时间分为两个阶段,2015—2017年为试点期,2018—2020年为试点提升期,建设内容包括祁连山水源涵养能力保障、青海湖为主的水生态保护、水安全保障与新农村建设等,总投资达到64.03亿元。与此同时,总投资16.4亿元的海北州山水林田湖草生态保护与修复试点项目的各项工作也在有序推进。这一项目分为生态安全格局构建、水源涵养功能提升、生态监管与基础支撑三大类92个子项目,分别在祁连县、刚察县、海晏县、门源回族自治县实施,建设内容主要包括流域治理、废弃矿山修复、水源涵养功能提升、湿地修复与保护、水源地保护等。青海省加快实施三江源、祁连山、青海湖等区域内的重点生态工程,黑土滩治理区植被覆盖度由治理前不到20%增加到80%以上,青海湖裸鲤资源蕴藏量较2002年增长近36倍,藏羚羊由20世纪90年代的不足3万只稳定在7万多只,普氏原羚羊数量从300多只恢复到2000多只,青海湖鸟类种数由189种增加到225种,各类自然保护地成为野生动物繁衍生息的乐园。西宁市作为唯一省会城市入选全国"无废城市"建设试点,果洛州创建全域无垃圾示范州,贵德县被命名为国家级生态文明建设示范县。生态保护建设成果丰硕,绿色成为大美青海最靓丽的底色。

青海省以扎实的先行示范成果为基础,成功入选国家首批生态产品价值实现机制试点省份。青海省作为生态文明先行示范区,通过试点创建,在生态修复,生态产品的供给与生态价值的实现方面取得了令人瞩目的成效,同时也积累了自然资源资产生态监管的实践经验。国土空间逐步优化,主体功能区规划逐步落实,全省生态保护红线基本划定,兰西城市群建设开局起步;生态安全屏障日益牢固,生态保护和"五大生态板块"建设持续加强,并形成由单一生态要素治理向山水林田湖草系统保护和修复转变,蓝绿空间("蓝"指水体,"绿"指绿地)占比超过70%,"一屏两带"国家生态安全格局更加完善;流域治理成效明显,8场污染防治攻坚战标志性战役取得了阶段性成效,全省地表水国控考核断面优良比例达94.7%,空气质量优良天数比例达到94.6%,县级以上水源地水质持续保持良好;人居环境明显改善,城市生活污水处理率、生活垃圾无害化处理率分别达到80%以上和95.2%以上,78%的村庄和游牧民定居点的环境得到整治;绿色发展质量不断提高,"八大绿色产业技术体系"已具雏形,10个循环经济重点行业占工业增加值比重超过60%,国家能源革命示范省建设全面启动,清洁能源装机量突破2500万kW,"绿电9日"连续供电再创世界纪录;先行先试成果丰硕,成功入选国家首批生态产品价值实现机制试点省份。

二、青海省自然资源资产监管生态侧重的指导理论

(一)监管应贯彻绿水青山就是金山银山理念,更加注重生态账

2005年8月15日,在浙江省安吉县余村,时任浙江省委书记的习近平同志创造性地提出绿水青山就是金山银山的重要理念。2016年联合国环境规划署发布《绿水青山就是金山银山:中国生态文明战略与行动》报告,向全世界介绍了中国生态文明建设的指导原则、基本理念和政策举措及其实践成就。2016年8月习近平总书记在视察青海省时指出了青海三大定位,要求必须把生态文明建设放在突出位置来抓,尊重自然、顺应自然、保护自然,筑牢国家生态安全屏障,实现经济效益、社会效益、生态效益相统一。这一定位已经成为青海省发展之路的最高引领。

青海省正处于转型发展的关键期,青海省的自然资源禀赋和特征决定了青海省必须以生态保护优先的理念来协调经济社会发展,努力实现从生态大省、经济小省向生态强省转变,在自然资源资产产权制度改革中落实习近平总书记提出的"四个扎扎实实"重大要求。青海省自然资源资产监管制度改革,是在国家自然资源资产产权制度改革和与它相契合的自然资源管理体制改革大背景下开展的。习近平总书记指出:"要把生态环境保护放在更加突出位置,像保护眼睛一样保护生态环境,像对待生命一样对待生态环境,在生态环境保护上一定要算大账、算长远账、算整体账、算综合账,不能因小失大、顾此失彼、寅吃卯粮、急功近利。"[1]另一方面,也应看到"保护生态环境就是保护生产力,改善生态环境就是发展生产力。良好生态环境是最公平的公共产品,是最普惠的民生福祉。对人的生存来说,金山银山固然重要,但绿水青山是人民幸福生活的重要内容,是金钱不能代替的。"[2]"良好生态本身

---

[1] 参见2013年5月24日习近平总书记在云南考察时的讲话。
[2] 参见2013年4月10日习近平总书记在海南考察工作结束时的讲话。

蕴含着无穷的经济价值,能够源源不断创造综合效益,实现经济社会可持续发展。"[1]鉴于青海省自然资源资产生态的极端重要性与青海省经济欠发达现状,青海省自然资源资产的监管应当贯彻"两山理论",更加注重算生态账。

(二)监管应采纳"环境可持续性"路径,最大程度保持自然资源的"物质流"

实现可持续发展,为子孙后代留下天蓝、地绿、水清的生产生活环境,是走向生态文明新时代的应有之义,是落实创新、协调、绿色、开放、共享新发展理念的必然要求。从《世界自然资源保护大纲》首次提出可持续发展,再到系统阐释定义,全球对可持续发展已经形成共识,我国早已将可持续发展战略纳入经济和社会发展规划,并确定为发展战略,在此基础上进一步提出了新发展观。结合具体的时空背景和社会发展水平,可持续发展理念本身仍存在"发展"的空间。

从自然资源资产监管的视角,对于在自然资源跨期配置时如何实现代际公平,如何应用可持续的准则,环境与自然资源经济学家提出了补充定义。约翰·哈特维克论证说,如果人们将环境禀赋中资源开采得到的所有稀缺租金以资本方式进行投资,那么就可以将资源的消费始终维持在一个固定水平上。投资水平应该足以保证总资本存量的价值不降低。由这一广为人知的"哈特维克准则"可知,当代人被给予了禀赋。禀赋由环境和自然资源(被称为自然资本)与人造资本(诸如建筑物、设备、学校、道路之类)构成。禀赋的可持续使用意味着应该保持本金(禀赋价值)的完整无缺,只消耗禀赋的服务流。如果人造资本易于替代自然资本,那么维持两种资本的总和是足够的。显然,人造资本不能替代某些种类的环境资源。替代性是有限的,维持总资本价值不变称为"弱可持续性"(较少的限制),维持自然资本价值不变称为"强可持续性"(更多的限制)。"强可持续性"是指保持自然资本存量价值不下降。在自然资本和人造资本有限替代可能性的语境下,该定义特别强调了对自然资本(而不是总资本)的保护,即保存价值(而不是物质流的具体水平)和保存自然资本总量(而不是任何具体组分)。"环境可持续性"是最后一个补充定义,它要求保持某种重要的个别资源的特定物质流不变,不仅仅是总体的价值不变。根据该定义,维持总价值不变对于可持续性是不充分的[2]。鉴于青海省自然资源禀赋的不可替代性和独特性,青海省的自然资源资产监管,应该采用"环境可持续性"的可持续发展定义,注重整体生态特征的维持,以及特定自然资源资产物质流的维持和保护,如湿地、自然保护地等实物的维持和保护,而不能仅仅关注自然资本存量价值或者自然资源总资本价值的保值和增值。

三、青海省自然资源资产生态监管改革的现实问题

青海省面临经济下行压力加大、产业转型升级的挑战,生态文明建设正处于关键期、攻坚期、窗口期"三期叠加"的阶段,生态文明先行示范区建设仍面临诸多挑战,生态系统整体

---

[1] 参见2019年4月28日习近平总书记在中国北京世界园艺博览会开幕式上的讲话。
[2] [美]汤姆·蒂坦伯格,琳恩·刘易斯.环境与自然资源经济学[M].10版.北京:中国人民大学出版社,2016.

退化趋势尚未得到根本遏制,重点生态功能区保护和长效发展机制尚未有效建立,生态产品价值实现路径尚在探索,生态价值潜力尚未得到有效挖掘,生态保护、民生改善与经济发展相协调的发展模式尚未建立,干部群众适应绿色发展的生态价值观尚待进一步增强,推进更高水平、更严标准的生态保护和建设任重道远。为了应对这些挑战,必须因地制宜,结合青海省的地方特色和改革任务,正确处理好自然资源市场配置与政府监管、优先保护与集约利用的关系,着力解决青海省自然资源资产产权改革制度的难点重点问题。

基于青海省的自然资源禀赋特征与改革的现有成果与条件,对制度层面而言,要做好青海省的自然资源资产的生态监管,必须处理好以下几个问题。

(一)处理好经济监管与社会监管目标的重叠与紧张关系

按照中央政府的部署,自然资源资产监管有经济和生态双重目标,健全自然资源资产产权管理体制,需要监管部门分清实现自然资源所有者权益与保护生态环境的不同目标,从而明确管理的政策依据和选择适当的监管工具。需要注意的是,由于青海省自然生态系统的极度重要性、不可替代性和区位特点,因而自然资源资产监管内容除了包含常规资产管理外,必须侧重生态维度,在资产的处置和监督管理中不可放松生态要求,不可单纯追求经济利益的最大化。应实现国家对自然资源资产的控制,减少开发利用过程中的负面影响,实现市场化配置,提高资源利用效率,保障公平竞争和实现利益的合理分配。

全民所有自然资源资产与集体所有自然资源资产均应实现经济监管与社会监管的协调。我国自然资源全民所有框架下存在自然资源国家所有(矿藏、水流、森林、山岭、草原、荒地、滩涂和城市土地等自然资源)、自然资源集体所有(集体所有的森林和山岭、草原、荒地、滩涂、农村宅基地和自留地、自留山等自然资源)两种形式。在这个框架下的自然资源产权制度主要为基于单一形式的公有产权制度,混合产权制度发育不完全。事实上,即使在私有制国家,也不存在绝对意义上的自然资源所有权,自然资源资产的使用和处置受到生态保护等公共利益方面的限制。例如,英国林业委员会作为英国森林和林地的保护机构,不论是国有林还是私有林的采伐,都要经过该机构的审批和许可,确保森林生态系统的健康发展[1]。

除传统自然资源资产外,也应特别关注生态价值实现过程中的新自然资源资产的监管。根据我国经济和社会形势发展的需要,产权改革扩大了自然资源范畴,自然资源不仅包括传统意义上经济活动的自然资源部分,还包括作为生态系统和聚居环境的环境资源,这使我国自然资源资产体系内涵更加丰富和合理。这种划分扩大了传统意义上自然资源资产范畴,而自然资源资产内涵和外延的扩展,对我国自然资源资产的所有权(占有权)、使用权(支配权、处置权)、收益权等权利关系配置以及产权界定后的交易法律、交易监管、交易市场、交易价格等提出了新的挑战[2]。青海省生态价值的实现必不可少地需要借助产权工具,开发利用多样化生态产品,争取尽量合理充分的生态补偿,减少对生态环境的负面影响。

---

[1] 马永欢,吴初国,林慧,等.完善全民所有自然资源资产管理体制研究[J].中国科学院院刊,2019,34(1):60-70.

[2] 谢花林,舒成.自然资源资产管理体制研究现状与展望[J].环境保护,2017,45(17):12-17.

(二)优化、创新和完善现有的监管工具

(1)如何处理好生态管控工具的竞争关系。比如耕地向其他生态用地类型的转化,就会遇到耕地保护红线的制度障碍,其中就涉及生态功能空间与耕地红线管控工具的竞争。在实施相关法规政策的时候,实践部门可能因需要面对部门考核的压力,而不能着眼于山水林田湖草的生态整体性监管需求并对此需求加以优化。永久基本农田保护红线制度与耕地向其他生态用地类型的转化之间存在冲突时,可以考虑借用占补平衡制度,实现农业效益和生态效益之间的相对平衡。耕地占补平衡需要考虑供给侧、需求侧和环境侧等各个方面。判断耕地占补平衡的价值维度,需要对这3个方面进行综合考量。一般而言,单一的指标并不能有效地体现耕地占补平衡制度的内涵特征,尤其对于耕地这种既掺杂经济、政治等复杂因素,又具有文化和生态等特殊标记的公共物品,更需要注重考虑其自身的特质并为耕地占补平衡制度的政策制定提供依据。2017年1月9日,《中共中央 国务院关于加强耕地保护和改进占补平衡的意见》提出:"着力加强耕地数量、质量、生态'三位一体'保护,着力加强耕地管控、建设、激励多措并举保护,采取更加有力措施,依法加强耕地占补平衡规范管理。"由此可见,现阶段,我国耕地占补平衡制度发展已进入一个崭新的阶段,数量、质量、生态"三位一体"的多重平衡目标是对未来耕地占补平衡制度发展蓝图的展望。"生态安全"理念作为当前研究的重点,在政策工具的选择上必会有所体现,这也是政策工具研究的初衷[1]。

从生态条件看,受气象灾害等自然条件和自然保护区的生态管制的限制,青海省有较多不宜耕地。

在落实青海省耕地占补平衡制度和耕地开发项目时,应以保护生态环境为前提,明确功能区划,适度开发。如青海省东部地区在重点保护水源涵养林、饮用水水源地、水土保持林的同时,应重点做好黄河、湟水和大通河谷地等地区的土地整理复垦工作;环青海湖区应以牧草地和湿地的生态保护为主,在改善农业灌溉条件的同时,适度开发耕地后备资源;柴达木区应注重对现有耕地的保护,保护现有植被,严格限制将未利用地或草地开发为耕地;青南区应以三江源自然保护区保护和建设为重点,优先保障生态用地,加强水土流失和荒漠化治理,保护黄河两岸现有耕地,并积极推进土地整理,限制耕地后备资源开发,做到宜农则农、宜林则林、宜牧则牧,以取得最大的综合效益。最后,要严格控制非农建设用地占用耕地,保证耕地总量动态平衡[2]。

(2)如何利用管控工具制造生态价值。通过对建设用地指标、排污指标、资源开发等的管控,可以产生可供交易的指标,从而实现生态补偿的部分功能。对此可以开展制度创新的探索尝试。

以矿山生态修复中的建设用地指标交易为例。2019年,《自然资源部关于探索利用市场化方式推进矿山生态修复的意见》对正在开采矿山依法取得的存量建设用地和历史遗留矿山废弃建设用地修复为耕地及园地、林地、草地等其他农用地腾退建设用地指标交易政策

---

[1] 林耀奔,叶艳妹.基于政策工具视角的中国耕地占补平衡制度分析[J].农村经济,2019(5):45-50.
[2] 徐伟芳,胡月明,陈飞香,等.青海省耕地后备资源特征及限制开发利用的因素分析[J].中国农业资源与区划,2019,40(11):42-47.

做了安排,建设用地指标交易成为吸引社会资本参与矿山生态修复的重要利益点,有助于激发市场活力,增强企业参与废弃矿山生态修复的动力[1],这一举措是利用经济激励、落实生态修复与补偿、盘活资源的大胆尝试。

(3)如何利用管控工具实现生态保护目标,包括对自然资源开发利用权利的公法限制乃至征收。对此要结合青海省的生态条件,在国家法律架构下,尊重公民权利的前提下,着眼于操作性改革创新。综合运用各种生态监管工具对自然资源的开发利用进行生态限定,有利于实现生态保护和经济发展之间的平衡。限制一,基于环境或自然保护的目的对自然资源使用权主体、客体、内容和行使方式的限制。限制二,自然资源的规划制度对自然资源使用权的限制,表现为两种情况:一种情况是规划在先,自然资源使用权设立在后;另一种情况是自然资源使用权已经设立,政府对自然资源利用重新规划或调整规划。我国在各个自然资源领域都实行了自然资源规划管理。若规划在先,自然资源使用权取得在后,那么权利人应按规划利用自然资源,行使权力;若规划在后,则需要考虑因规划变动而产生的对自然资源开发利用人财产权的影响。限制三,财产征收、征用对自然资源使用权的限制。征收是当代国家财产权外在限制的一项重要制度。土地、矿产资源、海域、渔业资源等的所有权、使用权都可能基于公共利益的目的被征收。比如,为了达成生态环境保护的目的,可以要求合法的矿业权人退出自然保护区。

(4)如何落实自然资源资产生态损害的追责。当自然资源权利人或者国家公权力机关违背了法定义务时,应当严格追责,要求损害赔偿。在青海省,自然资源资产损害的事件时有发生,如木里矿区非法采矿导致的自然资源资产的严重损害。青海省兴青工贸工程集团有限公司打着生态修复治理的名义,在历经两轮中央环保督察和青海省叫停木里煤田矿区内一切开采行为、开展生态环境整治的背景下,在祁连山南麓腹地木里矿区进行掠夺式采挖,多年来涉嫌无证非法采煤2 600多万吨,获利超百亿元,对黄河上游源头、青海湖和祁连山水源涵养地局部生态造成破坏[2]。这一案例揭示出,在自然资源领域,追求经济价值而牺牲生态价值的"高度近视"情况时有发生,必须注重责任追究。

第三节 青海省自然资源资产生态监管的实现路径

青海省应当以习近平新时代中国特色社会主义思想为指导,全面贯彻党的十九大和十九届二中、三中、四中、五中全会精神,牢固树立社会主义生态文明观,建立主体明确、权责清晰、权益落实、保护到位、配置高效、监管有力的全民所有自然资源资产管理制度。以"资产"理念管理资源,是为了最大限度地实现和保护所有者权益,实现资源高效配置,但并不能完全以"经济理性"为指引,追求短期经济效益的最大化,而是应当嵌入"生态理性"[3],显现自

---

[1] 佘艳,刘瑛.浅析矿山生态修复中的建设用地指标交易激励[J].中国土地,2020(5):34-36.
[2] 王文志.青海"隐形首富":祁连山非法采煤获利,生态旧债未还又添新账[J].中国环境监察,2020(8):54-57.
[3] 李丽莉.生态文明体制下自然资源产权登记制度的思考[J].国土资源,2018(3):60-61.

然资源资产的生态价值、社会价值,进一步实现经济价值,在"生态"的底色之上绘就绿水青山就是金山银山的美好图景。

自然资源资产管理是一项系统工程,具体由多项基础性制度组成,如清查统计制度、评估核算制度、委托代理制度、资产规划制度、资产配置制度、收益管理制度、考核监督制度、资产报告制度等,其管理链条是"有什么—值多少—由谁管—怎么管护—怎么配置—收益如何—怎么考核—对谁负责"。基于整体研究分工,同时限于研究篇幅,结合青海省自然资源资产监管实际需求,本部分研究聚焦资产配置环节和监督环节如何实现生态保护进行论述。在资产配置环节,以矿产资源为例对经营性自然资源资产有偿出让开展研究,原因在于,采矿对青海生态的负外部影响性大,同时采矿又会带来较高的经济收益,在强大的经济诱因下,经营性自然资源矿产是易于忽视生态保护的高风险资源门类;在公益性自然资源资产方面,则选择具有青海特色、生态价值最高和备受关注的国家公园开展研究,国家公园通过特许经营的方式可以实现公益性开放的目标,同时也产生经济效益、社会效益和生态收益。在监督环节,选择领导干部生态损害责任追究开展研究,原因在于,私主体的自然资源资产侵害是行政执法重点关注的对象,侵害往往伴随有公权力的不作为、滥作为、违规违法甚至犯罪,危害甚大,需要特别警惕。此外,对党政领导干部自然资源资产损害责任追究制度的健全也是当前改革的一项重要任务。

一、青海省自然资源资产配置环节的生态约束

当前,自然资源资产监管的总体思路是实行自然资源分类分级管理制度,可将自然资源资产划分为经营性和公益性两大类。经营性自然资源资产以追求最大经济效益为目标,注重资产增值,通过市场化手段配置资源,更多地体现自然资源产权的经济属性。公益性自然资源资产以追求生态效益、社会效益等公共服务为目标,不适合通过市场化或采取受限的市场化手段来配置资源。它注重突出公益性特点,注重资产保值,更多地体现自然资源产权的公益属性[1]。

(一)公益性自然资源资产特许经营的生态约束:以国家公园为例

自然保护地是生态建设的核心载体、中华民族的宝贵财富、美丽中国的重要象征,在维护国家生态安全中居于首要地位。我国经过60多年的努力,已建立数量众多、类型丰富、功能多样的各级各类自然保护地。自然保护地具有科学信息载体、生态环境胜地、历史文化与美学本底价值;同时也具有可被人类直接利用的社会和经济效用,如科学研究、教育启智、山水审美、旅游休闲、实物产出等直接应用价值;还具有促进产业发展、提高所在地区知名度、推动城镇建设和社会进步的间接衍生价值。作为自然保护地的主体,国家公园更是其中的瑰宝,具有不可替代的价值。国家公园的公益性开放是贯彻创新、协调、绿色、开放、共享新发展理念的重要举措,也是建设美丽中国,践行绿水青山就是金山银山理念的重要实践举

---

[1] 袁国华,王世虎,叶玉国.贵州省自然资源产权管理制度改革研究[J].中国国土资源经济,2016,29(2):4-9.

措。青海省作为生态文明先行示范区,目前领衔了三江源和祁连山青海片区两个国家公园的试点工作,除开展三江源和祁连山青海片区两个国家公园体制试点工作外,还在积极推动将青海湖全面纳入以国家公园为主体的自然保护地体系建设。国家公园正是青海省公益性自然资源资产的精华与代表。因此,本书以国家公园为例开展公益性自然资源资产配置的研究。

1. 青海省域内国家公园自然资源资产

(1)青海省域内国家公园自然资源资产的重要性与公益性。依据《青海省2019年国民经济和社会发展统计公报》,2019年末全省有自然保护区11个,面积为21.78万 km^2,其中国家级自然保护区7个,面积为20.74万 km^2;森林面积为520.89万 hm^2,森林覆盖率达7.26%;湿地面积为814.36万 hm^2,其中自然湿地面积为800.1万 hm^2;国家重点公益林管护面积为397.71万 hm^2,天然林保护面积为367.8万 hm^2。在自然保护地优化整合之后,拟设置三江源国家公园,面积为19 742 645hm^2,占全省自然保护地总面积的66.89%;祁连山国家公园青海片区,面积为1 583 932hm^2,占全省自然保护地总面积的5.37%;青海湖国家公园,面积为838 463hm^2,占全省自然保护地总面积的2.84%;青海昆仑山国家地质公园,面积为595 137hm^2,占全省自然保护地总面积的2.02%[1]。青海省完成了自然保护地面积占国土面积比例达到40%以上,国家公园面积占保护地面积比例达到70%以上的目标。

青海省域内的国家公园是珍贵的自然资源资产,不仅具备上述自然保护地的本底价值、直接应用价值、间接衍生价值,作为先行先试的场域,还可以带来国家公园管理体制机制经验的供给,为国家公园制度建设贡献青海地方知识。因此,青海省域内国家公园自然资源资产具有不可替代的重要性和有益于全民福祉的公益性,对它的监管应当特别注重生态价值的保护,坚持最为严格的"环境可持续性"路径,最大限度地保持自然资源资产物质流,奉行生态优先的原则。

(2)青海省域内国家公园特许经营设定的必要性。国家公园特许经营是指根据国家公园的管理目标,为提高公众游憩体验质量,由政府经过竞争程序优选受许人,依法授权其在政府管控下开展规定期限、性质、范围和数量的非资源消耗性经营活动[2]。特许经营的主要功能是分配有限资源,主要特征是:相对人取得特许权一般需要支付费用,特许权一般有数量限制,行政机关一般对这类许可有自由裁量权,申请人获得这类许可要承担相当多的公益义务[3]。

特许经营设定机制是实现国家公园公益性、全民共享定位的必要机制,也是借助社会力量提升国家公园建设能力、治理水平和公共服务质量的重要途径,同时还是区域生态发展的重要推进器。具体而言,一方面,开展特许经营有助于达成国家公园设立的目的。中共中央

---

[1] 详细数据可参见《青海省以国家公园为主体的自然保护地体系整合优化方案(第二轮征求意见稿)》。
[2] 张海霞.中国国家公园特许经营机制研究[M].北京:中国环境出版集团,2018.
[3] 参见2019年11月12日由最高人民法院审判委员会第1781次会议通过的《最高人民法院关于审理行政协议案件若干问题的规定》。

办公厅、国务院办公厅印发的《关于建立以国家公园为主体的自然保护地体系的指导意见》提出国家公园应服务人民,坚持生态为民,满足人民群众对优美生态环境、优良生态产品、优质生态服务的需要。中共中央办公厅、国务院办公厅印发的《建立国家公园体制总体方案》也提出国家公园应坚持全民共享的原则,着眼于提升生态系统服务功能,开展自然环境教育,为公众提供亲近自然、体验自然、了解自然的游憩机会。青海省位于经济欠发达地区,由于经济相对落后,多年来自然保护地建设存在设施设备和日常管理上资金投入不足,面临设施短缺、装备陈旧、人员匮乏、保护管理能力低下的问题。采用国家公园特许经营方式,可以增加资金投入,提升国家公园的管理能力和生态服务质量。另一方面,开展特许经营有助于区域生态发展。青海省当前经济发展侧重的是"培育壮大生态经济。以产业生态化、生态产业化为目标,推动生态与农业、工业、文旅、康养等产业深度融合,做强做优生态旅游、生态畜牧、中藏医药、高原康养等产业……拓宽生态产品价值实现路径。"[1]在青海省域内开展国家公园特许经营正是青海省生态经济发展战略的有利契机,如果成功施行,将产生强大的辐射和带动作用。

2. 青海省域内国家公园特许经营生态准入制度

(1)国家公园特许经营制度依据和顶层设计。根据国际普遍认可的《IUCN自然保护地管理分类应用指南》,国家公园是指大面积的自然或接近自然的区域,设立的目的是保护大尺度的生态过程,以及相关的物种和生态系统特性。这类保护地为公众提供了理解环境友好型和文化兼容区的机会,例如精神享受、科研、教育、娱乐和参观。保护地的首要目标是保护自然生物多样性,连同其深层次的生态结构和它们所支撑的环境过程,以推动教育和提供游憩空间[2]。国家公园的显著特征是面积很大且具有保护功能良好的"生态系统",是为满足某些无法在单个自然保护内得到完全保护的物种的需要,设计和建设大尺度生物廊道或者实施其他连通性保护计划的关键停歇地,因此应当得到更加严格的保护,使其中的生态功能和当地物种组成相对完好。尽管周边的景观有不同程度的消耗性或非消耗性的利用,但应作为自然保护地理想的缓冲区发挥作用。我国目前尚未出台国家公园专门法律,通过对国家公园体制改革政策文件话语的分析可以发现,我国对国家公园的特许经营有一个渐进的认识过程,态度越明朗,思路越清晰,对国家公园特许经营持允许和鼓励的态度[3]。我国当前对国家公园的政策定位与国际通行的观点具有一致性。

在国家公园体制试点工作开始前,2014年国务院办公厅印发的《国务院关于促进旅游业改革发展的若干意见》提出:稳步推进建立国家公园体制,实现对国家自然和文化遗产地更有效的保护和利用。2005年,中共中央、国务院印发的《关于加快推进生态文明建设的意

---

[1] 刘宁.政府工作报告——2020年1月15日在青海省第十三届人民代表大会第四次会议上[EB/OL].(2020-01-24)[2020-03-12]. http://zwgk.qh.gov.cn/zdgk/zfgzbg/202001/t20200124_162050.html.

[2] Dudley N. IUCN自然保护地管理分类应用指南[M].朱春全,欧阳志云,等,译.北京:中国林业出版社,2016.

[3] 目前已就森林旅游和森林康养成立了领导小组,制定了专门的规范,表明了政府对国家公园内特许经营的积极态度。参见《国家林业和草原局办公室关于成立国家林业和草原局森林旅游工作领导小组的通知》、国家林业和草原局办公室、民政部办公厅、国家卫生健康委员会办公厅、国家中医药管理局办公室、联合发布的《关于开展国家森林康养基地建设工作的通知》。

见》则仅提"保护",提出"建立国家公园体制,实行分级、统一管理,保护自然生态和自然文化遗产原真性、完整性"。中共中央、国务院印发的《生态文明体制改革总体方案》表明了强调更严格保护基调下有限制开发开放的态度,提出"国家公园实行更严格保护,除不损害生态系统的原住民生活生产设施改造和自然观光科研教育旅游外,禁止其他开发建设,保护自然生态和自然文化遗产原真性、完整性"。《国务院关于印发"十三五"生态环境保护规划的通知》(国发〔2016〕65号)则注重国家公园与自然保护地的体系化管理建设,采取统筹协调的思路,提出合理界定国家公园范围,整合完善分类科学、保护有力的自然保护地体系,更好地保护自然生态和自然文化遗产原真性、完整性。

2017年,中共中央办公厅、国务院办公厅印发的《建立国家公园体制总体方案》对国家公园做了保护与合理利用的明确定位,在国家公园建设理念中,坚持生态保护第一。国家公园属于全国主体功能区规划中的禁止开发区域,被纳入全国生态保护红线区域管控范围,实行最严格的保护。在管理体制上,国家公园设立后整合组建统一的管理机构,履行国家公园范围内的生态保护、自然资源资产管理、特许经营管理、社会参与管理、宣传推介等职责,在社区协调发展制度中明确提到"鼓励当地居民或居民创办的企业参与国家公园内特许经营项目"。

2019年,中共中央办公厅、国务院办公厅印发的《关于统筹推进自然资源资产产权制度改革的指导意见》对健全自然保护地内自然资源资产特许经营权等制度做了明确规定,提出:构建以产业生态化和生态产业化为主体的生态经济体系;鼓励政府机构、企业和其他社会主体,通过租赁、置换、赎买等方式扩大自然生态空间,维护国家和区域生态安全;依法依规解决自然保护地内的探矿权、采矿权、取水权、水域滩涂养殖捕捞的权利、特许经营权等的合理退出问题。

2019年,中共中央办公厅、国务院办公厅印发的《关于建立以国家公园为主体的自然保护地体系的指导意见》提出在严格保护、永续传承的原则引领下,坚持生态为民、科学利用的原则,将以国家公园为主体的自然保护地的自然资源使用制度区分为自然资源有偿使用制度和特许经营两类,要求制定自然保护地控制区经营性项目特许经营管理办法,建立健全特许经营制度,鼓励原住居民参与特许经营活动,探索建立自然资源所有者参与特许经营收益分配机制。

上述政策文件从中央层面为各个国家公园自然资源资产的特许经营制度的制定提供了依据和顶层设计。

(2)青海省域内国家公园生态准入制度。国家公园是大面积的生态系统保护地,具有鲜明的存在差异性的自然生态特性、地域属性和历史文化生境,国家公园之间具有共时的差异性,国家公园自身具有历时的差异性,因此国家公园特许经营的生态准入条件应当"因园制宜,适时变迁"。我国国家公园体制改革正式迈入攻坚期,研究建立特许经营机制适时且必要。云南普达措、青海三江源、浙江钱江源、福建武夷山、湖北神农架等国家公园体制试点区已经开始了特许经营机制的探索,先后制定了国家公园特许经营管理规章。青海省国家公园体制试点也非常注重制度创建。青海省正式出台了《三江源国家公园条例(试行)》,编制完成了《三江源国家公园总体规划》,制定印发了三江源国家公园科研科普、生态管护公益岗位、特许经营、预算管理、项目投资、社会捐赠、志愿者管理、访客管理、国际合作交流、草原生态保护补助奖励政策实施方案10个方面的管理办法,形成了"1+N"制度体系[1]。《国务院办公厅关于对国务院第五次大督查发现的典型经验做法给予表扬的通报》(国办发〔2018〕108号)对青海省创新生态保护体制机制,大力推进三江源国家公园体制试点工作进行了通报表扬。《祁连山国家公园特许经营管理暂行办法》(简称《办法》)也已制定。

总体而言,国家公园的特许经营项目应当服从与生态红线衔接的公园规划、分区管控规则。具体而言,以《祁连山国家公园特许经营管理暂行办法》为例,其第五条第(一)项规定,特许经营项目应"生态保护优先,符合《祁连山国家公园规划》和国土空间用途管制要求"。第二章规定了特许经营项目审查备案制度和竞争性遴选制度,其中与生态相关的条件主要包含在特许经营项目实施方案编制的内容要求内。对特许经营权的竞标者的条件则规定得较为笼统。事实上的准入标准实际由参与立项论证、项目可行性第三方评估机构和立项审查部门确定,刚性约束不足。

3. 青海省域内国家公园特许经营生态义务设定方式

青海省域内国家公园特许经营生态义务通过特许经营法规文件和特许经营协议加以设定。以《祁连山国家公园特许经营管理暂行办法》为例,该《办法》为特许经营者和管理机构双方均设定了生态义务。该《办法》第二十四条第(一)项规定:"落实生态保护管控措施,不得破坏祁连山国家公园生态环境与资源,或者使其失去原有生态、科学、观赏价值。"在同条第(七)项中做了兜底规定,即生态义务还包括"法律、法规规定和特许经营权协议约定的其他义务"。该《办法》第三十一条明确了管理机构应当履行的职责,其中包括保护祁连山国家公园资源不受破坏,监督特许经营者履行法定义务和特许经营权协议,受理对特许经营者的举报和投诉,对特许经营者提供的经营服务的价格、数量、质量以及对资源环境利用情况进行监督,法律、法规规定的其他职责。在第四章中规定了责任,如对破坏生态环境的违法行为追究相关法律责任。对特许经营者而言,惩处的方式为:责令承担生态环境恢复责任;中止特许经营权协议并依法追究责任;依法曝光失信行为,并会同有关部门实施联合惩戒。对管理机构工作人员而言,惩处的方式为:责令限期改正,并通报批评;依法追究责任。总体而言,生态义务和相应的设定较为笼统粗疏,还有待进一步细化,特别是应通过特许经营权协议加以明确。

目前,青海省域内国家公园的特许经营尚处试点阶段,对试点项目中生态义务的具体设定方式、生态义务履行的情况还有待后续跟进了解。2019年三江源国家公园首个生态体验特许经营试点运行。昂赛乡年都村"雪豹观察"合作社和北京川源自然户外运动有限公司为特许经营申请人,向三江源国家公园管理局递交了特许经营申请,作为三江源国家公园首个生态体验特许经营试点,该项目被定位为一项重要的生态保护措施,它通过开展特许经营活动,可以减少对自然资源的直接利用,提高农牧民收入,在脱贫攻坚、社区发展和落实更加严

---

[1] 国家发展和改革委员会社会发展司.国家发展和改革委员会负责同志就《建立国家公园体制总体方案》答记者问[J].生物多样性,2017,25(10):1050-1053.

格的生态保护方面具有重要意义。2019年3月22日,三江源国家公园管理局组织召开"昂赛大峡谷自然体验特许经营试点工作方案"座谈会。由业内资深专家,省生态环境厅、省自然资源厅、省文化旅游厅、杂多县政府、三江源国家公园管理局有关部门的负责同志,当地社区代表组成的审查委员会,对《昂赛自然体验项目》和《三江源国家公园昂赛生态体验和环境教育项目》两个特许经营方案进行审查,并形成了审查意见。2019年,该生态体验项目特许经营试点接待国内外生态体验团队98个、体验访客302人次,经营收入达101万元。从审查主体的角度观察,三江源国家公园管理局生态保护意识强,生态环境厅、自然资源厅作为成员组成的审查委员会对生态义务的明确设定及对受许人是否达到生态准入条件的审查具有基础性、关键性作用,业内专家、地方政府和社区代表的加入对于决策的科学性、利益的平衡性有价值,有利于特许经营开展期间协调各利益相关者,促进生态保护措施的落实。

(二)经营性自然资源资产有偿出让中的生态约束:以矿产资源为例

大力推进自然资源的有偿使用和市场配置,发挥价格机制的作用,降低自然资源占用、损耗成本,实现自然资源的全面节约和高效利用,是生态文明建设的内在要求[1]。由于青海省处于高海拔的青藏高原,生态环境敏感脆弱,因而青海省确立了以生态文明统领全省经济社会发展大局的发展思路。同时,青海省又属于欠发达省份,贫困面广、贫困度深,同步全面建成小康社会对经济发展提出了更高要求,国土资源保障的任务十分艰巨。近两年来,青海省采矿业生产总值持续增长,增速大于全省生产总值的增速。由《青海省2019年国民经济和社会发展统计公报》可知,全年全省生产总值达2 965.95亿元,规模以上工业增加值比上年增长7.0%,其中煤炭开采和洗选业比上年增加24.9%,黑色金属矿采选业比上年增加46.8%。矿产资源工作正处在十分重要的关键时期,必须在生态保护优先的前提下,切实加强矿产资源的勘查、开发、保护与合理利用,提高资源保障能力,力争尽快实现重大突破,支撑和保障全省经济社会发展对矿产资源的需求。青海省应坚持生态保护优先战略,坚守耕地保护红线和生态保护红线,统筹协调好国土资源开发与环境保护的关系,以绿色勘查开发、建设和谐矿区为目标,促进国土资源开发利用与生态环境保护协调发展。

矿产资源具有稀缺性、可耗竭性、不可再生性和战略属性,对土地具有依附性,矿产资源的勘查开发会对生态环境造成强烈的扰动甚至破坏。因而,矿产资源除了可为私人开发者获取经济利润外,也具有保障经济发展、提供生存保障的公益性,部分矿产资源还具有战略性。同时,矿业开发也不可避免地具有负外部性,对生态环境产生负面影响,破坏生态环境。当前,我国矿产资源作为经营性自然资源资产通过市场途径加以配置,2019年自然资源部颁布的《自然资源部关于推进矿产资源管理改革若干事项的意见(试行)》提出了全面推进矿业权的竞争性出让、进行管理体制的调试、设置"净矿"出让的试点等系列举措,为市场在矿产资源配置中起到决定性作用扫清体制机制上的障碍。在此背景下,考虑到市场机制在应对负外部性时失灵的状况,以政府公权力介入的矿产资源资产配置的生态约束也应同步加强,从源头避免或减小生态环境风险。

---

[1] 雷爱先,王恒.自然资源资产有偿使用制度若干问题思考[J].中国土地,2020(9):4-7.

1. 矿业权设置应考虑生态影响

《中华人民共和国宪法》和《中华人民共和国矿产资源法》均规定矿产资源归国家所有。正如朱迪·丽丝所述,公共政策的一项重要功能就是通过设计各种体制来分配使用权并对使用加以控制,同时决定可得到哪种资源产品和服务,得到多少,什么时候得到[1]。在我国,国家作为矿产资源的所有者,通过行政特许的方式授予勘查开发主体以探矿权和采矿权,从矿产资源所有权中分离出使用权的权能,实现对矿产资源的开发利用。国家作为所有者,有权决定向市场投放矿业权的矿种、总量、结构和时空秩序,以达到配置效率。对此,不仅仅要从矿产资源的分布及自然禀赋条件来考虑如何能够保障矿产资源供给安全,还应当注重矿产资源开发的生态环境影响,并在矿产资源供给安全与生态安全之间作出权衡,强化生态底线的约束,充分发挥市场配置资源的决定性作用,同时也应更好发挥政府宏观调控作用。

(1)应严守国土空间用途管制,审慎确定矿产资源可开发区域。土地用途管制是各国普遍采取的一种公共干预措施。我国较早确立了土地用途管制制度,其总体目标是实现中国土地资源的合理利用与持续发展,具体目标为:土地利用整体效率最大化,保护耕地以及消除土地利用的外部性影响,保护环境[2]。为缓解生态保护与经济发展的矛盾,实施区域可持续发展战略,我国"十一五"期间提出要从主体功能的角度对国土进行重新规划,明确主体功能区的范围、功能定位、发展方向和区域政策。为切实做好这项工作,国务院办公厅于2006年10月11日印发了《国务院办公厅关于开展全国主体功能区划规划编制文件的通知》(国办发〔2006〕85号),要求开展全国主体功能区划规划编制工作并于2010年完成。《全国主体功能区规划》(国发〔2010〕46号)是推进形成主体功能区的基本依据,是科学开发国土空间的行动纲领和远景蓝图,是国土空间开发的战略性、基础性和约束性规划。针对国土空间用途管制政出多门、矛盾频发的现象,2014年国家四部委启动"多规合一"试点工作,2017年启动省级空间规划试点工作。2017年颁布了的《自然生态空间用途管制办法(试行)》(国土资发〔2017〕33号),标志着用途管制从平面到空间,从土地(耕地)保护到所有自然生态空间保护的划时代改变。2018年新设立的自然资源部统一行使所有国土空间用途管制职责,使得这一制度具备了更强的机构保障。各地国土空间规划编制工作深入持续推进为自然生态空间用途管制提供了管控的规划依据。青海省也建立了相应的省级主体功能区划,并编制了《青海省主体功能区规划》。《青海省主体功能区规划》与《青海省"四区两带一线"发展规划纲要》和《青海省国民经济和社会发展第十二个五年规划纲要》进行了充分衔接。通过综合评价各区域资源环境承载力、现有开发强度、发展潜力和人居适宜性,青海全省主体功能区被划分为重点开发区域、限制开发区域和禁止开发区域3类,没有设置优化开发区域。2019年青海省委办公厅、青海省人民政府办公厅印发了《关于建立全省国土空间规划体系并监督实施的意见》,对青海省全省域国土空间规划的编制和监督实施作出了规定。国土空

---

[1] [英]朱迪·丽丝.自然资源分配、经济学与政策[M].北京:商务印书馆,2005.
[2] 陆红生.土地管理学总论[M].北京:中国农业出版社,2002.

间总体规划、详细规划、相关专项规划为实施国土空间用途管制提供基本依据。青海省的自然空间用途管制应当落实国土空间规划确定的生态保护红线、永久基本农田、城镇开发边界等的要求,统筹优化"三条控制线";制定水资源供需平衡方案,明确水资源利用上限;按照以水定城、以水定地、以水定人、以水定产原则,优化生产、生活、生态用水结构和空间布局,重视雨水和再生水等非常规水资源的利用,建设节水型城市;制定能源供需平衡方案,落实碳排放减量任务,控制能源消耗总量;优化能源结构,推动风、光、水、地热等本地清洁能源利用,提高可再生能源比例,鼓励分布式、网络化能源布局,建设低碳城市;强化城市竖向设计和管控,严格保护低洼地等调蓄空间,明确河湖水系、湿地、蓄滞洪区和水源涵养地的保护范围,确定河湖自然岸线的保护措施;明确以天然林、生态公益林、基本草原等为主体的林地、草地保护区域。

国土空间用途管制的对象从针对建设活动秩序管理与耕地特殊保护逐步向全域国土空间与全类型要素拓展。矿产资源开发的布局应当遵守国土空间用途管制,在管控政策允许的范围内设置矿权,在制定矿产资源规划、重大矿业开发项目规划、矿业权出让方案时应主动考虑国土空间用途管制的要求。

(2)应对重要矿产资源的生态压覆进行衡量,合理决定避让或储备矿产资源。国土空间管制权的设置事实上隐含着财富的转移和分配[1]。青海省正在开展以国家公园为主体自然保护地体系示范省建设,按照建设的总体要求,对现有14类223处自然保护地整合归并优化,在将保护空缺区域纳入保护地体系之后,青海省自然保护地总面积占国土总面积的比例达到40%以上,国家公园总面积占保护地总面积比例达到70%以上。保护地被列入限制或禁止开发区域,受到用途管制,矿业开发受限,就意味着基于生态目的压覆了位于保护地之下的矿产资源。矿产资源被压覆之后,不能被开发,也不能转化为货币财富,不能用于支撑社会经济发展、保障民众的生存和提升经济水平。这就造成了生态保护诉求与经济发展保障诉求的冲突,尤其是在压覆了具有战略性和重要性的矿产资源的情形之下。

因此,在自然保护地体系化和生态红线划定落地之前,应当谨慎地权衡以下问题:所保护的自然生态系统、自然遗迹、自然景观和生物多样性等代表性、重要性和典型性如何,是否真正值得和需要保护,所压覆的矿产资源重要性程度如何。我国已建立了建设项目压覆重要矿产资源的审批制度,实现了针对具体某项工程或者特定区域的矿产资源压覆情况的评估和权衡。但对于生态压覆,特别是由自然保护地的设立引发的矿产资源压覆,相关制度还有待完善。我国的自然保护地是在"抢救性划建"的思路下建立的,在建立过程中国家着重考虑了物种的分布和生态系统的典型性,强调集中连片、不留空白的规划思路,工作方式简单粗放,缺少系统科学设计[2],造成诸多社会问题,其中包括因不适宜地将矿产地划入自然保护地,而出现合法取得矿业权的矿产在保护地内被"非法开采",矿业权需要被清理退出的乱象。

对此,制度改革整体的思路是生态优先前提下的综合权衡:第一,当保护地生态重要性无或弱,而矿产资源重要性强,如存在国家战略矿产资源时,可以考虑优化或者取消保护区

---

[1] 郜永昌.土地用途管制法律制度研究:以土地用途管制权为中心[M].厦门:厦门大学出版社,2010.
[2] 张希武.建立以国家公园为主体的自然保护地体系[J].林业建设,2018(5):38-46.

设置,将矿产地移出。比如《青海省以国家公园为主体的自然保护地体系整合优化方案(第二轮征求意见稿)》提出,青海柴达木魔鬼城省级风景名胜区、青海茫崖千佛崖国家沙漠公园与中国石油天然气股份有限公司青海油田分公司采矿区重叠,考虑到采矿权获批时间在前,为保障国家战略矿产资源,因此建议不再保留保护区设置。这一调整方案是适宜的。第二,当保护地生态重要性强,而矿产资源重要性弱或者两者同等重要时,建议保留保护区设置,以生态保护优先,将重要矿产地纳入国家储备。

(3)应衔接矿产资源勘查开发保护的规划布局与国土空间用途管制。《矿产资源规划编制实施办法》(国土资源部令第55号)提出,矿产资源规划是指根据矿产资源禀赋条件、勘查开发利用现状和一定时期内国民经济和社会发展对矿产资源的需求,对地质勘查、矿产资源开发利用和保护等作出的总量、结构、布局和时序安排,是落实国家矿产资源战略、加强和改善矿产资源宏观管理的重要手段,是依法审批和监督管理地质勘查、矿产资源开发利用和保护活动的重要依据。鉴于矿产资源开发的负外部性,在编制矿产资源规划时应当贯彻节约资源和保护环境的基本国策,正确处理保障发展和保护资源的关系。青海省矿产资源勘查开发与保护的规划布局已经将生态环境纳入考虑范围[1],重点生态功能区产业准入负面清单制度、矿业权人勘查开发信息公示和"黑名单"制度的制定加快了自然资源及其产品价格改革,将资源所有者权益和生态环境损害等纳入价格体系等[2]。

青海省矿业权投放与出让应将上述主体功能区定位、自然保护地规划、矿产资源规划、生态环境保护规划等及其相应管制要求落到实处,建立健全矿产资源勘查开发与生态环境协调发展管理制度,坚持以生态保护优先理念协调推进矿业发展,加快调整和优化地质矿产勘查布局和工作部署,严格按照矿产规划分区开展矿产资源勘查、开采,强化矿产资源勘查、开采中的环境保护措施。《自然资源部关于推进矿产资源管理改革若干事项的意见(试行)》(自然资规〔2019〕7号)指出,当前积极推进的"净矿"出让,要求加强矿业权出让前期准备工作,会同相关部门,依法依规避让生态保护红线等禁止限制勘查开采区,合理确定出让范围,并做好与用地用海用林用草等审批事项的衔接,以便矿业权出让后,矿业权人正常开展勘查开采工作。

2. 矿业权准入应设置生态条件

国家作为矿产资源的所有者,能够决定向哪些主体出让矿业权,向哪些主体授予探矿权和采矿权。矿业权出让是指自然资源主管部门依据法律法规规定,采取招标、拍卖、挂牌、协议、申请审批等方式,向符合要求的矿业权申请人授予探矿权、采矿权的行为。《自然资源部关于推进矿产资源管理改革若干事项的意见(试行)》规定,当前应全面推进矿业权竞争性出让,明确除协议出让外,对其他矿业权以公开竞争性方式出让。由此,必须确定矿业权准入的条件,其中也包括对申请人生态环境保护与治理能力设定条件。本书将该准入条件称为生态准入条件,既包括法定的条件,也包括出让人根据拟出让矿业权的具体情况设定的招拍

---

[1] 参见《青海省"十三五"国土资源规划》。
[2] 参见《青海省国民经济和社会发展第十三个五年规划纲要》。

挂意定条件。

矿业权生态准入的意定条件可规定于矿业权招标、拍卖及挂牌等竞争性出让的公告及招拍挂文件中。矿业权生态准入的法定依据主要体现为矿业权申请时,要求申请人提交矿山地质环境保护与土地复垦方案评审意见及公告结果、矿产资源开发利用方案和专家审查意见、环境影响评价报告及环保部门批复文件。对此,《中华人民共和国矿产资源法》第三条、第五条,《中华人民共和国矿产资源法实施细则》第二章,《矿产资源勘查区块登记管理办法》《矿产资源开采登记管理办法》规定了申请矿业权要求的资质、技术条件,为矿业权市场准入设定了门槛。《国土资源部关于进一步规范矿业权申请资料的通知》(国土规资〔2017〕15号)对申请材料做了明确规定。《矿山地质环境保护规定》第十二~十六条对矿山地质环境保护与土地复垦方案编制、重新编制、执行及治理责任作出了明确规定。但总体而言,相关规定还较为笼统,对生态保护资质未作明确规定,通过方案编制的程序性规制措施替代了实质性约束的义务规范,且治理义务局限于矿山地质环境,未考虑自然生态空间系统性保护与修复,仍有较大可完善空间。

由于"生态重要"的省情,青海省特别要注重矿业权生态准入条件的设置,在意定条件中可以设置"矿业权人异常名录和严重违法名单"负面准入条件。其依据在于,《矿业权人勘查开采信息公示办法(试行)》(国土规资〔2015〕6号)将矿业权人矿山环境治理恢复保证金和土地复垦费等费用缴纳情况和矿山地质环境保护与治理恢复方案执行情况、土地复垦方案执行情况等列入了信息填报内容。其中第三十一条规定:矿业权申请审批,将矿业权人勘查开采信息公示结果作为重要考量因素。

青海省在设定矿业权生态准入法定条件时,建议将矿山环境治理恢复,提升至"绿色勘查"和"绿色矿山建设"的高度。《青海省"十三五"国土资源规划》要求正确处理好矿产资源开发与环境保护的关系,最大限度地减少资源开发对环境的影响和破坏,促进矿产资源开发与生态环境保护相协调。首先,积极开展绿色勘查开发。其具体内容:切实推进绿色勘查,树立绿色勘查理念,探索建立绿色勘查管理制度;实施绿色勘查示范项目,制定环境保护和恢复治理措施,建立地质工作与环境恢复治理"三同时"制度;加大地质勘查活动中勘查技术手段与方法的科技创新力度,推广应用对生态环境影响小的适合青海自然条件的探矿新技术、新方法、新设备,最大限度地减少勘查活动对环境的影响。其次,积极推进绿色矿山建设,以资源合理利用、节能减排、保护生态环境和社会和谐为主要目标,以开采方式科学化、资源利用高效化、企业管理规范化、生产工艺环保化、矿山环境生态化为导向,发展绿色矿山、建设绿色矿业,开展绿色矿山建设示范工作,推进绿色矿业发展示范区建设。同时,应当将上述规划内容内嵌至矿业权出让管理的主环节之中,补强矿业权生态行政审批准入条件。

青海省作为绿色勘查试点示范省,在标准规范编制、技术方法创新、管理制度建设等方面取得明显进展。青海省量化绿色矿山评估指标并制定评估办法,在约束政策方面,在矿业权准入时,将绿色勘查、绿色矿山建设能力作为重要的考察评选要素[1]。这些改革实践进展为青海省矿业权生态准入法定条件的设定奠定了良好基础。

---

[1]《中国矿产资源报告(2019)》,2019年9月28日由自然资源部发布。

3. 矿业权出让的生态义务合同条款

1) 青海省实践

近代以前,政府就已经在使用合同。然而到了近代,政府使用合同的方式变得更为新颖、多样化。政府与私有企业之间订立的合同在其公共治理中扮演着越来越重要的角色[1]。我国国有自然资源使用权采用招拍挂和协议等方式出让时都需要签订合同,矿业权的出让需要签订探矿权出让协议、采矿权出让协议。实践中各地对协议的名称有不同规定。协议成为重要的治理工具,除了用于约定出让的事项外,也通过合同规定义务的方式实现行政管理或者公共服务的目标,其中就包括规定矿业权人的生态环境保护义务。

《青海省探矿权合同管理暂行办法》(青国土资矿〔2011〕13号)公布了探矿权出让合同的示范文本——《青海省探矿权出让及管理合同书》,该合同书的主要内容包括:探矿权基本情况,出让收益,缴纳,权利,义务,违约责任,适用法律、争议解决,附则等。其中生态义务条款包括3类:第一,义务与责任条款。规定受让人具有生态环境保护义务,实施绿色勘查的义务。具体包括:勘查实施方案应有生态环境保护专门章节,按绿色勘查要求选择勘查方法手段和部署工作;项目实施过程将生态环境保护与安全生产、施工质量放在同一水准,严格管理,落实生态环境保护要求;按照绿色勘查要求做好勘查工作后的环境恢复治理工作,并为受让人设定了信息义务。在此基础上规定,受让人有未按绿色勘查要求施工、未按要求填报矿业权人勘查信息公示行为的,行政机关依法和依合同将矿业权人列入探矿人异常名录或严重违法名单。第二,行政优益权条款。规定受让人承担因生态保护、规划调整、公益性重点项目建设等而无法继续勘查或无法转为采矿权的风险。第三,补充协议条款。合同未尽事宜,双方可以签订补充协议,作为合同附件,与本合同具有同等法律效力。

2) 处理好协议约束与生态环境执法关系:法律风险与解决问题

行政协议作为公私法融合的产物,是行政治理的工具之一。行政合同是一种有用的行政手段,其功能如下:①保护功能,对比行政处分,为相对人提供了更多参与、咨商和讨价还价的空间;②解决问题功能,合同工具具有较大的弹性空间,能取得最大公约数,减少争讼的机会;③提升人民地位,彰显人民不再仅是行政统治的客体,亦是行政伙伴[2]。

在我国,处理好协议约束与生态环境执法关系,一方面可以凸显市场在资源配置中的决定性作用,让生产要素在公开、公平、公正的程序中竞争,提升市场配置效率;另一方面,有助于加快政府职能转变,创新行政管理方式,推进法治政府和服务型政府建设,助推国家治理体系现代化和国家治理能力现代化。后者具体体现在,对行政相对人,通过合同义务条款的约定,可以明确、细化监管要求,实现管理目标,比如《青海省探矿权出让及管理合同书》对绿色勘查义务的规定,就是对矿业权人生态环境义务的细化,提升行政机关行政治理能力;对于行政主体而言,则有助于树立平等协商、履行诚信,尊重相对人自主意愿的善治形象,通过合同约束效力,加强政府诚信建设,优化法治化营商环境。特别是《中华人民共和国行政诉

---

[1] A.C.L.戴维斯.社会责任:合同治理的公法探析[M].杨明,译.北京:中国人民大学出版社,2015.
[2] 林明锵.行政契约法研究[M].台北:翰芦图书出版有限公司,2006.

讼法》《最高人民法院关于审理行政协议案件若干问题的规定》(法释〔2019〕17号)将国有自然资源使用权出让协议纠纷纳入行政诉讼的司法审查范围,通过法院的审理,将有效解决过去一段时间,国有自然资源领域政府不履约、不监管、权力寻租等问题,确保国有资产等国家利益得到有力保护,同时保护自然资源使用权人的财产权。

需要注意的是,合同治理工具的引入打破了私人合同"合意性"与行政行为"单方性"的常规,给了行政主体和行政相对人更多的选择空间和救济机会,也会因公私"混搭"带来巨大的法律风险。

(1)合法适用合同条款和公权力规制措施。具体到矿业权出让合同的生态义务条款,当行政相对人未履行生态环境条款约定的义务时,行政机关面临处理合同约束与生态环境执法关系的难题。如果按照合同义务,则作为合同一方主体的行政机关,可以要求行政相对人履行合同义务,这在生态环境违法执法权限属于合同签订的行政机关时,尚好解决。但若合同生态义务约定过于宽泛,超出部门和级别行政权限时,则存在问题。尤其是,当约定的生态环境义务属于法定义务,且处于其他部门监管之下时,行政相对人会面临来自合同相对方和生态环境执法部门的双重追责。因此,建议合同条款的设置尽量选择与矿业开发密切关联的义务,且约定责任条款,明示处置措施,这样可减少因合同履行引发的纠纷。如果仅规定义务条款,且与法律法规相关规定重合,则该条款仅具有提示的效力,当相对人未履行相关义务时,应该由有权执法部门追究违法责任。

(2)不得将矿业权配置与环境规制混同。在实践中曾出现以行政相对人履行矿山环境恢复治理义务作为退还采矿权价款的前置条件而引发的纠纷。案件简介如下:2007年9月27日甲公司与某市国土资源乙分局(简称"乙局")签订了《矿山地质环境保护与恢复治理责任书》,按照该责任书约定,甲公司于2007年9月30日向乙局缴纳矿山地质环境恢复治理保证金270 000元。2007年9月30日甲公司法定代表人顾某与乙局签订了《采矿权出让合同》。根据上述合同约定,乙局向甲公司收取了472 000元采矿权价款、234 330元的矿产资源有偿使用费。在合同履行过程中,甲公司陆续缴纳矿产资源补偿费共计20 278元。2011年6月17日甲公司领取《采矿许可证》,有效期限自2011年6月17日至2012年9月29日。2012年7月许可证有效期限届满前,甲公司申请办理延续登记,但因矿区涉及水源保护区而未获批准。甲公司遂起诉乙局,请求退还甲公司缴纳的采矿权价款472 000元、矿产资源有偿使用费234 330元、矿产资源补偿费20 278元。一审法院判决驳回甲公司的全部诉讼请求。二审法院认为甲公司并未按法律规定完成水土保持的环境保护及相关前置工作,且未按照《矿山地质环境保护与恢复治理责任书》的约定进行恢复治理工作,不符合上述退还相应采矿权价款的规定,故对其退还全额采矿权价款472 000元的诉讼请求不予支持;但判决乙局于判决生效后10日内退还甲公司矿产资源有偿使用费159 330元。甲公司不服生效判决,提起申诉。

对此,采矿权人是否依法履行矿山环境恢复治理义务,与自然资源主管部门是否应当退还采矿权价款分属不同法律关系。现有规定并未明确采矿权人在采矿权出让合同提前终止时请求退还采矿权价款应以履行环境恢复治理义务为前提,采矿权人亦不因他们享有要求退还采矿权价款的权利而免除其矿山环境恢复治理义务。在法律法规没有规定,当事人签订合同也未明确约定的情况下,自然资源主管部门无权擅自将采矿权人履行矿山环境恢复治理义务作为退还采矿权价款的前置条件。自然资源主管部门依法退还采矿权价款后,仍可责令原采矿权人依法履行矿山地质环境恢复治理义务,如果原采矿权人拒不履行,主管部门可对原采矿权人处以罚款,要求代履行,在原采矿权人缴纳的地质环境恢复治理基金中予以扣减;如果不足扣减的,仍可以要求原采矿权人承担补足责任。在利用合同工具实现生态环境保护的公益目标时,应当注意是否有明确的义务约定和责任约定,不得混同不同性质的法律关系。《青海省探矿权出让及管理合同书》规定,受让人未按绿色勘查要求施工,未按要求填报矿业权人勘查信息公示行为的,行政机关依法和依合同将矿业权人列入探矿人异常名录或严重违法名单。对该项约定的明确,是对国家相关规定的细化,可为后续工作减少纠纷。

(3)慎用行政优益权。行政协议的重要目的之一是追求公共利益的最大化或实现良好行政管理,行政协议与私法合同的不同集中反映在合同的履行上,行政机关享有行政优益权[1]。行政优益权是指,行政机关在追求公共利益和实现行政管理目标过程中依法享有的主导行政协议签订、履行及单方解除、变更行政协议的强制性权力[2]。《最高人民法院关于审理行政协议案件若干问题的规定》中的第二十一条规定:"被告或者其他行政机关因国家利益、社会公共利益的需要依法行使行政职权,导致原告履行不能、履行费用明显增加或者遭受损失,原告请求判令被告给予补偿的,人民法院应予支持。"由此可见,司法对行政有益权的行使进行了再平衡,并非是无限制、无后果的。行政机关不得以行政优益权为由任意破坏行政协议的约定,乃至单方解除行政协议。如果行政机关不能证明公共利益在行政协议变更、撤销中的必要性和重要性,那么行政优益权的行使应该被限制[3]。如果行政机关基于行政优益权的行使而改变原行政行为,则行政机关必须就相对人的信赖损失作出合理补偿。《青海省探矿权出让及管理合同书》规定,受让人承担因生态保护、规划调整、公益性重点项目建设等而无法继续勘查或无法转为采矿权的风险。尽管合同设置了此风险分配的规定,但基于信赖利益保护和产权保护,限制公权力滥用的目的,尽管行政机关无过错,行政相对人仍可依法主张行政补偿。为了避免此种情形的出现,在设置矿权之时就应当尽最大努力考虑到生态公益保护的诉求。

二、青海省领导干部自然资源资产损害的生态追责

青海省自然资源资产的生态损害追责应依托最严格法治制度。建立科学合理的自然资源资产管理考核评价体系,开展领导干部自然资源资产离任审计,落实完善党政领导干部自然资源资产损害责任追究制度是服务于党中央重大决策部署、服务于现代化国家治理体系的体现。习近平总书记在《推动形成绿色发展方式和生活方式》中指出:"推动绿色发展,建

---

[1] 王海峰.试论行政协议的边界[J].行政法学研究,2020(5):24-36.
[2] 最高人民法院行政审判庭.最高人民法院关于审理行政协议案件若干问题的规定理解与适用[M].北京:人民法院出版社,2020.
[3] 王学辉,邓稀文.也谈行政协议的范围[J].学习论坛,2021(2):125-136.

设生态文明,重在建章立制。"青海省自然资源资产生态损害责任追究应注重制度建构,通过建章立制来增强自然资源资产治理的能力和效果。自然资源损害责任追究位于自然资源资产产权制度改革的末端,责任追究制度的完善和追究效果的落实受制于多项改革举措的推进情况。青海省从健全和完善考核机制、制定追责制度、明晰生态环境保护职责、鼓励群众监督等方面开展诸多生态环境责任压实的制度建构。然而,自然资源资产损害责任追究制度属于新的改革领域,青海省还面临较多的挑战。第一,自然资源资产统一管理面临着多年来形成的法制滞后、体制不顺和机制单一固化等突出矛盾和问题,各类自然资源有偿使用制度虽普遍建立但存在制度不完善、工作基础和进展不平衡等问题。第二,配套改革有待进一步推进。目前自然资源资产考核评价制度尚待建立,自然资源资产的价值核算也仅处于试点阶段,对一定区域内自然资源资产生态价值变化进行监测和统计的成本较高,自然资源资产负债表制定、领导干部自然资源资产离任审计改革仍有待推进。

(一)自然资源资产损害责任追究制度基本原理

2015年9月,中共中央、国务院印发了《生态文明体制改革总体方案》,这是我国生态文明领域改革的顶层设计和部署。主要内容可以用"6+6+8"概括,即"6大理念+6个原则+8个支柱(制度)"。其中责任追究制度是8个支柱中的第八项"生态文明绩效评价考核和责任追究制度"的重要内容。中国社会科学院财经战略研究院财政审计研究室主任汪德华认为,自然资源资产保护和增值是落实绿色发展理念、建设美丽中国、满足人民对美好生活需要的基础环节。建立科学合理的自然资源资产管理考核评价体系,开展领导干部自然资源资产离任审计工作,落实完善党政领导干部自然资源资产损害责任追究制度极为重要。目前,这方面的工作刚刚起步,还需要进一步加强研究探索,总的目标是:坚持全民所有自然资源资产"全民所有、全民共享、全民参与、全民监督",建立"考核、监督、责任追究"三位一体的考核监管体系。从实践需求和理论推进的双重角度考虑,本书聚焦全民所有自然资源资产损害责任追究制度。

1. 自然资源资产损害责任追究制度的界定

(1)自然资源资产损害。污染环境和破坏生态、生态环境损害是早于自然资源资产损害出现的政策法规术语。这两个术语与自然资源资产损害之间既有区别,又有着密切的联系。要理解全民所有自然资源资产损害的概念,必须先厘清这几个术语之间的关系。对此,我们可以从法律规范和政策术语的角度加以厘清。

污染环境和破坏生态是较早出现的术语。《中华人民共和国环境保护法》第六十四条规定:"因污染环境和破坏生态造成损害的,应当依照《中华人民共和国侵权责任法》的有关规定承担侵权责任。"由此可见,此处的损害仅限于由环境污染引发的人身、财产损害及特定情形下的精神损害,尚不包括公民个人环境享受利益的损害,更不包括环境和生态利益的损害。公民个人环境享受利益的损害与财产损害和人身损害相关,但并不等同。财产损害与人身损害法律界定标准明确,而环境享受权益标准具有不确定性,但这种损害是客观存在的,而且是环境侵权中最常见的,随着经济和社会文化的发展,公民对这方面的法律保护要求也不断提高,而且法律必须合理规范。环境享受利益损害通常表现为妨碍他人依法享受适宜环境的权利或正常生活,如排放恶臭气体,制造强大噪声、振动等,使周围居民难以忍受。目前这一部分损害在民事侵权领域的立法基础尚显薄弱。关于环境和生态公益的损害:当前对环境和生态公益的损害是通过环境资源刑事犯罪追惩、环境资源领域的行政执法、环境公益诉讼、生态环境损害责任追究和生态环境损害赔偿制度来应对的。

生态环境损害是较新的术语,已经有了较为清晰的界定。中共中央办公厅、国务院办公厅在2015年8月印发了《党政领导干部生态环境损害责任追究办法(试行)》,明确使用了生态环境损害术语,但并未专门界定生态环境损害的概念。中共中央办公厅、国务院办公厅在2015年12月印发《生态环境损害赔偿制度改革试点方案》;2016年11月,国务院印发《"十三五"生态环境保护规划》(国发〔2016〕65号),在第八章第三节落实地方责任中提到"编制自然资源资产负债表"和"建立生态环境损害责任终身追究制";2017年12月,中共中央办公厅、国务院办公厅发布《生态环境损害赔偿制度改革方案》,《生态环境损害赔偿制度改革方案》将生态环境损害定义为:因污染环境,破坏生态造成大气、地表水、土壤、森林等环境要素和植物、动物、微生物等生物要素的不利改变,以及上述要素构成的生态系统功能退化,而发生较大及以上突发环境事件;在国家和省级主体功能区规划中划定的重点生态功能区、禁止开发区发生环境污染、生态破坏事件;产生其他严重影响生态环境的后果。2020年新颁布的《中华人民共和国民法典》的规定扩充了《中华人民共和国侵权责任法》规定的环境损害的情形、损害行为及赔偿请求权人的范围,吸纳了关于生态环境损害责任追究和生态环境损害赔偿制度改革的最新进展。具体而言,《中华人民共和国侵权责任法》第八章仅规定了"环境污染责任",《中华人民共和国民法典》第七章专章规定了"环境污染和生态破坏责任",增加了"生态破坏责任"。相应地,侵权人的范围从《中华人民共和国侵权责任法》的"污染者"扩展到"行为人"(《中华人民共和国民法典》第一千二百二十九条),损害的情形从污染环境造成损害扩展到污染环境损害和生态破坏损害(《中华人民共和国民法典》第一千二百三十一条),赔偿请求权人从《侵权责任法》规定的受侵害的民事主体扩展到被侵权人(《中华人民共和国民法典》第一千二百三十三条)、国家规定的机关或者法律规定的组织。其中国家规定的机关或者法律规定的组织求偿范围如下。《中华人民共和国民法典》第一千二百三十四条规定:"违反国家规定造成生态环境损害,生态环境能够修复的,国家规定的机关或者法律规定的组织有权请求侵权人在合理期限内承担修复责任。侵权人在期限内未修复的,国家规定的机关或者法律规定的组织可以自行或者委托他人进行修复,所需费用由侵权人负担。"第一千二百三十五条规定:损害不仅包含污染行为引发的生态环境损害和生态环境功能的损害,还包括生态破坏行为引发的环境要素损害以及生态功能的损害。

自然资源资产损害则是新术语,其内涵和外延尚在形成之中。中共中央办公厅、国务院办公厅印发的《关于统筹推进自然资源资产产权制度改革的指导意见》第二条第八款提到:"积极预防、及时制止破坏自然资源资产行为,强化自然资源资产损害赔偿责任。"但未对自然资源资产损害赔偿责任作进一步解释。第十款提到:"落实和完善生态环境损害赔偿制度,由责任人承担修复或赔偿责任。"结合第八款的"强化自然资源整体保护"和第十款的"推动自然生态空间系统修复和合理补偿",自然资源资产损害赔偿责任是指针对涉及自然资源的所有损害,不仅包括人损害、财产损害,还包括生态环境损害。结合上述法律法规和文件,认定对自然资源造成损害的,由责任人承担修复或赔偿责任,责任人灭失的,遵循属地管理原则,按照事权由各级政府组织开展修复工作。按照"谁修复、谁受益"原则,通过赋予一定期限的自然资源资产使用权等产权安排,激励社会投资主体开展生态修复工作。"修复和赔偿责任"包括生态环境损害赔偿、人身伤害赔偿和个人及集体财产损害赔偿,涉及生态环境损害赔偿时适用《生态环境损害赔偿制度改革方案》,涉及人身伤害赔偿和个人及集体财产损害赔偿时适用《中华人民共和国侵权责任法》等法律规定。

全民所有自然资源资产损害的实质是自然资源所有者权益的受损,主要包括两类情形。①自然资源资产损害。对于第一类情形,《指导意见》明确要求"强化自然资源资产损害赔偿责任""落实完善党政领导干部自然资源资产损害责任追究制度"。省、市、县各级权益管理部门都要认真贯彻落实《指导意见》的要求,研究资产损害的内涵和表现形式,及时发现和制止破坏自然资源资产的行为。②自然资源资产流失。对于第二类情形,特别是对低价出让自然资源资产,严重违反市场配置规则和合同约定的典型案件,要按照"严起来"的要求,加强监督、严肃追责。比如,某省协议出让了一个煤炭采矿权,面积为 $6.8km^2$,后来到部里办理采矿权延续,矿区的面积从 $6.8km^2$ 扩展到了 $83km^2$。尽管采矿权面积扩大了 12 倍多,仍然是通过协议方式出让的。这种出让不仅损害所有者权益,还扰乱正常的市场秩序,漠视市场规则,作为所有者,应当及时制止、纠正,该追究责任的就要追究其责任,维护好自身权益。笔者认为,全民所有自然资源资产损害是指作为生态环境要素的自然资源的经济价值、生态价值和社会价值的减损或灭失,自然资源的违法违规配置、使用、滥用,环境污染或生态破坏都可能导致自然资源资产损害,侵害自然资源资产的行为人既包括公权力行使者也包括自然资源的直接开发利用者(图 7-1)。发生自然资源资产损害时,既有必要追究相关责任人员的法律、行政、政纪和党纪等责任,也应当通过民事侵权救济途径要求赔偿。本书专门针对责任追究制度开展研究。

(2)自然资源资产损害责任追究制度构成要素。自然资源资产损害事实可以存在于全民所有自然资源委托代理行使主体之间、全民所有自然资源资产出让方与使用方之间,也可以在人大、司法、审计和社会等监督过程中被发现。对因市场主体开发不当造成的损害,应以市场评估价值为依据进行严格赔偿;对因决策失误造成的生态环境损害或资产流失,应当追究地方党委和政府主要领导终身责任。习近平总书记指出,生态环境保护能否落到实处,关键在领导干部。一些重大生态环境事件背后,都有领导干部不负责任、不作为的问题,都有一些地方环保意识不强、履职不到位、执法不严格的问题。因此,要落实领导干部任期生态文明建设责任制,实行自然资源资产离任审计[1]。本书侧重研究地方党委和政府主要领导的责任追究。

全民所有自然资源损害责任是指,行为人因未履行或未正确履行相关职责和义务,对全民所有自然资源资产造成损害和流失所应承担的不利后果或强制性义务。其具体内涵应包括:第一,行为人具有保护自然资源资产的职责和义务;这是承担责任的前提和基础;第二,

---

[1] 中共中央文献研究室.习近平关于社会主义生态文明建设论述摘编[M].北京:中央文献出版社,2017.

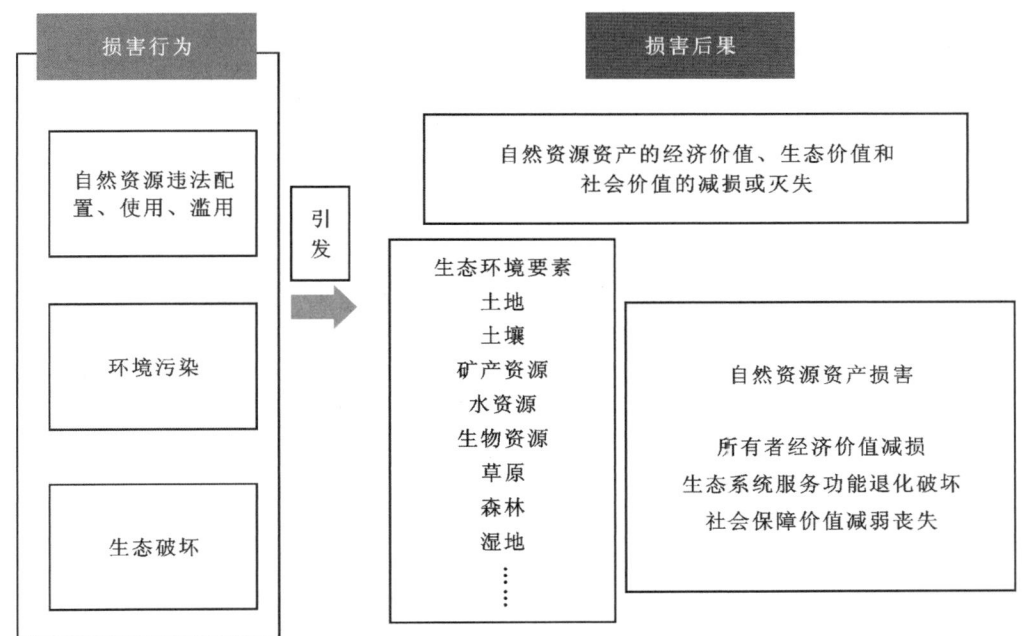

图 7-1　全民所有自然资源资产损害

行为人因故意或过失未履行或未正确履行保护自然资源资产的职责和义务;第三,行为人不作为或滥作为与自然资源损害和流失的后果之间存在因果关系;第四,行为人应对自己的行为承担的不利后果或强制性义务。

自然资源损害责任追究制度是指,以自然资源资产离任审计结果和生态环境损害情况为依据,明确地方党委和政府班子主要负责人、有关领导人员和部门负责人的追责情形和认定程序,区分情节轻重,对不同情形加以相应责任处置的规范总称。自然资源资产损害责任追究制度有 4 项要素(图 7-2)。第一,责任追究主体,解决由谁来追究责任的问题,具体包括全民所有自然资源所有权委托代理行使主体对受委托主体的监督,上级行政机关对下级行政机关职能部门的科层监督,以及来自人大、司法、审计和社会主体的监督所触发、发起和实施的责任追究;第二,责任追究对象,解决追究谁的问题;第三,责任追究依据与情形,解决依据什么追究什么的问题;第四,责任追究程序与机制,解决如何追的问题,责任追究贯穿自然资源资产源头保护、开发利用的过程规制以及末端的修复治理全过程。

(3)自然资源资产损害责任追究的规范依据。2015 年,中共中央办公厅、国务院办公厅印发的《党政领导干部生态环境损害责任追究办法(试行)》是目前唯一明确规定对党政领导干部展开资源环境责任追究的规范性文件,该文件对党政领导干部生态环境损害责任追究主体、对象、范围、程序、方式、后果等内容进行了系统阐述。在地方层面,各级政府也制定了较多细化的规定,其中青海省出台了《青海省党政领导干部生态环境损害责任追究实施细则(试行)》(2017)、《青海省生态环境保护工作责任规定(试行)》(2017)。总体而言,自然资源资产追责依据颇为零散,不管是中央还是地方,都未单独对自然资源资产损害行为进行责任追究立法,参照标准都来源于生态环境责任追究这个大范畴,因而在党政领导干部自然资源

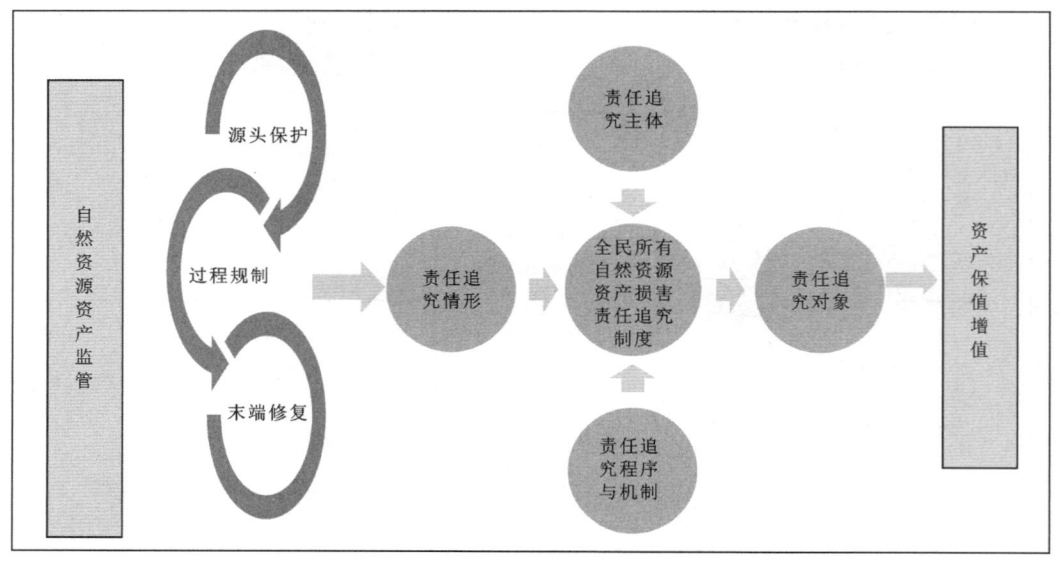

图 7-2 全民所有自然资源资产损害责任追究制度

资产责任追究实际操作过程中存在一定的困难。国家监察制度改革后,上述规定还面临与现行的监察制度衔接的问题。

2. 自然资源损害责任追究的基本原则

2015年7月,中央全面深化改革领导小组第十四次会议强调,生态环境保护要坚持依法依规、客观公正、科学认定、权责一致、终身追究的原则。据此,自然资源损害责任追究主要包括以下4项基本原则。

(1)法定原则。具体包含3层含义:一是自然资源损害责任的内容、范围、承担方式等各个方面和环节的确定必须于法有据,即有法律、法规、规章、党内法规和其他规范性文件的明文规定,做到有法可依;二是责任追究主体只能按照法律明文规定的标准和尺度追究相关行为人的责任,不可"法"外追责,如随意增减追责范围或改变追责类型和追责方式,做到有法必依;三是责任追究不可溯及既往,事后设责,应按照行为发生时生效的法律规范处理,对尚无明确法律和岗位责任规定依据的全民所有自然资源损害行为的责任追究,应积极修订完善相关法律法规规定加以约束,并将相关法律法规纳入法治轨道。

(2)权责一致原则。权力和责任相伴而生,没有无责任的权力,也没有无权力的责任。权责一致原则要求责任和权力相匹配,保持一种微妙的平衡关系。当责任的范围小于权力的范围时,对行使权力的积极性和主动性影响不大,但增加了滥用权力的风险;当责任的范围大于权力的范围时,增强了权力行使的责任感和危机感,但可能削弱行使权力的主动性和积极性。因此,权力过大或者责任过大都不是科学制度设计的内在要求。在自然资源资产保护领域,不同的主体拥有不同的权力,同时也承担相对应的责任。做到权责适当,才能使责任追究具备特殊预防与一般预防的效果,实现客观公平追责。通过建立权力清单和责任清单,构建权责一致的自然资源资产保护制度具有重要的意义。

(3)科学认定原则。自然资源损害行为的发生往往表现出外观上的隐蔽性、时间上的滞后性、跨区域性和复杂性,在判断主观过错、评估损害程度、认定因果关系等方面存在较多疑难,因此必须坚持科学认定原则,借助现代化科学技术和专家资源,从事实与规范两个层面作出判断。

(4)追究方式科学组合原则。自然资源损害责任的方式具有多样性,包括法律问责、党纪政务问责、政治问责和道德谴责等多个层面,这些责任形式在适用对象和情形、时空效力、强制力和惩罚性等方面存在差异性。实践中会出现一些党政领导职务升迁、退休或离开原行政单位后,对他们在原岗位的自然资源损害责任追究难以落实的问题。单独依靠一种责任追究方式难以有效达到终身追责的效果,应充分对法律问责、党纪政务问责、政治问责和道德谴责等形式进行综合运用,使各种形式互相补充,共同构成追责体系,借助自然资源资产负债表和职责履行情况报告等信息,实现终身追责的目标。

(二)青海省自然资源资产损害责任追究制度建构的难点

青海省从健全和完善考核机制、制定追责制度、明晰生态环境保护职责、鼓励群众监督等方面作出诸多生态环境责任压实的制度建构。如《青海省人民政府办公厅关于印发青海省"十三五"环境保护规划的通知》(青政办〔2016〕151号)明确提出:"严格绩效评估考核。强化压力传导,将环境质量改善、重点污染物排放、环境保护重大工程绩效列入地方政府责任目标考核、部门绩效考核和企业信用评价考核中。开展规划实施情况的中期评估和终期考核,结果向社会公开,并作为地方领导干部综合考核评价、重点生态功能县域考核等重要依据。"青海省制定了《青海省党政领导干部生态环境损害责任追究实施细则(试行)》《青海省生态环境保护工作责任规定(试行)》,青海省林业和草原局印发了《青海省自然保护区违法行为有奖举报办法(试行)》(简称《办法》)。该《办法》规定,对举报违法行为经核实查证,给予不同金额的奖励。该《办法》适用于青海省各自然保护区。该《办法》的宗旨是引导社会广泛参与环境保护治理,完善公众监督、举报反馈机制,全面加强生态环境保护,打击自然保护区内的违法行为,坚定不移推进青海省国家公园示范省建设。然而,自然资源资产损害责任追究制度属于新的改革领域,青海省还面临较多的挑战。

(1)自然资源资产统一管理面临理顺体制,具体机制亟待建立的问题。一是产权主体不明确。由于历史及现实等方面的原因,部分国有土地缺少监管机制,国有土地与集体土地边界不清,造成产权相互交割、利益纷争不断。二是地上地下空间资源产权主体问题突出。《中华人民共和国矿产资源法》第三条规定了地表或者地下的矿产资源的国家所有权与土地所有权分离的制度,现实中在地上地下资源以及空间的使用权、收益权方面矛盾突出。三是市场监测监管和调控机制不健全,市场在自然资源资产中的主导作用没有真正发挥出来。

(2)配套改革有待进一步推进。目前青海省自然资源资产清查尚处于试点阶段。自然资源资产清查工作是推进自然资源资产管理的基础,但自然资源资产核算内容繁杂,涉及部门多,衔接难度大,部分资料缺失[1],因此需要强有力的组织协调部门来推进工作的有序开

---

[1] 王玉敏,杨小宁,侯佳琦.承德双滦区:自然资源资产负债表编制初探[J].中国土地,2018(6):50-51.

展。在编制自然资源资产负债表方面体现为:①缺少专业技术支撑、切实可行的操作规程,尺度难以把握;②缺少基础数据,现有数据技术标准不统一;③缺少规范的自然资源资产核算方法。生态系统是国家财富的重要组成部分,但是由于很多生态系统服务无法在市场中交易,它们的价值无法在传统的国民收入核算体系中体现出来[1]。"千年生态系统评估"指出导致湿地持续丧失和退化的主要驱动力之一是,决策者在考虑是否要批准一项破坏湿地或改变湿地用途的计划时,要么不了解湿地生态系统服务功能所具有的价值,要么忽略了湿地生态系统的价值[2]。青海省的湿地面积位于全国第一,破坏湿地可能形成一个巨大的"自然资本债务"[2]。后续的编制全民所有自然资源资产报告、建立自然资源资产考核评价制度等工作仍亟待推进。目前,青海省尚不能对自然资源资产损害责任追究提供坚实的制度基础和依凭。

(三)青海省自然资源资产的生态损害追责应依托最严格的法治制度

1. 建构责任追究制度:由部分至总体的渐进立法路径

青海省自然资源资产损害责任追究的依据包括两大类别:第一,适用于全国的自然资源资产相关的法律法规、部门规章、党内法规和政府规范性文件(包括指南、标准、规程等技术性规范),并以国家生态文明建设及自然资源资产产权制度改革的系列宏观政策和规划为指引;第二,适用于青海省的地方性法规、政府规章、党纪党规和相关规范性文件(包括指南、标准、规程等技术性规范),并以青海省生态文明建设及自然资源资产产权制度改革的政策和规划为指引。实践中,如果出现了自然资源资产损害事实,但对致损的行为尚未在上述法律法规、党纪政纪中作为追责具体情形加以规定时,这个问题属于制度缺失和漏洞,此时不能"法外"追责,必须寻求其他的救济途径,积极呼吁中央和地方制定与完善相关法规。目前,青海省自然资源资产生态损害责任追究制度尚待建立。

青海省自然资源资产生态损害责任追究制度的建构应采用由部分至总体的渐进性立法路径,与青海省自然资源资产产权制度改革进程相适应,建构步骤如下:其一,以党政领导干部生态环境损害责任追究制度为基础,首先解决领导干部不作为、滥作为引发的生态环境破坏导致的自然资源资产损害的责任追究问题,再辐射至私人主体和其他因素导致的自然资源资产的生态损害;其二,以自然资源资产管理考核评价和自然资源资产离任审计为契机,充分应用考核评价和离任审计成果,在这两项制度建构中续接责任追究后果,形成分项制度创新成果,比如制定《青海省自然资源资产管理考核评级及责任追究办法》《青海省党政领导干部自然资源资产离任审计及责任追究办法》,从制度层面对接自然资源资产负债表编制、管理考核评价与离任审计;其三,在资产清查完毕、资源清单确立之后,按照明晰的自然资源资产权责规定建构系统的自然资源资产损害责任追究机制,明确追责主体、对象、情形、责任后果和程序机制。

---

[1] 中华人民共和国国际湿地公约履约办公室.湿地保护管理手册[M].北京:中国林业出版社,2013.

2. 编制自然资源资产(生态)损害责任清单

为了实现强化责任追究,警示、宣教自然资源资产监督管理领域的领导干部履职尽责,避免由党政领导干部的决策失误、贯彻执行不力或干扰监督管理等违法违纪违规行为引发自然资源资产的生态损害及该生态损害导致的自然资源资产权益受损,有必要编制青海省自然资源资产损害责任清单。该责任清单应当由职权部门、职权内容、职权依据、责任事项、责任事项依据、追责情形、追责情形依据和担责方式等构成。

其中职权部门应当包括青海省所有与自然资源资产监督管理相关的党政部门,而不仅局限于自然资源主管部门。原因在于,引发自然资源资产损害的因素是多方面的,除了全民所有自然资源资产监督管理部门外,还涉及所有与自然资源开发利用、生态环境保护领域相关的部门。其中追责情形应当是与自然资源资产损害原因相匹配的各类情形,自然资源资产损害责任区别于现有的生态文明建设责任、生态环境保护责任和自然资源管理责任,主要关注自然资源资产的保值增值。责任清单应覆盖全环节,覆盖全类型资产,覆盖全主体及其职责。

青海省自然资源资产损害责任清单的编制目前受制于以下因素:第一,全民所有自然资源资产监督管理制度尚未成型,尤其是全民所有自然资源所有权分级代理行使改革正在初步的试点阶段,从中央到地方尚未编制完成资源清单,自然资源资产监督管理的职责分工尚未明确,监管体制和制度还在探索之中,这一现实情况使得末端的责任追究主体和对象的确立存在不确定性。第二,目前没有专门针对自然资源资产损害的追责规定。对生态环境的认识和相关事项的管理有一个认识逐渐深化的过程,从最初的环境污染扩展到生态破坏,从自然资源无价值到注重自然资源经济价值,再到注重经济价值、生态价值和社会价值,资产的内涵和外延都在变革、扩展,这一现实情况使得自然资源资产化管理的落实还存在较多挑战。具体而言,自然资源的自然环境属性、自然生态属性及其多用途性和不可替代性,自然资源保护的正外部性,自然资源利用的负外部性,特别是人类社会整体对自然资源保护及其世代传承、可持续利用的要求,致使自然资源资产化管理遇到产权边界难以界定、价值难以用普遍认可的货币进行量化、自然资源资产核算及其账户建立因融入了大量的主观因素而变成了复杂的数字游戏难以推广应用、进行市场化运营管理难以完全保障人类社会整体对自然资源环境的利益诉求等难题。由此可见,制度的完善本身有一个渐进的过程,相关的责任规范还在形成中。

对于自然资源资产生态损害的责任追究来说,其追责情形应当以造成自然资源资产的实物量减损和生态质量损害作为结果要件,不仅要关注自然资源资产实物量"多了还是少了",同时还要考察实物的生态品质是否下降。建议针对不同主体,分别以下列情形开展责任追究。

(1)对全民所有自然资源资产实物量减损、生态价值损害,应当追究相关市、县(区)党委和政府主要领导成员的责任的情形:贯彻落实中央和各省关于全民所有自然资源资产监管的决策部署不力,致使本地区自然资源资产损害问题突出,任期内造成国有土地资源、水资源、矿产资源、国有森林资源、国有草原资源等资产损害、流失、负债增加的;作出的决策与全民所有自然资源资产监管方面政策、法律法规相违背的;违反主体功能区定位或者突破资源环境生态保护红线、城镇开发边界,不顾资源环境承载力盲目决策造成全民所有自然资源资产损害后果严重的;未按照自然资源清单和委托代理行使全民所有自然资源资产所有者职责,制定本级全民所有自然资源资产监管制度的;未按照国家和区规定制定本辖区全民所有自然资源资产利用、保护、管理等规划,或者随意修改上述规划的;作出的决策严重违反省和本辖区空间发展规划或者城乡、全民所有自然资源利用、保护和资产管理等规划的;负有全民所有自然资源资产监管职责的工作部门人力、物力、资金保障不足,导致无法正常履行全民所有自然资源资产监管职能的;在全民所有自然资源资产清查、自然资源资产负债表编制以及领导干部自然资源资产离任审计中,显示全民所有自然资源资产损害、流失、负债增加等情况,发现严重问题的;在全民所有自然资源资产考核评价中,考核结果为差,发现严重问题的;地区和部门之间在全民所有自然资源资产清查统计、评估核算、委托代理、资产规划、资产配置、收益管理、考核监督、资产报告协作方面推诿扯皮,主要领导成员不担当、不作为,造成严重后果的;本地区发生主要领导成员职责范围内的重、特大全民所有自然资源资产损害事件,或者对全民所有自然资源资产损害严重事件处置不力的;对全民所有自然资源资产损害相关检察建议、公益诉讼裁决和自然资源督察整改要求执行不力的。

有上述情形的,在追究相关地方党委和政府主要领导成员责任的同时,对其他有关领导成员及相关部门领导成员依据职责分工和履职情况追究相应责任。

(2)对全民所有自然资源资产的实物量减损、生态价值损害,应当追究相关市、县(区)党委和政府有关领导成员的责任的情形:指使、授意或者放任分管部门对不符合自然资源资产监管方面政策、法律法规进行全民所有自然资源资产处置的;对分管部门违反全民所有自然资源资产监管方面政策、法律法规行为监管失察、制止不力甚至包庇纵容的;指使、授意或者放任分管部门截留、挪用全民所有自然资源资产出让收益,自然资源保护、生态修复与治理方面资金的;未正确履行职责,导致应当依法由政府责令停业、关闭的破坏自然资源的企业事业单位或者其他生产经营者未停业、关闭的;对辖区内全民所有自然资源资产损害事件,隐瞒不报的;对严重损害全民所有自然资源资产事件组织查处不力的;对辖区内全民所有自然资源资产纠纷调解处置不力,造成严重后果的。

有上述情形的,在追究相关地方党委和政府主要领导成员责任的同时,对其他有关领导成员及相关部门领导成员依据职责分工和履职情况追究相应责任。

(3)对全民所有自然资源资产实物量减损、生态价值损害,应当追究政府有关工作部门领导成员的责任的情形:制定的规定或者采取的措施与全民所有自然资源资产监管方面政策、法律法规相违背的;履行自然资源资产的清查统计、评估核算、资产配置、资产收益管理、资产管护职责与相关政策、法律法规、规划等相违背的;执行全民所有自然资源资产监管方面政策、法律法规不力,不按规定对执行情况进行考核监督和报告的,或者在考核监督和报告中敷衍塞责的;支持或者放任被依法责令停业、关闭的严重破坏自然资源的企事业单位或者其他生产经营者恢复生产经营的;对发现或者群众举报以及上级部门督办的严重破坏全民所有自然资源资产的问题,不按规定调查的;对应当移送有关机关处理的全民所有自然资源资产监管的违纪违法案件线索不按规定移送的。

有上述情形的,在追究政府有关工作部门领导成员责任的同时,对负有责任的有关机构领导人员追究相应责任。

3. 对接自然资源资产负债表编制、离任审计、考核评价与责任追究

编制自然资源资产负债表,是对领导干部实行自然资源资产离任审计、建立生态环境损害责任终身追究制的基础。编制自然资源资产负债表主要服务于领导干部自然资源资产离任审计等生态文明绩效评价考核和责任追究制度,政府作为公共利益和公共权力代表者以此为依据对自然资源资产实行行政管理。自然资源资产负债表应重点反映能体现资源环境状况的自然资源管理内容指标,并对生态环境损害综合评价和领导干部自然资源资产离任审计提供服务功能等。领导干部自然资源资产离任审计、考核评价应当以资产负债表为依据,充分利用资产负债表编制的成果。责任追究应当与离任审计和考核评价结果挂钩,应以自然资源资产离任审计和考核评价的结果,以及生态环境具体损害情况为依据,明确追责情形和认定程序。

青海省应当结合本省的主体功能区定位、自然资源资产禀赋、资源环境承载力等,确定领导干部自然资源资产审计的重点[1],特别突出青海省自然资源资产的实物量与资产的生态价值的审计,凸显生态关切。自然资源资产考核评价指标的设置也应当具有生态侧重,专门设置显示青海省自然资源资产生态质量的评价指标,并对它赋予较大权重。

---

[1] 郭鹏飞.领导干部自然资源资产离任审计的重点研究——基于总体评价视角[J].中国人口·资源与环境,2020,30(10):105-112.